A Study of the “Wholeness” of the ESP Talent Cultivation Model:
A Case Study of Business English Talent Cultivation Model

专门用途英语人才培养模式“整体性”研究

—— 以商务英语人才培养模式为例

邓静子 ◎ 著

国防科技大学出版社
·长沙·

图书在版编目（CIP）数据

专门用途英语人才培养模式“整体性”研究：以商务英语人才培养模式为例 / 邓静子著. 长沙：国防科技大学出版社，2024. 11. -- ISBN 978-7-5673-0640-0

Ⅰ. F7

中国国家版本馆 CIP 数据核字第 2024D3Y699 号

专门用途英语人才培养模式“整体性”研究

——以商务英语人才培养模式为例

ZHUANMEN YONGTU YINGYU RENCAI PEIYANG MOSHI “ZHENGTIXING” YANJIU

——YI SHANGWU YINGYU RENCAI PEIYANG MOSHI WEI LI

邓静子 著

责任编辑： 张少晖

责任校对： 胡诗倩

出版发行： 国防科技大学出版社　　**地　址：** 长沙市开福区德雅路 109 号

邮政编码： 410073　　**电　话：**（0731）87028022

印　制： 国防科技大学印刷厂　　**开　本：** 787×1092　1/16

印　张： 21　　**字　数：** 448 千字

版　次： 2024 年 11 月第 1 版　　**印　次：** 2024 年 11 月第 1 次

书　号： ISBN 978-7-5673-0640-0

定　价： 88.00 元

前言

专门用途英语作为一门新兴学科，是在第二次世界大战之后，伴随着国际间科学、技术、经济和文化交流的日益频繁而逐渐兴起并发展壮大的。根据国际语言学术界的共识，英语高等教育可以划分为普通英语（EGP）与专门用途英语（ESP）两大类别。普通英语主要致力于培养外国语言文学领域的研究与教学人才，而专门用途英语则专注于培养能够在特定行业或职业中有效运用英语的专业人才。通用英语教学可以满足日常交流要求，然而，在涉及科技、经济和军事领域的深度交流与合作时，则需要专门用途英语人才，因此亟需开展针对性的专门用途英语教学，以保障专业信息的精准理解与高效传递。专门用途英语是21世纪大学英语教学发展的主要趋势，也是我国大学英语教学改革的发展方向。专门用途英语教学模式旨在培育国家迫切需求的各领域专业人才，遵循高校复合型人才培养理念，依托完善的复合型人才培养体系，为我国开辟了一条培养既精通专业知识，又具备卓越语言能力的复合型、应用型专业人才的可靠路径。进入21世纪，专门用途英语由于能够培养出具有较强国际竞争力和国际话语权的工程师、企业家和军事人员，在国内各高校得到迅速推广，成为国内大学英语教学改革的一道亮点。

专门用途英语的基本特征就是英语与“某种学科”或“某种专业”相结合。由于学校类别、培养目标、学科专业的不同，也就形成了不同类型的专门用途英语，如科技英语、商务英语、法律英语等。值得注意的是，在军事领域中，专门用途英语教学模式也在深入发展，如在军事英语旗下形成了陆军军事英语、海军军事英语、空军军事英语和火箭军军事英语等多元化、多层级的军事英语教学模式。随着大学英语教学改革深入发展，各高校在专门用途英语课程基础上，构建出多元化的专门用途英语教学体系。目前，各种类型专门用途英语分支已经渗透到我国社会各个领域，成为大学英语教学改革和复合型英语人才培养的重要推手。

在经济全球化和我国改革开放发展的大背景下，作为专门用途英语中与国际经济联系最为紧密的专业，商务英语依托“天时地利人和”的发展先机，乘着大学英语教学改革东风，在各种类型专门用途英语中异军突起，成为专门用途英语建设发展的典型范例。目前，全国已有500多所高校开设商务英语专业，为社会经济发展提供了大量的复合型人才，形成了商务英语专业发展的规模优势。作为国内唯一覆盖本硕博办学层次的学科专业，商务英语人才培养模式成为专门用途英语人才培养模式的发展主流。商务英语人才培养模式也就成为大学英语学界关注焦点，其复合型人才培养模式成为学界理论研究和办学实践的热门话题。

商务英语人才培养模式“整体性”研究具有样本意义。2007年，随着商务英语学科设立，标志着专门用途英语进入新的发展阶段。商务英语在学科建设、课程体系、理论基础、专业设置模式和人才教育等方面，已经超越了“课程+课程”教学模式，从教学模式上升到人才培养模式，成为专门用途英语人才培养模式建设发展的先行者。正是由于商务英语与专门用途英语有着内在关联性，商务英语人才培养模式也就成为专门用途英语人才培养模式“整体性”研究的样板。选择人才培养实践经验丰厚，专业发展比较迅速，具有代表性的人才培养模式，进行系统整体观视域下的商务英语人才培养模式“整体性”研究，既有利于商务英语人才培养模式“整体性”建设，也有利于专门用途英语人才培养模式建设发展。

商务英语人才培养模式的“整体性”研究，对于专门用途英语人才培养体系建设有着启迪作用。它揭示了商务英语人才培养模式在发展过程中所面临的“整体性”挑战，发挥着风险预警和问题预防的功能，从而为其他领域专门用途英语人才培养模式的构建提供了宝贵的经验，减少了试错成本，避免了不必要的弯路，确保了整体推进的稳健与长远。总结过去，谋划未来。本研究以商务英语人才培养模式为样本来解读专门用途英语人才培养模式建设的基本状况，并以本课题理论研究和实证分析成果，为其他类型专门用途英语人才培养模式研究提供研究范本和参照指南，从而为专门用途英语人才培养模式“整体性”建设发展提供新方略、新路径。

商务英语人才培养模式“整体性”研究对于专门用途英语研究具有前瞻性。在国家新文科建设时代背景下，专门用途英语学科建设、专业设置模式、人才培养模式、课程体系、复合型人才培养模式等，都是专门用途英语建设实践中亟待解决的研究课题。人才培养模式都要经历从初级阶段向高级阶段的发展过程。如何完成从“课程教学”向“人才教育”的转型升级，整体推进专门用途英语人才培养模式建设发展，成为我国大学英语教学改革的重要课题。人才培养模式是大学教育的核心。关于商务英语人才培养模式“整体性”的研究，为专门用途英语人才教育提供了具体的认识路径。专门用途英语研究需要坚持问题导向，吸收商务英语人才教育经验成果，借鉴商务英语建设发展思路，汲取商务英语人才培养模式“整体性”建设经验教训，构建具有自身特色的人才培养模式。

坚持系统观念是中国式现代化建设发展重要的方法论。习近平总书记多次提出坚持系统思维，注重研究问题的整体性。加强前瞻性思考、全局性谋划、战略性布局、整体性推进，是系统思维的重要内涵。系统观就是整体观。系统整体性原理作为研究人才培养系统“整体性”的科学理论，成为专门用途英语人才培养模式最合适的研究理论方法。实践说明，系统整体性理论在社会各个领域有着广泛的具体实践，只是在专门用途英语学界还没有具体的实践案例。本研究以系统整体性原理作为理论基础，并设立交叉性、完整性、层次性、关联性、有序性等基本范畴，组成完整的人才培养模式“整体性”研究的理论体系。本研究按照整体（系统）与部分（要素）、部分（要素）与部分（要素）的“整体性”研究范畴，采取理论研究与实证分析相结合的研究范式，针对本课题研究问题，展开商务英语人才培养模式“整体性”研究。这改变了既往人才培养模式传统的研究范式，拓宽了专门用途英语人才培养模式理论研究领域。该研究为对人才培养系统的深入探讨提供了认识路径和理论基础，确立了人才培养模式研究的新认识论和方法论。它不仅彰显了专门用途英语人才培养模式研究的本源性、科学性和精准性，而且为该领域“整体性”建设的系统化与专门化研究提供了思路和方向。

本研究以系统整体性理论为指导，借鉴商务英语人才培养模式建设的经验成果，梳理并总结专门用途英语发展的主要成就。通过揭示人才培养模式建设中的主要问题，本研究在理论创新与问题创新相结合基础上，提出了加强人才培养模式建设的策略性建议。最终，形成了以商务英语为典型代表的专门用途英语人才培养模式“整体性”的核心论断：在专门用途英语的教学实践中，以课程组织形态统摄人才培养教育，已成为人才培养模式建设实践中的普遍现象。各种类型人才培养模式发展不平衡，人才培养模式“整体性”建设水平不高，成为专门用途英语人才培养模式建设基本问题。研究表明，专门用途英语局限于“课程＋课程”教学模式层面，是其人才培养模式发展不平衡的主要原因。走进新时代，党和国家将人才培养放在前所未有的高度。习近平总书记在全国高校思想政治工作会议上发表的重要讲话中指出，加强人才培养模式改革，应该牢牢抓住全面提高人才培养能力这个核心点。新时代大学外语教学改革聚焦提高人才培养能力这个核心点，将其作为人才培养模式建设的问题导向，充分说明大学人才培养模式“整体性”建设的重要性。本研究成果表明，强化人才培养模式的顶层设计和整体规划，优化人才培养要素的禀赋，提升人才培养模式的自组织性及内在驱动力，推动人才培养模式的改革与重塑，增强人才培养模式的“整体性”教育效能，并发挥多学科协同培养复合型人才的整体教育优势，不仅是商务英语人才培养模式建设中亟待解决的现实课题，也是专门用途英语人才培养模式发展中遇到的新挑战。对于专门用途英语人才培养模式的“整体性”构建，本研究提供了具有现实意义的参考和指导。

专门用途英语人才培养模式的“整体性”研究，不仅是一项宏观研究课题，更是一个关乎人才培养模式建设长远性的研究命题。专门用途英语涉及社会各个领域，具有问题研究的广泛性、复杂性、专门性和艰深性。这正是本研究没有直面专门用途英语人才培养模式，而是选择商务英语人才培养模式作为研究对象的根本原因。本书写作历经多年，几经反复，数次重写，最终完成定稿。在书稿初成之际，有专家予以点评，赞誉其有着“文科选题、理科思维、数学模型、跨界融合”的特点。对此，笔者不敢妄自尊大，持谦逊以待之态度。笔者认为，本书的特色在于内容的翔实性与概括的全面性，其不足之处在于研究问题的深度尚显不足，部分问题缺乏深入探讨与分析。这为后续研究留下了空间，期待未来能够对此进行更深入的探索和研究。由于受到个人学术水平、理论素养、实践经验和综合研究能力限制，本书肯定存在诸多不足之处，敬请专家学者和学界同仁给予批评指正。

本书出版得到了国防科技大学军事外语系领导和同仁的大力支持。我的先生邹腾安副教授为本书提供了“数学模型分析”的技术支持。广东外语外贸大学教授，我的博士生导师朱文忠先生，多年来一直关注并指导我的学术研究。在本书的撰写过程中，朱教授提供了宝贵的专业指导。原湖南省出版物发行协会副秘书长林小宁先生为本书的写作，提供了丰富的研究经验和思想智慧。国防科技大学出版社对本书的出版给予了宝贵的帮助与支持，在此过程中，本书的编辑张少晖老师提供了细致入微的协助。在各个方面关照支持下，本书得以付梓成书。在此，特向他们表示衷心感谢！

邓静子

2024 年 11 月

目　录
CONTENTS

附　录

第一章　导　论

在经济全球化和我国改革开放的经济发展大背景下，商务英语依托“天时地利人和”的发展先机，乘着我国大学英语教学改革的东风，在各种类型专门用途英语中异军突起，成为专门用途英语建设发展的典型范例。商务英语作为专门用途英语的重要专业分支，与专门用途英语有着内在关联性。选择人才培养实践经验丰富、专业发展迅速、具有代表性的商务英语，进行系统整体观视域下的商务英语复合型人才培养模式研究，既有利于商务英语人才培养模式的“整体性”建设，也有利于推进我国专门用途英语人才培养模式建设发展。走进新时代，高质量发展成为我国大学人才培养教育的主题，“内涵式”建设成为人才培养模式发展的必由之路，它体现了大学教育的科学发展观，凸显了专门用途英语人才培养模式“整体性”研究的时代性和发展性，为以商务英语为代表的专门用途英语人才培养模式可持续发展提供了理论支撑。

本书既来源于商务英语人才培养模式建设的客观实践，也是系统“整体性”原理与商务英语人才培养模式“整体性”研究相结合的产物。相关研究理论与专门用途英语人才培养实践相结合，体现出研究问题的理论价值和人才培养实践价值，对于以商务英语为代表的专门用途英语人才培养模式“整体性”建设有着重要的现实意义。系统思想的突出特点是强调“整体性”，倡导整体地认识事物、处理问题（苗东升，2016）。本书坚持系统思维的科学思想，按照整体（系统）与部分（要素）、部分（要素）与部分（要素）的“整体性”研究范畴，采取理论研究与实证分析相结合的研究范式，将商务英语人才培养模式作为一个人才培养系统研究的样本，采用系统论的完整性、层次性、关联性、有序性等研究范畴（原则），建立了一个关于商务英语人才培养模式“整体性”的研究体系。该研究体系基本结构分为：基础研究部分、理论研究部分、实证研究部分、总结与展望部分等。其中，基础研究部分的“导论”作为开篇，在整个研究中具有谋篇布局、提纲挈领的统领作用。“导论”通过介绍本书研究背景、研究原因、研究依据、研究目标、研究问题、研究方法和研究结构等，描述出一个以商务英语为代表的专门用途英语人才培养模式“整体性”研究的基本研究路线，在理论创新与实践创新相结合的基础上开展关于人才培养模式的研究，为后续研究奠定思想基础和认识路径。同时，本章也可以视为专门用途英语人才培养模式“整体性”研究的分析框架模型，主要任务就是对系统整体观视域下的专门用途英语人才培养模式研究作整体说明，在整个研究体系中具有导向引路的功能作用。

第一节 研究背景和研究原因

我国的商务英语学科是在社会需求推动和专门用途英语指导下创立和发展起来的（王瑾，2014）。专门用途英语教学模式开辟了我国大学英语教学发展的新路径，也为商务英语学科和人才培养模式建设发展奠定了坚实的教学实践基础。商务英语必须在专门用途英语的大背景下来认识，因为商务英语具有专门用途英语各个领域重要的共性（王瑾，2014）。而随着商务英语学科的建立，商务英语作为专门用途英语的重要学科分支，为把握专门用途英语的发展趋势提供了具体的认识路径。正是因为商务英语与专门用途英语有着内在的联系，专门用途英语人才培养模式必须以商务英语人才培养模式为参照，展开“整体性”研究。

一、研究背景

专门用途英语教学是21世纪大学英语教学的发展趋势，也是我国大学英语教学改革的发展方向（王瑾，2014）。随着经济全球化的不断发展，世界各国在经济文化和科学技术等领域的交流合作日益加强。英语作为一种国际通用语言，也得到了社会各界越来越多的重视。在20世纪后半叶，语言学伴随着社会和经济的发展悄然发生变化，即学界开始把注意力和焦点从描述、界定语言用法的规范法则转向研究和探讨各种语言环境中的语言实际应用（朱文忠，2011）。为了满足国际间的科学技术和经济文化交往日益扩大的需求，在国外大学英语教学中出现了一种专门用途英语（ESP）教学模式。专门用途英语被认为是语言学的一场革命，因为它从研究语言使用的形式特征转向了发现真实交际环境中语言应用的方式（朱文忠，2011）。将专门用途英语引入英语专业教学实践是培养复合型英语专业人才的一种系统尝试，因为它既保持了语言专业的特点，又涉及相关专业的学科领域（南佐民，2005）。在中国加入世界贸易组织（WTO）后，国际交流日益频繁，我国社会各界对既有扎实的英语语言基础，又具备相关学科专业知识的复合型人才的需求越来越迫切。在我国社会经济需求变化和国际大学英语教学变革的背景下，我国大学英语学科从英美语言文学方向向自然社会学科语言方向转型，大学英语教学模式开始发生转变，即英语与某一种专业相结合，产生了专门用途英语。

研究认为，专门用途英语是各种类型专门用途英语的统称。由于我国大学的学校类别、办学层次、教育资源、培养目标、学科专业的不同，形成了不同类型的专门用途英语专业分支。如不同学科门类的专门用途英语，即科技英语、商务英语、军事英语、法律英语等；又如学术用途英语，即商务学术用途英语、军事学术用途英语、法律学术用途英语等。商务英语是我国专门用途英语中发展最为顺利的专业分支。作为与国际经济联系最为紧密的学科专业之一，国际商务英语在中国改革开放过程中取得了长足的进步。早在1998年，国际知名期刊 *English for Specific Purposes* 的主编 Dudley-Evans 就指出："专门用途英语第一个重要变化就是作为其组成部分的商务英语异军突起。"过去专门用途英语研究以科技英语为主，但自从20世纪80年代以来我国专门用途英语发生了重大变化，商务英语成为专门用途英语重要分支，甚至占主导地位，其发展最迅速（莫再树，2014）。目前全国已有328所高校开办了商务英语本科专业。许多高校在英语专业名称后加上商务方向、经贸方向或国际电子商务方向。全国有约500所高职、高专院校开设了商务英语专科层次教育。商务英语教育已成为我国最热门的主流教育种类之一（鲍文，2017）。2012年教育部批准商务英语进入普通高等学校本科专业目录。商务英语学科的建立，标志着专门用途英语进入崭新的发展阶段。商务英语专业、英语语言专业、翻译专业成为我国大学英语教学的"三驾马车"（陈建平，2018）。经过几十年的探索研究和建设发展，商务英语人才培养体系建设积累了丰富的实践经验和理论研究成果，为其他类型专门用途英语人才培养模式建设提供了具有可操作性的借鉴参照。

国外其他类型的专门用途英语一般是一门综合性或复合课程，且多为一种英语语言培训模式。我国专门用途英语与国外情况相似，除了商务英语，其他类型专门用途英语都是以课程的形态存在，如外交英语、军事英语、医学英语、法律英语、新闻英语、海事英语、旅游英语等。其中，军事英语是发展较为成熟的专门用途英语课程。20世纪80年代后期，一些军队院校把大学英语和军事专业结合起来，开设了军事英语阅读课程。进入21世纪，军事英语的重要性日益凸显，开设军事英语课程成为培养新型高素质军事人才的重要举措，军事英语被明确列为大学英语课程体系的重要组成部分，军事英语教学进入新的发展阶段。在任职教育模式下，高、中、初三级任职教育军队院校都开设了军事英语课程，课程内容也由单一的阅读课扩展至听说课和写作课。经过多年建设发展，军事英语课程教学具备了一定的基础条件，积累了较丰富的军事英语教学经验。随着大学英语教学改革的深入发展，国内各个高校在各种类型专门用途英语课程的基础上，构建出具有学科特色的专门用途英语教学体系。如在军事英语下有陆军军事英语、海军军事英语、空军军事英语和火箭军军事英语等，再往下有陆军指挥英语、海军航空兵英语、导弹兵英语等，还可以分成士官英语、维和英语、信息英语、后勤装备英语等，初步形成了一个多层级、多元化的专门用途英语教学体系的基本框架。目前，各种类型专门用途英语专业分支已经渗透到我国社会各个领域，成为我国大学英语教学改革和复合型英语人才培养的重要推手。走进新时代，在"双一流"建设目标指引下，以商务英语为代表的专门用途英语人才培养模式置身于更加广阔的时代发展背景中，主要表现在以下五个方面。

1. 专门用途英语：新时代我国大学英语教育发展的基本需求

专门用途英语教学改革是对国家语言文化发展战略的有效回应，是实现国家发展进步和中华民族伟大复兴的具体举措，能够有效地提高我国的国际竞争力。专门用途英语教学模式以需求理论为基点，较好地满足了国家提出的国际化经济发展战略要求。在“双一流”和“一带一路”建设背景下，高校新时代英语教育的主要矛盾已转化为大学生渴望用英语从事专业学习和研究，在国际上交流他们的创新思想和科研成果的需求，与我国高校英语教学定位不能满足这种需求之间的矛盾。要解决这个主要矛盾，高校英语教育必须从通用英语教学向专门化和精细化的专门用途英语教学转移，培养大学生在各自学科和行业里的英语交际能力（蔡基刚，2019）。按照国家供给侧改革的思想，新时代大学英语教育的主要矛盾实质上就是需求侧与供给侧之间的非对称性的矛盾关系。大学英语教育模式供给侧的改革创新，培养适合社会需求的复合型人才，实现培养人才的有效供给，提出了专门用途英语建设要求。

2. 专门用途英语：我国大学英语教学改革的产物

在改革开放的大背景下，我国各行各业对复合型人才的需求越来越大。社会对英语能力需要已呈多元化、专业化趋势，一般的英语技能很难适应社会发展的需求，普通英语教学改革势在必行，专门用途英语教学成为我国大学英语教学改革的刚性目标。前教育部副部长吴启迪曾经在英语教学会议上指出，大学英语教学改革是我国的一个重要改革，对于社会和经济发展都有很大的促进作用。专门用途英语教学改革是我国高校大学英语教学转型工作中的重中之重，因为专门用途英语教育可以为我国提供更多的复合型外语人才（俞丽芳，2018）。在大学英语教学改革背景下，专门用途英语教学模式在国内各高校得以迅速推广。可以说，专门用途英语的出现和普及既是经济全球化发展的必然结果，也是我国大学英语教学自身发展的必然趋势。

3. 专门用途英语：契合国家培养复合型英语人才的目标导向

专门用途英语教学符合国家培养复合型英语人才的教育理念，因为专门用途英语教学探求的是英语语言与专业知识相结合的方式。专门用途英语从专业需求出发，以语言实用为方向，讲究语言学习与工作紧密结合，注重培养学生实际应用语言能力，提高了人才的综合素质和跨文化交际能力，这种教学理念与我国复合型人才培养目标是一致的，符合国家培养复合型人才的目标导向，为我国高校英语教学模式的转型升级提供了有效的实践途径。

4. 专门用途英语人才培养模式：专门用途英语教学模式的升级版

专门用途英语教学模式是我国大学英语复合型人才培养模式建设发展的“助推器”。早期的复合型英语人才培养是从专门用途英语课程教学发端的，通过课程设计范式的变革，达成专门英语人才教育的目的。专门用途英语教学模式为专门用途英语人才培养模式构建奠定了人才培养的实践平台。我国专门用途英语人才培养模式的发展直接受益于专门用途英语教学理论与人才培养实践中丰富的教学经验。专门用途英语教学提炼与职业相适应的英语实用能力，从而形成一个具有实际意义且针对性强的教学模式（俞丽芳，2018）。专门用途英语教学模式是以提高学习者的英语交际能力为原则，以学习者为中心，以专业需求为基础的实用型英语教学模式，为我国高校英语教学模式向复合型英语人才培养模式转型升级提供了实践途径。专门用途英语具有学科交叉的基本特征，而在多学科交叉融合的环境中培养学生的创新能力，是培养复合型人才的有效途径。人才培养模式与教学模式是一种传承与超越的关系。在专门用途英语教学模式的基础上，我国大学英语学界进行了创造性的人才培养教育实践活动，学科型的英语人才培养模式开始向多学科合作人才培养模式转型，专门用途英语人才培养模式成为中国大学英语人才培养的新模式。

5. 专门用途英语人才培养模式：高校英语人才培养模式建设发展的主流

纵观专门用途英语在中国的发展历程，随着商务英语成为独立的学科专业，标志着专门用途英语进入了新的发展时期。专门用途英语已经从单一的英语学科培养英语人才转变为多学科合作培养复合型英语人才，形成了专门用途英语人才培养模式这一崭新模式。专门用途英语人才培养模式是我国大学人才培养模式的重要组成部分。其主要目标是培养具有国际视野、通晓国际规则，能够参与外交、经济、法律、军事活动的国际化专业人才。专门用途英语人才培养模式又称为复合型人才培养模式（由于复合型人才培养模式与复合型人才培养目标相匹配，在大学英语学界统称为复合型人才培养模式），其培养的人才具有语言与专业相结合的基本特征。复合型人才培养模式是指由语言（英语）学科与相关学科专业交叉复合而成的跨学科人才培养体系。跨学科、跨语言、跨文化成为复合型人才培养模式的综合特性。专门用途英语人才培养模式构成要素一般包括人才培养目标、学科基础、人才培养内容（课程体系）、人才培养方式（专业设置模式）和人才培养评价体系五个部分（要素）。我国专门用途英语是一门以语言学为学科基础，注重吸收相关学科的理论与实践研究方法的综合性交叉学科。这就与国家提出的培养复合型人才目标不谋而合，在国内高校英语教学改革的大背景下，专门用途英语人才培养模式（复合型人才培养模式）应运而生，成为国内高校英语人才培养模式建设发展的主流。

二、研究原因

"专门用途英语人才培养模式'整体性'研究——以商务英语人才培养模式为例"这个研究课题，是对于人才培养模式问题导向和理论研究这个"靶向"目标进行综合考量的产物。选择具有代表性的商务英语人才培养模式作为研究样本，对于专门用途英语人才培养模式具有理论研究价值和实践运用价值，是本书设立的基本原因。系统整体观视域下的以商务英语为代表的专门用途英语人才培养模式"整体性"研究课题的形成，主要基于以下七个方面的原因。

1. 人才培养模式"整体性"研究：专门用途英语人才培养模式建设的"共性"课题

走进新时代，各类专门用途英语置身于同样的发展大背景之中，在"双一流"和新文科建设的时代背景下，专门用途英语学科建设、人才培养模式构建、课程体系建设、人才培养目标定位、人才培养模式效能评价等，都是专门用途英语人才培养教育中亟待解决的研究课题。习近平总书记在关于全面深化改革和人才培养的系列讲话中指出，"要注重改革的系统性、整体性"（中共中央文献研究室，2014），并强调"加强人才培养模式的改革，应该牢牢抓住全面提高人才培养能力这个核心点"（中共中央文献研究室，2016）。大学教育聚焦于全面提高人才培养能力这个核心点，将其作为人才培养模式建设的问题导向，充分说明了加强大学人才培养模式"整体性"建设的重要性。站在人才培养模式顶层设计和整体谋划的角度，如何优化人才培养模式要素禀赋，提高人才培养模式"整体性"教育功能，体现专门用途英语多学科合作培养复合型人才的"整体性"教育优势，这既是商务英语人才培养模式建设所面临的现实问题，也是专门用途英语人才培养模式发展中的新问题。加强各种类型专门用途英语人才培养模式的"整体性"建设，提出了以商务英语为代表的专门用途英语人才培养模式"整体性"研究的要求。

2. 人才培养模式"整体性"研究：商务英语"内涵式"发展的重要研究课题

商务英语复合型人才培养模式是我国英语教育改革的成果。客观地说，商务英语复合型人才培养模式在一定时期有其存在的合理性，并对商务英语专业的迅速发展，起到了积极的推动作用。但是，"捆绑起来的舢板不等于航空母舰"。目前商务英语专业的发展，基本上还处于粗放式的发展阶段，呈现出数量型的外延扩张状态。商务英语复合型人才培养模式在发展过程中显示出其局限性：人才培养模式"整体性"建设水平不高，各个院校人才培养模式"整体性"发展不平衡等。值得注意的是，作为复合型人才培养模式的组织形态，"英语 + 商务"人才培养模式的"整体性"问题已经引起学界的高度关注，如何提升人才培养模式“整体性”教育功能，成为学者的核心关切。走进新时代，我国大学教育已经从规模扩张的“外延式”发展转向到提高内在质量的“内涵式”发展的新阶段，体现出大学教育的科学发展观，凸显出专门用途英语人才培养模式“整体性”研究的理论价值和实践价值。由于人才培养模式在大学教育中的重要地位和核心作用，必须对复合型人才培养模式进行再思考、再定位、再优化（宋梅梅，2013）。坚持走我国大学教育“内涵式”发展道路，提出了商务英语人才培养模式“整体性”研究的要求。

3. 商务英语人才培养模式：专门用途英语人才培养模式“整体性”研究样本

我国的专门用途英语人才培养模式的发展与世界上大多数国家是不同的，具有一定的独特性（朱文忠，2011），要走中国特色的大学英语教育发展道路。目前，国内专门用途英语人才培养模式，特别是商务英语复合型人才培养模式在学科边界、研究范畴、研究理论、专业设置模式和人才培养模式等方面，已经超越了专门用途英语教学模式的框架，从专门英语教学模式上升到人才培养模式的层面，成为专门用途英语人才培养模式发展的先行者。商务英语人才培养模式在各种类型专门用途英语人才培养模式中具有典型性，其建设实践提出了中国特色的大学英语人才培养模式建设的研究课题。“正是因为商务英语与专门用途英语之间千丝万缕的联系，相关的发展研究必须从这里开始”（朱文忠，2011）。这揭示商务英语复合型人才培养模式发展过程中显现出的“整体性”问题，具有样本意义和示范辐射作用，可以帮助其他类型专门用途英语人才培养模式建设少交“学费”、少走弯路。总结过去，谋划未来。关于商务英语人才培养模式的研究兼有专门用途英语人才培养模式理论研究的前瞻性。以商务英语人才培养模式为样本，深入研究商务英语人才培养模式的“整体性”建设问题，能够为以商务英语为代表的专门用途英语人才培养模式“内涵式”建设提供发展新路径。

4. 相加组合模式：商务英语复合型人才培养模式建设实践的基本问题

事物的表面现象是研究问题的切入点。本研究在观察和分析复合型英语人才培养模式建设实践和研究文献中发现，在外语界有一个非常流行的观点：“从根本上讲，外语是一种技能，一种载体，只有当外语与某一被载体相结合，才能形成专业”（何其莘 等，1999）。“载体说”是形成“英语 + 专业”的复合型人才培养模式的重要思想基础。在复合型人才培养模式的推广过程中，学界将英语与专业的结合（融合）变换为相加的方式。因而复合型人才培养模式被简单地理解为英语与商务的相加组合模式。因此，在人才培养实践中，复合型人才培养模式演变为“专业 + 专业”“技能 + 知识”“课程 + 课程”等；进而在相加组合的基础上衍生出各种相加复合生成的人才培养模式。虽然它们的具体表现形式各有差异，但具有一个共同的特点：都是在相加组合的基础上，形成了具有加和性的人才培养模式。研究发现，相加组合的模式也渗透到大学英语各个领域，如“英语 + 商务” = 商务英语专业（专业构成）、“英语 + 商务” = 商务英语专业教育课程体系、“英语 + 商务” = 商务英语教学模式、“英语 + 商务” = 商务英语人才培养目标等。可以说，相加组合已经成为复合型人才培养模式整体组成的基本理念和实践范式。

5. “1 +1 <1” ⇒ “1 +1 >2”：学界关于人才培养模式“整体性”建设的目标追求

“英语 + 商务”的复合型人才培养模式的简单加和现象引起了学者们对相加组合人才培养模式“整体性”问题的高度关注。学界一反常态，用“1 +1 <1”这种特殊表述方式来描述“英语 + 商务”人才培养模式的整体现状，说明简单相加人才培养模式“整体性”问题存在的局限性。与此同时，学者又用“1 +1 >2”来表示对商务英语人才培养模式“整体性”增值的目标追求，寄托了对人才培养模式“整体性”建设的心理预期。科学研究的首要任务就是对研究的问题进行描述和解释。学界关于人才培养模式“整体性”的“1 +1 <1”和“1 +1 >2”的讨论，将商务英语人才培养模式“整体性”问题的研究，引入系统科学理论的研究领域。实质上，“1 +1 <1”和“1 +1 >2”都是关于人才培养系统“整体性”状况的基本表述，即人才培养系统出现整体负效应或整体正效应。人才培养模式是最复杂的人才培养要素系统，具有典型的系统整体非加和性。问题的提出是进行理论研究的突破口，也因此产生了这一具有普遍意义的哲学和系统论的理论研究课题：专门用途英语人才培养模式“整体性”研究——以商务英语人才培养模式为例。

6. 人才培养模式“整体性”：系统“整体性”研究的基本范畴

确定问题研究的基本范畴是开展科学研究的基本前提。系统整体观认为，系统是客观事物存在的基本组织形态，一切事物都可以用系统方法研究，这是系统科学的基本信念（苗东升，2006）。按照系统论的基本观点，“整体性”是任何系统最基本的、最主要的特性。把握住系统的“整体性”，也就牵住了关于人才培养系统问题研究的“牛鼻子”，这也是关于商务英语人才培养模式研究的基本出发点。因此，商务英语人才培养模式所具有的人才培养系统的基本属性，决定了必须将商务英语人才培养模式“整体性”研究纳入系统“整体性”的研究范畴。

7. 人才培养模式“整体性”研究：人才培养系统理论研究的科学命题

问题导向是确立研究理论的基本立场。确立基本理论的目的在于寻找规律，解释实践中提出的问题。人类科学史上一个经久不衰的问题，就在于找到研究系统“整体性”最合适的方式。系统“整体性”原理认为，系统不等于组成部分的简单相加，相加组合的整体不是系统，也不具有系统“整体性”。正是由于系统组成部分之间存在着相互联系与相互作用，才使系统呈现出“整体性”；使得整体与部分具有非加和性，体现出系统整体形成的非总和观。系统“整体性”原理说明，相加组合的人才培养模式，本质上是机械整体观的产物，属于简单加和的线性思维，因而难以帮助形成具有“整体性”的人才培养系统，对于商务英语人才培养模式“整体性”建设具有误导作用。系统“整体性”原理为解决因为相加组合带来的商务英语人才培养模式“整体性”问题提供了最合适的科学研究理论，将专门用途英语人才培养模式“整体性”研究推上科学的轨道。

综上，商务英语人才培养模式作为专门用途英语人才培养模式建设的一个典型案例，具有人才培养模式“整体性”研究的样本意义和示范作用，是专门用途英语人才培养模式研究的聚焦点。本书在系统“整体性”原理指导下，将商务英语人才培养模式看作一个人才培养系统，以相加组合的人才培养模式的“整体性”现象作为问题研究的切入点，在分析研究“英语＋商务”人才培养模式建设实践情况的基础上，综合学界关于人才培养模式“整体性”的研究观点，将相加组合人才培养模式的“整体性”问题，纳入人才培养系统“整体性”的研究范畴。

第二节 研究依据

商务英语人才培养模式“整体性”研究对于专门用途英语人才培养模式建设具有整体优化、模式重塑、守正创新、跨界融合的作用，是专门用途英语“内涵式”发展的重要研究课题。作为专门用途英语重要的学科专业分支，商务英语与专门用途英语具有共源性，有着共同的问题区域、共同的实践形式、共同的形成机制、共同的理论支撑，从而为本命题的设立提供了问题依据、实践依据、理论依据和学科依据。

一、问题依据

问题是确立研究课题的基本前提。客观实际中存在的现实问题决定了研究方向，是研究问题立论的价值选择。研究认为，以商务英语为代表的专门用途英语人才培养模式“整体性”建设水平不高，各种类型人才培养模式“整体性”建设发展不平衡是专门用途英语人才培养实践中的基本问题。提高商务英语人才培养模式“整体性”建设水平，提升人才培养模式的“整体性”教育功能，既是当前商务英语人才培养模式建设的现实课题，也是现在和将来专门用途英语人才培养模式建设所面临的共性问题，因而成为关于专门用途英语人才培养模式的主要研究内容。专门用途英语人才培养实践中存在的共同的基本问题成为确立本研究目标的问题依据和实践依据。具体而言，商务英语人才培养模式建设实践中存在的“整体性”问题，是确立本研究命题的基本理据。

1. 交叉学科的“整体性”矛盾关系

商务英语人才培养模式建设最基本的问题是交叉学科之间的矛盾关系，其实质就是因为学科交叉带来的人才培养模式的“整体性”问题。因此，作为人才培养模式的学科基础，交叉学科的“整体性”关系是商务英语人才培养模式“整体性”建设必须面对的现实问题。建立在交叉学科基础上的商务英语人才培养模式，必然会出现原有单一学科英语人才培养模式所没有的新问题，如交叉学科的相互关系、专业方向的多样性、多学科课程知识交集、培养目标内涵的多元性等。作为人才培养模式的学科基础，交叉学科的“整体性”关系既是商务英语人才培养模式“整体性”研究的主要内容，也是商务英语人才培养模式“整体性”建设的基础性问题，成为设定本研究命题的问题依据。

2. 相加组合的“整体性”问题

商务英语人才培养模式建设存在的“整体性”问题说明，相加组合的人才培养模式难以形成人才培养系统“整体性”，并给商务英语人才培养模式带来了诸多方面的“整体性”问题，直接影响到商务英语人才培养模式的“整体性”建设发展。针对“英语+商务”人才培养模式在人才培养实践中出现的“整体性”问题，提出了关于商务英语人才培养模式“整体性”形成机制的研究课题，成为设立本研究命题的问题依据。

二、实践依据

实践是形成研究问题的源泉，也是确立研究问题的基本依据。以商务英语为代表的专门用途英语人才培养模式“内涵式”建设发展需求，学界关于商务英语人才培养模式现实状况的评价与发展展望，为确立本研究命题提供了实践依据。

研究认为，主导和推动人才培养模式可持续发展在于人才培养系统的内生动力。“内涵式”发展强调人才培养模式的内在禀赋、内部动力和内部创造力的不断优化重组，注重内在关系的自我组织、自我调控、自我更新，从而促进商务英语人才培养模式的可持续发展。商务英语人才培养模式要走“内涵式”发展道路，通过引进高级要素，优化人才培养模式内部结构，实现人才培养模式的转型升级，从而提高人才培养模式“整体性”建设水平。加强商务英语人才培养模式“整体性”建设，成为设立本研究命题的目标依据。交叉学科具有综合创造性，建立在交叉学科基础上的商务英语人才培养模式，成为培养综合型创新人才的基本途径。提升商务英语人才培养模式“整体性”教育功能，是商务英语人才培养模式“整体性”研究的目标追求，成为本研究命题的实践依据。

关于商务英语人才培养模式"整体性"研究，要贯彻系统"整体性"原理，摒弃简单加和的整体组合方式，将相互联系、相互作用作为构建人才培养模式"整体性"的思想方法，破解"知识+知识"的简单复合困局，为商务英语人才培养模式"整体性"建设提供基本思路。据此，商务英语人才培养模式建设实践中存在的"知识+知识"简单复合现实状况，成为确立本研究命题的事实依据。学者关于人才培养模式"1+1<1"或"1+1>2"的研究观点，是对商务英语人才培养模式"整体性"状况的总结与发展期望，成为本研究命题的实践依据。

三、理论依据

系统"整体性"原理作为研究整体非加和性系统科学原理，是研究商务英语人才培养模式"整体性"最合适的理论方法。交叉科学"整体性"原理，为基于交叉学科的商务英语人才培养模式"整体性"研究，提供了交叉科学理论指导。辩证整体观的相互联系、相互作用的基本原理，是关于商务英语人才培养模式"整体性"研究科学理论共同的思想基础。上述理论原理共同成为本研究命题设立的理论依据。

1. 系统"整体性"原理

整体非加和性是系统"整体性"原理的理论内核。系统"整体性"原理是对相加组合整体观的否定，体现出整体（系统）与部分（要素）、部分（要素）与部分（要素）相互联系、相互作用的整体总和观。它将关于商务英语人才培养模式"整体性"研究纳入科学的轨道，为研究和解决相加组合带来的商务英语人才培养模式"整体性"问题提供了认识论和方法论，为确立商务英语人才培养模式"整体性"研究课题提供了系统科学的理论依据。

2. 交叉科学"整体性"原理

交叉科学是关于知识系统整体效益和效率的科学。"整体性"是交叉科学最重要的基本特性，"整体性"原理是交叉科学的基本原理。交叉科学的"整体性"关系促成交叉学科之间整体化合作，体现出基于交叉学科的商务英语人才培养模式"整体性"研究的本源性。交叉科学"整体性"原理为基于交叉学科的商务英语人才培养模式"整体性"研究提供了科学的理论指导，为确立本研究命题提供了交叉科学的理论依据。

3. 辩证整体观的基本原理

辩证整体观是用辩证的观点看待和解决整体与部分、部分与部分关系的理论。作为马克思主义哲学典型观点的辩证整体观的相互联系、相互作用的基本原理，是关于商务英语人才培养模式“整体性”研究的思想基础。实质上，所谓系统整体非加和性就是部分与部分之间的相互联系、相互作用形成的“整体性”关系，非线性的相互作用是形成系统“整体性”的根本原因。因此，从方法论角度看，关于事物（部分）与事物（部分）之间相互联系和相互作用的观点，既是唯物辩证法的基本原理，也是系统论和交叉科学重要的思想基础。辩证整体观为商务英语人才培养模式“整体性”研究提供了科学的方法论，也为确立本研究命题提供了马克思主义哲学理论依据。

四、学科依据

现代科学发展的重大特征就是学科之间的横向渗透、交叉与融合。关于交叉学科交叉融合的形成机制说明，交叉学科之间存在着互补性、包容性、综合性等特性。学科之间功能、知识、思维方式的互补，形成了交叉学科所特有的优势互补的合作机制。建立在学科之间相互联系、相互作用基础之上的交叉学科，具有原学科所没有的学科整体新性质、学科整体新功能、学科整体新优势，从而形成了交叉学科的整体效应。培养人才是建立交叉学科的基本任务，多学科合作培养人才是商务英语交叉学科的基本特征。任何一种人才培养模式都是建立在一定的学科基础之上的。交叉学科是人才培养所依托的知识体系，成为形成人才培养模式“整体性”的学科基础支撑。商务英语交叉学科的形成机制说明，交叉学科是跨学科人才培养模式产生、发展的内在根据。专门用途英语具有学科交叉的基本特征，交叉学科的形成机制原理为确立本研究命题提供了学科依据。

第三节　研究目标和研究问题

开展商务英语人才培养模式“整体性”研究，能为各种类型专门用途英语人才培养模式提供示范和标杆作用，达到目标指引、正本清源、扬长避短、兼收并举的研究目的，从而有效地推动各种类型专门用途英语人才培养模式“整体性”建设发展。这也正是本书将商务英语人才培养模式作为研究对象，依据系统“整体性”原理，展开关于商务英语人才培养模式“整体性”研究的出发点和落脚点。

人才培养模式“整体性”建设是以商务英语为代表的专门用途英语“内涵式”发展的核心问题，是本书研究的基本目标。加强人才培养模式“整体性”建设，可以改变人才培养模式的要素禀赋，优化人才培养模式内部结构，实现人才培养模式的转型升级，从而达到人才培养系统整体优化的目的。商务英语人才培养模式“整体性”研究的最终目的，就是要形成人才培养模式的整体新性质、整体新功能、整体新优势；

提高开办商务英语专业院校的商务英语人才培养模式“整体性”建设水平。围绕着这个目标，本研究具体分为以下五个研究问题。

1. 基于交叉学科的商务英语人才培养模式形成“整体性”问题的原因是什么？

基于交叉学科的商务英语人才培养模式的基本问题是交叉学科的矛盾关系，实质上就是交叉学科带来的人才培养模式的“整体性”问题。交叉学科既是商务英语人才培养模式产生、发展的内在根据，也是形成商务英语人才培养模式“整体性”问题的深层次原因。人才培养模式必须建立在一定的学科基础之上。交叉学科作为人才培养模式的学科基础，是商务英语人才培养模式的重要组成部分。基于交叉学科的商务英语人才培养模式形成“整体性”问题原因的研究，在商务英语人才培养模式“整体性”研究中具有先导性作用，是确定商务英语人才培养模式“整体性”研究对象的关键环节，为界定商务英语人才培养模式构成的其他要素奠定了“整体性”的学科基础。本研究在系统“整体性”原理指导下，逐步解决以下问题：商务英语交叉学科由哪些学科组成？商务英语交叉学科与人才培养模式的基本关系是什么？商务英语人才培养模式的基本问题是什么？商务英语交叉学科的形成机制是什么？商务英语人才培养模式形成“整体性”问题的原因和思想根源是什么？

2. 商务英语人才培养模式具有“整体性”的构成要素有哪些？

任何一个系统都是由若干要素组合的集合体。关于商务英语人才培养模式“整体性”研究，必须首先界定商务英语人才培养模式构成要素，从而为人才培养模式“整体性”数学模型的计算分析和展开商务英语人才培养模式“整体性”实证分析设定具体研究对象。关于商务英语人才培养模式构成要素的研究，需要明确下列问题：商务英语人才培养模式包括哪些构成要素？商务英语人才培养模式构成要素的界定属于什么科学理论的研究范畴？怎样看待构成要素与商务英语人才培养模式的“整体性”关系？将关于商务英语人才培养模式构成要素的界定纳入系统与要素的研究范畴，是将系统“整体性”原理运用于商务英语人才培养模式研究的有益尝试。本研究将学科基础、专业设置模式和课程体系作为商务英语人才培养模式构成要素，这既是对商务英语人才培养实践经验的概括总结，也是商务英语多学科合作培养人才的现实需求。关于商务英语人才培养模式具有“整体性”的构成要素的界定，是建立商务英语人才培养模式“整体性”综合评价数学模型的前提条件，成为关于商务英语人才培养模式“整体性”状况实证分析的切入点。

3. 如何构建商务英语人才培养模式“整体性”模糊综合评价数学模型，展开关于商务英语人才培养模式“整体性”状况的定量分析?

系统科学在研究任何一个系统时都必须应用数学方法，这是系统科学方法论的基本特点。因此，应用数学方法评价分析人才培养系统的“整体性”状况，成为商务英语人才培养模式“整体性”实证分析的基本工具。建立一个合适的数学模型，是人才培养系统应用数学方法分析和解决问题的关键，是本研究实证分析的基础性问题。如何将定性的概念（现象）转换为量化指标？如何将模糊的概念（现象）用具体的数值表现出来？选择什么数学分析方法作为建立数学模型的基本方法？为了解决以上问题，需要建立一个基于模糊数学理论的综合评价数学模型。

研究认为，商务英语人才培养模式“整体性”模糊综合评价数学模型计算分析的结果，既可以反映出各分系统及其内部指标的局部状况，也可以反映出人才培养系统的“整体性”状况。它有利于在系统“整体性”原理指导下，对比分析 14 所院校商务英语人才培养模式“整体性”的基本状态。关于 14 所院校商务英语人才培养模式的评价结果，可以为商务英语人才培养模式“整体性”实证分析提供数理支撑。据此，如何构建本研究的数学模型和展开相关计算，成为在界定商务英语人才培养模式构成要素（研究对象）基础上的一个重要研究问题。

4. 基于模糊综合评价数学模型的商务英语人才培养模式“整体性”建设状况如何?

商务英语人才培养模式“整体性”建设是本研究的基本目标。目前，不同层次、不同类型、不同地域的院校中商务英语人才培养模式“整体性”建设的实际情况如何？商务英语人才培养模式“整体性”建设的经验成果有哪些？商务英语人才培养模式“整体性”建设存在的主要问题是什么？本研究在系统“整体性”原理指导下，选定国内开办商务英语专业的 14 所院校作为实证分析对象，以模糊综合评价数学模型产生的“整体性”评估结果（指标数值）为依据，以交叉性、完整性、层次性、关联性、有序性等作为研究范畴，展开商务英语人才培养模式五个分系统和商务英语人才培养模式整体状况的实证研究。在形成 14 所院校商务英语人才培养模式“整体性”建设状况基本结论的基础上，本研究提出加强商务英语人才培养模式“整体性”建设的具体对策与建议，为研究和解决目前商务英语人才培养模式存在的整体加和性问题提供基本思路。关于 14 所院校商务英语人才培养模式“整体性”建设状况的实证研究，成为商务英语人才培养模式“整体性”研究的聚焦点。

5. 在商务英语人才培养模式“整体性”研究的基础上，如何探索专门用途英语人才培养模式建设发展的新路径？

专门用途英语人才培养模式的“整体性”研究是一个宏观的研究课题，也是一个关于人才培养模式建设长久的研究命题，具有问题研究的复杂性和艰深性，这正是本研究没有直接研究专门用途英语人才培养模式，而是选择商务英语人才培养模式作为研究对象的根本原因。专门用途英语是各种类型专门用途英语的集合体，各种类型人才培养模式之间存有差异性。同时，在专门用途英语发展过程中，商务英语与其他类型专门用途英语处于不同的发展阶段。它们既有共性的问题区域，也有不同的问题关切。如何在专门用途英语人才培养模式“整体性”建设目标指引下，注重各种类型专门用途英语学科和人才培养模式建设的核心关切，统筹关于专门用途英语建设相关问题的研究？如何将共性的问题研究与个性的问题研究相结合，从而形成一个关于专门用途英语“整体性”的研究机制？如何将本命题（理论假设）与专门用途英语建设实践相结合，进而提出以商务英语为代表的专门用途英语人才培养模式“整体性”建设发展的基本思路，成为本书研究目标的落脚点。综上，本研究借鉴商务英语人才培养模式“整体性”的研究成果，在总结专门用途英语学科与人才培养模式建设的主要成就和基本问题的基础上，以加强人才培养模式“内涵式”建设为抓手，提出加强人才培养模式“整体性”建设的启示与建议，探索具有中国特色的专门用途英语人才培养模式建设发展的新路径。

第四节 研究路径

本书的研究路径大致为：阐述研究背景（命题立论依据）—归纳提炼问题（确立研究目标）—梳理研究观点—确立研究理论—分析问题原因—界定研究对象—建设分析平台（数学模型的构建与计算）—实证研究分析—问题研究结论（具体对策建议）—提出建设思路（总结与展望）等十个部分。具体研究路径（内容）见图 1.1。

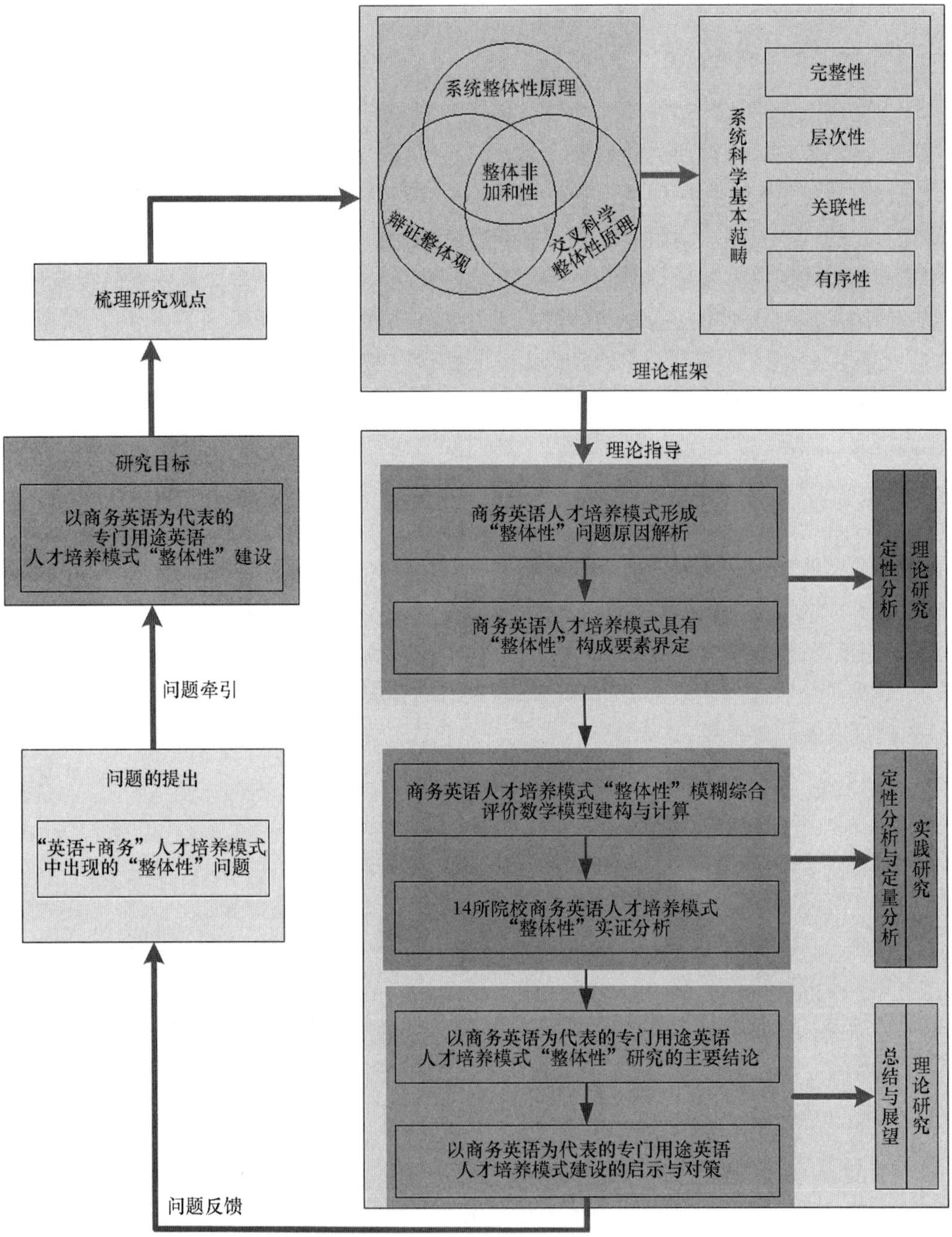

图 1.1　专门用途英语人才培养模式“整体性”研究路径

第五节　研究方法与数据收集

一、研究方法

本研究的研究方法具有跨学科性、多样性和综合性的基本特点，包括文献综合分析法、调查研究法、德尔菲咨询法、层次分析法、模糊层次综合评价法等方法。其中，理论与实践相结合的研究方法、系统研究法、比较分析法、模糊综合评价数学模型是基本研究方法。另外，本研究在实证分析时采用定性分析与定量分析相结合的混合研究方法。

1. 理论与实践相结合的研究方法

本研究以理论指导实践，又以实践丰富理论。采用规范研究和实践研究相结合、定性研究与定量研究相结合的研究范式，展开以商务英语为代表的专门用途英语人才培养模式"整体性"研究。本研究建立的"整体性"评价指标体系，将研究对象（人才培养模式构成要素）与交叉性、完整性、层次性、关联性、有序性等研究范畴相结合，组成了商务英语人才培养模式"整体性"分析框架，形成了理论研究和实践研究相结合的研究范式。本研究的实证分析在数学模型产生的指标数据和评估排序的基础上，通过指标与指标、分系统与分系统、学校与学校之间的对比分析，说明 14 所院校人才培养模式"整体性"评估的基本情况，总结出商务英语人才培养模式"整体性"特色和"整体性"问题，最终产生 14 所院校人才培养模式"整体性"建设状况的基本结论。另外，在总结以商务英语为代表的专门用途英语人才培养模式"整体性"研究结论的基础上，从理论和实践两个方面提出了加强专门用途英语人才培养模式"整体性"建设的启示与建议。

2. 系统研究方法

系统研究方法是社会科学领域中普遍使用的科学研究方法。当今，几乎没有一门社会科学不使用系统科学的概念和方法，不与系统科学发生交叉作用（解恩泽 等，1991）。系统研究方法，是按照事物本身的系统性，把研究对象放在系统的形式中加以考察的方法。即从系统的观点出发，始终着重从整体与部分（要素）之间相互联系、相互作用的关系中综合地考察对象，从而在整体上达到最优化的研究方法。系统方法的出发点和落脚点都是整体，它比以分析、综合的传统思考方法具有明显的优越之处

（解恩泽 等，1991）。定性分析与定量分析相结合，是系统研究方法区别于其他研究方法的基本特征。系统研究方法主张把定量描述与定性描述、确定论描述与非确定论描述、精确方法与模糊或近似方法结合起来，从而扩展了系统研究方法的有效性（苗东升，2016）。系统论以整体非加和性为基本理据，以相互联系、相互作用作为系统“整体性”的形成机制，为研究具有整体非加和性的系统提供了科学的认识论和方法论。系统方法的基本认识功能，在于奠定和概括了研究复杂系统的方法论基础。这些系统都具有整体化特征（解恩泽 等，1991）。人才培养模式是典型的人才培养要素系统。商务英语人才培养模式具有系统“整体性”的特质。它是由学科基础、培养目标、培养内容、培养方式和培养评价等要素组成的人才培养系统。这些要素之间的相互联系、相互作用可以形成人才培养系统整体非加和性的功能效应。上述五大要素与人才培养系统的关系、五大要素之间的相互关系，是本研究的基本内容。因此，系统研究方法成为本研究贯穿始终的方法论基础。

3. 模糊综合评价数学模型

用数学模型表示系统问题，给出精确解，是系统科学走向成熟的必由之路（苗东升，2016）。数学模型是定量分析的主要形式，建立数学模型是社会科学应用数学方法分析和解决问题的关键。所谓数学模型，是指将所研究的现实原型的本质特征和关系，用数学语言表达出来的一种形式化结构。按所运用的数学方法不同，可把数学模型分为必然性数学模型、随机性数学模型、模糊性数学模型和突变性数学模型四种类型（解恩泽 等，1991）。模糊性数学模型是用于描述模糊现象数量关系及其规律的模型。人才培养模式作为一个复杂的人才培养系统，存在着诸多不确定的因素和模糊现象，用传统的数学分析方法无法进行评价分析。因此，模糊性数学模型成为商务英语人才培养模式“整体性”研究的理性选择。应用数学工具对系统进行分析研究是系统科学的显著特点。本研究在系统“整体性”原理统领下，以模糊数学理论为指导，将商务英语人才培养模式“整体性”评价指标体系（分析框架）、基于层次分析法（AHP）确定各层指标的权重值、对14所院校商务英语人才培养模式各层级指标的模糊综合评价三者有机地结合在一起，建构成“整体性”模糊综合评价数学模型。该数学模型推导演算出14所院校商务英语人才培养模式各项评价指标具体数值，得出各个院校商务英语人才培养模式“整体性”评价排序和各个层级指标排名，形成了关于商务英语人才培养模式“整体性”的评估结果，为展开商务英语人才培养模式“整体性”实证分析奠定了数理分析的基础。该数学模型将定性的指标转换为定量的指标，具有结果清晰、系统性强的特点。它较好地解决了模糊因素量化分析的问题，符合商务英语人才培养模式“整体性”研究的基本需求，成为关于人才培养系统实证研究的数学分析方法。

4. 比较分析方法

比较分析方法是将具有某种联系的事物加以对照，找出其相同与相异之处，从而把握研究对象所特有的质的规定性的一种思维方法和研究方法（魏宏森 等，2009）。以商务英语为代表的专门用途英语人才培养模式“整体性”研究，实质上就是一种比较分析方法视角下的研究范式。商务英语是专门用途英语的重要分支，将商务英语人才培养模式与其他类型专门用途英语人才培养模式进行对比分析，可以为专门用途英语人才培养模式建设提供借鉴参照。本实证研究采用综合比较方法，即将纵向比较与横向比较相结合，形成一个商务英语人才培养模式“整体性”的综合分析研究模式。一是纵向比较，即对分系统（要素）中上下级指标相互联系、相互作用关系的比较。二是横向比较，即同一个分系统内各个要素间横向关系的比较，如五个分系统内部指标的比较。关于14所院校商务英语人才培养模式“整体性”的实证研究，主要采用两两比较分析方法。它以数学模型产生的评估指标数值作为基本参照，选取2所或3所院校作为分析对象，对它们进行相关指标的对比分析，排名越靠前说明该院校商务英语人才培养模式“整体性”越强，排名越靠后则说明该院校商务英语人才培养模式“整体性”越弱。因此，比较研究方法是本实证研究的基本研究方法。

二、数据收集

本研究的数学模型要计算出14所院校人才培养模式各项评价指标的具体数值（评估结果），然后进行商务英语人才培养模式“整体性”建设状况的实证分析。其重要的前置条件是必须有相关的原始数据，这就涉及数据来源和原始数据统计问题。本研究关于数据来源、研究对象及数据收集过程等，将在第六章中进行具体阐述，此处仅做简单介绍。

本研究按照确立研究对象的基本标准，选定14所开办商务英语专业的院校作为研究对象，采用多种渠道与多种方法收集14所院校的原始数据。14所院校的原始数据涉及五大板块，即学科基础、培养目标、培养方式、培养内容和培养评价。数据来源主要包括14所院校官方网站，人才培养方案，学校通识教育课表，学生与教师问卷调查（见附录11～附录12），商务英语领域专家、教师、行政人员与学生的访谈（见附录13），商务英语专业教师学科教育背景统计，商务英语专业学生英语专业四级、八级合格率，毕业生就业率及国际人才英语考试合格率，等等。

第六节　研究结构

本研究在系统“整体性”原理的指导下，将研究对象分为三个层次。第一个层次是理论层面的商务英语人才培养模式。主要研究商务英语人才培养模式形成整体加和问题的原因，以及界定商务英语人才培养模式具有“整体性”的构成要素。第二个层次是实践层面的院校商务英语人才培养模式。本研究选定14所院校作为实证分析对象，以数学模型产生的“整体性”评估结果为依据，以交叉性、完整性、层次性、关联性、有序性、特色性等作为分析标准，展开关于商务英语人才培养模式“整体性”建设状况的实证分析。第三个层次是以商务英语为代表的专门用途英语人才培养模式。主要是在商务英语人才培养模式“整体性”研究的基础上，借鉴商务英语人才培养模式的研究成果，通过总结专门用途英语学科与人才培养模式建设的主要成就和基本问题，在研究理论指导下，提出解决问题的启示与建议，进而提出专门用途英语人才培养模式建设发展的基本思路。

本研究按照系统（整体）与部分（要素）、部分（要素）与部分（要素）的“整体性”研究范畴，采取理论研究与实证分析相结合的研究范式，建立了一个完整的专门用途英语人才培养模式“整体性”的研究体系。本研究的基本结构分为：基础研究部分（包含阐述课题研究背景、解析课题研究原因、确立课题研究依据、确定研究问题与研究目标、归纳梳理研究观点、确立研究基本范畴和研究理论框架等），理论研究部分（包含界定交叉学科组成、界定交叉学科与商务英语人才培养模式的基本关系、确立商务英语人才培养模式建设的基本问题、解析形成问题原因、确立主要研究对象等），实证研究部分（包含构建数学分析模型与展开相关计算分析、基于数学模型产生的计算数据的实证分析等），总结部分（包含本书研究的基本结论、启示与建议、研究意义、发展展望和后续研究的设想计划等）。本研究主要分为以下九个章节。

第一章为导论，介绍研究背景、研究原因、研究依据、研究问题、研究目标、研究路径、研究方法、数据收集和研究结构。

第二章为文献综述，主要分为国外“整体性”研究、国内人才培养模式“整体性”研究、商务英语复合型人才培养模式“整体性”研究三大部分。学者关于复合型人才培养模式“整体性”研究观点，体现出学界关于“整体性”问题的研究状况，揭示出“英语+商务”人才培养模式存在的“整体性”问题，有着问题导向的功能作用，是本章的主要组成部分。

第三章为理论框架。本研究以系统“整体性”原理、辩证整体观、交叉科学“整体性”原理为理论基础，设立了完整性、层次性、关联性、有序性等基本研究范畴，它们与理论基础组成了本研究的理论框架。整体非加和性是系统“整体性”原理的理论内核，也是本章的核心内容。

第四章为商务英语人才培养模式形成“整体性”问题原因解析。本章在分析商务英语交叉学科矛盾关系的基础上，界定了商务英语学科的基本问题——交叉学科的“整体性”关系。本章在研究交叉学科与商务英语人才培养模式相互关系的基础上，解析了商务英语人才培养模式形成“整体性”问题的基本原因，揭示了商务英语人才培养模式形成“整体性”问题的思想根源。同时，界定了商务英语人才培养模式学科基础的基本组成，即语言学、经济学、管理学和法学（国际商法）等。

第五章为商务英语人才培养模式具有“整体性”的构成要素界定。本章以系统与要素为基本范畴，界定了商务英语人才培养模式的五大要素，即学科基础、培养内容、培养目标、培养方式、培养评价等，设定了主要研究对象（人才培养系统的五个分系统），确立了基于交叉学科的商务英语人才培养模式的基本构成。

第六章为商务英语人才培养模式“整体性”模糊综合评价数学模型建构与计算。本章以模糊数学理论为指导，将商务英语人才培养模式“整体性”评价指标体系、基于层次分析法确定的指标权重值、关于商务英语人才培养模式各层次指标的模糊综合评价三者有机地结合在一起，建构出“整体性”模糊综合评价数学模型。并以该数学模型为实证研究平台，选定 14 所院校作为数学模型的评估对象，在对原始数据整理分析的基础上，产生 229 个标准化数据。通过模糊综合评价，最终得到 88 个关于 14 所院校商务英语人才培养模式“整体性”评价指标数据，为商务英语人才培养模式“整体性”实证研究奠定了数据分析基础。

第七章为 14 所院校商务英语人才培养模式“整体性”实证分析。本章将 14 所开办商务英语专业的院校作为研究对象，在模糊综合评价数学模型产生的计算结果（各项数据）的基础上，根据设立的基本研究范畴，对院校商务英语人才培养模式进行指标与指标、分系统与分系统、学校与学校之间的对比分析。本研究说明了各个院校商务英语人才培养模式“整体性”评估情况，总结出关于 14 所院校商务英语人才培养模式“整体性”建设状况的基本结论，并针对本研究实证分析发现的“整体性”问题，提出了加强商务英语人才培养模式“整体性”建设的具体对策与举措。

第八章为以商务英语为代表的专门用途英语人才培养模式“整体性”研究结论。本章在研究理论的指导下，通过相关“主题”（章节）的论证分析，在人才培养模式“整体性”实证研究的基础上，针对研究问题，得出商务英语人才培养模式“整体性”建设状况的研究结论。本章在总结专门用途英语建设主要成就的基础上，通过将商务英语人才培养模式与专门用途英语人才培养模式进行对比分析，揭示出专门用途英语学科和人才培养模式发展过程中的主要问题，并提出了加强专门用途英语人才培养模式建设的启示与对策，阐明了本研究的理论意义与实践意义，形成了本研究的基本结论。以商务英语为代表的专门用途英语人才培养模式“整体性”研究结论，为后续的专门用途英语人才培养模式建设发展专题研究提供了认识路径和研究基础。同时，本章还提出了本研究的局限性和后续研究的设想计划。

第九章为以商务英语为代表的专门用途英语人才培养模式发展展望。进入中国特色社会主义新时代，高质量发展成为大学教育建设发展的主题。高质量发展是专门用途英语教育的基本遵循，“内涵式”发展成为专门用途英语人才培养模式“整体性”研究的目标追求。本章在阐述专门用途英语人才培养模式“内涵式”发展基本内涵的基础上，借鉴以商务英语为代表的专门用途英语人才培养模式“整体性”研究成果，提出了专门用途英语人才培养模式建设发展的基本思路。

第二章　文献综述

系统是客观事物存在的基本组织形态，其最基本的、最主要的特性是“整体性”（解恩泽 等，1991）。把握住系统的“整体性”，也就找到了研究和解决系统“整体性”问题的基本途径。“整体性”是系统科学理论研究的基本范畴。各种系统理论都将系统的“整体性”纳入研究范畴，如系统论、控制论、信息论、协同学，以及系统工程、非线性科学和交叉科学等，都把“整体性”作为基本问题或研究的基本出发点。人才培养模式是由若干要素组成的人才培养系统，具有典型的“整体性”。因此，将商务英语人才培养模式“整体性”研究纳入系统“整体性”原理的研究范畴，按照问题导向进行文献的收集整理和分析研究，是一个基本思路。

综合研究认为，人才培养模式“整体性”研究在国内外学界还是一个空白点。关于专门用途英语人才培养模式的研究，也是国内大学英语界理论研究中一块尚待开垦的“处女地”，因为学者们的相关研究主要集中在“专门用途英语教学模式”和“专门用途英语课程”两个方面，专门用途英语研究基本上还处于教学理论和教学实践范围。国内学者如蔡基刚、秦秀白、李思阳、陈悦、谢玉华、刘懋琼等，虽然提出了“专门用途英语人才培养模式”“专门用途英语复合型人才培养模式”“ESP 复合型外语人才培养模式”“复合型人才培养模式”“英语复合型人才培养模式”等概念范畴，但都没有就专门用途英语人才培养模式给出一个被学界基本认可的概念定义。有学者认为，中国的专门用途英语不仅是一种教学方法，而且是一种崭新的英语教育类型，更是一种复合型英语人才的培养模式。“语言 + 专业知识”的英语复合型人才培养模式就是专门用途英语人才培养模式。但学者仅仅是提出一种观点，并没有展开专门的论证分析。关于专门用途英语人才培养模式的基本概念、内涵与外延、要素组成、研究范畴、基本原理等，都是关于专门用途英语研究的空白点。专门用途英语研究被局限在教学模式和教学实践的框架内，缺乏关于人才培养模式的专门化、系统化的理论研究。在上述研究背景下，为了真实地反映学界关于人才培养模式“整体性”研究状况，总结人才培养模式“整体性”研究的经验成果，为人才培养模式“整体性”建设提供借鉴参考，本研究扩大了文献收集范围和研究视野，将涉及系统、整体、交叉学科、交叉教育等问题的研究文献也作为收集整理的目标。

本章分为以下三个部分：国外关于“整体性”的研究、国内关于“整体性”的研究、商务英语复合型人才培养模式“整体性”研究，研究路线见图2.1。商务英语复合型人才培养模式“整体性”研究可以体现目前学界关于“整体性”研究的整体状况，揭示目前人才培养模式存在的“整体性”问题，提炼相关研究的经验成果，有着问题导向的功能作用，是本章的主要组成部分。

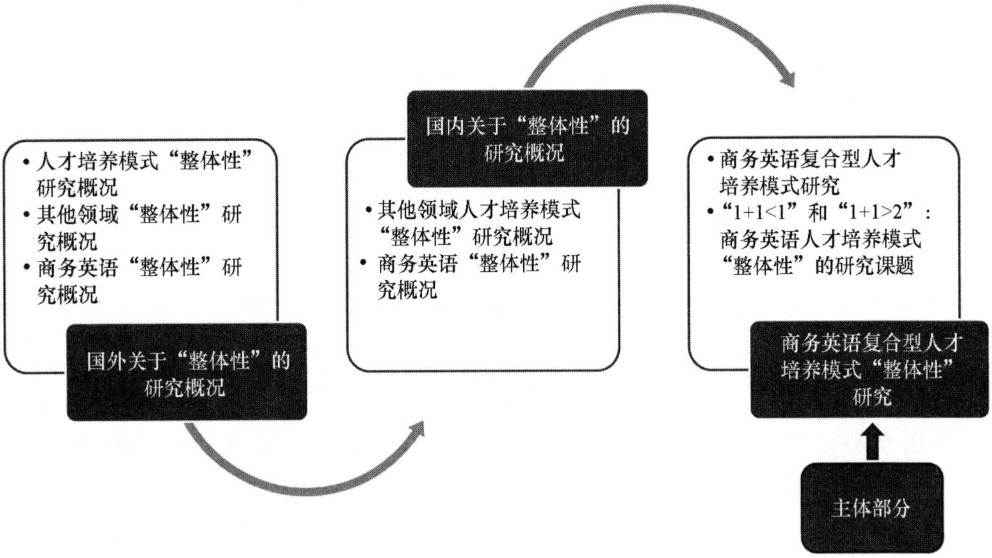

图2.1　文献综述的研究路线图

本研究认为，文献分析对于问题的研究具有如下意义：一是可以反映出目前人才培养模式“整体性”研究现状；二是可以总结人才培养模式“整体性”建设的经验成果和存在的“整体性”问题，为商务英语人才培养模式“整体性”建设提供借鉴参考；三是可以提供研究思路。

第一节　国外关于“整体性”的研究概况

为了解国外学界关于商务英语人才培养模式“整体性”的研究情况，笔者查阅了SAGE Knowledge，Taylor & Francis Online，ProQuest，SpringerLink Online Journals，Wiley Online Library，Elsevier 等主要数据库，查阅的期刊有：*Journal of Advanced Academics*，*Gifted Education International*，*Asia Pacific Education Review*，*Journal of Teacher Education* 等。在这些文章中没有发现相关文献。笔者查阅国外关于人才培养模式、“整体性”和商务英语三个方面的研究文献发现：国外研究文献主要关注中学人才培养模式；在社会其他领域关于“整体性”的研究范围广阔，但研究主题与本研究存有较大的差异；

关于商务英语主题的研究文献极少关注人才培养和“整体性”，更多是关于话语分析、体裁分析和课程设置。笔者尽可能地在国外研究文献中收集相关研究观点（内容），力图反映国外关于人才培养模式“整体性”研究的基本概况。据此，本研究将国外“整体性”研究概况分为三个部分：一是人才培养模式“整体性”研究；二是其他领域“整体性”研究；三是商务英语“整体性”研究。

一、人才培养模式“整体性”研究概况

国内学者王晓辉（2014）指出，“人才培养模式”是从20世纪中期开始在我国普遍使用的一个概念，带有较浓厚的中国色彩，国外很少使用，也缺乏关于人才培养模式的系统研究。本研究从国外主流数据库中检索到14篇关于人才培养模式的文章。梳理后发现，国外学者主要是研究中学人才培养模式（以美国居多），而没有研究大学人才培养模式。国外学界研究文献扎堆于中学人才培养模式有着特定的社会背景。进入21世纪，美国教育界意识到中学的人才培养模式已经不适应社会经济的发展需求。由于中学普遍采用人才分类培养模式，即选拔出学业成绩优秀的学生，给予其高水平的学术培训。这种精英式人才培养模式没有给大部分的公立高中、非选择性高中创造良好的学习环境，因此许多中学出现了一系列问题，如辍学率高，学生出勤率低，学生学习成绩差，学校学习气氛低迷，等等（James M. McPartland 等，2001）。民众对此颇有微词。在这种情况下，美国教育部门成立了专门的风险学生教育研究中心（CRESPAR），并与高校合作研究开发新型的人才培养模式。最终，这些具有新理念的人才培养模式带来了人才培养的巨大变革，改变了中学的教学环境，体现出人才培养模式的宗旨——使所有人都成功。

1. 国外主要的人才培养模式

国外学者总结出以下几种主要针对中学生设计的人才培养模式。如何开发学生的发展潜力，让所有的学生都成为人才，是这些人才培养模式的基本特点。

首先是CRESPAR。该中心的核心工作就是实施综合性学校改革的人才培养模式，因此建立了四种学校改革模式。第一种是所有成功模式，这是一种早期阅读的创新方法，包括初等和中等教育，其核心内容是强调合作学习；第二种是人才培养高中模式，这是一种综合性改革模式，主要是重构学习空间、学习时间和等级制度，从而提高处于贫困条件下学习能力较弱的学生的成功率；第三种是人才培养中年级模式，该模式提供了阅读、数学、历史和科学等学科的标准课程，这些主题课程为学生提供了更多学习的机会；第四种是学校改革的人才追求模式，该模式在整个教育范围内开展以研究为基础的活动，包括教师的职业发展、组织发展、领导能力提高，学校与家庭的伙伴关系，最大限度地帮助学生获得学习机会。

Francois Gagné（2015）构建"天赋与人才的区分"模式。该模式将天赋与人才的分化作为理论基础，认为学生才华起源于天赋，并且是不断发展的。

Constance M. Ellison（2004）提出"人才发展专业发展评价"模式。该模式以人才发展为指导理念，阐明一个概念，即所有学生都有自身需求驱动力。该模式以学校为重点进行专业活动学习，并为反思性课堂实践提供共同建构主义的学习方法。

Joseph Renzulli（2014）介绍了"全校充实"模式。该模式使世界不同地区的学校能够为学生个人提供机会发现自身潜力，并帮助其能力达到最高水平，已被许多国家广泛认可。该模式旨在通过让学生根据自身的能力、兴趣、学习风格掌握各种学习经验，从而培养所有学生成为人才。研究表明，该模式将学校作为整体改进的组织模型，允许学校根据当地资源、学生人口统计、学校动态以及教师力量，开发独特项目。

Kristina Ayers Paul 等（2016）设计了"基于场所的人才培养投资"模式。该模式是一种以社区投资方式培养高潜能青年人才的模式，旨在帮助有才能的年轻人发展适应环境所需的知识、技能和工具。

2. 具有"整体性"色彩的人才培养模式

关于"全校充实"模式的研究，体现出该人才培养模式所具有的"整体性"特征。A. Wade Boykin（2012）提出，学校改革必须是系统的，而不能是零碎的或散乱的，不是一个个相对独立的改进活动的任意集合。该模式基于"整体性"原理进行设计构造，体现了互相联系、互相融合的"整体性"特征。"全校充实"模式是 Renzulli（1978）"三环"概念的体现。该概念包含三个相互关联的组件（见图 2.2），体现出知识的交叉性、关联性、互补性、完整性的设计理念，其本身就是一个关于人才培养模式"整体性"的最佳表述方式。高于平均水平的能力、创造力与任务执行力通过天赋性行为构成了一个相互联系、相互作用的整体。

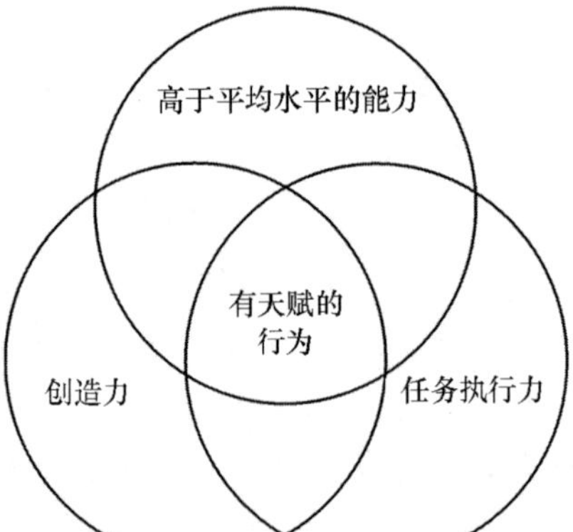

图 2.2　天赋的"三环观"

二、其他领域“整体性”研究概况

国外很多学者进行过关于“整体性”的研究，主题涉及法学、医学、文学、生物学、教育学、政治学、管理学、社会学等社会经济生活的各个领域。这些研究观点有着很多思想精华，可以作为一种借鉴参考。

一是组织管理的“整体性”思想。国外已经将“整体性”思想提升到战略思想的高度，特别是社会组织系统尤为突出。Lakshmaiah Botla（2009）讨论了社会组织中整体和部分的关系。他认为将系统思维引入社会组织中，改变了传统的管理功能定位思想，如财务管理、营销管理、人力资源管理等，已经转变为战略财务管理、战略营销管理、战略人力资源管理等。社会组织已经开始从战略的角度思考“整体性”问题，如商业组织系统的“整体性”。

二是科学知识的“整体性”。国外学者认为，科学知识不仅仅是对世界的表述和逻辑操作，还包括科学研究方法和深层次知识模型构建，并且两者通过解释原理连接为一个“整体性”概念框架（Keith Sawyer，2011）。当代科学知识就是经过分析走向综合，交叉学科已经成为科学知识发展的趋势，人类科学知识正是由专科知识和交叉学科知识组成的一个完整知识体系。

三是“整体性”课程。David Prideaux（2015）对课程设计中整体与部分的辩证关系进行了深入的研究。他认为课程设计应该着眼于整体的概念，并由有经验的实践者做出判断。R. M. Harden 等（1997）研究了美国邓迪大学的医学课程，发现该学校课程特点是制定一个整体大于部分之和的教育计划。通过精心规划课程，将纵向和横向学科相互整合，让异质内容课程相辅相成，构成了关于医学实践全貌的“整体性”拼图。基于系统“整体性”原理，Andrew K. Koch 等（2017）使用两个不同的实例研究（内华达州立学院和兰辛社区学院），论证了“门户课程”改进计划与学生相结合的益处，两者的结合可以使整体大于各部分的简单总和。

四是法律现象的“整体性”。国外学者将法律问题看作一个社会系统问题，运用“整体性”思维来研究法律现象。如 Meyer Elkin 等（1991）认为离婚案件的全部内容不仅仅是法律组成部分的总和（包括家庭、法官、律师、法庭、辅助人员、调解法院），还包括社区资源，如公共和私人机构、神职人员、教育机构（学院和大学），各个方面在离婚过程中应该进行合作和交流。

五是实现整体非加和性的途径。国外学者认为，异质因素的互补性是实现整体非加和性的最佳途径，因为双方结合能有效地弥补各自的不足，从而形成整体的新的功能效应。Edgar Ennen 和 Ansgar Richter（2010）在系统“整体性”原理的指导下，进行管理领域的整体非加和性研究，着重研究部分与部分的互补性。他们认为，异质因素的互补性最有可能在多个复杂系统中实现，因为同性因素之间缺乏互补关系，难以形成互补性，需要有系统特定的异质因素。因此，在生产系统中组合两个或多个互补因素而增加的总经济价值，会超过通过单独应用这些生产因素而生成的价值。Daniel Tzabbar 等（2008）研究了企业的知识存量，发现当企业致力于建立不同的研究与开发（R&D）能力时，面临着一个关键问题：知识库的有效配置是否能实现整体增值。知识存量整体功能效应不仅取决于自身的水平，也取决于其他存量的水平；企业知识存量的相互依赖程度决定企业的整体业绩水平。该研究分析了 1973—1999 年 843 家生物技术专业公司的业绩情况，发现公司在知识存量和治理方式的合作上可以提高企业绩效，知识互补性会产生系统效应，使得整体大于部分之和。

三、商务英语“整体性”研究概况

国外关于商务英语“整体性”的研究论文非常少，只有少数几篇体现出关于“整体性”的研究观点。这些论文涉及整体教学法、整体评估等主题，并规划了层次性、关联性、有序性等关于整体评估的范畴。

1. 整体教学法

R. Jayalakshmi（2017）指出商务英语需要运用整体教学方法。商务英语从专门用途英语原则出发，即发现适合学习者的、以结果为导向的教学方法。商务英语教学不仅注重现实生活中的情景，还融入了语言学习的所有技能，使学习者能在全球范围胜任工作。这种将语言、技能和内容整合到商务英语中的互补性使学习者更加自信，并帮助他们在国际商务领域取得更大的成就。

Vijay K. Bhatia 等（2011）提出商务英语教学的两种方法——专门用途英语和商务交际学的融合，形成了一种新的“整体性”方法：商务交流英语。Bhatia 提出一个你中有我、我中有你的商务英语沟通的循环图（见图 2. 3）。

Minodora Otilia Simion（2012）指出，商务英语教学呼吁制定更加系统的商务英语课程，可以把学科知识和语言技能结合起来。

2. 整体评估

Mary Schleppegrell 等（1990）对世界各地的 55 所英语培训学校进行了评估。评估内容主要有课程目标、教学方法和材料、课堂活动、员工资格等，目标是确定学校培训商业专业人员的能力。该评估过程体现了整体评估的特点。

Clarice S. C. Chan（2009）提出商务英语研究与教学相结合的评价模式。通过对教材进行“整体性”评价，将应用语言学研究成果传递给教学实践。这个评估框架包括有关教学设计和商务英语话语的研究结果，存在完整性、层次性、关联性、有序性，具体见图 2. 4 和图 2. 5。

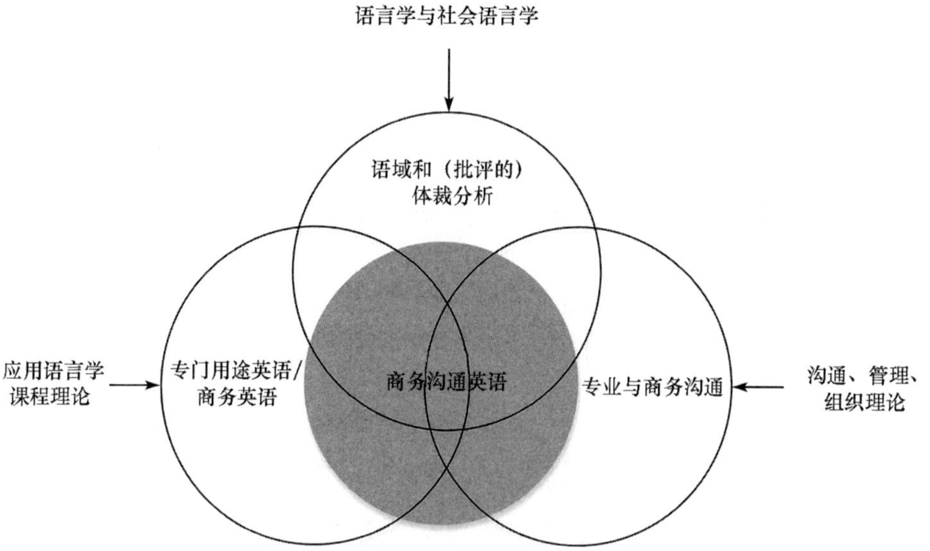

图 2.3　商务沟通的动力：动机与启示（Bhatia，2011）

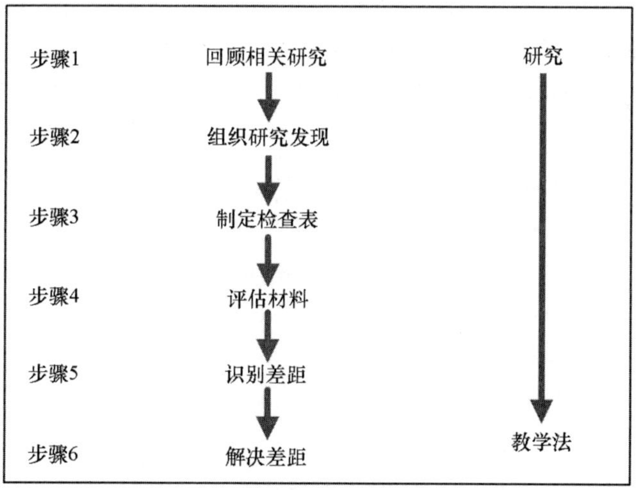

图 2.4　通过材料评价过程将研究与教学联系起来的模型（Chan，2009）

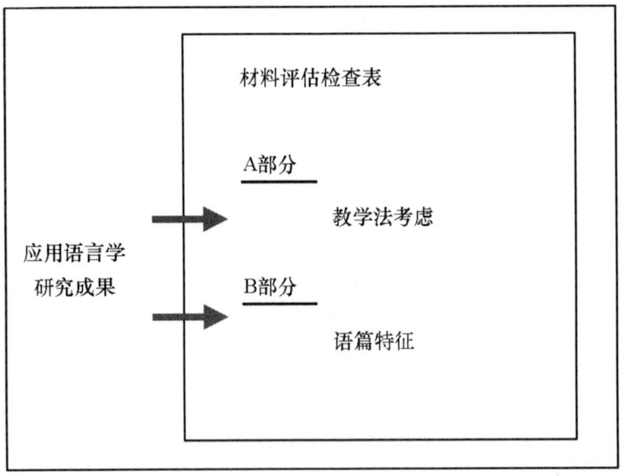

图 2.5 开发主题特定检查表的整体框架（Chan，2009）

Zuocheng Zhang（2007）认为商务英语教学是一项跨学科的工作，应该通过对三个基本领域——学科知识、商务实践和语言技能——的研究加以了解。毕竟，交流需要对交流的主题，交流信息的程序、策略和技巧，以及做出语言选择的学科和专业环境有所了解。早期的课程不同程度地承认这三个领域是完整课程的组成部分，但它们通常被视为自主和独立的研究领域。Bhatia 的专业知识包括三个基本部分：学科知识、专业实践和话语能力。在此模型的基础上，设计了一个具有“整体性”特点的三方课程结构，见图 2.6。

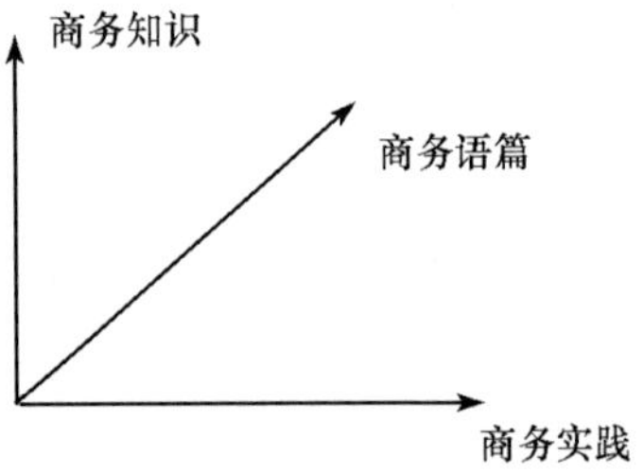

图 2.6 三方课程结构（Zhang，2007）

该课程结构包含了三个方面的知识和技能。纵轴代表商业研究的课程，如微观和宏观经济学、市场、金融和商业法基础。横轴代表的课程使学生熟悉在专业团体中实现各种目标的程序、惯例、策略和技巧等。以斜轴为代表的商务语篇，在商务英语课程的组织中起着举足轻重的作用，是语言和业务相互交接的部分。

第二节　国内关于“整体性”的研究概况

在整理文献的过程中，笔者没有发现国内学者关于人才培养模式“整体性”的专门研究文章。笔者将文献搜索的范围扩大，增设了一些主题范畴，从“系统”“整体”“体系”等范畴扩展到“学科”“专业”“理论体系”“课程体系”“教学”“人才培养目标”等主题，力图以多维度的研究方式，综合学者们关于“整体性”的研究观点，反映出学界关于“整体性”的研究现状。经整理，笔者发现国内关于“整体性”的研究概况分为其他领域人才培养模式“整体性”研究概况和商务英语“整体性”研究概况两个部分。

一、其他领域人才培养模式“整体性”研究概况

国内学者部分文章对人才培养模式、交叉学科、交叉教育、人才培养目标和课程体系的“整体性”提出了比较清晰的研究观点。本研究将国内学者分布于各论文中的关于系统“整体性”的研究观点整合在一起，主要分为以下四个方面内容。

1. 人才培养模式：复杂的人才培养系统

部分学者认为，人才培养模式是一个人才培养系统，主要有以下六类观点。一是人才培养模式是一个系统范畴（王晓辉，2014）；人才培养模式具有明显的系统性（王兴华，2003）。二是人才培养模式是人才培养系统中最复杂、最富于变化、最有活力、最重要的要素系统（董泽芳，2015）。三是人才培养模式是由要素之间相互联系、相互作用组成的复杂系统（王兴华，2003）。四是人才培养模式是一个由各个要素组成的具有“整体性”的人才培养系统。五是人才培养模式改革是一个复杂的系统工程（万坚 等，2009），直接决定着人才培养的质量。创建先进的国际化人才培养模式是教育强国的普遍性经验（金胜昔 等，2012）。六是人才培养模式改革要在系统论指导下，把握构成要素之间的关系，把握要素的组合及其功能之间的关系，对人才培养模式进行顶层设计，进行“整体性”和质的改革，而不再局限于局部的改进（王晓辉，2014）。因此，人才培养模式改革最重要问题就是顶层设计和整体谋划。

2. 学科融合：交叉教育的核心

部分学者认为，大学教育必须体现出人才培养教育的“整体性”，需要围绕21世纪的人才培养目标，做出系统的思考，建立学科教育的“整体性”概念框架（裴新宁，

2013）。大学教育是科学教育与人文教育共构的整体。跨学科教育、通识教育、素质教育都是在学科交叉的情况下进行的，并且具有“整体性”、渗透性、扩散性、广泛性，因此，具有科学知识与人文素质共构的“整体性”，成为衡量交叉复合型人才的基本标志（王彦锐，2010）。交叉学科复合式本科教学体系要想发挥整体功能，使其大于部分功能之和，就必须形成高度统一的培养目标，合理匹配各种教学要素，孕育利于创新的学科环境，重视培养效果反馈（张建平，2004）。交叉教育寻求解决复杂问题的聚焦点，而不是多学科相加的“拼盘”。学科融合是交叉教育的核心和关键。融合应是相互协调的“化合式反应”，而不是简单的“混合”，体现的是整体大于部分之和。如果把知识整体看成“网”，把学科教育看成“网线”的话，那么，交叉学科教育则是网上的“结”，两者的有机融合体现了交叉学科教育的整合功能（杜俊明，2000）。

3. 人才培养目标：完整的培养目标体系

人才培养目标是一个具有层次性、多维性的目标系统，如关于人的全面发展目标、专业目标、课程目标、人才类型目标、人才规格目标等。人才培养目标之间的相互关系决定了培养目标必须是全面的。培养目标既是高等教育目标的体现，又具体落实在专业培养目标之中。高等教育目标是共同的，而各个专业培养目标是求同存异的。所谓“同”，是指无论哪个专业，它的培养目标都必须同教育目标相吻合，不能偏离全面发展的教育目标。所谓“异”，是指高等院校各个专业必须根据自身的特点，为培养不同层次、不同类别、不同规格的专业人才，设定自身的目标任务（胡弼成，2004）。不同层次、不同种类、不同专业和不同学科等，在达到培养目标要求的广度和深度上，也应该是有差别的。这种差别就构成了不同的培养目标体系（胡弼成，2004）。

4. 整体非加和性的课程体系：“1 +1 >2”增值系统

学者们关于课程体系“整体性”的研究观点，反映出关于系统整体非加和性的基本思想。一是课程体系具有系统整体的特点。课程体系是依据培养目标对选择的课程内容加以组织的一个整体，是指诸多课程互相联系而构成的整体（刘道玉，2009）。二是传统课程体系最大的缺陷就是缺乏“整体性”，它是零散的学科和内容组成的“拼盘”（许建领，2000）。简单叠加的课程体系不可能发挥人才培养功能。跨学科知识体系并非只是几门学科课程的简单拼凑组合，而是经过系统化、规范化论证的课程体系。“整体性”的课程体系强调课程的综合性、选择性、基础性（刘春燕，2012）。三是整体非加和性的课程体系，可以形成增值意义的知识系统。课程体系强调“整体性”，既是系统“整体性”原理在课程体系中的反映，也是知识整体观在人才培养内容方面的现实表现，因为人才培养功能的实现依赖于具有“整体性”结构的课程体系（胡弼成，2004）。课程体系强调“整体性”，既是现代系统科学从思维方式上强调整体大于部分之和在课程体系上的反映，也是现代社会对人的各方面和谐全面发展的期望的反映。

高等学校课程体系绝非一种任意组合的混合体或“拼盘”。课程体系具有明确的整体功能性，这是由其整体结构决定的。因为整体是一个非加和性系统，它的性质和功能不等于各个要素性质和功能的简单相加（胡弼成，2004）。

学者们关于课程体系的研究说明，要想课程整体大于各部分之和，就必须对各部分间的关系进行加工，即提高要素间的组织化程度，使它们产生非加和效应（郭晓明，2002）。在结构性课程体系中，整体大于部分之和。这是因为在结构性课程体系中，联系不仅本身具有意义，而且会赋予原先各独立的知识要素以新的意义，加上原先各知识要素本身的意义，就形成一个增值的意义系统（许建领，2000）。

二、商务英语“整体性”研究概况

国内有学者在研究文献中提出了专门用途英语人才培养模式这个概念，但并没有给出明确定义，也没有展开相关的深入研究，至于人才培养模式“整体性”研究，也是学者们还没有关注的问题区域。研究发现，商务英语学界关于“整体性”的研究具有四个特点：一是关于商务英语人才培养模式“整体性”研究仍是一个空白点；二是相关研究观点还停留在一般意义的层面上，主要是一些概念化观点的表述；三是主要集中在关于课程体系“整体性”的研究；四是没有建立整体与部分、系统与要素这两对相互对应的概念范畴，没有形成人才培养系统“整体性”的研究范式。以下是商务英语学界主要的研究观点。

1. 商务英语理论体系

商务英语学科建设很多问题亟待研究解决，如商务英语学科体系没有完全建立，商务英语学科理论体系还较零散等。因此，必须对零散的学科理论进行有机整合。在整合过程中，我们要抓住商务英语的本质特征，认真研究其内在规律，从逻辑上将这些相互关联的理论整合起来。系统性是商务英语学科理论体系的必然。任何学科都应该有其自成系统的理论，若无系统性，该理论体系架构便不能结合成为一个有机整体，其理论体系必将松散、杂乱无章，不成体系。因此，建构商务英语学科理论体系必须注重其系统性。我们可以根据系统论原理来梳理商务英语学科理论体系，厘清其内部系统和外部系统，研究两个系统之间的关系（翁凤祥，2009）。

现代系统论认为，世界任何事物都是以系统的形式存在着的，整个世界是以系统形式存在的有机整体，它由许多因素构成，并要求把某件事物作为一个系统来认识。任何一个客体事物都是由要素以一定结构方式组成的系统。“整体性”原理是系统论的根本原理，即从整体出发来把握系统特点的一个基本原理（翁凤祥，2009）。客观世界的系统“整体性”要求我们运用现代系统理论的研究方法。系统论作为科学研究的一般视角和方法，对没有形成“整体性”的商务英语学科来说，具有重要的理论指导意义（翁凤祥，2009）。

2. 商务英语知识体系

在建设商务英语学科的过程中，必须注重商务英语知识体系的完整性（翁凤翔，2014）。由于商务英语是一门交叉性学科，随着商务英语学科理论建设发展，会出现一些新概念，对这些新概念必须加以系统化，使商务英语学科概念成为一个合乎逻辑的系统。世界的“整体性”反映为人的认识的“整体性”，需要用概念体系的“整体性”来表达。任何科学体系都表现为它的科学范畴体系，因此科学的完整性需要以它所建构的范畴体系是否完整来检验。目前商务英语学科概念还没有完全系统化，需要加大力度进行研究，使商务英语学科概念的范畴体系趋于完整。商务英语交叉学科之间有着千丝万缕的联系，离开了这些相关学科，商务英语便是不完整的学科，或者说，它难以成为一门独立的学科。从哲学的角度来看，系统由特定要素构成，这些要素相互作用、互为联系，它们是内部要素组成的整体（翁凤祥，2009）。从系统论的观点来看，商务英语作为一门开放型交叉学科，其学科体系架构可分为内部系统和外部系统。系统科学是研究整体与部分、整体与层次、整体与结构的辩证关系的方法论的科学。商务英语学科体系应反映出系统科学所研究的整体与其他要素之间的辩证关系（朱文忠，2011）。

3. 商务英语人才培养

商务英语教育活动是一个相互联系、相互渗透、相互依存、密不可分的有机整体，这就赋予了商务英语更加宽广的学科定位与学科内涵（咸修斌 等，2005）。复合型人才培养是个系统工程（俞建耀，2014）。本书提出的复合型人才培养模式与国内许多同行对复合型人才模式的理解存在的极大区别是：复合型人才的“外语 + 专业”的知识结构中，相关专业模块必须达到一定程度的系统化，而不能处于零散、无序和笼统状态（中国入世与外语专业教育课题组，2002）。商务英语人才培养要走出“知识 + 知识”的简单相加的困局，需要注重培养人才的整体素质。从宏观的角度看，不同专业创新人才的整体素质结构应该是相同的。整体素质包括四部分：思想道德素质、业务素质、心理素质和身体素质（文秋芳，2002）。很多院校的商务英语专业人才培养一直很难走出“商务 + 英语”的简单化模式。如何发挥人才培养模式的整体培养功能作用是商务英语专业发展面临的重大课题（鞠明明 等，2012）。交叉复合型人才的培养是个系统工程，不是增设一两门课程就可奏效的。在这个系统工程中，必须建立适应复合型人才培养模式的教学管理模式和运作机制。

现代外语教学论主张用整体的动态观点来研究教学现象，注重对教学进行全过程、全方位的研究。所谓用动态的观点研究教学现象，就是把教学看作一个相互影响、相互制约的大系统。运用现代教学论的系统理论指导商务英语学科研究工作非常合宜。

要在形成概念的基础上，揭示出商务英语教学活动以及教学全过程的规律——既有总体的、基本的规律，也有不同层次的、局部的、特定范畴的规律，并使这些规律形成一个合乎逻辑的有机联系整体，以反映国际商务英语教学的现实和本质。我们可以运用现代语言学的基本理论，探讨和解决商务英语教学实践中所出现的问题矛盾，使商务英语教学更具针对性和科学性，从而降低教学的各项成本、提高商务英语教学的整体效益（林添湖，2005）。

4. 商务英语课程体系

学界关于商务英语课程体系“整体性”研究有着很多研究成果。这些研究观点虽然没有上升到系统“整体性”研究的层面，但基本研究范畴符合系统“整体性”原理，如课程体系的系统性原则、关联性原则、层次性原则、有序性原则等。这些观点充分体现出学界对课程体系“整体性”的关注。

课程体系是高校人才培养的主要载体。它指若干相互关联的课程组织结构，它不是各门科目的简单叠加，而是一个统一整体（郭亚卿，2015）。课程体系涉及教学全过程，它是由诸要素组成的教学系统工程，如理论基础、培养目标、知识体系、教学内容、课程设置、教学方法、师资素质、评价体系等（翁凤祥，2009）。商务英语专业教育课程内容的选择应该遵循“整体性”原则。商务英语学科知识之间具有内在的逻辑联系，课程内容的选择应保证商务英语专业的整体培养框架具有完整性（侯松，2009）。

我们在研究商务英语课程体系中，既要充分发挥优势要素的建设性作用，也要看到某些要素需要改革完善，更要按照系统论的创新思维，提高商务英语课程体系总体功能水平。商务英语作为新兴的交叉学科，其课程体系的理论基础越来越多地向学科界外扩展，如教育论、系统论、控制论、信息论等。它们呈现出多元化、融合化的趋势，为课程体系变革带来了新鲜活力（邓静子 等，2016）。商务英语课程体系构建是一项系统工程，涉及内部和外部许多因素，体现在英语语言和商务内容两者的结合上（宋红英，2014）。商务英语融合了英语语言知识和商务技能两大模块。课程设置不仅要遵循两大模块学科设置的系统性，还要考虑两大模块在结合过程中的系统性。课程知识的系统性并非要求面面俱到，而是指课程内容要包含商务、英语学科主要的基础知识、基础理论。系统的课程设置可以使“英语”与“商务”在国际商务实践活动中得到有机结合（姚璐璐，2007）。

第三节　商务英语复合型人才培养模式"整体性"研究

笔者在整理文献的过程中发现，有些研究观点实际上已经涉及系统"整体性"的研究范畴，如有的学者提出知识溢出的增值效应就是复合后的结果大于被复合对象的总和的观点；有的学者提出商务英语最基本的问题就是英语与商务的基本关系；有的学者提出整体化的复合型人才培养模式，商务与英语应该是"你中有我、我中有你"的"整体性"关系；等等。同时，"英语 + 商务"人才培养模式在人才培养实践中出现的简单相加现象，引起了学者的高度关注。学者们对相加组合的人才培养模式提出了质疑，认为复合型英语人才培养模式出现了"1 + 1 < 1"的现象，需要突破目前"知识 + 知识"简单复合的模式，因此提出了人才培养模式"1 + 1 > 2"的目标追求。他们认为商务与英语的有机结合，必将产生"1 + 1 > 2"的喜人效果。这就突破了所谓的相加组合的研究模式，将商务英语人才培养模式的"整体性"问题的研究，纳入系统"整体性"原理的研究领域。站在问题导向的角度，"1 + 1 < 1"或"1 + 1 > 2"研究观点，实质上都是关于人才培养系统"整体性"的基本表述，体现出研究者已经将思维触角伸入系统"整体性"的研究领域，提出了关于商务英语人才培养模式"整体性"的研究课题。

需要指出的是，学界关于复合型人才培养模式"整体性"的研究观点具有一定的局限性。一是没有认识到学科交叉是形成人才培养模式"整体性"问题的基本原因。因为学科交叉，所以才会在人才培养模式出现"整体性"矛盾关系。二是关于复合型人才培养模式组成结构，学界仍然普遍采用相加组合的表述方式，如"英语 + 商务""专业 + 专业""课程 + 课程"等。三是关于复合型人才培养模式的构成要素过于简略，组成范畴狭窄。将多学科交叉理解为商务与英语两个专业的复合，以专业或课程作为人才培养模式的构成要素，矮化了人才培养模式的学科层次，人才培养模式缺乏完整性。四是关于商务英语人才培养模式"整体性"研究运用的理论原理缺乏针对性，如使用"复合材料说"或"载体说"来解释商务英语人才培养模式的"整体性"问题。五是关于相加组合现象的研究停留在问题表象层面，缺乏系统"整体性"科学理论指导。六是关于复合型人才培养模式的整体功能效应的研究观点，普遍是以复合观点作为理论支撑，认为"1 + 1 > 2"是相加复合的整体结果。七是学者们试图建立所谓"1 + 1"或"1 + *X*"等数学模型，论证推理出复合型人才培养模式的整体增值效应。

关于人才培养模式"整体性"研究观点学界已有一些研究成果。但实事求是地说，学界关于商务英语人才培养模式的"整体性"研究并没有纳入系统科学的研究范畴，缺乏系统"整体性"原理的科学指导。当前，尤为重要的是应该从系统整体非加和性的研究入手，建立起整体与部分、系统与要素、部分（要素）与部分（要素）的研究范畴，认真梳理关于人才培养模式“整体性”的研究思路，形成基于系统“整体性”原理的商务英语人才培养模式“整体性”的研究范式。

一、商务英语复合型人才培养模式研究

研究发现，“英语+商务”人才培养模式基本上是“英语+专业”人才培养模式的复制版，只是“专业”变成了“商务”，“商务”又变成了“商务技能”，继而出现了“英语课程+商务课程”人才培养模式，乃至“英语+X”人才培养模式。可以说，复合型人才培养模式组成越来越具体化、形象化、简洁化。学者们按照人才培养模式的特点，总结出在人才培养实践中具有代表性的复合型人才培养模式。同时，提出了一些在“英语+商务”基础上形成的相加组合人才培养模式。

1. 复合型人才培养模式的相关表述

学者们从不同的研究角度，提出了诸多类型的复合型人才培养模式，本研究统计大致有23种。以下是这23种人才培养模式的具体表述。

商务英语与商务知识复合而成的英语专业人才培养模式（仲伟合 等，2015）；商务英语或英语商务——复合型英语人才培养模式（黄伟新，2005）；专门用途英语（ESP）人才培养模式（陈建平，2010）；全英教学人才培养模式（黄伟新，2005）；商务英语“精英化人才培养模式”（孙毅，2016）；基于服务型学习教育理念的商务英语复合型人才培养模式（杜洁 等，2011）；“课程—教学—评价”相一致的培养模式（严明，2015）；“综合知识+综合素质”的通识教育模式（周莹，2008）；“通识+专业”的培养模式（李艳红 等，2010）；“英语+商务+人文素养”的“一体双翼”培养模式（田燕，2015）；“英语+商务”培养模式（刘法公，2009）；“语言技能+专业知识”培养模式（徐海铭，2005）；“英语+商务”“商务+技能+语言”“英语+专业”等模式（彭茜茜，2014）；语言交际能力+商务管理与商务操作能力+行业知识技能人才培养模式（崔秀敏 等，2007）；“英语+X”复合型人才培养模式（罗世平，2000）；“E+”双专业一体化复合型人才培养模式（张娜媛 等，2011）；英语专业复合型人才“1+”培养模式（王新博，2016）；“1+1”人才培养模式（蒋洪新，2014）；“1+X”人才培养模式（温耀峰 等，2013）；“1+N”人才培养模式（张曦文，2015）；“2+X”高层次复合型外语人才培养模式（刘菁蓉，2013）；“2+1”人才培养模式（杨皓，2013）；“课程+课程”的人才培养模式（陈建平，2010）。

2. 复合型人才培养模式的类型

类型学是对事物进行分类的科学研究方法。本研究从不同的维度对上述复合型人

才培养模式进行类型划分。按照人才培养模式的组成内涵和培养方式划分，有专门用途英语人才培养模式、全英教学人才培养模式、"通识+专业"人才培养模式等；按照人才培养模式的层级划分，有"英语专业+商务专业"的人才培养模式、"语言技能+专业知识"人才培养模式、"课程+课程"人才培养模式等；按照人才培养模式的组成结构划分，有"英语+商务"或"商务+英语"人才培养模式等；按照对复合型人才培养模式的形成机制理解的不同划分，有"复合"或"加和"组成的人才培养模式，如商务英语与商务知识复合而成的英语专业人才培养模式、"英语+商务"人才培养模式、"商务+技能+语言"人才培养模式等；按照数学模型来组成复合型人才培养模式划分，有"英语+*X*""E+""1+1""1+""1+*X*""1+*N*""2+1"人才培养模式等。上述各种类型的复合型人才培养模式，充分体现出人才培养模式的多样性，呈现出纷繁复杂的关于人才培养模式组织类型的基本格局。归根结底，上述种种人才培养模式仍然是定位于"英语"与"商务"这两个基本点上，并且沿袭基于"英语+专业"复合型人才培养模式的基本组织结构。

学者们认为，国内高校在商务英语人才培养的过程中形成了不同特点和风格的人才培养模式。它们依托原来的国际贸易专业和英语语言文学专业基础建设商务英语本科专业。因此，形成了"商务+英语"或"英语+商务"两种不同的风格（何明霞，2010）。

3. 复合型人才培养模式的主要形式

目前，"英语+商务"组成的人才培养模式已经成为学界的基本认知，成为具有代表性的关于复合型英语人才培养模式的提法（宋梅梅，2013）；学界在"英语+商务"人才培养模式的基础上，总结归纳出了具有代表性的"1+*X*"复合型人才培养模式。"1+*X*"复合型人才培养模式的提出是有所指的。针对"1+1"复合型人才培养模式，有学者指出，"英语+商务"模式实际上是英语和商务专业知识的复合，这两个"1"不能相提并论，因为后一个"1"是前一个"1"（英语专业）的延伸或拓展，复合型英语人才培养模式不应该是"1+1"（王新博，2016）。建议采取"1+*X*"的人才培养模式，拓宽专业口径，提供较多的就业途径。而"1"就是英语语言基本能力的培养，包括听、说、读、写、译等方面的能力，"*X*"则指不同的职业方向，包括外贸、管理、营销等各种专业方向（王新博，2016）。学者们认为，这种"1+*X*"复合型人才培养模式，较之"1+1"复合型人才培养模式，有着明显的进步。主要是因为"*X*"可以体现出商务具有的变化性，大家都认为这种表述更加科学，于是都将商务这个"1"改为"*X*"，从而形成了关于"1+*X*"复合型人才培养模式的基本表述。还有学者将"1+*X*"的"1"改版为"E+"复合型人才培养模式，顾名思义，即E为English，代表英语专业，"E+"则意味着"英语+*X*"（张媛媛 等，2011），从"英语+商务"到"1+1"，再从"1+1"到"1+*X*"，进而发展到"E+*X*"，复合型人才培养模式经历了逐步演变的过程。

为什么要采用“1 + X”的复合型人才培养模式？学者们对此有着独到的分析解读：“1”代表英语，作为一个恒量，“X”代表商务专业知识，是一个变量（刘菁蓉，2013），两者组成一个恒量与变量的组织结构关系。部分学者认为，“不变”的英语之所以能应付万变的形势，正是因为它将自己同万变的需要复合。从这个意义上讲，用“英语 + X”来表示复合型外语人才模式更为恰当，更切实际（罗世平，2000）。还有学者提出“1 + N”复合型人才培养模式，认为“N”可以体现出商务的多样性，也是商务的一个基本特点。因为对于商务英语人才素质要求进一步提高，复合的能力要素增多，复合已经不是简单的“1 + 1 = 2”，而成为“1 + 1 + 1 + 1”或“$1 + n > n + 1$”。关于“1 + X”复合型人才培养模式的组成演变过程说明，在“英语 + 商务”人才培养模式的基础上，学界关于复合型人才培养模式的组成结构的研究，可以说是想象力丰富，且具有创造性，初步形成了关于商务英语复合型人才培养模式组织结构的基本范式。

4. 复合型人才培养模式整体形成的原因

关于商务英语复合型人才培养模式整体形成的主要原因，学者从内因与外因两个方面，提出了多角度的研究观点：社会经济发展需求说、就业市场需求说、学习者需求说、外语教学改革说、两元论、应用语言学发展说、人才培养目标变革说、复合型人才培养模式说、复合材料说等。其中最具有代表性的是“英语 + 专业（英语 + 其他相关专业知识）”或“英语 + X”。

复合型人才是商务英语复合型人才培养模式产生、形成的原始动因。正是因为社会经济的发展提出了复合型人才的强烈需求，才在“英语课程 + 外贸课程”的基础上，通过课程设计范式的变革逐步形成复合型人才培养模式。因此，复合型人才说是商务英语复合型人才培养模式成因理论的主要理论基础。学者关于商务英语课程设计变革过程的研究说明，复合型人才培养模式发端于课程变革，课程是人才培养模式的物质基础，至今还在深刻地影响着人才培养的实践。学界关于复合型人才培养模式形成原因的解说，体现出复合型人才培养模式起点低（课程 + 课程），缺乏科学理论支撑的状况。特别值得注意的是，学界忽视了基于交叉学科的商务英语人才培养模式的研究，没有关注学科交叉在形成人才培养模式中的实践情况。这是关于商务英语复合型人才培养模式形成、发展原因理论研究中的一个空白点，也为相加组合的“英语 + 商务”人才培养模式推广，提供了快速扩张的空间。

二、“1 +1 <1”和“1 +1 >2”：商务英语人才培养模式“整体性”的研究课题

文献研究发现，学者在用“1 +1 <1”来描述“英语 + 商务”人才培养模式现状的同时，用“1 +1 >2”来表示对人才培养模式的目标追求。实际上，“1 +1 <1”和“1 +1 >2”都属于系统整体非加和性的研究范畴。“1 +1 <1”是指系统整体出现了负效应，就是说系统内部出现了问题；而“1 +1 >2”则是指系统整体出现了正效应，系统形成了整体功能效应。学者关于“1 +1 <1”和“1 +1 >2”的讨论，将商务英语人才培养模式“整体性”研究导入一个全新的领域，提出了一个具有普遍意义的哲学和系统论研究课题——基于系统“整体性”原理的商务英语人才培养模式“整体性”研究。

1. “1 +1 <1”——“英语 + 商务”人才培养模式的负效应

针对相加组合的复合型人才培养模式出现的诸多弊端，学者提出了改革。如石云龙（2003）认为现有培养体系存在的主要问题是复合型人才培养模式“1 +1 <1”，即商务英语专业学生毕业时英语语言技能相对纯英语语言文学专业学生较弱，其他专业知识相对有关专业学生较为肤浅。张曦文（2015）认为商务英语复合型人才是一种全新的人才类型，如果简单地将复合理解为“1 +1”或“1 + *N*”模式，势必不利于学生综合素养的培养和创新能力的训练。石云龙（2003）提出突破“知识 + 知识”的简单复合现状，提高英语教学的效率，真正实现素质教育的目标，培养出适应经济文化全球化需要的新型英语人才。

“1 +1 <1”问题的提出，说明商务英语人才培养实践中出现的相加组合现象，根源在于人才培养模式的建构具有整体加和性，这是“英语 + 商务”复合型人才培养模式出现负效应的基本原因。

2. “1 +1 >2”——商务英语人才培养模式的目标追求

学者希望破解目前“知识 + 知识”的简单复合的困局，实现复合型人才培养模式“1 +1 >2”增值的愿望，站在不同的角度对人才培养模式“1 +1 >2”提出了设计思想：交叉学科复合式本科教学体系要想实现整体功能，并且实现整体功能大于部分功能之和，必须形成高度统一的培养目标，合理匹配各种教学要素，重视培养效果反馈（张建平，2004）。融合是交叉教育的核心和关键。“E +”双专业一体化复合型人才培养模式本着培养创新精神和实践能力的原则，突破了“知识 + 知识”的简单复合现状，即不是英语专业与另一专业的简单叠加，而是两者有机结合，从而实现“1 +1 >2”的目标（张媛媛 等，2011）。

非加和性是系统组成部分之间相互作用、相互激发而产生的整体效应（熊伟琴，

2003）。商务英语人才培养模式整体功能不是各部分的简单相加，而是通过其整体效应来体现的。学者虽然没有旗帜鲜明地提出关于系统“整体性”的观点，但这些观点实际上已经有所涉及，如商务英语要实现“1 + 1 > 2”的办学效果、实现“1 + 1 > 2”的目标、形成复合的增值效应和人才培养效果等。这些观点与“跨学科一体化”“整体功能”“整体优化”的观点相对应，体现出学者对商务英语人才培养模式“1 + 1 > 2”的“整体性”的目标追求，暗含着关于商务英语人才培养模式“整体性”的研究命题。

第三章　理论框架

在客观世界和人的主观世界中，“整体性”都是一个极为重要的问题。任何一门科学都承认“整体性”的重要性，但它们对于“整体性”的理解存在差异，如：整体是怎么形成的？“整体性”的本质是什么？“整体性”属于什么科学理论的研究范畴？等等。同时，在整体与部分、部分与部分的关系上，也存在着认识上的差异。简单地说，是整体加和性还是整体非加和性？是整体加和性关系还是相互联系、相互作用的整体非加和性关系。这些既是社会实践提出的实际问题，也是区别是机械整体论还是系统整体论的分水岭。现代系统科学的整体思想就是把研究对象放在整体中研究，从整体与部分的联系，以及相互结合、相互制约的关系中，揭示研究对象的特征和运动规律（解恩泽 等，1991），从而体现系统“整体性”原理的先进性、科学性和辩证法的作用。系统是一个普遍的客观存在。整个世界就是系统的集合（徐庚保 等，2016）。“整体性”是系统最重要的基本特征。系统论将哲学的整体概念纳入自己的研究范畴，形成了系统与整体相对应的基本范畴。它以系统整体非加和性为基本理据，提出了系统“整体性”的基本原则。系统论在确立该原则的基础上，吸收了朴素整体论、有机整体论的思想精华，建立了以系统为中心的系统整体论，从而彻底改变了关于“整体性”的研究范式，为人们研究系统“整体性”提供了科学理论武器，使得关于系统“整体性”的研究进入了一个全新的历史阶段。整体论发展的基本历史沿革见图 3.1。

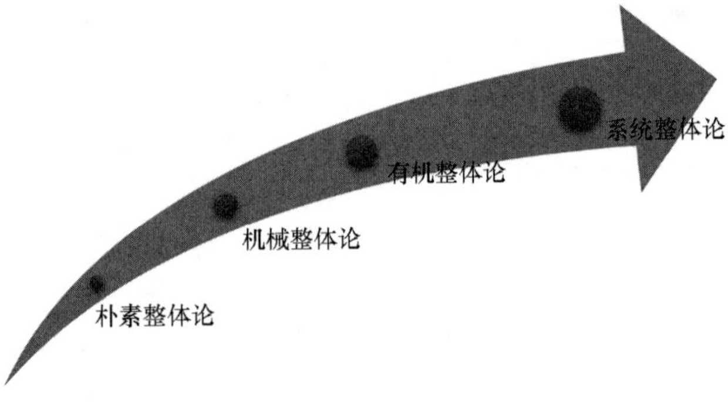

图 3.1　整体论发展历史沿革简要图示

问题的导向是确定人才培养模式“整体性”研究理论基础的基本前提。人们曾经相信，所谓整体，无非是其所有部件的总和。想要理解整体，只需要将其分解为容易理解的简单部分进行研究，之后再将各个部分合并到一起就行，这就是曾经流行的还原论思想（苗千，2022）。研究认为，“英语 + 商务”的人才培养模式存在着“整体性”的认知误区，其实质就是整体加和性的思维方式，这是形成相加组合人才培养模式的思想根源。从认识论和方法论的角度看，相加组合的人才培养模式违反了辩证整体观的基本原理，系统科学“整体性”原理，交叉科学的“整体性”原理，等等。这就从哲学理论、系统论理论和交叉科学理论三个维度提出了关于商务英语人才培养模式“整体性”研究的理论支撑问题。

基本理论的重要意义在于它是客观事物的本质和规律的正确反映。基本理论是在社会实践基础上产生并经过社会实践检验和证明的理论，因而它能有效地指导人们在某个领域的行动。确立基本理论的目的在于寻找研究对象的规律，解释实践中提出的问题。人类科学史上的一个具有普适性的研究课题，就在于找到研究系统“整体性”最合适的方式。辩证整体观认为，“整体性”是指要素之间的相互联系和相互作用。辩证整体观关于系统“整体性”的哲学解释，成为认识和理解系统“整体性”的基本立场。整体非加和性是一切系统所具有的基本共性，是系统“整体性”原理的理论核心。系统“整体性”原理是研究整体非加和性关系的科学理论原理，是研究系统“整体性”最合适的科学理论方法。“整体性”既是交叉科学的基本原理，也是建设交叉学科的基本遵循，因而成为基于交叉学科的商务英语人才培养模式“整体性”研究的理论基础。人才培养模式是最复杂的人才培养要素系统，具有典型的系统“整体性”。作为一种社会组织系统，以商务英语人才培养模式为代表的专门用途英语人才培养模式的“整体性”研究，必须以系统“整体性”原理作为理论基础。

按照问题研究的导向，将系统“整体性”原理作为核心理论，并与辩证整体观、交叉科学“整体性”原理相结合，指导关于商务英语人才培养模式“整体性”研究，这是我们构建本研究理论体系的基本思路。本章的内容分为：系统“整体性”原理解析、交叉科学“整体性”原理解析、辩证整体观解析及本研究的理论框架。

第一节 系统“整体性”原理解析

人们将系统等同于整体。实际上，系统是整体的一种描述方式。人们关注系统的目的和实质在于系统的“整体性”。系统论认为，事物的“整体性”可以通过系统的术语和方法手段表达出来，这就是所谓的系统整体论。现代系统整体思想通过与哲学的辩证整体观相结合，形成了系统“整体性”原理。该原理就是把系统作为一个整体来研究，从整体（系统）与部分（要素）、部分（要素）与部分（要素）的相互联系、相互作用中，揭示出系统的基本特征和运动规律，从而体现出系统“整体性”原理的先进性、科学性和辩证性。

一、“整体性”：系统最基本的特性

“整体性”是系统最为鲜明、最为基本的特征之一。系统之所以成为系统，是因为具有“整体性”。什么叫系统？系统就是由许多部分所组成的整体，所以系统的概念就是要强调整体，强调整体是由相互关联、相互制约的各个部分组成的。需要强调的是，虽然整体是由部分构成的，但它不是各个部分机械相加的总和。系统工程就是从系统的认识观点出发，设计和实施一个整体，以求达到目标效果。这里强调了系统“整体性”的重要性及其实践意义。世界是一个系统的多层次的世界，同时也是一个多层次“整体性”的世界。从无机系统到有机系统、生态系统，再到工程技术和社会系统，“整体性”都是一个极为重要的问题。如果系统不能作为整体而存在，系统也就不复存在了，系统整体也就不存在了（魏宏森 等，2009）。系统整体思维的精髓是它的“整体性”（金吾伦 等，2007）。系统观就是整体观，强调考察对象的“整体性”，从整体上认识和处理问题。但系统与整体不是一个概念，系统必为整体，整体不一定是系统（苗东升，2006）。研究认为，关于“整体性”有不同的解读：朴素整体论的“整体性”，传统整体论的“整体性”，原子论的“整体性”，系统论的“整体性”，等等。系统论认为，一切事物组成的整体都具有加和性与非加和性两种完全不同的性质，它们属于系统与非系统两个不同范畴。

在系统诸多属性中，居第一位的是“整体性”，而“整体性”是整合运作的结果。贝塔朗菲（1976）早已指出，存在两类“整体性”：一类是整体加和性，另一类是整体非加和性。所谓整体加和性，是指那些把组分的属性简单累积起来就能够得到的“整体性”，如一个单位发放的工资总额等于各个员工工资的总和。而系统作为一个整体，同其单独的组成部分和子系统在性质上完全不同，不能简单地把它看成是所包含的各要素的总和。系统整体具有各组成要素所不具有的功能，这是系统论观点与机械论观点的根本区别所在（魏宏森 等，2009）。系统“整体性”指的是，系统是由若干要素（部分）相互联系组成的有机整体；整体与部分、部分与部分之间的非线性相互作用形成系统的“整体性”。系统“整体性”说明不能把整体的属性归结为组成它的各个部分的属性的简单总和，同样也不能从各部分的属性中引申出整体的属性。系统整体具有独立要素（部分）所不具备的性质和功能，形成了系统质的规定性，即系统“整体性”的形成，就在于其具有整体非加和性。而系统“整体性”，常常被表达为整体大于部分之和，因此又被称为“‘整体性’悖论”。简而言之，系统的“整体性”就是指系统的组成部分之间具有协同作用，从而形成了整体的新性质（整体效应）。

二、整体非加和性：系统“整体性”原理的理论内核

实现系统“整体性”是关于系统问题研究的出发点和基本归宿，是人们研究任何一个系统的基本问题。而关于系统整体的形成、系统“整体性”的本质、系统的“整体性”关系等问题，必须以整体非加和性为基本理据，才能有效地回答。系统“整体性”原理有三个基本点：一是系统整体不等于部分与部分的简单加和；二是系统整体具有组成要素之和所没有的新性质；三是由于部分与部分之间的相互联系、相互作用，产生了系统“整体性”（功能效应）。由此可以看出，整体非加和性是系统“整体性”原理的核心。

1. 整体非加和性：系统“整体性”的质的规定性

系统“整体性”原理要求把研究对象当作一个整体来对待，注重部分与部分所具有的整体非加和性（邢顺福，1990）。整体是由部分构成的，但它不是各个部分机械相加的总和，因为事物的整体是由相互联系的各个部分，按照一定的结构形式构成的一个有机的整体。它一旦形成，就产生了“整体性”的新质（阳作华，1984）。系统整体的价值与其各个部分的价值之和存在质的区别。系统“整体性”原理强调从整体上衡量事物的价值，局部有价值不等于整体有价值，局部价值高不等于整体价值高，整体价值不等于局部价值之和（苗东升，2016）。系统“整体性”原理以整体非加和性为基本理据。在研究系统“整体性”时，它着重于对整体与部分、部分与部分之间相互作用关系进行研究分析，这与机械论的整体加和观是完全对立的。因此，整体加和性与整体非加和性就成为划分机械整体观和系统整体观的基本标准，形成两种完全不同的研究范式和思维方式。

2. 整体非加和性：实现系统整体效应的基本途径

整体非加和性是系统各组成部分之间相互作用、相互激发而产生的整体效应。国际体坛上曾经有一场举世瞩目的赛事：1985 年，国际女排明星队和中国女排在上海开战。出人意料的是，明星队以两战两负而失败。国际女排明星队由从各国挑选出来的个人技术高强的超级队员组成，可以说是系统要素的最佳配置，具有要素禀赋的先天优势。但由于球员之间没有形成有效的组合（配合），缺乏相互合作，球员个人的技术优势被抵消了，其结果可想而知。这个实例说明，仅仅是优质要素（部分）的简单相加，不可能产生“整体性”的功能效应。系统整体非加和性就是要对要素（部分）进行加工、改造，按照关联性、层次性、有序性进行有效整合，形成有机的组织系统。学者布莱基说，组织得好的石头能成为建筑，组织得好的社会规则能成为宪法，组织得好的词汇能成为文章，组织得好的事实能成为科学。关键是要“组织得好”，而不是

随便地拼凑聚拢，不是简单地排列组合。组织得好，“1 +1 >2”；组织得不好，“1 +1 =0”。相互联系是系统论最重要的基本原则。根据辩证整体观，系统整体非加和性就是系统的组成部分相互联系、相互作用、相互结合而组成一个有机整体。这是基于辩证整体观关于系统“整体性”的哲学解释，是认识和理解系统整体非加和性的基本立场。

系统整体非加和性既是考察系统“整体性”的基本规则，也是实现系统整体功能效应的基本遵循。系统论的基本原则是：不忽视事物每个要素（部分），但更重视事物的有机整体，即所谓整体非加和性的质（隽波，2008）。整体非加和性也可以理解为整体突现性，即系统作为整体具有部分或部分之和所没有的性质。这是因为，在系统中，系统组分受到系统整体的约束和限制，其个体性质被屏蔽，独立性丧失。系统整体非加和性是考察系统整体效应的基本原则，尤其是在交叉学科领域，对于目标导向和问题研究具有明确的针对性。它既探究“1 +1 <2”的原因，也探索如何实现“1 +1 >2”的整体效应。整体非加和性分别存在整体大于部分之和、整体小于部分之和的正效应、负效应等情况。而整体组成部分形成有机的组织机制，可以实现整体大于部分之和的正效应（宁玉琼，2000）。

3. 整体非加和性：系统“整体性”原理的核心

综观种种关于系统“整体性”原理的表述，都非常明确地有着关于整体非加和性的描述。可以说，整体非加和性是系统“整体性”原理构成的核心要件，是人们认识和理解系统“整体性”原理的基本立场。系统的本质特征就是具有整体非加和性（苗东升，2016）。简言之，加和性与非加和性，是区别界定非系统与系统、整体加和性与整体非加和性、加和性关系与非加和性关系（相互作用关系）、简单性关系与复杂性关系、线性关系与非线性关系、机械整体观与系统整体观的基本标志。作为系统“整体性”原理的核心构件，系统整体非加和性使得整体与部分、部分与部分范畴之间具有一种非加和性，从而体现出关于系统整体形成的“非总和观”。

系统整体非加和性是对系统“整体性”原理的崭新说明，为系统“整体性”原理增添了丰富的科学理论元素。系统整体非加和性是对哲学的整体与部分、部分与部分关系的系统演绎，是对这对古老哲学范畴的丰富和发展，同时也是对“整体大于部分之和”哲学命题的科学解释。整体非加和性与系统“整体性”原理的内在关系见图 3. 2。

三、系统与要素：系统“整体性”的研究范畴

系统科学将整体与部分这对哲学范畴纳入自己的研究领域，逐步发展形成了系统科学的系统“整体性”原理。

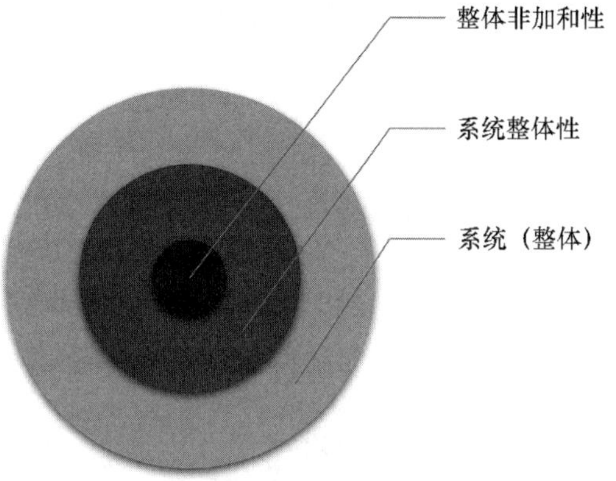

图 3.2 系统“整体性”原理的理论内核示意图

哲学中整体与部分的辩证关系主要是研究其质的方面的非加和性。整体与部分作为哲学中的一对范畴，具有相互联系、相互结合的整体非加和性关系。贝塔朗菲在创立系统论时，从哲学中借用了整体与部分范畴，是为了同系统与要素相对应。实际上，他是把整体与系统、部分与要素看成了同等范畴。系统论对整体与部分的传统哲学范畴作了进一步发展，为它增添了新的科学因素（李建峰 等，2007）。系统与整体是系统科学理论中紧密联系和相互对应的重要范畴。整体这个范畴在系统科学理论中的广泛使用，对于系统“整体性”的研究具有重要的作用。这两对范畴的相互结合与交叉使用，既体现出现代系统论、辩证方法论的作用，也有利于深刻地、全面地表述系统“整体性”原理，体现出其实践性更强、适用范围更广、科学因素更丰富的综合特征。系统“整体性”原理将整体与部分、系统与要素、部分（要素）与部分（要素）纳入自己的研究范畴，着重于研究这些基本范畴之间相互联系、相互作用的整体非加和性关系，形成了关于系统“整体性”的研究范畴。

四、系统“整体性”原理：“1+1>2”的科学解释

系统“整体性”原理，常常又被表述为整体大于部分之和。我们将“整体性”原理和整体大于部分之和定律进行对比分析，可以看出，它们表述的内容基本一致，论证的学理依据也具有同一性，特别是在关于整体非加和性方面具有一致性，即：整体不是各个部分的简单加和，而是相互联系和相互作用的关系；整体大于部分之和是因为系统产生了整体新的性质、整体新的优势、整体新的功能，从而形成了系统的整体功能效应。

整体大于部分之和这一哲学命题早在两千多年前就由亚里士多德提出，后来系统论的创始人贝塔朗菲借用这一著名命题来表述系统“整体性”，已被系统科学界普遍接受。令 W 标记系统整体，由 n 个部分组成，令 p_i 标记第 i 个部分，$i=1, 2, \cdots, n$，

以 $\sum$ 标记求和运算，则亚氏命题可形式化表示为：

$$W > \sum_{i}^{n} p_i \tag{3.1}$$

有人将其更简洁地表述为“1 +1 >2”，成为关于系统“整体性”原理格式化的表述方式。但需要指出的是，系统“整体性”原理的准确表述不是整体大于部分之和，应是整体不等于部分之和，亦即：

$$W \neq \sum_{i}^{n} p_i \tag{3.2}$$

其中又分为两种情形，其一是正非加和效应，整体大于部分之和，即：

$$W > \sum_{i}^{n} p_i \tag{3.3}$$

其二是负非加和效应，整体小于部分之和，即：

$$W < \sum_{i}^{n} p_i \tag{3.4}$$

“1 +1 >2”的表述过于简略，缺乏关于论题假设的条件依据。因为整体大于部分之和是一个量化命题，“1 +1 >2”把“整体性”归结为一个单纯的定量问题。但整体非加和性首先是个定性问题，实质上是指整体具有部分或部分之总和所没有的性质、特征、行为、功能等，称为整体质或系统质，因此不能用大于、等于或小于等量化关系来表达（苗东升，2016）。但是，由于人们受到长期以来习惯性思维的影响，“1 +1 >2”已经成为关于“整体性”原理的一种基本表述，也形成了人们关于“整体性”的基本认知。因此，从严格意义上说，“1 +1 >2”并非系统“整体性”原理的科学表述，只能算一种具有代表性的形象比喻。这是我们在理解“1 +1 >2”时需要特别注意的。系统“整体性”原理认为，“1 +1 >2 是不确定的”，因为整体大于部分之和的假设是有前提、有条件的，而最根本的原因就是相加组合的整体不会大于部分之和。“1 +1 >2”的表述，既没有体现出系统整体的非加和性，也没有体现出系统整体与非系统整体之间的区别。使用过于简略的表述方式或数量关系式来描述整体与部分、部分与部分的关系，容易让人们对系统“整体性”产生简单化的误解，而这正是现代系统科学提出“整体性”原理的根本原因。

“整体性”原理是对整体大于部分之和这个哲学命题的崭新说明和深刻阐述。系统“整体性”原理说明，“1 +1 <2”，即系统出现了整体小于部分之和的情况；而“1 +1 >2”，则是系统“整体性”追求的目的——系统的整体效应，体现了关于系统“整体性”研究的本质。系统“整体性”原理与整体大于部分之和哲学命题的相互交叉、结合作用，既体现出系统“整体性”原理的辩证思想，也为整体大于部分之和哲学命题增加了丰富的科学因素。

五、系统“整体性”原理的思想基础

相互联系、相互作用既是哲学的辩证法观点，也是系统科学的基本原则。可以说部分与部分之间的相互联系、相互作用是关于整体非加和性的哲学解读。站在系统科学（复杂性科学）的角度，非线性的相互作用是形成系统“整体性”的根本原因，是系统“整体性”原理的思想基础。

1. 非线性的相互作用

系统论始终坚持将事物当作整体或系统来考察，符合马克思主义关于事物之间具有普遍联系的哲学原理。根据辩证整体观的基本观点，所谓整体非加和性就是系统的组成部分相互联系、相互作用、相互结合而组成一个有机的整体。换言之，整体非加和性可以表述为部分（要素）与部分（要素）之间的相互联系、相互作用。因此，从方法论角度看，普遍联系的观点是形成系统“整体性”的思想基础。唯物辩证法认为，事物的普遍联系产生了它们的相互作用，推动了它们的运动和发展。系统是由相互联系、相互作用的要素组成的具有特定功能的整体。其中，系统与要素之间、要素与要素之间，都存在复杂的相互作用。整体之所以不等于部分之和，即具有整体非加和性，就在于系统组成部分之间存在相互作用。

非线性是系统的典型性质之一，非线性的相互作用是形成系统“整体性”的根本原因，非线性系统原理是系统“整体性”原理的思想基础。线性和非线性本是一对数学概念，用以区分不同变量之间两种基本的相互关系，即因变量对自变量的两种截然不同的依存关系。系统科学吸收并深化了这一对范畴，把它融入思维科学领域加以研究（宁玉琼，2000）。非线性是相对于线性而言的，是对线性的否定，因为线性就是直线的、简单的、加和性的，而非线性则是交叉的、复杂的、相互作用的。因此，凡是系统都具有非线性。

非线性相互作用是系统存在的内在根据。系统论认为，非线性相互作用是相对于线性相互作用而言的。在线性系统中，整体等于部分的简单加和，描述线性系统方程服从叠加原理，这就是说，线性相互作用的总和正好等于每一部分作用相加的代数和。而在非线性系统中，整体不等于部分的简单加和，描述非线性系统的方程不服从叠加原理（魏宏森 等，2009）。系统之所以具有整体非加和性效应，其根本原因就是部分与部分之间具有非线性的相互作用。

2. 非线性思维

线性与非线性可以区分两种不同的序关系。一个序列中的事物如果按前后顺序衔接，一个接着一个排成一条长链，就是线性序，见图 3.3（a）。而如果序列中存在分支、闭合环路或其他复杂情形，见图3.3（b）和（c），称为非线性序。线性序与非线性序分别对应线性系统和非线性系统。非线性系统具有“整体性”、系统性、协同性、包容性的特征。

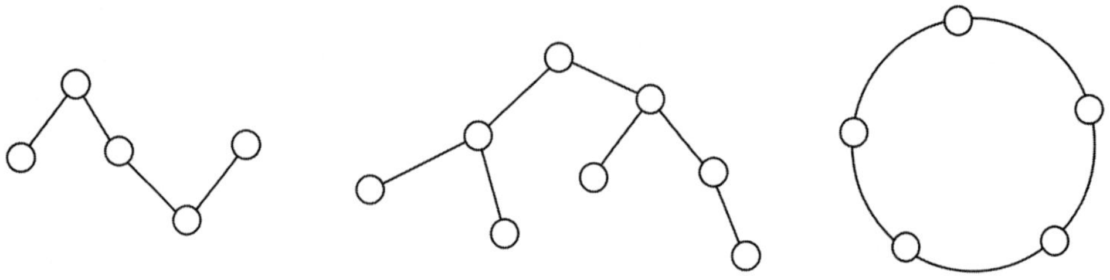

图3.3　线性序与非线性序示意图（苗东升，2016）

线性思维是把事物之间的关系和运动规律归一为线性系统的思考方式。在自然科学领域，凡是能将事物之间的关系抽象成单一、均匀变化和简单叠加的函数关系的系统，都被归为线性系统的范畴。由于线性系统这一特性，线性思维也相应呈现出单一、确定和保守的特征。与线性思维相比，非线性思维是把事物之间的关系和运动规律归一为非线性系统的思考方式。在非线性系统中，变量之间具有随机性，系统不满足叠加原理，整体不等于部分之和。所以，非线性系统是一个多向度、不均匀、不确定的多因素协同的动态发展系统。反映到思维上，非线性思维相应呈现出多维发散性、不确定性及多变创新性等特征（刘叶 等，2015）。在复杂的现代社会中，如果以线性思维方式处理非线性系统，势必导致错误的认识和行动。系统思维的主导方面是非线性思维。从分析思维转变为系统思维，关键在于从线性思维转变为非线性思维（苗东升，2003）。非线性思维有助于拓展思路，看到事物的普遍联系，深入认识了解事物的本质。可以说，非线性思维是建立在相互联系、相互作用基础上的综合性思维。站在认识论的角度，非线性思维与辩证整体观、系统整体观具有思想的贯通性；站在方法论的角度，非线性和非加和性都是关于系统“整体性”的解释分析的方法和工具；站在系统科学的角度，系统非线性原理为系统“整体性”原理提供了科学的理论武器。

六、系统“整体性”原理的说明

“整体性”原理是系统论思想的基本出发点，它为人们从整体上研究客观事物提供了行之有效的方法。从哲学的普遍联系原理看，现实世界中的系统是绝对的、普遍的。一切事物都可以用系统方法研究，这是系统科学的基本信念（苗东升，2006）。系统是客观事物存在的基本组织形态。“整体性”是系统最基本、最主要的特性。把握住系统的“整体性”，也就找到了研究和解决系统问题的基本途径。人类科学史上一个经久不衰的问题，就在于找到研究系统“整体性”最合适的方式。“整体性”是各式各样系统共同的本质特征。系统论通过对系统所具有的整体化基本特性的概括，创造性地提出了整体与部分、系统与要素成对的范畴，总结出一般系统的整体化模式、整体化原则和整体化规律，形成了系统“整体性”原理。

所谓系统“整体性”原理，指的是始终把研究对象当作一个整体来对待，运用系统综合方法去观察“整体性”质和整体运动规律，正确处理整体问题的一种方法、原则。它是客观的整体与部分辩证法的概括与反映，是具有普遍指导意义的方法论原则。系统“整体性”原理指出，系统是由若干要素组成的具有一定新功能的有机整体。各个作为系统子单元的要素一旦组成系统整体，就具有独立要素所不具备的性质和功能，形成了新的系统的质的规定性，从而表现出整体的性质和功能不等于各个要素的性质和功能的简单相加（魏宏森 等，2009）。

系统“整体性”原理强调，整体与部分之间的加和关系是简单的、肤浅的，而非加和关系才是复杂的、深刻的。所谓“整体性”，即系统质的形成和存在，就在于其具有非加和性。系统“整体性”原理适用于社会经济各个领域，成为研究和解决任何系统“整体性”问题的基本科学思想指导。

系统“整体性”原理是本研究的理论内核，具体体现为：一是系统“整体性”原理始终把系统当作一个整体来对待，因为系统和整体是紧密联系和互相对应的基本范畴；二是系统“整体性”原理说明的是具有非加和性关系的系统“整体性”，而具有加和性的事物（非系统）不是其研究的对象；三是系统“整体性”原理适用于整体与部分（系统与要素）或部分与部分（要素与要素）的关系范畴，也就是说在非线性系统中适用系统“整体性”原理；四是系统“整体性”原理中的整体非加和性指的是系统的性质、功能和效应的变化，即系统整体具有独立要素（部分）所不具备的性质和功能，形成了系统质的规定性；五是系统“整体性”原理说明系统的整体效应会出现“1 + 1 < 2”或“1 + 1 > 2”两种情况，而“1 + 1 = 2”，即整体等于部分之和不是它研究的内容；六是系统“整体性”原理认为系统产生整体效应的根本原因是部分与部分（要素与要素）之间非线性的相互作用；七是系统“整体性”原理认为，“1 + 1 > 2”的关键在于整体形成了新的性质、新的优势或新的功能，从而产生了新的整体功能效应。

第二节　交叉科学“整体性”原理解析

交叉科学是关于知识系统整体效益和效率的科学。“整体性”是交叉科学的基本特征，“整体性”原理是交叉科学的基本原理。系统科学（包括系统论、信息论、控制论等）属于交叉科学的范畴。交叉学科作为商务英语人才培养模式的学科基础，界定了交叉学科与商务英语人才培养模式的内在关系，“整体性”原理成为基于交叉学科的商务英语人才培养模式“整体性”研究的理论基础。

一、交叉科学“整体性”原理的含义

人类社会的“整体性”与科学知识的“整体性”，是形成交叉科学的重要契机。人们在对自然科学的反思中，形成了对自然科学的整体化认识。这种科学整体化思维主要表现在两个方面：一是自然、社会、技术和文化等诸多因素交织成为一个知识整体；二是科学知识发展具有“整体性”，进而形成了关于人类知识体系的知识整体观。知识体系的“整体性”是由现代科学发展的“整体性”所决定的。随着知识的发展，现代科学日益走向高度综合交叉的整体化道路。交叉科学的出现是科学发展的必然规律。交叉科学具有组成它的单一学科所不具备的新特质、新功能、新优势，其原因在于：交叉科学有能力突破学科的局限性，通过学科之间的交叉融合，形成科学知识体系的统一整体。

交叉科学体系的“整体性”，还表现为交叉科学体系具有层次性。现代科学知识的整体结构是由多种学科知识构成的。知识系统不是杂乱无章的堆积，而是表现出不同的层次。交叉科学的知识结构，是由相互联系、相互作用的不同层次的知识构成的体系。各层次知识之间不但有纵向关系、横向关系，还有纵横交叉的关系。正是现代科学知识所具有的层次性特点，决定交叉科学的知识结构具有层次性。按照交叉科学的生成领域，可把它划分为三个不同的层次：学科内交叉层、学科间交叉层、领域间交叉层。其中学科内交叉层是基础层，后面的几个层次一个比一个高。这几个层次相互区别、相互作用、相互渗透，形成一个有机的整体（解恩泽 等，1991）。

学科间既分化又融合，既是科学发展的内在逻辑，又是社会需求的必然结果。人类知识是一个整体（李佳敏，2014），交叉科学作为整个科学的组成部分，本身已经形成了一个相对独立、完整的体系结构，它既有以学科为单元的宏观结构，也有以知识为单元的微观结构（解恩泽 等，1991）。交叉科学的各门学科并不是各自孤立，彼此之间毫无内在联系的离散物，而是以彼此相互关联、相互作用的形式组成的一个有机的学科群体，这个学科群体有着传统单一群体所没有的整体功能。如果把每一门交叉学科看作一个元素，那么从系统论的观点看，整个交叉科学就是一个由众多相互联系、相互作用的要素组成的具有特定功能的系统（解恩泽 等，1991）。关于交叉科学的研究，反映了科学整体化的思想，促使我们从重视专门科学研究，转向跨学科研究。交叉科学是一个具有“整体性”的知识系统。交叉科学的跨学科性说明，任何一门交叉学科都必然是以两门或两门以上学科为背景知识酝酿、孕育出来的。交叉科学与专门科学构成了一个完整的人类科学知识体系。图 3. 4 表现的是具有“整体性”的交叉学科。图 3.5 表现的是具有“整体性”的商务英语交叉学科。

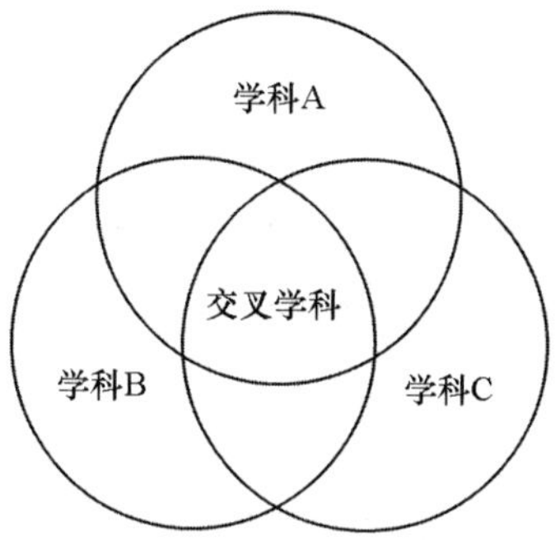

图 3.4　具有“整体性”的交叉学科示意图

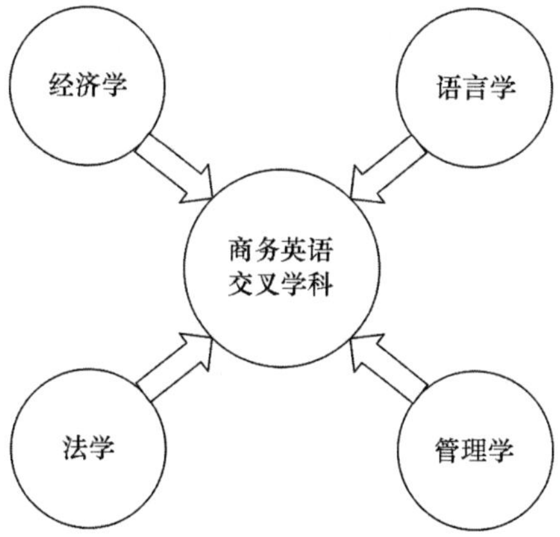

图 3.5　具有“整体性”的商务英语交叉学科示意图

二、非线性交叉：交叉科学“整体性”形成机制

科学发展的历史证实，科学不断地经历着综合、分化、新的综合、新的分化……的过程。交叉科学虽然是不同学科的概念、原理、方法和技术手段相互融合形成的，但这些概念、原理、方法和技术手段不是被简单地搬用到交叉科学中，机械地堆积在一起，彼此互不相干，而是在经过某种改造和加工后，有机地融合在一起，形成一个新的体系。交叉科学不是简单的、并列的线性关系，而是你中有我、我中有你的非线性关系，学科之间关系必须放在交叉科学“整体性”形成与发展过程中来理解（张宏喜，2013）。非线性系统理论是形成交叉科学的理论基础，也是认识交叉科学“整体性”的基本思维方式。目前，新兴交叉学科不断涌现，知识领域呈现出整体化发展的重要趋势。学科之间交叉融合的深度、广度和速度也加大加快，形成立体网络的学科发展格局（李伯军，2013）。

三、交叉学科的整体效应

交叉科学的形成机制说明，交叉科学可以通过学科交融而形成。学科交融是将两个不同学科的理论、方法相互交融、彼此结合在一起，目的在于探讨双方相互作用，开拓新的研究领域或学科，以促进双方共同的发展（解恩泽 等，1991）。交叉学科的交叉融合形成机制说明，交叉学科之间存在着互补性、包容性、综合性等特性，学科之间功能的互补、知识的互补、思维方式的互补等，形成了交叉学科所特有的优势互补的合作机制。建立在学科之间相互联系、相互作用基础之上的交叉学科，具有原有学科所没有的学科整体新性质、新功能、新优势，从而形成了交叉学科的整体效应，即“1+1>2”。

系统整体论认为，各有所长的学科合作可以构成一个自组织系统。交叉学科是这个系统中不可或缺的要素，每个学科的功能行为都会对整个系统产生影响。原有的学科在面对复杂综合问题时，都有自身的短处，而在这个新系统中可以由“对象性学科”的长处加以弥补，这样就形成了一个具有协同作用的有机整体，产生一种新的整体效应。根据系统的整体非加和性，交叉学科整体的结构与功能不是各部分的简单相加，而是通过其整体效应来体现的。学科间的联系、渗透和作用的方式越是多种多样，由此表现出来的整体功能就越复杂，整体非加和性越能得到充分体现。

第三节　辩证整体观解析

辩证整体观是用辩证的观点看待和解决系统整体与部分、部分与部分关系的科学理论。辩证整体论在吸收既往整体论思想精华以及唯物辩证法基本观点和方法论的基础上，综合现代科学的经验成果和科学史、认识史的基本历史经验，形成了一种最高形态的整体论。辩证整体论认为：一是客观世界和精神领域是一种内外关系复杂的交互作用的系统整体，社会系统是一种复杂的系统整体；二是相互联系、相互作用是形成系统“整体性”的根本原因，也是关于“整体性”问题研究的认识论和方法论；三是部分与部分在整体中是一个有机统一体，两者之间相互依赖、相互影响、相互制约，在一定的条件下，可以互相转化、相互补充，形成事物“整体性”的新性质；四是部分是整体中的部分，整体是由部分与部分相互结合构成的。整体与各个部分的总和有质的区别，它具有高于部分的“整体性”；部分是整体的基础又从属于整体（魏宏森 等，2009）。辩证整体观总结和发展了有机整体论或系统整体论（冯国瑞，2008），它为系统整体论提供了思辨的、科学的关于“整体性”研究的认识论、方法论，是本研究的理论支撑。

马克思主义哲学的相互联系、相互作用的基本原理，是关于商务英语人才培养模式“整体性”研究的思想基础。相互联系是系统论重要的基本原则。实质上，所谓系统整体非加和性就是部分与部分之间的相互联系、相互作用而形成的“整体性”关系，非线性的相互作用是形成系统“整体性”的根本原因。因此，从方法论角度看，关于事物（部分）之间相互联系和相互作用的观点，既是唯物辩证法的基本原理，也是系统论重要的思想基础，是本研究共同的理论基础。辩证整体观中整体与部分、系统与要素的“整体性”关系见图3.6。

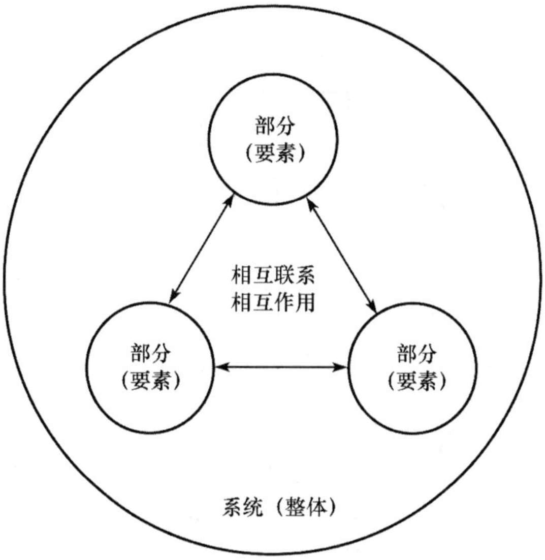

图3.6　辩证整体观的“整体性”关系示意图

第四节　本研究的理论框架

本研究以辩证整体观、交叉科学的“整体性”原理、系统科学“整体性”原理作为理论基础。三个理论（原理）有机结合，形成了一个相互联系、相互作用的完整的理论体系。具体而言，本研究涉及辩证整体观相互联系、相互作用的基本原理，系统整体非加和性原理、系统非线性原理，交叉科学的形成机制原理、学科非线性交叉原理，等等。同时，本研究根据关于商务英语人才培养模式“整体性”实证分析研究的需要，设立了完整性、层次性、关联性、有序性等范畴，作为关于人才培养模式“整体性”研究标准，具体指导关于商务英语人才培养模式“整体性”的分析研究工作。

一、基本范畴

本研究在上述三大理论基础的指导下，整合系统科学的相关原理设立的完整性、层次性、关联性、有序性等基本范畴，既是关于系统“整体性”原理的具化，也是关于人才培养模式“整体性”研究的基本标准。它们站在不同的分析角度，针对交叉学科的“整体性”、课程体系的“整体性”、专业设置模式的“整体性”、人才培养目标的“整体性”、培养评价的“整体性”等，形成了关于商务英语人才培养模式“整体性”研究的展开机制。它们与本研究的理论基础共同组成了一个完整的关于商务英语人才培养模式“整体性”研究的理论体系。基于系统科学的基本范畴见图 3.7。

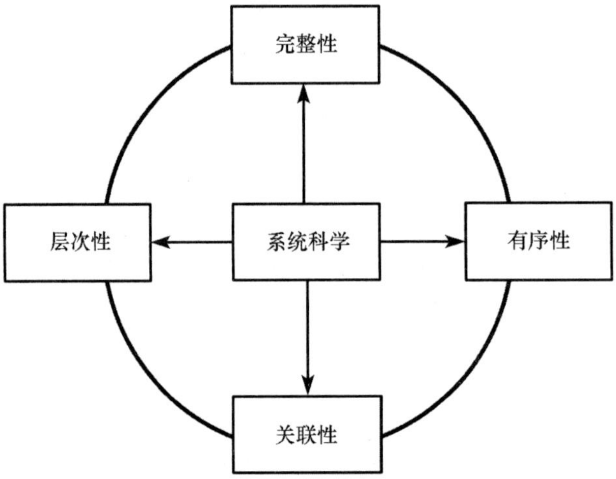

图 3.7　基于系统科学的基本范畴示意图

1. 完整性

完整性是指系统整体构成部分具有一体性的组织结构，即系统必备的要素一个也不能少。虽然在系统中存在着具有不同功能作用的要素，但不能仅仅以要素的地位（权重）作为界定系统整体组成部分的标准，而要从系统整体功能作用的角度，选择组织系统的基本要素。比如在司法程序中强调证据链条的完整性，就是要求证据之间形成相互联系、相互说明、相互解释的系统“整体性”关系。如果缺少一个证据，哪怕是一个次要的证据，也意味着该证据链的断裂，即该证据系统缺乏完整性，不能成为认定事实的依据，这就是所谓的完整性。完整性是系统组织（设计）的前提，也是考察系统“整体性”的基本范畴。关于人才培养模式的“整体性”研究，首先就是从界定人才培养系统组成要素（部分）发端，形成关于商务英语人才培养模式“整体性”研究的展开机制。因此，完整性是本研究理论体系中一个基本范畴。

2. 层次性

层次性是指由于组成系统的诸要素之间存在的包括结合方式上的种种差异，使系统组织在地位与作用、结构与功能上表现出等级次序性，形成了具有质的差异的系统等级（魏宏森 等，2009）。子系统和层次性是刻画系统结构的基本方式。系统之所以被称为系统，实际上是因为相对于其子系统（要素），它自身也是上级系统的子系统（要素）。系统是由高层次系统和低层次系统构成的。高层次系统和低层次系统之间的关系，是整体与部分、系统与要素之间的关系，有着相互联系、相互作用的内在关系。正是因为系统具有不同的子系统和不同的层次，才会形成不同的内部结构，从而体现出结构决定功能的系统“整体性”原理。基于交叉学科的商务英语人才培养模式是一个复杂的要素系统，包含学科基础、专业设置模式、课程体系、培养目标和评价体系，它们既是人才培养系统的子系统，也包含组成自身的基本要素。这些不同层次的子系统、不同层次的要素相互结合，也就形成了由不同功能作用的子系统（要素）组成的多层次的人才培养系统，组成了一个合作互补的系统整体。

3. 关联性

关联性是指系统的各个要素的相互关系和相互联系的程度，可以从两个方面来理解：一是部分与部分之间的内在关系，即“整体性”关系形成的机制，比如各有所长的学科之间的交叉融合，从而产生交叉学科；二是部分与部分之间的某种相互作用，形成了“整体性”的协同功能。关联性是一个具有相对性的概念。关联程度的强弱取决于要素之间的关系，即要素之间相互影响、相互作用的程度，它可以决定系统“整体性”的强弱，成为考察判断系统组成部分之间“整体性”关系的基本标准。关联性范畴既是辩证法的事物间普遍联系观点的再创造，也是关于系统“整体性”程度的衡量标准。客观世界的普遍联系，决定了各种知识可以相互转化、相互作用。关联性原理认为，商务英语人才培养模式的“整体性”是指要素之间的相互联系和相互作用，体现出要素与要素之间的相关性。

4. 有序性

有序与无序是对立统一的辩证关系。系统内部的要素正是在从有序到无序、无序到有序的发展变化过程中得以不断完善的，而系统的有序性是在这种矛盾而又统一的变化过程中获得的。

有序性是本研究的基本原则。系统科学用有序性来描述系统的质。一个系统质的水平主要在于要素间相互关系是否有序及其有序的程度。系统都可以看成由要素按照等级和次序组织起来的序列。系统有序运作，能使系统的整体结构趋于稳定，形成

“整体性”功能。有序性是系统共有的根本性质，是系统“整体性”的内在本质。系统“整体性”的根源在于要素与要素、要素与系统的交互作用，有序的交互作用可以形成系统的“整体性”。系统“整体性”的强弱，主要在于系统的要素间相互关系的有序化程度，有序化程度高则表征“整体性”强，有序化程度低则表征“整体性”弱，有序化程度为零则没有“整体性”，即不成为系统。

系统的有序化是系统进化的本质。有序化是系统从有序化程度低到有序化程度高的变化。它可以说明系统有机组织程度，表现为系统从简单到复杂、从低级到高级的“整体性”进化水平。人才培养模式是一个复杂的要素系统，具有纵横交错的复杂的内部关系，系统组成要素的有序性成为实现系统“整体性”的基本标准。

二、理论框架

本研究理论基础具有“整体性”、交叉性、关联性和同一性的基本特征，体现出三大理论内在的本质联系。一是它们具有共同的问题导向。系统“整体性”既是哲学理论的辩证命题，也是交叉科学理论研究和学科“整体性”建设的基本命题，还是系统科学理论研究的主要问题，成为本研究的基本出发点。二是它们具有共同的哲学思想基础。辩证法的相互联系、相互作用的基本原理，是交叉科学“整体性”原理和系统“整体性”原理的科学方法论，是本研究的基本指导思想。三是它们具有共同的学科基础关系。系统论将整体与系统、部分与要素看成相互对应、相互联系的系列范畴，其中整体与部分则是从哲学中借用过来的概念范畴，体现出系统整体论与辩证整体观的内在关系。本研究的理论之间交叉结合，体现出学科基础内在的本质联系。四是本研究的理论基础具有普适性和实用性的基本特征。系统“整体性”原理整合了辩证整体观和交叉科学“整体性”原理的基本思想，形成了以整体非加和性为特定研究对象的理论与方法。整体非加和性规则在本研究的理论基础中发挥着承上启下和纵横交集的功能，为商务英语人才培养模式“整体性”研究提供具体的理论指导和方法论。五是它们具有共同的思想基础，如哲学的“整体性”思想、系统论的“整体性”思想、交叉科学的“整体性”思想等。六是它们具有共同的关于“整体性”的研究方法，体现出理论基础在方法论上的一致性，如关于相互联系、相互作用的研究方法，整体与部分、系统与要素成对的系列范畴，“整体性”的研究范式等。七是它们具有共同的基本特征，即整体非加和性成为各自理论（原理）的理论内核。上述理论基础因为共同的问题导向，在共同的“整体性”思想基础上产生聚焦效应，融合成为一个“你中有我、我中有你”的交叉融合的商务英语人才培养模式“整体性”研究的理论系统。它们与完整性、层次性、关联性、有序性的研究范畴相结合，在关于商务英语人才培养模式“整体性”研究上达到高度的统一，形成了一个具有“整体性”的完整的理论框架。

研究认为，圆环交叉图形是科学研究中描述事物之间相互关系的基本结构图式。

它可以比较清晰地描绘出本书所运用的基本理论（原理）的“整体性”关系。本研究将系统“整体性”原理、辩证整体观和交叉科学“整体性”原理有机结合，与完整性、层次性、关联性、有序性等范畴整合在一起，形成一个完整的研究理论框架示意图（见图3.8）。该图形将“整体性”作为上述三个基本原理共同的基本问题和研究出发点，同时体现出三个基本原理具有相对的独立性，即各自理论原理内涵的“整体性”（指图形中的背景部分），还体现出三个基本原理相互之间的交集关系（图形中重合部分）。最为重要的是，该图形形象地描绘出上述三个原理在整体非加和性上聚焦，形成了一个相互联系、相互作用的理论研究体系。

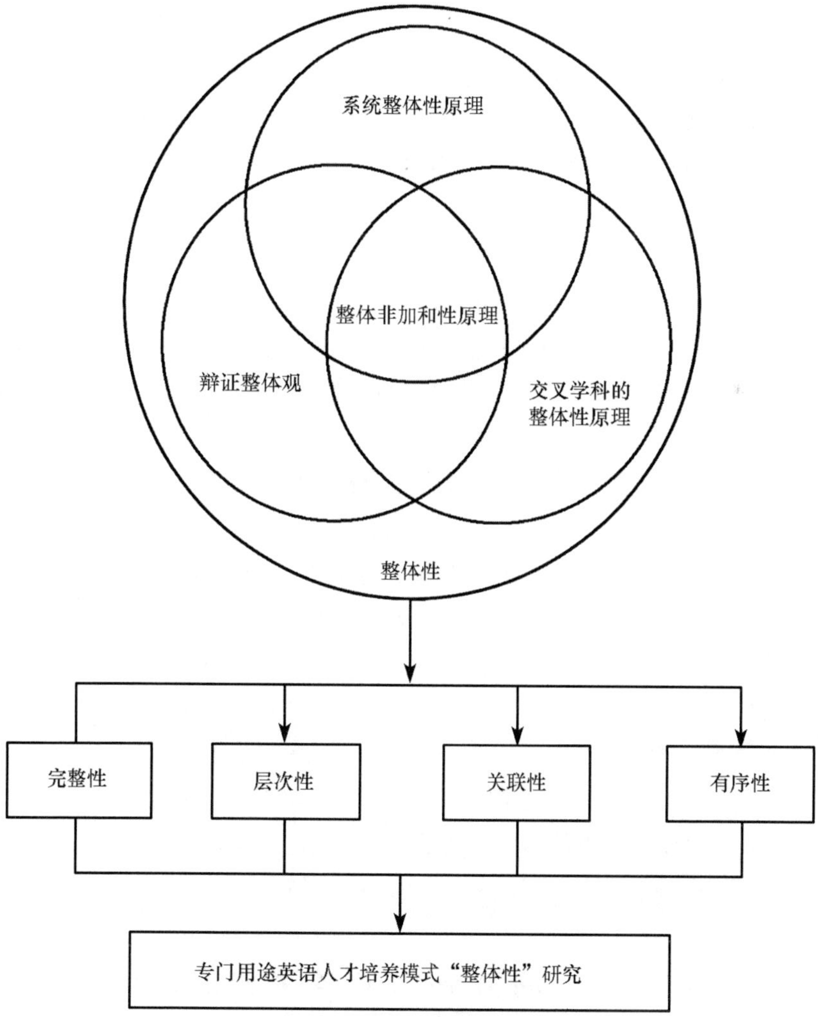

图3.8　本研究的理论框架示意图

第四章　商务英语人才培养模式形成“整体性”问题原因解析

专门用途英语是一门以语言学为学科基础，注重吸收其他学科的理论与实践研究方法的综合性交叉学科。商务英语作为专门用途英语的重要学科分支，是语言学与相关学科有机结合形成的交叉学科。交叉学科与专门用途英语人才培养模式有着必然的内在关系。建立在学科交叉基础上的商务英语人才培养模式具有跨学科的基本属性，多学科合作培养复合型人才是商务英语人才培养模式的基本特征，交叉学科是培养复合型英语人才所依托的学科知识体系。“整体性”是交叉学科的基本特性。作为人才培养模式的学科基础，交叉学科的“整体性”决定了商务英语人才培养模式的“整体性”。研究认为，建立在交叉学科基础上的商务英语人才培养模式，客观上存在由多学科交叉带来的“整体性”关系问题，并且会直接影响到商务英语人才培养模式的各个方面，如学科基础的“整体性”、培养内容的“整体性”、培养方式的“整体性”、培养目标的“整体性”、教师队伍的“整体性”、评价体系的“整体性”等。作为商务英语人才培养模式的学科基础，学科交叉既是其产生、发展的内在根据，也是形成其“整体性”问题的深层次原因。交叉学科的“整体性”关系具有基元性，成为商务英语人才培养模式“整体性”研究的先导性研究课题。基于交叉学科的商务英语人才培养模式形成“整体性”问题原因的研究，可以解决如下问题：一是界定商务英语交叉学科的基本组成；二是说明商务英语交叉学科与商务英语人才培养模式的基本关系；三是厘清商务英语人才培养模式形成“整体性”问题的基本原因和思想根源。本研究为界定商务英语人才培养模式其他构成要素，确定本研究课题的首要研究对象，展开关于商务英语人才培养模式“整体性”的实证分析，奠定了具有“整体性”的学科基础。

第一节　商务英语交叉学科的组成

商务英语是一门交叉学科，这已经成为学界的基本共识。学者们认为商务英语的核心特性就是交叉学科性，并用“学科交叉性是商务英语学科的生命力”“商务英语最大的特点就是跨学科性”“交叉性是商务英语学科最明显的特征”“商务英语具有交叉学科的本质属性”等语句，来描述商务英语的交叉学科性质。基于交叉学科的商务英语人才培养模式“整体性”研究，需要确立商务英语交叉学科的基本组成部分，从而为界定商务英语人才培养模式构成要素，展开商务英语人才培养模式“整体性”研究奠定完整的学科基础。本研究在总结归纳学界观点的基础上，根据商务英语人才培养模式“整体性”建设的实际需求，以大商务作为形成商务英语交叉学科的客观基础，以交叉科学原理作为界定商务英语交叉学科的理论依据，并综合相关的事实（实践）依据、学科依据和学理依据，通过充分论证分析，对商务英语交叉学科组成部分做出基本的界定解析。

一、交叉学科组成部分的研究观点

关于商务英语交叉学科组成部分，研究者所站的角度不同，持有的解析观点也有所不同。关于交叉学科组成部分的研究说明，学者们的研究焦点首先聚焦在语言学与经济学两个方面，认为语言与经济组成商务英语交叉学科。随着关于交叉学科组成部分研究的逐步深入，管理学、法学开始成为商务英语学科体系的组成部分，从而拓展了商务英语交叉学科的组成范畴。学界关于商务英语交叉学科组成部分的解析，主要有以下三种。

1. 两元论

英语与商务两个学科组合成交叉学科，是目前学界普遍认可的基本观点，也是关于商务英语交叉学科组成部分的主体观点。其渊源是当初的商务英语专业是在英语课程与商务课程结合的基础上形成的，具有两元性质。两元论认为“英语＋商务”就可以组成商务英语交叉学科，没有展开国际商务（大商务范畴）的交叉学科性研究，仅仅是将商务当作一个单一学科。但从学科组成结构来看，国际商务本身就是一个交叉学科，具有大商科的基本特点。两元论只是对学科外部表征的界定，既没有体现出国际商务所包含的经济学、管理学和法学等多学科交叉的知识范畴，也没有体现出商务英语多学科交叉的基本特征。

2. 两个知识领域

关于商务英语两个知识领域交叉的研究突破了两元论的束缚，从两元论拓展到两个知识领域的组成范畴。今天的商务英语，早已不仅仅是英语与商务两门课程的简单叠加，也不是“英语＋专业”的简单组合，而是两个知识领域的学科交叉。朱文忠（2016）提出：经过多年的发展，商务英语逐步发展成为一门包括语言和商务两个领域，理论基础涉及语言学、经济学、管理学、跨文化交际学等多个学科的交叉性学科。

吕世生（2013）运用语言经济学的原理提出了关于商务英语学科定位的学理依据，将英语与商务的关系提升到语言与经济学科交叉关系的范畴。他提出了语言经济学是语言和经济交叉领域的理论概括，商务英语也是这两个领域交叉部分知识的观点，主要表现在大商务知识领域和商务语言学知识领域两个方面。

（1）大商务知识领域

在经济全球化和贸易国际化的大背景下，学界已经形成一种约定俗成的大商务的概念范畴。学者们用“大贸易”“大经贸”“大经济”等词语来描述国际商务广阔的活动领域。大商务从国际贸易活动领域扩展到国际经济活动领域、国际经济管理活动领域和国际经济法律活动领域，如国际商务管理、跨文化管理、法律顾问、法律咨询、调解仲裁、法律实务、律师公证等，从而形成了国际经济贸易、国际商务管理和国际经济法律三大活动领域。大商务的活动领域拓展了商务英语学科知识体系的范畴，形成了一个多学科交叉的知识领域，涉及国际经济学、国际贸易学、国际金融学、国际市场营销学、国际商品学、国际投资学、国际经济合作、国际商务管理、国际经济法学（国际商法）等。商务英语也从与商业直接有关的领域进入一切与商业有关的国际商务活动领域，完成了从经贸英语到真正的商务英语的演变。在大商务背景下，经济学、管理学、法学（国际商法）进入商务英语学科交叉知识领域，组合成一个以大商务为平台的多学科交叉的知识领域。

（2）商务语言学知识领域

学者们在研究大商务的基础上，将关于英语的研究提升到语言学知识领域层面，突出表现在关于商务语言学的研究。早在2014年，林添湖就提出了构建商务语言学的设想。2018年1月，陈建平出版了《商务语言学》专著。学者们提出的关于商务语言学的研究观点，在学界形成了商务语言学的基本研究范式。在此基础上，学者们还从现代语言学、经济语言学、法律语言学等交叉学科的角度来解读商务语言。后现代语言学的研究直接促进了一些交叉学科的出现，如经济语言学、军事语言学、商务语言学等。商务语言学关注语言在商务活动中的运用和规律。商务汉语、商务日语等商务语言研究也可纳入商务语言学范畴，使得商务语言学研究领域更为广阔（陈建平，2018）。可以说，商务语言学提升了商务英语作为学科知识基础的地位。学界关于两个知识领域的研究观点，将商务英语交叉学科的研究从专业层面上升到语言学、经济学、管理学、法学等学科交叉领域的层面，扩大了商务英语交叉学科组成的基本范畴。

3. 三点论

三点论是在两个知识领域的基础上，将大商务知识领域分解为经济学、管理学、法学三个主要方面。它们与语言学科交叉结合，成为商务英语交叉学科的基本组成。三点论有一个逐步发展形成的过程：在经济学和管理学的基础上发展起来，经历了从经济学到管理学再到法学这样一个逐步演变拓展的过程。

一开始，关于商务英语学科理论体系的研究形成了语言学、经济学和管理学三条基本的学科主线。关于学科理论体系的研究观点认为，商务英语学科理论体系的组成部分是语言学、管理学和经济学。可以说，学界关于学科理论体系的研究观点，在客观上已经形成了交叉学科组成的基本框架。随着国际经济活动中涉外法律问题日趋增多，现代法学理论和法律规范在商务活动中得到广泛的应用（陈建平，2018）。商务法律问题和商务法律行为已经成为商务活动的具体内容。在这种大背景下，涉外经济法律工作能力上升到人才培养目标的层面，国际经济法律问题被纳入国际商务活动的研究范畴。国际商务法律知识进入学科知识领域，形成了一个以国际商务法律为主体的法学知识领域。因此在语言学、经济学、管理学三个学科交叉的基础上，法学加入商务英语交叉学科的序列，形成了一个交叉学科群的基本雏形。

国际商务所具有的交叉学科性，成为确立三点论的学科依据。学者们认为，国际商务本身就是经济学、管理学、法学等学科交叉形成的学科，国际商务知识包括经济学、管理学、法学（国际商法）等（翟菁菁，2018）。英语与国际商务学科交叉，也就使得商务英语形成了多学科交叉，语言学、经济学、管理学、法学成为商务英语交叉学科的组成部分。

二、交叉学科组成的依据

商务英语交叉学科的形成是一个动态、发展的形成过程。它在学科体系建设实践中形成认知，在关于交叉学科“整体性”研究中拓展升华。并随着关于交叉学科组成部分认识的升级，逐步拓展到语言学、经济学、管理学、法学等学科知识领域，从而提升了商务英语交叉学科的宽度和深度。随着研究领域与研究内容的不断扩大和逐步深入，商务英语学科体系的学科容量、学科布局向更深层次发展，学科整体结构日趋完善。关于商务英语交叉学科的组成，主要有以下基本依据。

1. 理论依据

交叉科学的相关原理和基本观点，为界定商务英语交叉学科的基本组成提供了下列基本依据。

是社会经济发展的需求是形成商务英语交叉学科的根本原因。交叉学科是社会需要与学科发展逻辑交叉点上的产物，实践的需要是任何一门交叉学科产生、形成和发展的根本原因。经济全球化、开放型经济、国际商务活动的综合性问题、英语教学改革和人才培养模式变革等，形成了商务英语交叉学科诞生的内生动力和外部条件。

二是商务英语交叉学科的形成符合当代科学的发展趋势。凡是有学科存在之处，就有跨学科的存在。学科交叉是目前语言学科发展的基本趋势，已经产生了各种类型的交叉学科。商务英语因为具有学科发展的规模性和国际化特征，成为语言学科与经济学科交叉的典型个案。

三是商务英语交叉学科属于非线性的交叉关系，而不是学科与学科的相加组合。学科间非线性的相互联系、相互作用、相互转化形成了商务英语交叉学科最基本的“整体性”关系。

2. 客观依据

社会实践是产生交叉学科的源泉。站在社会经济实践的角度，大商务是产生商务英语交叉学科的客观基础，其主要活动领域为形成商务英语交叉学科奠定了事实（实践）依据。

大商务形成了一个广阔的国际经济活动领域。按照国际经济、国际商务管理、国际商法等维度进行合并统计，国际贸易、国际金融、国际营销、国际投资、人力资源管理等仍然是国际经济活动的主要组成部分，它们与国际商务管理和国际经济法（国际商法）组成国际商务活动的基本领域。学者们将大商务划分为国际经济贸易、国际商务管理、国际商法三大国际商务活动领域，可以作为界定与大商务相对应的交叉学科的基本参照。

站在交叉学科的研究角度，大商务就是一个多学科交叉形成的知识领域。关于大商务的研究分析，就是准确完整地理解商务英语的学科交叉性。因此，大商务的概念范畴成为商务英语多学科交叉的基本标志。大商务范畴与学科交叉原理组成一个关于商务英语交叉学科的解释系统。

3. 学科依据

在关于商务语言学的研究中，学者们从商务语言学的定义、特性、理论体系架构，以及与经济学、管理学、法学等学科的关系明确提出了以下观点：“交叉性是商务英语语言学最根本的特点”“学科交叉性是商务语言学的鲜明学科特色”“商务语言学是语言学与经济学、管理学、法学等学科交叉结合而形成的交叉学科”（陈建平，2018）。学界关于商务语言学的研究解决了两个问题：一是拓展了关于英语语言的研究范围，形成了一个基于多语种的商务语言学的研究范畴，奠定了商务英语学科建设的语言学基础。二是在关于商务语言学交叉学科研究的基础上，通过研究商务语言学与现代语言学、经济学、管理学、法学的关系（陈建平，2018），论证了商务语言学的学科交叉性，从而界定了商务语言学交叉学科的基本范畴。商务语言学的研究一方面拓展了商务英语语言学的研究领域，确立了商务英语的学科基础，为建立商务语言学的学科知识系统提供了学科依据。另一方面从商务语言学科建设的角度，进一步论证了商务英语交叉学科的组成，为界定商务英语交叉学科组成部分提供了学科逻辑依据。

4. 学理依据

学科基础理论可以提供科学理论的解释力量，是界定商务英语交叉学科的学理依据。基于语言经济学的交叉学科研究揭示了商务英语交叉学科属性、概念、范畴的关联性、同一性，为界定以语言（英语）与经济（商务）为主体的交叉学科，提供了学理依据。

学者在运用语言经济学的理论观点研究商务英语学科过程中，主要有三大理论贡献：一是将语言经济学确立为商务英语的学科理论基础；二是为确立以语言学与经济学为主体的交叉学科提供了学理依据；三是确立了交叉学科在商务英语人才培养模式的基础性地位。语言经济学作为商务英语学科的理论基础，将商务英语学科组成纳入交叉学科的研究范畴，为商务英语学科体系研究提供了学理依据。

综上，商务英语交叉学科狭义上是指英语与商务的学科交叉，广义上是指语言学、经济学、管理学和法学等学科的交叉。商务英语是以语言学与经济学为主体，由语言学、经济学、管理学、法学等学科交叉知识领域组成的一个完整的交叉学科。

第二节　交叉学科与商务英语人才培养模式的关系

商务英语人才培养模式具有交叉学科的基本属性，这已成为学界的基本共识。交叉学科之间的相互联系、相互作用关系，是商务英语人才培养模式产生、发展的内在根据，也是形成商务英语人才培养模式“整体性”的基础性原因。交叉学科是人才培养所依托的学科知识体系，是商务英语人才培养模式的学科基础、基本支撑，决定了人才培养模式的基本属性、基本定位、基本功能、基本类型和发展方向。交叉学科与商务英语人才培养模式的内在关系说明，交叉学科“整体性”状况决定了商务英语人才培养模式的整体效应，是商务英语人才培养模式“整体性”研究的基础性问题。

在商务英语人才培养模式中，交叉学科“整体性”关系具有基元性。可以说，交叉学科“整体性”关系是商务英语人才培养模式各种关系中最重要的内部关系，是商务英语人才培养模式“整体性”研究的首要问题。关于交叉学科与商务英语人才培养模式关系的研究，有利于对商务英语人才培养模式形成“整体性”问题原因做出科学的判断分析，从而为商务英语人才培养模式“整体性”研究提供基本思路。

一、交叉学科：商务英语人才培养模式的基本支撑

人才培养模式与学科有着密不可分的内在关系。学科与人才培养模式相结合是实现大学整体教育功能的基本要求。学科知识体系作为人才培养模式的基础支撑，是人

才培养模式存在的合理性依据。所谓人才培养模式都是建立在一定的学科基础之上的，指的是学科型人才培养模式或交叉学科人才培养模式。这是人才培养实践经验的总结和人才培养模式理论研究的基本结论。跨学科教育是人才培养模式的创新着力点。商务英语人才培养模式的创新发展必须有正确的起点，即人才培养模式发展方向是正确的，并兼具内生动力和外部推动力，且具有发展性——实现人才培养模式可持续发展。从单一学科人才培养模式到复合型人才培养模式，再到跨学科人才培养模式，这是商务英语人才培养模式发展的必然趋势。商务英语所具有的跨文化、跨语言和跨学科等综合特征，决定了人才培养模式必须建立在交叉学科的基础之上。对于商务英语人才培养模式而言，语言学、经济学、管理学、法学在学科交叉领域融合生成了一个完整的学科知识体系。由于学科交叉，商务英语形成了知识互补性的交叉学科知识结构体系。交叉学科促进语言和商务课程由单向型向交叉综合型课程知识体系转变，从而形成了全新的商务英语交叉互补的学科知识体系。商务英语交叉学科的原学科本身就是完整的、成熟的知识体系，都有着在特定的知识领域中形成学科的基本理论、基本原理、基本方法。这些原学科的知识体系既是人类知识经验的结晶，也是商务英语人才培养模式的学科知识基础。关于人才培养模式学科基础的研究将商务英语人才培养模式从课程或专业的层面提升到交叉学科的层面，提升了人才培养模式的层级，拓展了人才培养模式的覆盖领域，增强了商务英语人才培养模式“整体性”的培养功能。

二、交叉学科：商务英语人才培养模式的知识基础

商务英语交叉学科的形成机制说明，学科交叉是跨学科人才培养模式产生、存在的内在根据。交叉学科作为人才培养模式的学科基础，是人才培养模式的基本支撑，也是商务英语人才培养模式的重要组成部分。交叉学科之所以能成为人才培养模式的学科基础，是因为交叉学科具有人才培养“整体性”的教育功能，这是交叉学科功能的质的规定性，也是跨学科人才培养模式的本体功能。交叉学科作为人才培养模式的知识基础，为商务英语人才培养模式提供了“整体性”的学科基础支撑，两者形成正相关的对应关系。

多学科交叉融合形成了培养复合型人才的教育平台。交叉学科改变了传统的学科结构，对人才培养有着单一学科所没有的综合优势。交叉学科与复合型人才是一种因果对应关系。培养交叉复合型人才是建立商务英语交叉学科的基本任务，多学科合作培养人才成为商务英语交叉学科的基本特征。商务英语培养的人才具有多元化的知识结构和多样化的能力，是多学科交叉合作培养人才的基本目标。多学科协同培养人才实践的需求，是选择知识和组合知识的价值取向；交叉学科是人才培养模式知识体系建构的必然选择。交叉学科为人才培养体系提供了“整体性”的学科支撑，两者之间形成了类似于经济基础与上层建筑的相互关系。

三、交叉学科的“整体性”关系：商务英语人才培养模式的核心关系

“整体性”是交叉学科最基本的特征。交叉学科虽然具有不同的类型和组成范畴，但它们并不是毫无内在联系的，而是以相互联系、相互作用的形式组成的一个有机的学科群体，这个学科群体有着原本的单一学科所没有的“整体性”。交叉学科的“整体性”关系反映了科学整体化的思想，促使我们从重视专门科学研究转向跨学科研究，从单学科的人才培养模式转向跨学科的人才培养模式。建立在交叉学科基础之上的商务英语人才培养模式，也是一个“整体性”的人才培养系统。

人才培养模式最主要的问题是各种要素之间关系的建构，而交叉学科的“整体性”关系是人才培养模式中最基本的内部关系。作为一个复杂的人才培养要素系统，商务英语人才培养模式中存在着各种不同的关系，如学科基础（部分）与人才培养模式（整体）的相互关系，学科基础（部分）与人才培养模式其他组成部分（培养目标、培养方式、培养内容、培养评价）的关系，等等。同时，由于多学科交叉，交叉学科客观上存在着学科之间的“整体性”关系问题，并且会直接影响到商务英语人才培养模式的各个方面，如学科基础的“整体性”、课程体系的“整体性”、专业设置模式的“整体性”、教师队伍的“整体性”、评价体系的“整体性”等。商务英语人才培养模式作为一个人才培养系统，必然存在整体（系统）与部分（要素）、部分（要素）与部分（要素）的多种关系。作为人才培养模式的学科基础，交叉学科的“整体性”关系在商务英语人才培养模式各种关系中具有纲举目张的功能，是影响其他关系的最重要的内部关系。

第三节　商务英语人才培养模式形成“整体性”问题的原因

在大商务的背景下，随着商务英语学科外延的不断扩展，多元化的学科关系已经成为一个客观事实，交叉学科的“整体性”关系成为学科建设必须面对的现实问题。多学科交叉是形成商务英语人才培养模式“整体性”问题的深层次原因，交叉学科的“整体性”状况决定了人才培养模式的整体功能效应。人才培养模式最基本的问题是交叉学科的矛盾关系，其实质就是因为学科交叉带来的人才培养模式的“整体性”问题。因此，作为人才培养模式的学科基础，交叉学科的“整体性”关系也就成为商务英语人才培养模式“整体性”研究的基础问题。

关于商务英语人才培养模式形成“整体性”问题原因的研究，需要在界定交叉学科基本组成的基础上，以系统“整体性”原理为指导，展开关于交叉学科“整体性”的研究，如：商务英语交叉学科的整体是怎么形成的？商务英语学科的基本问题是什么？形成交叉学科“整体性”问题的原因是什么？商务英语交叉学科的形成机制是什么？商务英语学科是整体加和性还是整体非加和性？学科整体是线性交叉还是非线性交叉？等等。上述问题可以形成一个完整的关于商务英语交叉学科“整体性”研究的问题链条，其研究结果可以组成一个关于商务英语交叉学科“整体性”关系的解释系统，为商务英语人才培养模式“整体性”研究奠定学科研究的基础，对于认识和把握商务英语人才培养模式的“整体性”特征，加强其“整体性”建设，具有重要的现实意义。

一、直接原因

交叉科学理论说明，交叉学科形成机制表现是多方面的，简单地说，有单向移植、学科交融、多元综合等基本表现形式。目前，学界在关于商务英语交叉学科形成机制研究中，普遍存在借用、移植的研究观点，从而形成了一种以单向移植为主流的研究范式。研究认为，将移植作为商务英语交叉学科的形成机制，既没有客观真实的事实依据，也缺乏交叉科学的理论支撑。这种观点既体现出在交叉学科形成机制研究中存在理论误区，也体现出整体加和性研究范式的影响力。由于单向移植思维主导着商务英语的交叉学科研究，它也成为“英语 + 商务”人才培养模式 整体加和性的思想基础，这是形成商务英语人才培养模式“整体性”问题的直接原因。因为商务英语交叉学科有着自己独特的形成机制，单向移植的观点并没有反映出商务英语交叉学科学科交融的真实面貌。

学科交融是指两个或两个以上不同学科的理论、知识、方法相互交融、相互结合、相互补充、相互支持，从而形成新的交叉学科。学科交融分为学科内交融和跨学科交融。同一学科内各分支结合形成交叉学科是较为普遍的现象，而由不同学科之间相互交融产生交叉学科，也是经常发生的情形（解恩泽 等，1991）。学科交融有几个核心构成条件：一是必须是两个或者两个以上学科的交叉融合；二是学科间的相互联系、相互作用是交叉学科之间的基本关系，也是形成交叉学科的本质原因和理论基础；三是交叉学科形成学科合作互补的“整体性”关系，成为一个不可分割的学科整体。

在国际商务活动中，学科的社会应用性作为学科之间的本质联系，形成了商务英语交叉学科的共源机制，从而增强了商务英语学科的应用功能，拓展了商务英语学科的应用领域，体现出学科交叉融合的功能。由于交叉学科知识体系结构的互补性，商务英语学科跨越原有学科的知识边界，填补了原有学科知识的空白处，在学科交叉点上生成新兴交叉学科，体现出交叉学科合作互补的整体功能。商务英语交叉学科的互补性主要体现在学科知识的互补、专业结构的互补、学科理论（原理）的互补、教育资源的互补、课程资源的互补、教学方法的互补、研究方法的互补、人才培养方式的互补等。而学科合作互补主要聚焦在学科教育功能的互补上。

交叉科学的功能主要在于它激活了学科之间的协同作用，形成了学科之间的交叉融合，加速了科学整体化发展的趋势（解恩泽 等，1991）。学科交叉融合机制的重点在于融合，即交叉学科之间的交叉度，或者说是交叉学科的一体化程度。商务英语属于多学科交融互补的学科整体。组成商务英语交叉学科的成员学科通过深度融合，形成具有自身特色的学科思想、学科理论、学科文化、学科知识、学科方法、学科资源等，形成一个水乳交融的交叉学科知识系统，成为一个“你中有我、我中有你”的命运共同体。不论商务英语交叉学科的组成学科地位如何，它们都是学科家庭不可缺少的成员，组成了一个具有“整体性”的知识系统。从本质上说，关于商务英语交叉学科形成机制的研究，就是关于交叉学科整体组织方式的界定，是关于交叉学科整体结构的解析，也是关于商务英语交叉学科“整体性”的解说。因此，我们应该将关于商务英语交叉学科形成机制的解析，上升到关于交叉学科“整体性”研究的层面。关于学科交融的交叉学科形成机制说明，商务英语交叉学科属于共生共长、协同发展的“整体性”的学科关系。

在学科交叉地带之所以产生新的学科，是因为交叉学科之间存在内在的联系。交叉学科的形成机制说明，每一个交叉学科的产生都有其特殊的原因，情况也是多种多样、十分复杂。但从方法论角度来看，普遍联系的观点和辩证的思想是它们产生的共同思想基础（解恩泽 等，1991）。相互联系和相互作用的观点，既是唯物辩证法最基本的原理，也是交叉科学最重要的方法论。任何一种交叉学科的形成机制，都是建立在学科之间相互联系和相互作用的基础之上的，这是交叉学科形成机制的核心观点。商务英语属于多学科交叉融合而形成的交叉学科。关于交叉学科形成机制的研究，揭示了商务英语交叉学科形成的内部机理，说明了交叉学科之间的关系属于相互联系、相互作用的“整体性”关系。

二、深层次原因

由于多学科交叉，商务英语客观上存在学科之间的关系问题，并且会影响到人才培养实践的各个方面。由于国际商务活动领域的不断扩大和商务英语学科外延的扩展，商务与英语的学科关系已经演变为多元化的语言学、经济学、管理学、法学等学科之间的关系问题。交叉学科间的矛盾关系和商务本身具有的不确定因素，必然会给学科建设带来一些复杂性问题，并且会影响到商务英语人才培养模式的方方面面，比如在人才培养目标定位、语言教育与专业教育的关系、课程体系构建、课程设置等方面出现矛盾制衡。交叉学科的矛盾关系在课程体系中形成聚焦，对“整体性”的课程体系建构提出了挑战。因此，交叉学科之间的矛盾关系成为形成商务英语人才培养模式“整体性”问题的深层次原因。商务英语人才培养模式的“整体性”建设提出了交叉学科“整体性”关系研究的基本课题。

一门学科所谓的基本问题，指的是那些学科核心的问题（林添湖，2010）。对于交叉学科而言，通常是学科之间的关系问题。商务英语由于多学科交叉，客观上存在交叉学科之间的矛盾关系。虽然其具体表现形式多种多样，但实质上就是交叉学科的“整体性”关系问题。事实上，学界对于学科的基本问题认识不足，没有从交叉学科“整体性”关系的角度，审视研究商务与英语的学科关系。学界虽然普遍认为商务英语是一门交叉学科，但并没有形成关于交叉学科“整体性”关系的研究范式。关于交叉学科的“整体性”关系问题也并没有纳入学科建设和人才培养模式研究的基本范畴，普遍都是从课程与课程的角度研究商务与英语的关系。理论研究也是侧重于本体研究或围绕着专门用途英语而展开，鲜有关于交叉学科“整体性”关系的研究探讨（陈建平，2010）。随着商务英语专业地位的确立，商务英语学科定位已经得到界定。但交叉学科的“整体性”矛盾关系仍然是学科建设客观存在的基本问题，并没有从根本上得到解决。关于商务和英语的交叉融合仍然是学界普遍感到难以解决的现实难题（刘法公，2015）。问题的导向是学科建设的出发点，学者们纷纷提出意见。刘法公（2009）指出，商务英语最基本的关系就是以英语与商务为主体的交叉学科关系；翁凤祥（2009）提出，任何学科都有其基本问题，商务英语存在的基本问题与学科的构建和发展关系密切。经过缜密思考与反复论证，本书确定商务英语的学科基本问题是商务与英语的交叉平衡问题，即商务英语交叉学科的“整体性”关系问题。

由于学科交叉，商务英语内部必然存在种种矛盾关系，也必然有很多的不确定性（刘法公，2015），因此会产生这样或那样的“整体性”问题。林添湖（2010）指出，学科的交叉性揭示了商务英语教学实践和人才培养全过程中，已经出现的学科交叉中的一切矛盾以及可能出现的一切矛盾胚芽。翁凤祥（2009）认为，商务与英语之间本身并不存在矛盾，只有在商务英语交叉学科关系中才存在矛盾。建立交叉学科整体协同机制，是商务英语学科“内涵式”建设的基本追求。目前，商务英语具有规模发展的基本特征；但总的来看，仍然属于粗放式发展的状态。站在学科“内涵式”建设发展的角度审视，没有形成学科交融的交叉学科的“整体性”关系，是形成学科体系“整体性”问题的深层次原因。辩证法的基本原理说明，任何事物都会有两面性，商务英语交叉学科也是如此。学科交叉既是商务英语学科产生、发展的内部机制，也是形成种种“整体性”矛盾关系问题的深层次原因所在。关键在于如何把握因为学科交叉所带来的种种挑战与发展机遇。以学科“整体性”建设为抓手，打造具有“整体性”的学科体系，就是基于辩证法的认识论做出的关于商务英语交叉学科基本问题研究的科学结论。

三、思想根源

系统论认为，当人们在研究某个复杂问题时，首先面对的课题就是如何认识和怎样描述问题（陈禹 等，2006）。本研究发现，交叉科学在表述交叉学科之间的关系时全部使用“×”号，不使用“+”号和“=”号来表示其“整体性”关系。如用“A×B”表示学科和学科的相互交叉，那么有：教育学×语言学⇒教育语言学，经济学×语言学⇒经济语言，社会学×语言学⇒社会语言学，心理学×语言学⇒心理语言学（解恩泽 等，1991），等等。从以上表述可以看出，使用“×”号说明交叉学科之间不是加和关系，而使用“⇒”符号意味着是通过“前进”或“发展”成为一个新的交叉学科整体。由此可见，交叉科学不认同交叉学科之间的关系是加和关系，也不认可交叉学科“整体性”是通过相加组合形成的。但是目前，学界流行用“英语+*X*”的公式来表示复合型英语人才培养模式。该公式中英语为恒量，*X* 为变项（变量），即随着市场和行业的变动而变化。学界关于商务英语交叉学科相互关系的表述普遍采用“英语+商务=整体”的表述方式。这就和交叉学科相互关系的指意完全不同。一个是学科与学科的“乘数关系（非线性关系）”，一个是学科与学科的“加和关系（线性加和关系）”。上述两种表示方式反映出学科之间的内在关系完全不同，也体现出学界对于商务英语交叉学科的“整体性”关系认识的差异性。我们认为，这不仅仅是一个语言表达和概念表述问题，还是不科学的、不规范的表述方式，也是简单加和的线性思维的具体表现。简单地用“英语+商务”来表述商务英语学科和人才培养模式，既不符合商务英语交叉学科的基本特性，也违背了交叉科学的“整体性”原理。商务英语之所以出现简单相加现象，乃至形成简单加和的整体观，究其思想源头，还是因为线性加和的整体思想。线性思维的基本特点就是直线的、简单的、单向的、迭加的思维方法。突出的表现就是用相加的方式，进行关于学科和人才培养模式的整体组织建构。这就涉及学科线性交叉与学科非线性交叉、学科整体加和性与学科整体非加和性两对概念范畴。而将交叉学科的“整体性”关系问题纳入系统“整体性”研究的范畴，既可以厘清产生相加组合“整体性”问题的思想根源，也为关于商务英语人才培养模式“整体性”研究提供了辩证法认识论的学理依据。

一个事物的功能作用不在于其构成要素的多寡和要素能量的大小，而在于要素之间的相互作用是线性的还是非线性的。如果是线性作用，不论其构成要素数量多么庞大，其“整体性”质也是部分性质的机械叠加。如果是非线性作用，即使其构成要素的数量较少，其“整体性”质和行为也是复杂的。交叉学科之所以具有“整体性”关系，就是因为学科间存在复杂的非线性相互作用。关于商务英语交叉学科“整体性”，站在非线性系统的认识角度分析，主要有两个基本问题：一是学科之间是线性作用还是非线性作用，二是学科之间是线性关系还是非线性关系。简单地说，学科的线性交叉体现出学科之间单向的交叉、学科的简单相加、学科知识的堆积，学科之间呈现出代数和的线性“整体性”关系。而非线性学科交叉则体现出学科的多元性、学科知识的互补性、学科的动态性、学科之间的开放性、学科之间的关联性、学科知识的完整性、学科的协同性等。

非线性是商务英语交叉学科的典型性质。非线性系统理论是形成商务英语交叉学科的理论基础，也是我们认识商务英语人才培养模式“整体性”的基本思维方式。根据交叉学科的交叉类型和交叉结构的不同，交叉学科可以分为多种不同的类型。但不论交叉的方式如何变化，其本质的特征在于交叉必须是非线性行为或过程，而不是线性的简单叠加（钱林晓，2009）。商务英语的学科交叉并不是随意的多元复合相加。它们必须经过学科间的交叉融合而形成一个有机的交叉学科整体，学科间非线性的相互作用是产生商务英语交叉学科的根本原因。商务英语交叉学科不是简单的、并列的、累加的线性关系，而是具有学科交叉融合、学科知识互补的性质，形成“你中有我、我中有你”的非线性的“整体性”学科关系。

任何一门科学都承认“整体性”问题的重要性，关键的问题在于对“整体性”的理解。即交叉学科的整体是怎么形成的？是整体加和性还是整体非加和性？这是划分机械整体论和系统整体论的分水岭。由于受到线性加和思维的影响，学界一般认为“英语＋专业”等于商务英语学科的整体，英语与商务为复合相加关系。如学界流行的“载体论”就体现出英语与商务之间是线性相加的整体关系，即英语与商务专业知识是载体和被载体的关系。又如“复合材料说”也体现出线性加和的学科整体关系，即英语是基础材料，商务是加强材料，两者复合而成商务英语专业。至于“英语＋专业”“课程＋课程”“英语＋X”等人才培养模式，正是典型的线性相加组合形式。这种简单的代数加和的关于商务英语学科的“整体性”表述，就是线性加和整体论的具体表现，陷入线性加和思维的误区，造成了关于交叉学科和人才培养模式理论研究中的模糊混乱现象。在线性加和思维的影响下，学科交叉演变成学科相加，学科交融被解析为学科移植，学科间的相互作用被理解为学科间的相互借用，交叉学科整体被看作线性交叉的整体，从而导致交叉学科难以形成“整体性”的学科关系，商务英语人才培养模式建设缺乏交叉学科的“整体性”支撑。而“课程＋课程”的人才培养模式，既背离了商务英语作为交叉学科的核心特性，也是在教学实践中产生课程简单叠加的直接动因。系统“整体性”原理说明，相加组合的学科和人才培养模式，本质上是机械加和整体观的产物，属于简单加和的线性思维，因而难以形成具有“整体性”的人才培养系统，这对于商务英语学科和商务英语人才培养模式的“整体性”建设，存在误导作用和消极影响。

综上，交叉学科的形成机制说明，商务英语属于学科交融形成的交叉学科，学科之间互为条件、互相补充，从而形成一个交叉学科整体。商务英语交叉学科之间的关系绝不是加和性关系，而是非加和性关系，即相互联系、相互作用、交融互补的“整体性”关系。商务英语绝对不是由英语与商务简单相加形成的整体，而是多学科交叉融合的学科整体。具有“整体性”的交叉学科，奠定了商务英语人才培养模式“整体性”的学科基础。因此，交叉学科的“整体性”成为商务英语人才培养模式“整体性”研究的主要内容，交叉学科的“整体性”关系也就成为商务英语人才培养模式“整体性”研究的首要问题。建立在交叉学科基础上的人才培养模式，是一个多学科整体协同作用的人才培养系统，也是多学科知识体系交叉融合的“整体性”的人才培养平台。在商务英语人才培养模式中，交叉学科形成了基于多学科交叉融合的共源机制、互补机制、合力机制、增值机制，体现出交叉学科在人才培养模式中的基础作用。这是商务英语人才培养模式存在、发展的内在根据，也是形成人才培养系统“整体性”功能效应的基础性原因。交叉学科之间形成的合作互补、协同发展的“整体性”学科关系，可以提高商务英语人才培养模式的整体教育功能，从而产生整体非加和性的功能效应，即“1 +1 >2”的人才培养系统的增值效应。建立在交叉学科基础上的商务英语人才培养模式，产生了多学科交融合作的整体新性质、整体新功能、整体新优势，形成了人才培养系统的整体效应。因此，作为人才培养模式的学科基础，交叉学科的“整体性”关系必然成为关于商务英语人才培养模式“整体性”的先导性研究课题。

第五章　商务英语人才培养模式具有“整体性”的构成要素界定

专门用途英语人才培养模式是由若干具有相对独立性的要素通过有机结合形成的整体。关于人才培养模式构成要素的解析界定始终是人才培养系统研究中首先要解决的基本问题。系统论认为，系统与要素、整体与部分是两对相互对应、相互匹配的基本范畴。要素作为人才培养系统整体的基本组成部分，是关于人才培养模式“整体性”的主要研究对象。因此，关于商务英语人才培养模式“整体性”研究，首先必须界定商务英语人才培养模式的构成要素，设定商务英语人才培养模式“整体性”的实证研究对象，才能形成商务英语人才培养模式“整体性”研究的展开机制。关于商务英语人才培养模式构成要素的界定，必须明确下列问题：商务英语人才培养模式包括哪些要素？要素的界定属于什么科学理论的研究范畴？怎样看待要素与人才培养模式的“整体性”关系？等等。目前，商务英语学界在关于人才培养模式构成要素的解析中，普遍流行以“英语专业+商务专业”作为人才培养模式的整体构成。这种解析将复杂的人才培养系统描述得过于简单化，没有体现出人才培养系统多要素的“整体性”，导致了人才培养模式构成要素缺位的现实问题。对于商务英语人才培养模式“整体性”研究有着误导作用，直接影响商务英语人才培养模式的“整体性”建设发展。这就提出了在系统“整体性”原理指导下，进行商务英语人才培养模式具有“整体性”构成要素的界定问题。所谓系统构成要素的界定，实质上就是对系统整体组成部分的划分，体现出要素与系统、要素与要素的“整体性”关系；将商务英语人才培养模式构成要素的界定纳入系统“整体性”的研究范畴。本研究以系统（整体）与要素（部分）基本范畴为主线，展开关于商务英语人才培养模式构成要素的分析界定。

基于交叉学科的商务英语人才培养模式“整体性”建设，就是要根据人才培养实践的需求对相关要素进行优化组合，构建一个符合实际的人才培养系统。因此，提出界定商务英语人才培养模式构成要素的基本依据，找出商务英语人才培养模式中的关键要素，组成一个具有“整体性”的人才培养要素系统，正是本章的基本研究内容。

人才培养模式构成要素的合理界定是关于商务英语人才培养模式“整体性”研究的基本前提，也是构建具有“整体性”的人才培养模式综合评价数学模型必备的基础性条件。关于商务英语人才培养模式“整体性”的实证分析，必须在界定构成要素的基础上，通过划分分系统和各个层级的指标，才能满足质化分析与量化分析的需求。由此可见，关于构成要素的界定在商务英语人才培养模式“整体性”研究中具有重要的作用。它是商务英语人才培养模式顶层设计和整体谋划的主要内容，是关于商务英语人才培养模式“整体性”状况分析研究的切入点，也是开展商务英语人才培养模式“整体性”实证分析的基础性工作。

第一节　人才培养模式构成要素研究观点

国内学者关于人才培养模式构成要素的界定，有着多种版本的分析解说，可以作为界定商务英语人才培养模式构成要素的借鉴参考。本书将国内学者关于人才培养模式构成要素的研究观点整合在一起，对人才培养模式构成要素进行综合分析。

一、人才培养模式构成要素解说

综合研究发现，学者们关于人才培养模式构成要素的研究观点主要有三个特点：一是提出了一些概括性、定性的要素范畴，形成了一种形式化的语言表述，如培养目标、培养内容、培养方式、培养过程、培养方案、培养体系、培养评价等；二是提出了一些实体性的要素范畴，如学科基础、学科设置、专业、专业设置、专业设置模式、教学模式、课程体系、教育评价、师资队伍等；三是提出了一些具有组织结构性的要素范畴，如培养系统、理论模型、组织框架等。学者们关于人才培养模式构成要素的解析观点主要有以下八种。

一是“两要素说”。该解说分为两种观点：一是人才培养模式包括培养目标和培养方法两个要素。二是在外语界普遍存在的“两要素说（两元论）”，即认为“外语 + 专业”就是复合型人才培养模式。比如认为商务英语人才培养模式采用“英语专业 + 商务专业”或“语言类课程 + 专业类课程”的组合方式，聚焦于英语与商务两个要素。

二是“三要素说”。该解说有着多种解读，如培养目标、培养过程和培养方法；目的要素、内容要素、方法要素；培养目标、培养规格和培养方式；等等。

三是“四要素说”。很多学者持有这种观点，但关于要素构成则有着多种解读。有人认为是培养目标、培养规格、培养过程和教育评价；有人提出是培养目标、培养过程、培养制度、培养评价；有人主张是教育理念、培养过程、培养制度和质量评价；有人强调是教育目的、教育内容、培养方式、培养评价；还有人认为是培养目标、培养方式、培养内容、培养评价；等等。

四是“五要素说”。有人认为是教育思想与教学观念、培养目标、专业设置、课程体系、培养方式；也有人提出是培养目标、教学运行和组织机制、课程结构、专业设置、培养途径。

五是“六要素说”。有人认为是导向性要素—培养目标、实质性要素—课程体系、凭借性要素—教学方法、组织性要素—教学形式、调控与制约性要素—教育教学的运行机制、补充性要素—非教学培养途径；有人提出是教育思想、目标指向、教育和教学计划、内容和方式、教育和教学方法与手段、管理制度和运行机制；等等。

六是“七要素说”。有人认为是专业设置模式、课程体系状态、知识发展方式、教学计划模式、教学组织形式、非教学途径、跨教学培养形式和淘汰模式。

七是“八要素说”。有人认为是教育思想、教育观念、课程体系、教学方式、教学手段、教学资源、教学管理体制、教学环境；有人认为是人才培养理念、专业设置模式、课程设置方式、教学制度体系、教学组织形式、隐性课程形式、教学管理模式与教育（教学）评价方式。

八是“九要素说”。有人认为人才培养模式包括培养目标、选拔制度、专业结构、课程结构、学科设置、教学制度、教学模式、校园文化、日常教学管理。

学者们上述关于人才培养模式构成要素的界定解说，充分说明关于人才培养模式要素的界定具有多元化、复杂性和交错性的特征。通过综合学者们的观点，可以非常明显地看出，这些要素涉及大学教育活动的各个领域。对这些要素进行归类统计，累计多达 71 个要素。显然，这些关于人才培养模式要素的界定缺乏合理性。上述各种关于人才培养模式构成要素的解说，显示出学界对于人才培养模式概念内涵与外延存在着认识误区，体现出关于人才培养模式构成要素的研究缺乏“整体性”、系统性的思考，对要素的界定存在主观性、片面性和随意性倾向。同时，关于要素概念的表述也不规范，缺乏规范化的科学语言。从本质上讲，这属于一种经验型的、局部的、主观判断的研究范式。

上述关于人才培养模式构成要素的解析说明，过于宽泛或过于窄化的人才培养模式构成要素的界定都不是科学合理的，因为它们会伤及人才培养模式构成要素的完整性，难以形成具有“整体性”的人才培养模式。关于人才培养模式构成要素的界定，实质上就是关于系统整体组成部分的划分，应该体现出人才培养模式构成要素的“整体性”。按照系统“整体性”原理，人才培养模式是一个由诸多要素组成的人才培养系统，系统性、“整体性”是它的本质特征。因此，只有在系统与要素的范畴内对人才培养模式构成要素进行解析界定，才会得出比较科学合理的定论。

二、人才培养模式的基本组成

关于人才培养模式构成要素的解析说明，人才培养模式的建构就是要根据人才培养实践的需求对诸要素进行优化组合，寻求一个最佳的符合实际的人才培养模式。

综合学者们的研究观点，关于人才培养模式构成的“四要素说”，即培养目标、培养方式、培养内容和培养评价，比较适合于大学人才培养模式的结构形式。这些要素包含人才培养模式的核心要素、必备要素和实体性要素等。这种观点能够克服过于宽泛和过于窄化的人才培养模式构成要素的弊端，兼有形式化的语言表述特点，有利于展开关于人才培养模式“整体性”实证分析研究。需要注意的是，由于培养目标、培养方式、培养内容和培养评价等要素是一种比较抽象的、高度概括的概念范畴，各个学校需要根据自身的具体情况和人才培养实践的需求，对“四要素”的内涵和各个要素之间的相互关系进行具体的分析，从而形成符合自身实际情况的人才培养模式的整体构成。需要说明的是，“四要素说”是一般意义上的关于人才培养模式构成要素的基本组合，而具有“整体性”的商务英语人才培养模式构成要素的解析界定，则是需要在系统“整体性”原理指导下专门研究的课题。

第二节　商务英语人才培养模式具有“整体性”的构成要素

基于交叉学科的商务英语人才培养模式，在学科基础、专业设置模式和课程体系等方面具有特殊性。如果人才培养模式还停留在“课程 + 课程”的整合层面，那就很难接纳新生的发展要素，难以走出简单加和的人才培养模式困局，实现人才培养模式的改革创新和转型升级。因此，商务英语人才培养模式的建构必须注重顶层设计和整体谋划。商务英语人才培养模式的现状和跨学科创新型人才培养的目标需求，提出了必须将学科基础、专业设置模式（培养方式）和课程体系（培养内容）纳入人才培养模式的基本范畴，成为商务英语人才培养模式的主要组成部分（要素分系统）。它们与培养目标、培养评价等要素共同组成一个完整的人才培养系统。

一、确定构成要素的指导思想和主要指标

系统“整体性”原理是研究要素（部分）与要素（部分）、要素（部分）与系统（整体）之间相互联系、相互作用关系的科学理论。要素与系统有着密不可分的内在关系。没有要素，何来系统？而要素如果与系统没有内在联系，这样的要素也就是空位要素。因此，要素的合理界定是系统“整体性”研究的前置条件，也是构建人才培养模式的基本前提。作为一种人才培养系统，商务英语人才培养模式构成要素的界定，必须建立划分要素的指导思想和基本指标要求。

1. 指导思想

系统是由相互联系、相互作用的若干要素组成的一个整体。关于系统构成要素的界定，实质上就是对系统整体组成部分的划分，体现出要素与系统整体的内在关系。因此，关于商务英语人才培养模式构成要素的界定，属于系统“整体性”的研究范畴。将商务英语人才培养模式构成要素作为专门的课题进行研究，是将系统“整体性”原理与方法运用于商务英语人才培养模式理论研究的有益尝试。商务英语人才培养模式是一个由相关要素有机结合形成的整体，离开系统“整体性”原理就不能把握人才培养系统的“整体性”。关于商务英语人才培养模式构成要素的研究，不仅要反映人才培养系统的基本构成，而且必须关注商务英语人才培养模式“整体性”研究的展开机制，为构建“整体性”的商务英语人才培养模式奠定完整的要素体系。

商务英语人才培养模式“整体性”研究是站在全局的角度对人才培养系统整体功能进行研究分析。系统“整体性”原理始终贯穿在关于商务英语人才培养模式“整体性”研究的全过程。商务英语人才培养模式要素的解析界定，是在系统“整体性”原理指导下，运用科学抽象概括的分析方法，对构成人才培养模式组成部分进行的分析判断，是商务英语人才培养模式“整体性”研究的重要环节，是关于商务英语人才培养模式“整体性”建设的基础性研究课题。系统“整体性”原理是界定商务英语人才培养模式构成要素的指导思想。

2. 主要指标

关于商务英语人才培养模式构成要素的解析具有很强的指向性，要求既界定人才培养模式基本组织单元，又构建出适合自身实际情况的“整体性”的系统组织框架。这对于建立商务英语人才培养模式“整体性”综合评价数学模型，提高本研究实证分析的可操作性，具有重要的现实意义。要素是人才培养系统构成的基本单元，是人才培养模式“整体性”研究的先决条件。关于商务英语人才培养模式要素的界定应该确定两个基本原则：一是要反映出商务英语人才培养模式的客观真相和满足构建人才培养系统的现实需求；二是运用系统“整体性”原理对人才培养实践经验进行客观总结和科学抽象研究。需要通过对商务英语人才培养模式构成单元进行提炼加工、筛选甄别后，在高度概括的基础上，形成商务英语人才培养模式构成要素的框架体系。因此，商务英语人才培养模式构成要素的划分有如下四个指标：一是人才培养模式构成要素是多个元素的抽象概括，是人才培养系统的组成部分；二是人才培养模式构成要素是从人才培养实践中抽象出来的基本组成部分，必须满足对人才培养系统整体的全面刻画，不能过于简单；三是人才培养模式构成要素必须反映人才培养系统的本质特征，划分出的要素必须是对人才培养系统整体功能产生关键性影响的；四是人才培养模式构成要素的划分是人才培养系统研究的基础性工作，关于要素的界定必须服务于人才培养系统功能的整体优化。本研究认为，人才培养模式的构成要素分为五个部分：核心要素是学科基础，目标要素是培养目标，实体要素是专业设置模式，内容要素是课程体系，组成要素是培养评价。

二、学科基础：人才培养模式的核心要素

交叉学科是人才培养模式的学科基础，这是本研究的一个基本观点，也是关于交叉学科与商务英语人才培养模式相互关系的总结概括。实质上，学科基础与学科是一个同义词，特指与人才培养模式相互对应的学科，是人才培养所依托的学科知识体系。它是关于人才培养模式学科知识基础的简略性表述方式，也是“人才培养模式建立在一定的学科基础之上”的缩写版。学科基础概念范畴的提出，为界定交叉学科与商务英语人才培养模式的关系确立了基本研究范畴，形成了在交叉学科的基础上研究商务英语人才培养模式“整体性”的基本范式。站在人才培养模式的角度，学科作为人才培养模式的知识基础，是人才培养模式的组成部分，用学科基础来表述更精准。同理，本研究提到的“学科基础”指的就是商务英语交叉学科，是关于商务英语人才培养模式学科知识基础的基本表述。作为人才培养模式的学科基础，交叉学科会影响到人才培养模式的顶层设计和整体谋划，是人才培养系统组织结构研究的重要问题，是商务英语人才培养模式的基础支撑和重要组成部分。交叉学科作为商务英语人才培养模式的学科基础，说明交叉学科的“整体性”关系是商务英语人才培养模式中最重要的内部关系，是实现商务英语人才培养模式整体效应的基础性因素。

1. 学科基础的基本定位

学科门类，即涵盖某类知识领域的学科知识体系，指大学按照学科分类设定的高层次学科，包括哲学、语言学、经济学、法学、教育学、文学、历史学、理学、军事学、管理学等。本研究中提出的学科基础和学科门类为同一概念范畴，即在国标《学科分类与代码》中指的是“一级学科”，在《授予博士、硕士学位和培养研究生的学科、专业目录》中指的是“学科门类”，而人才培养模式的学科基础主要是指学科门类。因为上述两个标准中的学科门类和一级学科基本上是对应的，本研究兼顾两者的共同之处。学科门类具有学科知识、学科思想、学科文化、学科语言的独立性、完整性、层次性、根基性，知识覆盖面广、学科层级高，具有知识体系的完整性、基础性和自组织性，因而在人类知识谱系中具有独特的地位，成为人才培养模式学科基础的基本选择，人们往往将其表述为人才培养模式的学科基础。

学科门类具有知识体系的基元性。学科门类作为某个知识领域的知识体系，包含本学科各个层级的知识单元，以及人才培养所需要的学科基础理论、基本原理、基础知识、基本方法和基本技能等。作为人才培养模式的根基性学科，它是人才培养模式

的学科基础支撑。

学科门类作为人才培养模式的学科基础，可以为人才培养提供完整的教育资源，从而满足人才培养的基本要求。将人才培养模式建立在学科门类基础之上，能够为人才培养提供全方位的、“整体性”的学科知识资源，在跨学科范围内实现学科知识的无缝对接，从而形成基础理论研究与应用性研究相结合、基础理论教育与应用性教育相结合的知识组合格局。建立在学科门类基础上的人才培养模式具有学科知识基础厚实、容量巨大、选择空间宽泛、运作空间大的特点，为实现培养交叉复合型（宽口径、厚基础）的人才目标提供了支撑平台。交叉学科往往是不同门类的多个学科交叉的结晶，因而具有多个学科门类的属性。语言学、经济学、管理学、法学作为学科门类，具有根基学科的基本特征，都是比较成熟的优势学科。它们既是推动商务英语学科发展的优势教育资源，也是商务英语人才培养模式整体功能优化的学科知识根基，是商务英语人才培养模式“整体性”的学科基础。

2. 学科基础：人才培养系统的基础性要素

交叉学科作为人才培养模式的学科基础，是商务英语人才培养模式的基础支撑。交叉学科是人才培养所依托的知识体系，学科基础始终是关于人才培养系统构成要素研究的主要内容。

人才培养模式实质上是一个由多要素组成的，具有“整体性”的人才培养系统。站在人才培养系统的层面，对系统组成要素进行优化组合，需要提高人才培养系统构成要素的层级。通过引进高级要素，优化系统要素的构成，从而改变人才培养的要素禀赋。交叉学科就是人才培养系统中具有基础性、推进性、发展性的高级要素，具有根基学科的作用，是人才培养系统的基本支撑。高层级学科（学科门类/交叉学科）作为人才培养系统的高级要素，具有基础厚实、自组织功能强、知识选择空间大、运作空间大的特点。商务英语在学科交叉领域形成了多学科交叉融合的知识体系，组成了一个对应于人才培养系统的要素分系统。

交叉学科可以改变人才培养系统的要素禀赋，优化系统要素组合，具有多学科合作培养人才的“整体性”优势。交叉学科是人才培养模式的基础性要素，是贯穿整个人才培养实践过程的主导性要素，也是人才培养系统发展进步的推进性要素。交叉学科对于人才培养系统的作用是功能性的、主导性的、结构性的、“整体性”的。它决定了人才培养模式的基本性质、基本定位、基本功能和发展方向，作为人才培养系统中的核心要素，成为商务英语人才培养模式产生、发展的核心力量。

在交叉学科人才培养模式中，交叉学科与人才培养目标、专业设置模式、课程体系形成一种相互依存、相互对应、互为因果的逻辑关系。交叉学科作为它们共同的学科基础，是商务英语人才培养模式构成的基础性要素。

3. 学科基础：人才培养模式顶层设计的核心内容

按照系统“整体性”原理的观点，人才培养模式作为一个人才培养系统，最重要的问题就是核心要素的选择和系统组织结构的整体设计。商务英语人才培养模式顶层设计和整体谋划就是在系统“整体性”原理指导下，以交叉学科为人才培养系统的主体要素，合理地组合人才培养系统构成要素，改变人才培养系统的要素禀赋，从而实现人才系统的转型升级，提升人才培养模式的整体培养功能作用。商务英语人才培养模式顶层设计的核心内容就是研究学科基础的宽度和深度。要想使人才培养模式学科基础横向跨越学科边界，纵向上升到交叉学科层面，就必须高度关注学科基础建设。

人才培养模式改革（从单学科走向跨学科）和发展的学科逻辑及演进规律要求建立与人才培养模式相对应的学科基础。从人才培养模式“整体性”建设的角度来看，商务英语人才培养模式顶层设计有四个要点：一是在交叉学科的基础上，建立起要素完整、层次清晰、结构合理、功能互补的人才培养模式；二是通过学科交叉，拓展学科知识的覆盖面，形成一个纵横交接的知识系统，提升系统的培养功能；三是学科基础以学科门类为基本定位，提高人才培养模式的层次性，从而实现学科知识基础的完整性和关联性；四是以交叉学科组成为设计主线，按照系统要素与学科的对应关系，依次对课程体系、专业方向等进行综合设计。因此，关于交叉学科组成，主体学科、交叉学科与其他组成部分（要素）的关系等，成为商务英语人才培养模式顶层设计的核心内容。

关于人才培养模式学科基础的研究，还原了商务英语人才培养模式本真的整体图像，确立了商务英语人才培养模式学科知识基础的基本框架，为合理地、科学地界定商务英语人才培养模式构成要素奠定了学科基础。对应于商务英语人才培养模式整体（系统），由语言学、经济学、管理学、法学（国际商法）等学科组成的交叉学科与人才培养模式形成系统与要素（整体与部分）的关系范畴，成为商务英语人才培养模式的学科基础。

三、培养目标：人才培养模式的目标要素

国内学者们一致认同培养目标在人才培养模式中的重要地位和功能作用，赞成将人才培养目标作为人才培养系统的构成要素。只是由于对人才培养目标定位理解的不同，关于人才培养目标内涵有着不同的解读。目前，商务英语学界主要是将人才培养目标定位于复合型人才，对比的一般性解读是“既懂英语知识（技能），又懂商务知识（技能）的应用性复合型人才”。学界普遍认为培养目标是英语专业培养目标和商务专业培养目标的相加组合，即所谓“技能＋知识”的“双重目标说”，从而在人才培养目标的定位中出现了培养目标简单叠加、人才培养目标层次矮化、“交叉”与“复合”

概念被割裂开来等现象。研究认为，“交叉复合”是一个具有“整体性”的关系范畴，它们之间是因果对应关系。正是因为学科交叉才会有复合型人才，而不是因为复合型学科产生了复合型人才（在学科分类中没有复合型学科）。确立商务英语人才培养目标，需要在交叉学科的基础上完整准确地理解交叉复合型人才培养目标。同时，关于人才培养目标的内涵研究涉及人才规格、人才类型、人才层次等方面，我们需要设计具体化、清晰化、特色化的复合型人才培养目标，将其与人的全面发展目标相结合，形成一个具有完整性、层次性、关联性、有序性的人才培养目标体系。

1. 培养目标：人才培养模式的必备要素

在高校的人才培养过程中，由于受到学校自身资源、社会需求等多种因素的限制，需要一个具有导向功能、定位准确的人才培养目标，为高校的人才培养教育活动指明方向。因而，整体性、层次性、具体化、清晰化特征的人才培养目标，就成为人才培养模式决定性的内在要素。由于受到学校类型、办学特色、区域位置和社会经济发展需求的影响，不同学校的人才培养模式的要素构成会有不同的侧重点。但人才培养目标始终是人才培养模式的必备要素，它决定了人才培养模式的发展方向和基本定位。将人才培养目标作为人才培养模式的主要组成部分（要素），是教育界人士的基本共识。

2. 培养目标：一个完整的培养目标体系

关于人才培养目标的研究说明，在人才培养目标体系中有着不同层次、不同规格、不同类型、不同定位的培养目标。虽然这些培养目标自身的功能和在人才培养目标体系中所占的地位有所不同，但每种目标取向都有其存在的意义和价值追求。它们组成了一个具有“整体性”的培养目标体系。

关于商务英语人才培养目标“整体性”研究，必须强调交叉复合型人才这个培养目标的“整体性”。因为这是关于跨学科人才培养目标最基本、最整体的概念范畴。本研究在综合学者们关于人才培养目标研究观点的基础上，依照系统“整体性”原理和研究需要，将人才培养目标（要素）分解成为整体目标、方向目标、层次目标、规格目标、类型目标等五个方面。这五个目标从不同的维度提出了关于培养人才的基本要求和质量标准。各个目标之间相互影响、相互作用，从而形成一个完整的培养目标体系。

“整体性”目标是关于人才培养全方面的总体目标。人的全面发展是人才培养目标设计定位的基础，是适用于任何一门学科专业的普适性人才培养目标。人的全面发展是我国大学教育一以贯之的目标追求，大学教育就是要培养德、智、体、美、劳全面发展的人，这也是具有“整体性”内涵的最高培养目标。尽管不同的学校有不同的培养目标，人才也有不同的类型、不同的规格。但从宏观的角度看，不同专业的创新人才的整体素质结构应该是相同的，那就是思想道德素质、业务素质、心理素质和身体素质。可以这样说，人的全面发展目标、人才的素质培养目标和专业培养目标的有机结合，形成了一个具有“整体性”结构的人才培养目标体系。

3. 培养目标：人才培养模式的导航系统

在“整体性”培养目标的指导下，本研究中的方向目标主要考察人才培养的职业目标和发展目标；层次目标主要考察人才知识、能力、素质的完整性和层次性；规格目标主要考察关于人才的知识、能力、素质的主要要求；类型目标主要考察人才的具体定位。基于交叉学科的商务英语人才培养模式要发挥整体培养功能，实现整体大于部分功能之和的功能效应，就必须将方向目标、层次目标、规格目标和类型目标有机地结合起来，形成高度统一的培养目标体系，充分体现出人才培养目标的导向价值、标识价值、激励价值和标杆作用，从而为实现商务英语人才培养模式的整体增值提供目标“导航系统”。

四、专业设置模式：人才培养模式的实体要素

培养方式是指培养人才的组织形式和教育形式。培养方式是实现人才培养目标和规格的具体途径。培养方式是人才培养模式的主要组成部分，也是人才培养系统的构成要素。关于培养方式内涵的界定，有些学者提出了专业、专业设置、专业设置模式等作为培养方式的研究观点，有的甚至将专业设置模式等同于人才培养模式，体现出专业设置模式对于人才培养的重要功能作用。综合上述研究观点，本研究认为，专业设置模式能够更加全面准确地反映培养方式的综合性内涵，可以满足关于人才培养模式“整体性”研究的需求，体现出商务英语专业的独特性。因此，本研究将商务英语人才培养模式的培养方式的内涵界定为专业设置模式，并进一步细分为专业组织形式、专业设置方向、专业设置空间、专业设置时间、专业设置口径、专业师资结构、教学方法、教学形式等，并由它们组成一个具有完整性的培养方式要素系统，作为商务英语人才培养模式的组成部分。

1. 专业设置模式：人才培养模式的实体分系统

商务英语专业设置模式是由专业设置方向、专业设置口径、专业设置空间、专业设置时间和专业组织形式共同组成的专业教育组织形态，也是建立在交叉学科基础上的多专业方向组成的专业教育体系。从系统论的角度看，专业设置模式是一个培养人才的教育组织系统，在人才培养系统中具有实体性的功能，属于人才培养系统的分系统（基本要素）。从人才培养模式的角度来看，专业设置模式归属为培养方式的范畴。商务英语专业作为一个实体性的教学组织系统，承载着专业教育和人才培养的双重职

能，在商务英语人才培养模式中具有重要的作用。因此，专业设置模式成为商务英语人才培养模式建构必备的基础性条件，成为商务英语人才培养模式中的实体性要素。大商务的活动领域和商务英语专业方向的多样化，拓展了商务英语专业的外延与内涵。将商务英语专业设置模式纳入人才培养系统的范畴，成为人才培养模式的基本要素。商务英语专业设置模式和交叉学科基础形成相互依存、相互对应的基本关系。建立在交叉学科基础之上的商务英语专业设置模式覆盖面广、专业口径宽、专业方向灵活多样，形成了一个多学科共建商务英语专业的基本格局。专业设置模式是具有商务英语人才培养方式特色的教育平台。商务英语专业设置模式通过柔性设置专业方向，拓展专业内涵，提升专业层次，导入交叉学科的优秀教育资源，扩大主要学科基础教育的覆盖面，在商务英语人才培养模式中发挥出重要作用。专业设置模式作为商务英语专业教育和人才培养的重要平台，是商务英语专业培养人才的主要方式和基本途径。将专业设置模式纳入商务英语人才培养模式组成范畴，成为基于交叉学科的商务英语人才培养模式的必然选择。

（1）专业设置模式：人才培养系统的基本要素

作为一种复杂的人才培养系统，商务英语人才培养模式是若干具有相对独立性的要素的集合体。这些要素按照某种方式紧密地联系在一起，同时又具有相对的独立性，称为分系统，如学科基础、培养目标、培养内容、培养方式和培养评价等。它们组成了一个具有完整性、层级性和关联性的人才培养系统。从人才培养系统的整体结构来看，专业设置模式在人才培养系统中作为承上启下、纵横连接的中层分系统。专业设置模式与学科基础、课程体系基本上形成了相互对应连接（学科—专业—课程体系）的关系，是人才培养模式学科基础与其他要素连接的桥梁。按照系统与要素、整体与部分的概念范畴的规定性，专业设置模式作为人才的培养方式，也和目标要素、内容要素、方法要素一样，属于人才培养系统的一个基本要素范畴。专业设置模式承载着专业教育和人才培养的要素职能，是商务英语人才培养模式的组成部分。

专业设置模式作为人才培养系统的“实体性”要素，在商务英语人才培养模式中有着特殊的作用。本研究将专业设置模式作为人才培养的基本方式纳入人才培养系统要素的范畴，主要理据是商务英语作为各种类型的专门用途英语中的一个独立学科，已经具有“实体性”的人才培养组织形态。商务英语专业的发展规模、社会经济发展的实际需求、培养复合型人才的教育目标等，使得商务英语专业承担起学科教育和构建人才培养系统的学科职责，成为商务英语复合型人才培养的基本平台。因此，商务英语专业设置模式作为人才培养系统中的“实体性”要素，具有学科和专业的双重功能，成为人才培养系统构成要素的理性选择。

（2）专业设置模式：具有商务英语特色的人才培养方式

商务英语专业设置模式显示出宽口径培养跨学科人才的“整体性”优势，有助于组成多专业方向的专业教育体系。

①专业方向多元化

目前，由于各种类别的高等院校纷纷设立商务英语专业，将社会经济发展的需求和学校办学特色相结合，商务英语出现了多种专业方向，这体现出商务英语专业发展的多样性和开放性。商务英语专业方向的多元化统属于大商务的活动范畴，是商务英语专业设置模式开放扩展的必然结果。如在人才培养实践中，高校 2 商务英语专业设置了四个专业培养方向：国际贸易、国际商务管理、国际金融和国际经济法，显示出商务英语专业多元化的发展方向，为专业设置模式改革创新提供了具体的设计思路。

②专业设置宽口径

在大商务的背景下，商务英语专业设置模式以宽口径作为人才培养的指导思想，以多样化的专业方向为突破口，在专业设置方向、专业设置口径、专业设置空间、专业设置时间等方面进行专业形态设计变化。通过拓展专业设置口径，扩展专业内涵，提升专业层次，导入交叉学科的优秀教育资源，扩大主要学科基础的覆盖面，从而实现专业设置模式的改革创新，体现出商务英语专业设置模式的“整体性”优势，发挥专业设置模式在人才培养过程中的重要作用。商务英语专业设置模式在专业设置口径上，保持着对学科发展和社会变革的前瞻性和敏感度，使专业口径设置较为宽泛并且体现学科交叉的最新成果，从而为各学科知识的融会贯通提供条件，充分体现出商务英语人才培养方式的个性特色。

2. 专业设置模式：人才培养模式组成部分的依据

在大商务的背景下，如何将厚基础、宽口径的专业设置模式落到实处？如何加快专业结构调整，发展新兴专业方向，拓展学科宽度，加强商务英语专业“内涵式”建设？这些既是商务英语专业建设的重要内容，也是商务英语人才培养模式建设的基本课题。问题的导向、专业的客观现实和人才培养实践的需求，提出了将专业设置模式作为商务英语人才培养模式组成部分的基本依据。

（1）问题依据

商务英语专业设置存在的主要问题说明，应该将专业设置模式纳入人才培养模式的基本范畴。研究发现，目前我国开办商务英语专业的院校绝大多数都是按照国际贸易方向来设置专业。专业方向所对应的学科层次较低，专业设置普遍存在着同质化倾向。各个学校设置专业空间时受制于单一方向的专业设置模式，难以充分利用自身的教育资源和特色学科设置新兴的专业方向，更难以建构纵向上升到学科顶层和横向跨越学科边界的专业设置模式。这种简单复制的专业设置模式，既没有发挥商务英语专业跨学科培养人才的特色优势，也没有体现出专业设置模式的完整性和专业方向的多样性、层次性、关联性。专业建设呈现粗放式扩张的形势，难以达成商务英语专业设置模式的整体优势，成为实现商务英语人才培养模式整体功能的瓶颈。因此，基于交叉学科的专业设置模式就成为设立厚基础、宽口径专业多方向形态化设计的最佳平台，成为商务英语人才培养模式组成部分理想化的选择。

（2）事实依据

商务英语作为一门具有发展潜力的新兴学科，如果人才培养模式还停留在“专业＋专业”或“课程＋课程”的层面上，显然是不符合学科发展方向的。目前，除高校2有独立的国际商务英语学院外，其他院校都是以专业或课程作为人才培养的基本平台。同时，由于我国高校商务英语专业在办学条件、教育资源、学校类别等方面存在的差异，相当一部分学校的商务英语专业设置还处于“草鞋没样，边打边像”的模仿实验阶段。在这样的办学背景下，专业设置模式作为商务英语人才培养的基本平台，也就理所当然地成为商务英语人才培养模式的培养方式（构成要素）。

商务英语专业设置模式是建立在交叉学科基础上的多专业方向组成的专业教育体系。大商务的国际经济活动领域，新兴学科的专业基本特征，多元化的专业方向设置，涉及多门类、多层次学校的专业设置，使得将专业设置模式纳入商务英语人才培养系统的基本范畴，成为商务英语专业教育和人才培养的重要平台。商务英语专业是一个“实体性”的专业教育和人才培养的组织系统。专业设置模式作为人才培养系统的“实体性”要素，已经成为商务英语培养人才的主要方式和基本途径，也是商务英语人才培养模式的重要组成部分。

五、课程体系：人才培养模式的内容要素

培养内容是指用什么知识来培养人才，属于人才培养知识内容的范畴。本研究的培养内容指的是高校的课程体系，主要涉及课程组织和课程教学内容，属于人才培养模式的内容要素。课程体系是根据人才培养目标，由相关学科知识及实践环节按照一定比例及逻辑顺序排列组合而成的知识系统。课程体系一般有两种组成形式：一是包括通识教育课程、专业教育课程、跨学科课程（综合课程）、教学实践课程、课外活动等，即由“显性课程”与“隐性课程”组成的知识系统；二是由通识教育课程和专业教育课程组成的知识系统。本研究的课程体系主要是指由通识教育课程、专业教育课程、实践课程和学分体系等所组成的知识系统。由于课程体系在人才培养模式中的重要地位和功能作用，所以课程体系成为商务英语人才培养模式“整体性”研究的聚焦点。在确定人才培养目标和专业设置模式之后，关于商务英语人才培养模式“整体性”研究的主要内容就落脚在课程体系上。课程体系作为商务英语人才培养模式的内容要素，成为人才培养系统的组成部分。

课程体系为人才培养模式的组成部分，这已经成为学界的基本共识。学者们用“内容要素”“核心要素”“基本范畴”“基本内容”“实体要素”“重要环节”“基本途径”“内容范畴”等词语，来表述课程体系作为培养内容在人才培养模式中的重要地位

和功能。课程体系之所以成为人才培养模式的主要组成部分，是因为课程体系是人才培养模式的具体体现和基本内容，是人才培养模式的载体和落脚点，形成了人才培养的主要教育资源，成为人才培养系统的内容要素。

课程体系的“整体性”状况决定了商务英语人才培养模式的整体功能效应。商务英语课程体系是一个多学科交集融合的知识系统。建立在相互联系、相互作用基础上的商务英语交叉学科课程体系，形成了一个具有增值意义的知识系统，可以提升人才培养系统的功能，成为实现人才培养模式整体功能效应的基本途径。

1. 课程体系：人才培养模式的内容范畴

整合学者们关于课程体系是人才培养模式（培养内容）构成要素的研究观点，大致有五种看法：一是认为课程体系是人才培养模式的内容要素；二是认为课程体系是人才培养模式的核心要素；三是认为课程体系是由各个课程要素排列组合的一个知识系统；四是认为课程体系是人才培养模式的载体和具体体现；五是认为课程体系是一个综合化、“整体性”的知识体系。上述学者的研究观点从不同的角度，界定了课程体系在人才培养模式中的地位和功能作用，提出了课程体系成为人才培养模式组成部分的基本理据。

课程体系是人才培养教育活动的知识平台，是培养目标的具体化和依托。它规定了培养目标实施的规划方案，国内大学都是将课程体系表述为人才培养方案。站在知识的选择和组织的角度，课程体系既是一种知识内容的实体，也是建构人才培养模式的载体和落脚点。课程体系是人才培养模式的核心，课程是实现培养目标的基本单元，体现出人才培养模式的基本特征。课程体系在人才培养和大学教育中具有重要的作用。简单地说，大学“内涵式”建设就是指课程体系“整体性”建设，而关注课程体系就是锚定了人才培养的核心区域。课程体系是人才培养模式的具体体现和基本内容，涉及用什么知识培养人才这一大学教育的基本问题，属于人才培养模式的内容要素范畴。比较人才培养模式其他要素的表现形式，课程体系是一种“实体性”内容要素。它是建构人才培养模式、优化专业设置模式、实现人才培养目标、组建交叉学科的载体和落脚点，是人才培养的主要教育资源。由于多学科课程（知识）的交集，商务英语课程体系具有多元化、复杂性等特点，成为人才培养系统中具有变数的主要要素。作为人才培养模式中一个具有“自变量”的分系统，课程体系是商务英语人才培养模式重要的内容范畴。

2. 课程体系：一个完整的知识系统

课程体系应该是一个立体型的知识网络。在这个硕大无比的知识网络中，独立的学科知识是网络的结，而学科知识间的联系就是网络的连接线。正是依靠了这些连接线，知识网络内各自独立的学科知识环环相扣地联系起来，相互依存、相互印证、相互交换，组成一个完整的学科知识系统。课程体系是指若干相互关联的课程组织或结构。它不是各门科目的简单叠加，而是一个统一整体，表现为知识的连续性和层次性（郭亚卿，2015）。严格意义上的课程体系，指的是“显性课程”和“隐形课程”的组合体，它是关于理论知识、经验知识、实践知识（包括课外活动）的总和。一般来说，课程体系主要是指通识教育课程、专业教育课程和实践课程，它们构成了课程体系的基本面。建立在交叉学科基础上的课程体系最大的特点就是多学科课程知识的交汇融合。课程科目（主干课程）与人才培养模式学科基础形成相互对应的基本关系。商务英语课程体系，既不是英语课程和商务课程简单加和的整体，也不是按照某种线性规则加以排列的复合体，而是由多学科课程交集聚合（多专业方向课程）组成的课程体系的整体，形成了一个以语言课程和商务课程为主体的交叉学科知识体系。商务英语课程设置对应于专业方向和人才培养模式的学科基础，形成了一个由语言学、经济学、管理学、法学（商法）等学科交叉形成的知识系统。

3. 课程体系：人才培养模式“整体性”的研究对象

课程体系是研究人才培养模式“整体性”的“黑匣子”和切入口。由于课程体系在商务英语人才培养模式中的重要地位和功能作用，课程体系成为商务英语人才培养模式“整体性”的重要研究对象。站在知识体系的角度，构建课程体系的实质就是选择什么样的知识和如何组织知识。课程体系通过设置课程目标，体现出人才培养的基本取向（价值观）。它可以清楚地透视出人才培养模式学科基础的组成状况，非常直观地反映出专业设置模式的基本结构。课程体系（培养内容）作为培养什么样的人才（培养目标）和怎样培养人才（培养方式）两个问题的结合点，成为关于商务英语人才培养模式“整体性”研究的基本面。

课程体系绝非一种任意组合的混合体或“拼盘”。课程体系具有明确的整体功能性，这是由其整体结构决定的。课程体系的性质与功能不是依靠课程科目数量的增加，而是取决于课程要素之间的关系。课程构成要素的增加，并不一定能带来课程结构的改善。要使整体大于各部分之和，就必须对各部分间的关系进行加工，即提高要素间的组织化程度，使它们产生非加和效应（郭晓明，2002）。因此，建立在相互联系、相互作用基础上的商务英语交叉学科课程体系，不仅本身具有课程资源相互补充的作用，而且会赋予原先各独立的知识要素以新的内涵，它们与原先各知识要素本身的功能组合起来，形成了一个具有增值意义的知识系统，可以提升人才培养系统的培养功能，成为实现商务英语人才培养模式整体功能效应的基本途径。

综上，本研究从系统“整体性”原理出发，按照课程的完整性、层次性、关联性、有序性等维度，来考察课程体系的“整体性”状况。并将培养内容（分系统）分为通识教育课程、专业教育课程、实践环节、毕业论文（设计）和学分体系等五个子系统，它们共同组成商务英语人才培养内容要素体系。

六、培养评价：人才培养模式的组成要素

培养评价是指依据一定的标准（指标），运用评价方法对人才培养过程进行科学监控，客观衡量人才培养的质量和效益，对其他要素进行反馈调节，进而对人才培养模式实施宏观调控的系统行为。培养评价涉及评价原则、评价原理、评价指标、评价内容、评价对象、评价方法、评价主体等评价范畴。它们组成了完整的关于人才培养的评价体系，形成了保障人才培养系统有效运行的工作机制，是人才培养系统的重要组成部分。

1. 培养评价是人才培养模式的保障系统

培养评价是对人才培养的实际水平逼近培养目标程度的测量评估。它旨在找出人才培养实践的结果与人才培养目标之间的差距，改进和调整人才培养模式结构，完善人才培养系统，以便培养出符合培养目标的人才。培养评价通过监督人才培养目标的实现程度、监控人才培养的实践过程，考察人才培养系统要素之间的相互关系，提供评价考核信息。培养评价是完善人才培养系统的重要环节，是推动人才培养模式不断增值和人才培养质量不断提高的重要手段。

人才培养评价体系主要包括评价原则（标准）、评价主体、评价内容、评价方法等，是一个由主体要素、指标要素、内容要素、方法要素等组成的评价体系。“整体性”的培养评价体系具有激励促进、诊断评估、质量监控、管理导向、调节反馈等功能。它为人才培养模式实施和改进提供基本依据，是人才培养系统运行的保障（机制）系统。

本研究将培养评价作为商务英语人才培养模式的组成部分（要素），主要考察人才培养评价体系自身的“整体性”，研究培养评价体系在商务英语人才培养模式中的功能作用。主要目的是强调评价原则（标准）、评价主体、评价方法、评价内容的完整性、关联性；发挥人才培养评价体系对于商务英语人才培养模式的监督功能、反馈功能、调节功能和优化功能，从而推动商务英语人才培养模式实现“整体性”的功能效应。

2. 培养评价是具有“整体性”的人才培养评价系统

商务英语专业要变革人才培养评价体系（目前还没有人才培养模式评价框架和评价指标体系），改变单一的考试评价方式，采用形成性评价与终结性评价相结合的评价模式，更多地关注形成性（过程评价）评价。

关于商务英语人才培养模式的“整体性”评价，应该建立一个多元化的评价机制，制定评价标准、提炼评价指标、明确考核目标，建设一个具有自身特色的“整体性”的人才培养系统的评价体系。要努力构建教师评价和学生评价相结合、课内评价和课

外评价相结合、内部评价与外部评价相结合、学校评价和企业评价相结合、形成性评价和终结性评价相结合、理论评价和实践评价相结合、定性评价和定量评价相结合、诊断性评价和总结性评价相结合、产出评价与效果评价相结合、结果评价与过程评价相结合的“整体性”评价体系。

系统“整体性”原则是任何一种评价体系（模型）都遵循的基本原则。人才培养评价体系在评价理念、评价目标、评价内容、评价指标、评价模式、评价方法、评价手段、评价工具、评价的主客体等方面，都必须全方位地贯彻系统“整体性”原则，形成一个具有综合性的人才培养评价系统，从而保障实现商务英语人才培养模式的整体功能效应。本研究主要是将培养评价体系作为人才培养模式的基本要素进行分析，具体包括评价原则（标准）、评价主体、评价方法、评价内容等。

第六章　商务英语人才培养模式“整体性”模糊综合评价数学模型建构与计算

系统科学在研究任何一个系统时，都必须应用数学方法，这是系统科学研究方法的基本特点。商务英语人才培养模式“整体性”研究，属于系统论的基本研究范畴。它将人才培养模式看作一个系统，并将人才培养系统及其组成要素作为基本研究对象，展开关于系统与要素、要素与要素“整体性”关系的研究。因此，数学分析方法成为人才培养系统的基本研究方法。基于商务英语人才培养模式所具有的系统特质和本研究实证分析的基本需求，提出了建构关于商务英语人才培养模式“整体性”模糊综合评价数学模型的要求。

数学模型是定量分析的主要形式，成为商务英语人才培养模式有效量化评价的一个重要工具。在人才培养评价实践中，将定性评价作为定量评价的指导，同时将定量评价结果作为定性结论的基础，两者相互结合、取长补短，形成一个完整的人才培养评价体系，可以为实现商务英语人才培养模式的整体效应提供参照指导。商务英语人才培养模式“整体性”研究采用的是理论与实践相结合的研究范式，即定性分析与定量分析相结合的分析研究方式。在系统“整体性”原理指导下，本研究首先对人才培养实践情况进行客观描述和定性分析，然后通过建立评价分析框架（指标体系），对商务英语人才培养模式“整体性”状况进行定量分析，其中数学模型就是评价商务英语人才培养模式“整体性”建设状况的基本工具。因此，提出了构建商务英语人才培养模式数学模型和“整体性”量化评价分析的研究课题。

第一节　模糊综合评价数学模型

建立定性分析与定量分析相结合的研究范式，在商务英语人才培养实践中具有重要的作用，但需要科学的方法手段作为基本支撑。其关键是要在系统“整体性”原理指导下，根据研究问题的实际需要，构建一个科学、合理的人才培养模式“整体性”研究的数学模型。

一、数学模型介绍

数学模型是指对研究的现实原形的本质特征和关系，用数学语言所表达出来的一种形式化结构（解恩泽 等，1991）。简单地说，数学模型具有三个显著特点：一是高度的抽象性，数学模型研究对象的数量关系，然后把这些数量关系作进一步的抽象，并用形式化的符号语言表述出来，以便对其展开逻辑推演或数值运算；二是结果的精确性，运用数学模型得到的诊断是精确的，其依据在于数学推理的逻辑严谨性和数学运算的确定性；三是功能的预见性，数学模型的功能在于预测事物未来的状态和变化，因而它具有高度的预见性。按照所运用的数学方法不同，可把数学模型分为必然性数学模型、随机性数学模型、模糊性数学模型和突变性数学模型四种类型（解恩泽 等，1991）。一门学科只有发展到一定阶段时，才能有效地使用数学工具。因此一门学科数学模型的出现，就意味着该学科的发展进入一个新的时期。也可以说，关于学科的研究出现了新的方法论。随着商务英语学科这个具有社会人文学科特性的人才培养知识系统的建立，构建商务英语人才培养模式“整体性”研究的数学模型，是一个大胆而又积极的探索实验。

二、“代数加和式”数学模型的缺陷

部分学者企图用简单的“代数加和式”数学模型来推理运算复杂的人才培养系统，以求得人才培养模式增值的整体结果，比如“英语 + X”“1 + 1”“1 + X”“E + ”“1 + ”“2 + 1”“2 + X”“1 + N”等。这些“代数加和式”数字模型缺乏解释复杂的人才培养系统的科学理论力量。以线性加和方式构建的商务英语人才培养模式数学模型，不能论证推理出“1 + 1 > 2”的整体增值效应。因为线性系统与非线性系统、整体加和性与整体非加和性的功能作用是完全不一样的，简单地、主观地套用所谓“1 + 1”的形式化语言，以简单相加的方式来设立商务英语人才培养模式的数学模型是不科学的。这种建立在机械整体观基础上的数学模型，本身就具有先天不足的功能缺陷。一是错误的建模前提。是系统的整体还是非系统的整体？确定这个问题，是设立商务英语人才培养模式数学模型的基本前提。“代数加和式”人才培养模式混淆了两者之间的界限，势必会步入简单加和的机械整体论的误区。二是不合理的“整体性”目标预设。“代数加和式”人才培养模式的数学模型使用的是整体加和法，即假设人才培养系统的整体是“英语 + 商务”之和，也就是假定“1 + 1”或“1 + X”的人才培养模式将会产生复合的整体效应。这种假设本身就违反了系统“整体性”原理。因为商务英语人才培养模式要实现“1 + 1 > 2”的整体效应，必须建立在各个要素相互联系、相互作用的基础上。三是不合理的整体结构形式。“代数加和式”人才培养模式的数学模型呈现出单向性、扁平化、简单化状态。四是过分简化的数学模型。“代数加和式”人才培养模式数学模型将复杂的人才培养系统过分简化，这会造成对人才培养模式内涵的不完全理解，从而导致商务英语人才培养模式“整体性”的研究出现“盲人摸象”式的认知缺陷。五是缺乏科学理论支撑。“1+1”“1+X”等数学模型，仅仅依靠简单的加法运算方式作为基本理论，显然不能解释该代数加和式的结果肯定为“真”。因此，“代数加和式”数学模型缺乏人才培养系统“整体性”的科学理论的解释力量。

三、模糊数学模型解析

人才培养模式作为一个复杂的人才培养系统，存在诸多不确定的因素和模糊概念（现象）。用传统的数学分析方法无法进行人才培养系统“整体性”状况的评价，以简单的“代数加和式”建立的数学模型也没有可操作性。如何将定性的概念（现象）转换为量化指标？如何将模糊的概念（现象）用具体的数值表现出来？选择什么数学分析方法作为建立数学模型的基本方法？商务英语人才培养模式“整体性”的评价分析需要建立一个基于模糊数学理论的综合评价数学模型。

模糊数学的理论基础是模糊集合论，是由美国加利福尼亚大学自动控制专家L. A. Zadeh于1965年创立的。由于社会生活中存在着许多模糊现象，其模糊性使得数学向社会科学的推广遇到困难。而模糊数学为数学向社会科学的渗透打开了新的通道。模糊数学是一种关于变量的描述法。模糊数学是根据现象存在亦此亦彼的中间过渡状态的事实来描述变量的，这一过程就是对变量的模糊描述。模糊数学是继经典数学、统计数学之后，数学学科一个新的发展方向。统计数学将数学的应用范围从必然现象领域扩大到偶然现象领域，模糊数学则把数学的应用范围从精确现象领域扩大到模糊现象领域。目前，模糊数学理论和应用的研究已得到很大的发展。它的思想和方法广泛渗透到科学技术各个领域，遍及自然科学、社会科学，在数学理论（如拓扑学、逻辑学、测度论等）、应用方法（如控制论、模式识别、综合评估等）、实际应用（如中长期气象预报、故障诊断等）、社会系统（如经济系统、政治系统、教育系统）等诸多方面都取得了很多有价值的成果。模糊数学为建立模糊数学模型奠定了科学理论和方法论基础。

模糊综合评价数学模型是基于模糊层次综合评价法，将层次分析法与模糊数学理论相结合，把模糊数学、多层次指标结构、指标权重比较融为一体，形成的基于模糊数学的多层次指标综合评价数学模型。模糊层次综合评价法是一种基于模糊数学的综合评价分析方法，它根据模糊数学的隶属度理论，把定性评价转化为定量评价，用模糊数学对受到多种因素制约的事物或对象做出一个总体的评价。该方法有效解决了概念判断的模糊性和不确定性问题，具有结果清晰、系统性强的特点，能较好地解决模糊的、难以量化的问题，适合各种非确定性问题的评价。

第二节　“整体性”模糊综合评价数学模型建构

本研究试图建立一个商务英语人才培养模式“整体性”模糊综合评价数学模型。构建步骤见图6.1，主要包含三大部分：一是建立商务英语人才培养模式“整体性”评价指标体系，确定模糊综合评价的因素集；二是基于层次分析法确定各层指标的权重值，确定模糊综合评价的权重集；三是运用模糊层次综合评价法，对各院校商务英语人才培养模式各层级指标进行模糊综合评价。该数学模型的三个部分是层层递进的关系，缺一不可，前序研究是后续研究的基础，最终可以得到对指标体系（目标层）的综合评价。

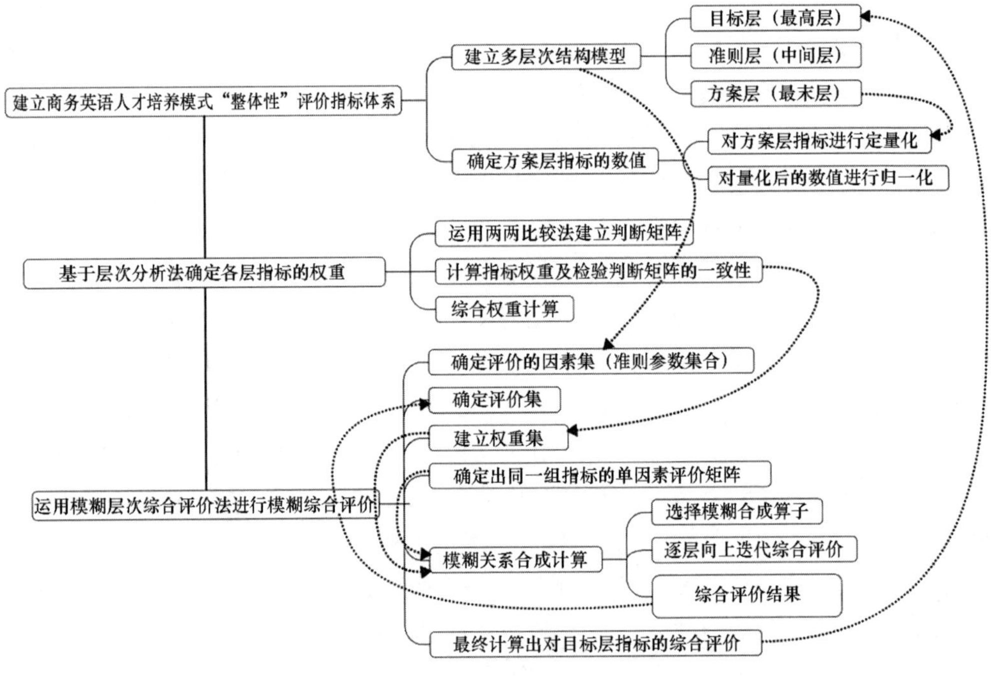

图6.1　商务英语人才培养模式“整体性”模糊综合评价数学模型

该模型是在系统“整体性”原理统领下，以模糊数学理论为指导，对商务英语人才培养模式多层级指标、指标权重等影响因子进行综合考察的产物，是商务英语人才培养模式“整体性”评价的分析测量工具。人才培养模式多层级的评价测量结果（数据），既可以反映出人才培养模式系统的总体状况，也能反映出各分系统及其内部指标的局部状况，有利于在实证研究中运用系统“整体性”原理的基本观点对比分析各院校商务英语人才培养模式整体（系统）与部分（要素）指标的优劣，从而在量化分析与质化分析相结合的基础上，完成本书的研究任务。本研究从以下三个方面具体探讨商务英语人才培养模式“整体性”模糊综合评价数学模型的建构。

一、建立“整体性”评价指标体系

本研究根据人才培养模式建设实践情况和设立模糊综合评价数学模型的实际需求，在界定商务英语人才培养模式基本要素的基础上，以学科基础、培养目标、培养方式、培养内容和培养评价等五个要素作为人才培养系统的坐标和连接点，对人才培养模式组成要素进行筛选甄别，提炼分解出对应上述五个要素（一级指标）的多层级的具体指标，从而形成了基于交叉学科的商务英语人才培养模式“整体性”评价指标体系。本研究在一级指标（分系统）的基础上，提炼分解出二级指标、三级指标（有的分系统达到7个层次的指标）等，形成一个纵向指标与横向指标相结合的评价指标体系，组成了一个关于商务英语人才培养模式“整体性”研究的评价分析框架。需要说明的是，“整体性”评价指标体系的形成有两个主要环节：一是基于层次分析方法建立多层级的商务英语人才培养模式“整体性”评价指标体系的初步框架；二是根据专家对指标体系的指导意见，经过多轮反馈信息的迭代与综合，最终形成“整体性”评价指标体系。可以说，本研究的指标体系是研究者前期的指标框架、专家的经验智慧、指标制定分析方法三者有机结合的产物。

1. 建立“整体性”指标体系的方法

为了建立科学合理的指标体系，本研究采用层次分析法与德尔菲法相结合的方式。先通过层次分析法建立多层级的指标体系的初步方案，然后通过德尔菲法确定最终的指标体系。

（1）层次分析法

层次分析法是美国匹兹堡大学 T. L. Saaty 教授在20世纪70年代中期提出的一种多目标、多准则的复杂大系统分析方法。该方法一般应用于建立多层级的指标体系，并需要确定指标体系中各指标（准则）相对于其上一层指标和总指标的相对重要性（也可称为权重）（仲鑫，2018）。

层次分析法的主要思想是根据研究对象的性质将要求达到的目标分解为多个组成因素，并按因素间的隶属关系继续分解，形成具有层次化的指标体系，直到最低层元素可以相对容易地度量为止，最终组成一个多层次递阶结构模型。层次分析法把一个复杂的无结构问题分解组合成若干部分或若干要素（指标），例如目标、准则、方案等，并按照属性不同，把这些要素分组形成互不相交的层次，上一层次对相邻的下一层次的全部要素或者某些要素起到支配作用，从而形成层次间自上而下的逐层支配关系，组成一种递阶层次关系。在层次分析法中，递阶层次思想占据核心地位。层次分析法的系统分析，把指标体系所包含的要素分成了不同的层级，按照最高层、若干有关的中间层和最底层（最末层）的形式排列，形成了指标体系的递阶多层次结构，见图6.2。

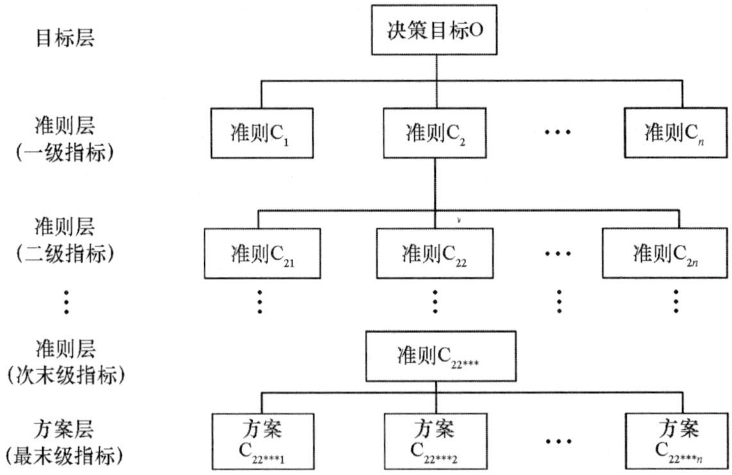

图6.2　指标体系的递阶多层次结构

指标体系最高层是系统综合评价的总目标；处在中间层的是系统的功能指标，是系统某方面功能的概括性描述，本研究将其称为准则层；最底层是尺度参数，是系统固有属性、特征的具体描述，本研究将其称为方案层。中间层的元素一般既隶属于上一层，又支配下一层，但隶属、支配关系有可能是不完全的。一般上层元素支配的下层元素不超过9个，否则会给元素间两两比较判断带来困难。而层次数量要由综合评价问题的复杂程度和分析深度来决定。

（2）德尔菲法

本研究在设计商务英语人才培养模式“整体性”评价指标体系中，以德尔菲法作为确定指标体系的主要方法。该方法针对研究者在知识和经验上的局限性，将所要评价的问题和必要的背景材料发送给选聘出来的业内专家，得到专家答复意见后，把各种意见归纳整理后再反馈给专家，进一步征询专家意见。经过多次信息的综合、整理和反馈（一般反馈2~4次），形成指标体系的完整结构。本书使用德尔菲法制定指标体系的流程见图6.3。

本研究选定国内6位商务英语学界知名专家，作为设定商务英语人才培养模式“整体性”评价指标体系的指导老师。6位专家包含学科带头人（博士生导师）、负责科研的副院长、商务英语教学类国家文件撰写者等。由于专家的参与指导，本研究的指标体系具有一定的权威性、可信性和可操作性。6位专家对本研究的商务英语人才培养模式“整体性”评价指标体系提出了建设性的指导意见。

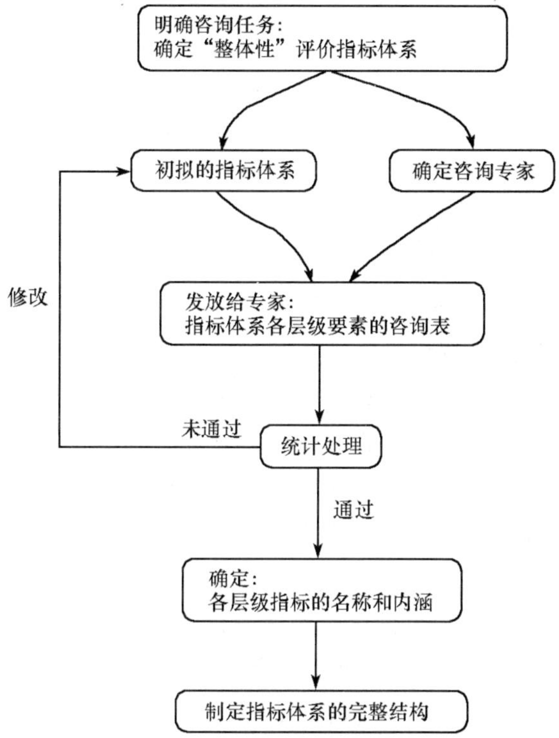

图 6.3 使用德尔菲法制定指标体系的流程

2. 专家的指导意见

专家们提出的建设性指导意见，主要分为关于指标体系的整体意见与部分指标的具体意见两个方面。

（1）指标体系的整体意见

专家们认为，该指标体系是在系统"整体性"原理指导下，关于商务英语人才模式"整体性"研究的有益尝试，具有研究的前瞻性，值得肯定。该指标体系可以直观体现出人才培养模式的"整体性"状况。各个学校可以借鉴本研究提出的分析框架，总结提高人才培养模式"整体性"功能的有益举措。专家们要求关于指标的界定尽量引用权威文献的内容，保证所界定的指标的权威性、严谨性（如商务英语本科教学实施方案/教学指南）。有专家还提出，本研究的样本院校应该兼顾各个层次、各个类别、各个地域，这样的实证研究才具有代表性和完整性。

（2）部分指标的具体意见

各位专家站在不同的角度，针对本研究指标体系中的部分指标提出了修订意见。

一是关于商务英语人才培养模式的学科基础。专家们一致认为商务英语人才培养模式建立在交叉学科基础之上。关于学科基础的组成，部分专家认为使用语言学、经济学、管理学、法学（国际商法）的一级学科表述方式比较适宜，因为一级学科更具有规范性、基础性和包容性。但在相关内容的阐述中，可以进一步界定语言学主要涉及专门用途英语和应用语言学，经济学主要涉及应用经济学，管理学主要涉及工商管理学，法学主要涉及国际商法等。在关于学科基础的交叉性评价指标中，有专家认为设立教师教育背景评价指标比较科学，因为具有交叉学科背景的教师的知识结构具有交叉性，有利于跨学科研究和跨学科人才培养。

二是关于培养目标。专家们指出，职业内容应与国际背景接轨，加入新兴的职业岗位，体现出时代发展的新要求。

三是关于培养内容。专家针对课程体系提出如下修订意见。第一，关于课程的学科层次。专家认为，在专业教育课程分析中，如果运用二级学科的范畴进行课程分析是不科学的，应该采用一级学科范畴进行相关课程的分析。第二，关于课程设置的有序性。专家建议将一年级打基础、二年级学专业、三年级练技能和四年级做实务的课程设置顺序，改为一、二年级学习基础课程，三、四年级学专业教育课程（包含商务实践）。第三，关于课程内容的关联性。专家建议将国际贸易课程群改成国际商务课程群。第四，关于课程的特色性。专家提出应该鼓励各个学校根据办学特色，开设具有学校特点和学科优势的商务英语专业教育课程。

四是关于培养评价。专家建议在培养评价分系统中增设国际人才英语考试（ETIC）考评指标。

本研究根据专家意见对整个指标体系框架进行修改调整，经过多次反复的信息交流和论证分析，最终形成了商务英语人才培养模式“整体性”评价分析框架（多层级评价指标体系）。

3. 基本框架

本研究基于三个维度来制定商务英语人才培养模式“整体性”的指标体系。一是力图描述基于交叉学科的商务英语人才培养模式“整体性”要素构成框架，保证各个要素（指标），特别是关键指标的完整性。二是建立一个具有“整体性”分析功能的商务英语人才培养模式研究框架。本研究设立相关的研究范畴，将系统“整体性”原理渗透在各层级指标体系中，形成关于系统“整体性”问题分析研究的展开机制，构建出一个具有“整体性”的评价指标体系。三是将完整性、层次性、功能性、关联性作为指标筛选界定的基本参照，发挥指标体系作为研究数据库和参照系的功能，为模糊综合评价数学模型提供具有可操作性数据分析的基本平台。

关于人才培养模式“整体性”评价指标体系基本结构表述如下：将人才培养体系的“整体性”（整体目标）分解为不同的指标层次。各个层级指标在总目标下形成了一个分层级、分系列的指标体系。它们之间在纵向上相互连接：上一级目标（指标）

包含下一级全部指标，下一级全部指标的内涵等同于上一级目标（指标）。它们之间在横向上相互沟通：各同级指标之间，既各自相对独立，又相互联系、相互制约。整个指标体系是一个有机整体，呈现出一个树状结构形式。

本研究建立的商务英语人才培养模式“整体性”评价指标体系具体内容如下：

将商务英语人才培养模式“整体性”作为总的评价目标，为目标层，记作 O。

“目标层 O”向下细分为“学科基础 A”“培养目标 B”“培养方式 C”“培养内容 D”“培养评价 E”等 5 个一级指标（准则层）。

一级指标（准则层）中的“学科基础 A”向下细分为“交叉性 A1”“完整性 A2”等 2 个二级指标（准则层）。

一级指标（准则层）中的“培养目标 B”向下细分为“整体目标 B1”“方向目标 B2”“层次目标 B3”“规格目标 B4”“类型目标 B5”等 5 个二级指标（准则层）。

一级指标（准则层）中的“培养方式 C”向下细分为“专业设置模式 C1”“专业教学模式 C2”等 2 个二级指标（准则层）。

一级指标（准则层）中的“培养内容 D”向下细分为“通识教育课程 D1”“专业教育课程 D2”“实践环节 D3”“毕业论文（设计）D4”“学分体系 D5”等 5 个二级指标（准则层）。

一级指标（准则层）中的“培养评价 E”向下细分为“评价原则（标准）E1”“评价主体 E2”“评价方法 E3”“评价内容 E4”等 4 个二级指标（准则层）。

综上，第二层次的指标中包含了 18 个指标，再把这 18 个二级指标各细分为 2 ~ 8 个三级指标，三级指标再向下一层细分为多个四级指标……以此类推，本指标体系最终分为 229 个最末级指标（最后一级指标也称方案层）。

由于商务英语人才培养模式“整体性”评价指标体系指标层级较为复杂，本研究考虑到本书的简洁性，以树状图的形式展示该指标体系的目标层（指标体系 O）、准则层的前三级指标（一级指标、二级指标、三级指标）以及五个分系统多层指标结构。图 6. 4 展示三级指标系统结构。图 6. 5 展示三级指标系统结构的具体内容。图 6. 6 以树状图的形式展示 5 个分系统的多层指标结构。完整的商务英语人才培养“整体性”评价指标体系及各项指标说明，可见附录 1 ~ 附录 5。

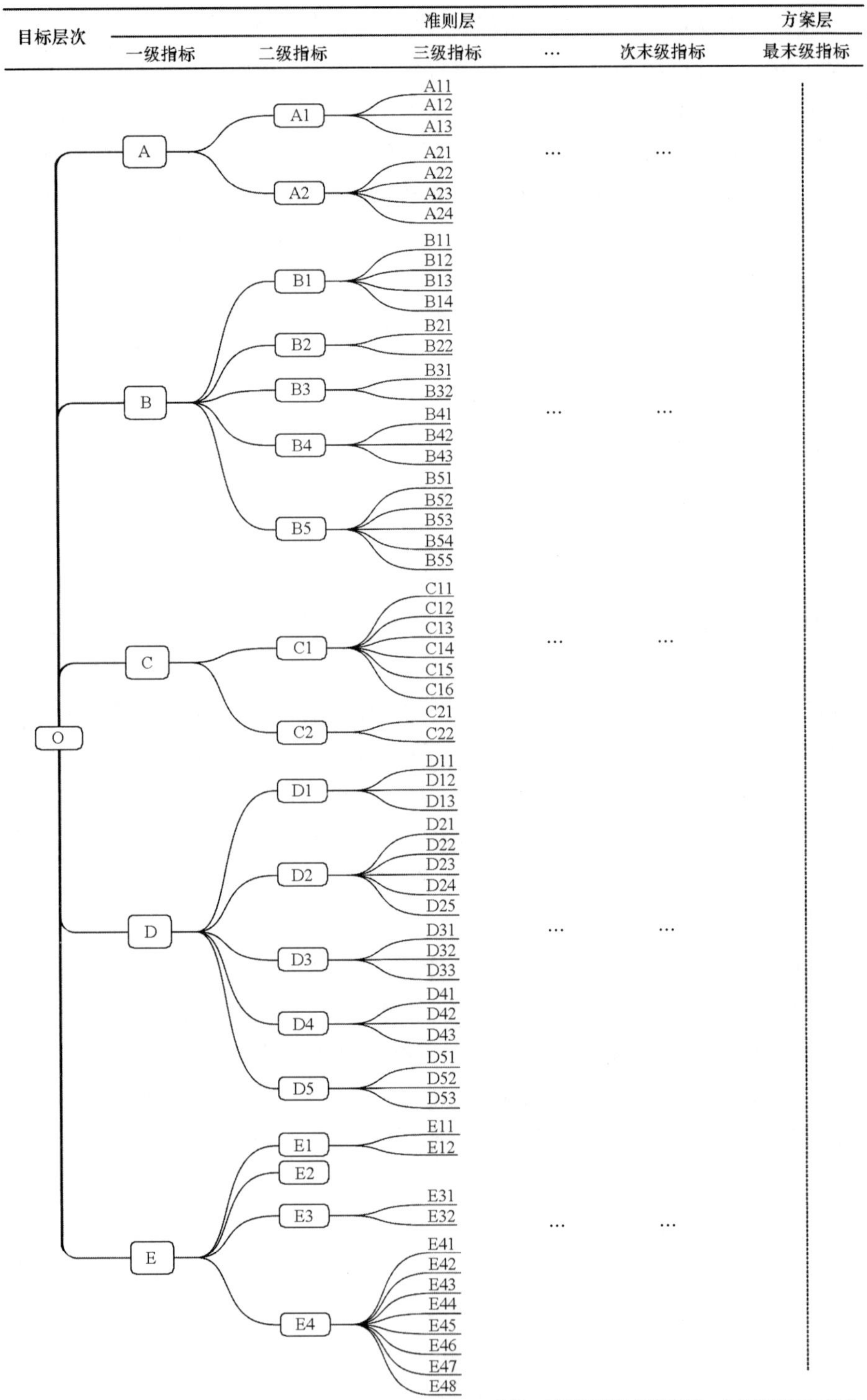

备注：准则层其他层级指标、方案层的指标省略

图 6.4 商务英语人才培养模式“整体性”评价指标系统结构（前三级指标）

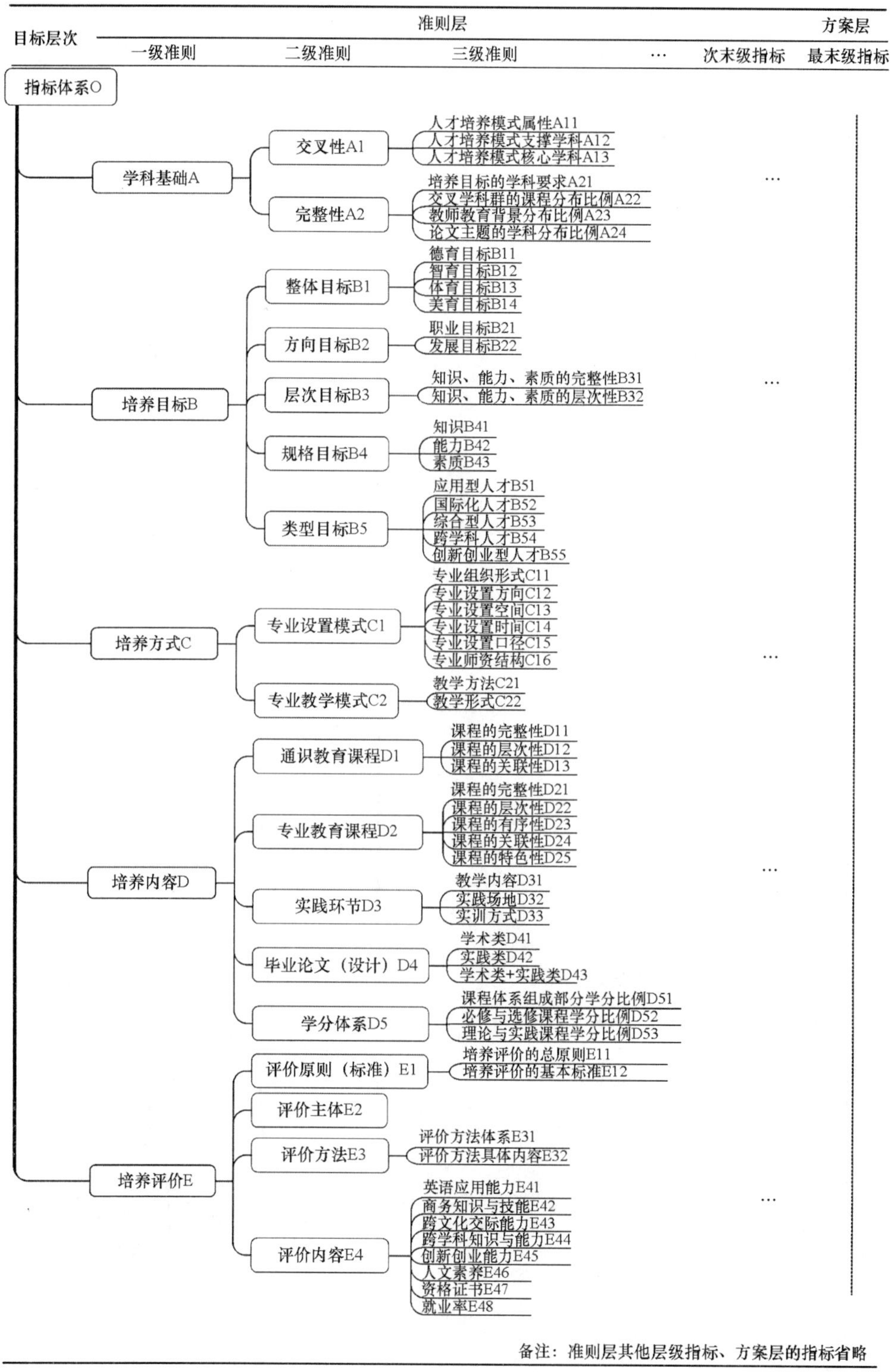

图 6.5　商务英语人才培养模式“整体性”评价指标系统结构（前三级指标）的具体内容

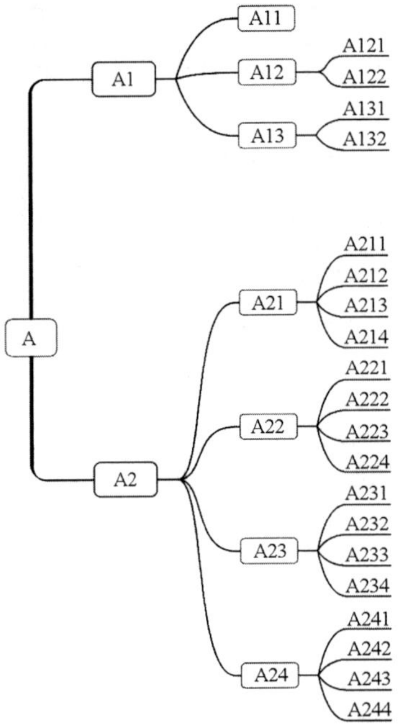

(a) 学科基础A的多层指标结构

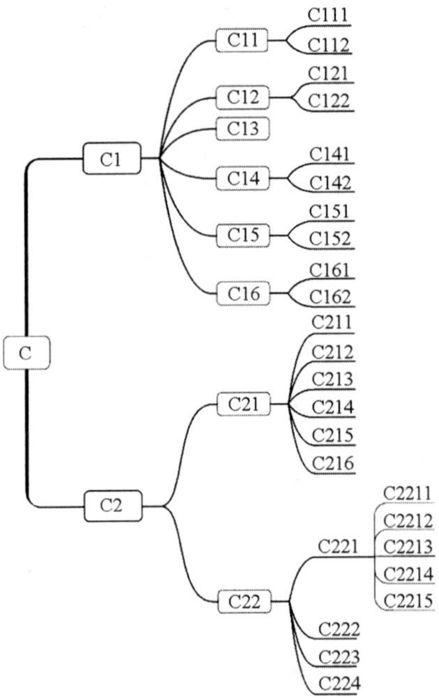

(b) 培养方式C的多层指标结构

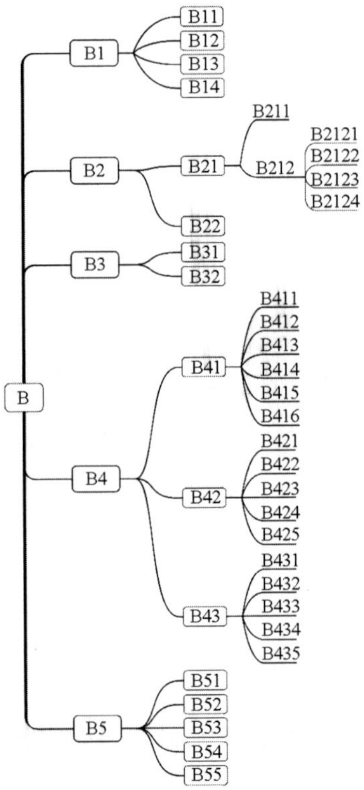

(c) 培养目标B的多层指标结构

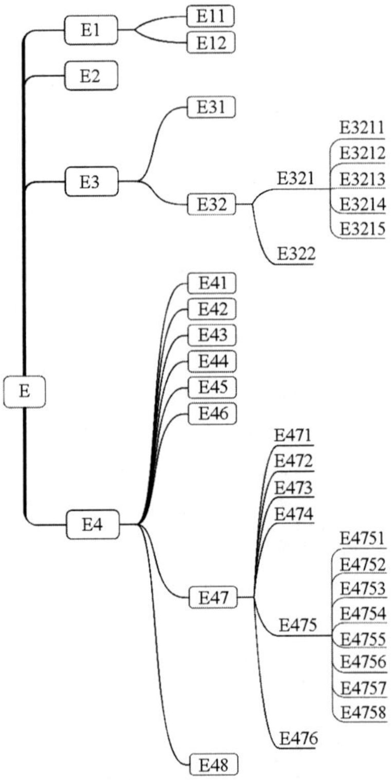

(d) 培养评价E的多层指标结构

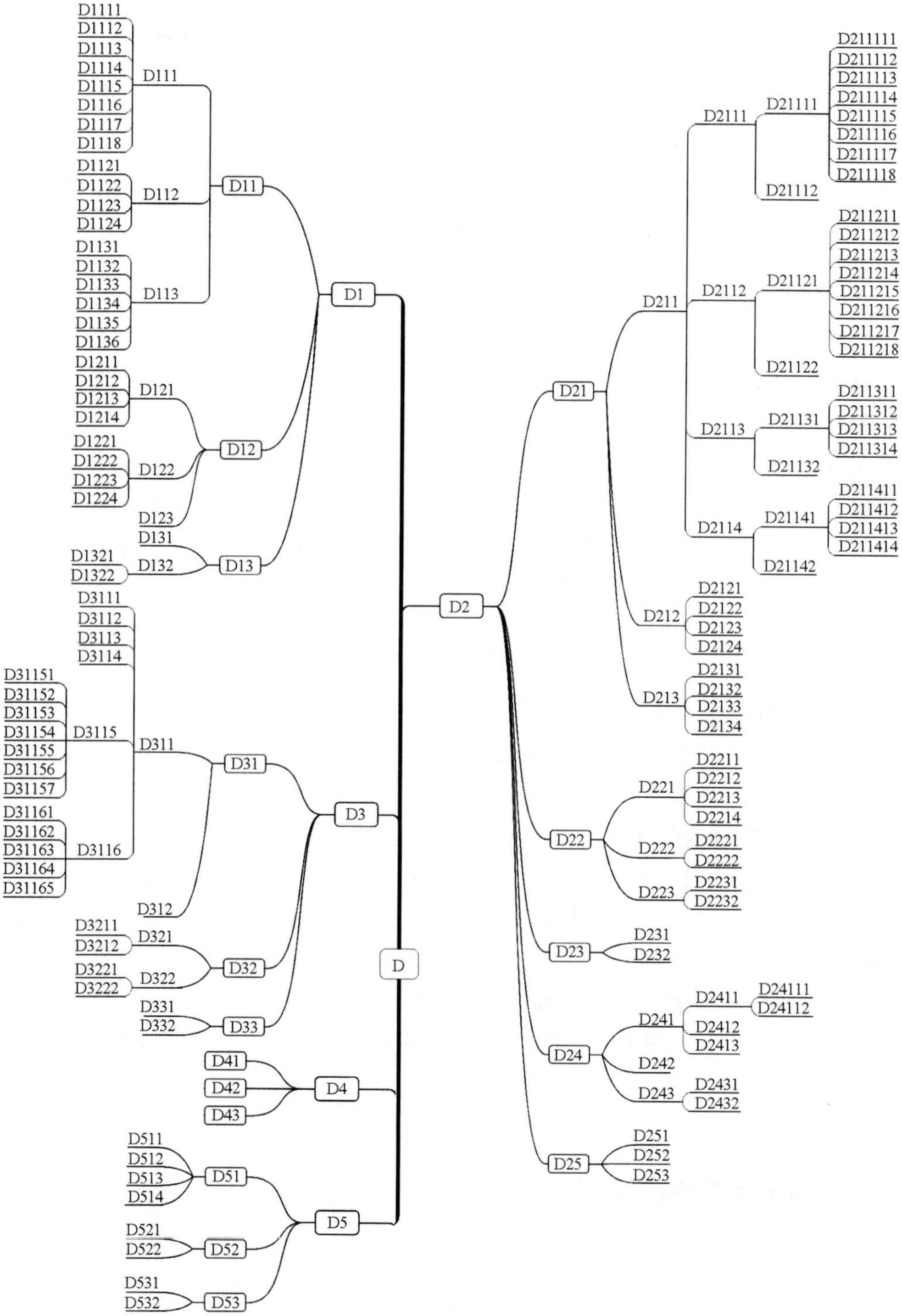

(e) 培养内容D的多层指标结构

图 6. 6　五个分系统多层指标结构图

商务英语人才培养模式“整体性”评价指标体系是在系统“整体性”原理指导下，对学科基础、培养目标、培养方式、培养内容和培养评价等分系统进行“整体性”分析研究的参照系。该指标体系中的分系统和各个层级指标，从各个不同的侧面描述出商务英语人才培养模式的组成部分、内部结构及运行机制。它们与系统“整体性”原理紧密结合，通过设立具有完整性、层次性、关联性、有序性等的研究范畴，形成了一个具有分析功能作用的商务英语人才培养模式“整体性”分析框架。

二、基于层次分析法确定指标权重

指标权重的确定成为构建模糊综合评价数学模型的基本范畴。在人才培养系统“整体性”的综合评价中，评价指标的权重至关重要。它反映了各个指标在综合评价过程中所占有的地位或作用，直接影响关于商务英语人才培养模式“整体性”综合评价的结果。一般情况下，指标权重是凭个人经验给出的，但凭经验给出的权重带有较大的主观性，有时不能客观地反映实际情况，评价结果可能“失真”。为了获得较为客观、合理的权重，本研究需要采用层次分析法界定相关评价指标权重。

1. 权重的作用

（1）权重能够以数量形式直观表达评价指标的重要程度。任何一组指标中各个指标的重要程度是不同的，通常用很重要、重要、一般、不重要，或者很好、好、比较好等定性的方法来表示。这种关于重要程度的区分往往比较模糊，边界不清，而权重能用量的区分来反映指标的重要程度，科学地将定性问题转换为定量问题。

（2）权重能够反映同一组指标（要素）的“整体性”结构。由于同一组指标（要素）的权重之和为1，它能够体现出各个指标（要素）之间的相互制约和相互联系，并为研究如何实现系统整体效益最大化提供数据支撑。

（3）权重具有很强的导向作用。由于要素禀赋和要素功能的不同，任何一个系统客观上存在着指标（要素）权重值大小各异的情况。权重值大的指标（要素）一般意味着其对系统的贡献率高。人们常常会更加关注权重大的指标（要素），以追求系统资源效益利用的最大化。

2. 确定指标权重的基本步骤

本研究采纳专家们的经验建议，综合实践调查的信息，以层次分析法为基本方法，对关于商务英语人才培养模式“整体性”评价的各个指标逐个进行分析界定，最终基本形成各个层级指标（要素）的权重。运用层次分析法确定指标权重大体需要经过以下三个步骤。

步骤1，组织学界专家完成基于层次分析法设计的关于确定指标权重的相关问卷。

通过对同一层次中各指标的重要性进行两两比较，在确定该组指标相对重要性的基础上，构造出权重判断矩阵。

步骤 2，根据判断矩阵计算出本层次各指标的相对权重，并检验判断矩阵的一致性，从而进行层次内的指标排序。

步骤 3，计算出单个指标在整个指标体系中的综合权重数值（绝对权重），从而进行指标体系的总排序。

下面详细展示确定指标权重的基本过程。

（1）构造权重判断矩阵

任何系统分析都以一定的信息为基础。这一步的信息基础主要是组织专家运用层次分析法，对每一层次各指标相对重要性给出判断。基于指标间两两比较的标度对这些判断进行量化，从而形成判断矩阵。

判断矩阵表示本层次各指标之间的相对重要性。假定 A 层中指标 B 与下一层次中指标 B_1，B_2，…，B_n 有联系，则该构造的判断矩阵见表 6.1。

表 6.1　判断矩阵（张杰 等，2009）

B	B_1	B_2	…	B_i	…	B_j	…	B_n
B_1	b_{11}	b_{12}	…	b_{1i}	…	b_{1j}	…	b_{1n}
B_2	b_{21}	b_{22}	…	b_{2i}	…	b_{2j}	…	b_{2n}
…	…	…	…	…	…	…	…	…
B_i	b_{i1}	b_{i2}	…	b_{ii}	…	b_{ij}	…	b_{in}
…	…	…	…	…	…	…	…	…
B_j	b_{j1}	b_{j2}	…	b_{ji}	…	b_{jj}	…	b_{jn}
…	…	…	…	…	…	…	…	…
B_n	b_{n1}	b_{n2}	…	b_{ni}	…	b_{nj}	…	b_{nn}

判断矩阵的具体形式为：

$$
\boldsymbol{G}_B = \begin{bmatrix}
b_{11} & b_{12} & \cdots & b_{1i} & \cdots & b_{1j} & & b_{1n} \\
b_{21} & b_{22} & \cdots & b_{2i} & \cdots & b_{2j} & \cdots & b_{2n} \\
\vdots & \vdots & & \vdots & & \vdots & & \vdots \\
b_{i1} & b_{i2} & \cdots & b_{ii} & \cdots & b_{ij} & \cdots & b_{in} \\
\vdots & \vdots & & \vdots & & \vdots & & \vdots \\
b_{j1} & b_{j2} & \cdots & b_{ji} & \cdots & b_{jj} & \cdots & b_{jn} \\
\vdots & \vdots & & \vdots & & \vdots & & \vdots \\
b_{n1} & b_{n2} & \cdots & b_{ni} & \cdots & b_{nj} & \cdots & b_{nn}
\end{bmatrix} \tag{6.1}
$$

式中：b_{ij}是指标B_i对指标B_j的相对重要性的数值表示，通常b_{ij}取 1，2，3，…，9 及它们的倒数，其含义见表6.2。

表6.2　指标间两两比较的标度（张杰 等，2009）

b_{ij}值	含　义
1	指标B_i与指标B_j一样重要
3	指标B_i比指标B_j稍微重要
5	指标B_i比指标B_j明显重要
7	指标B_i比指标B_j强烈重要
9	指标B_i比指标B_j绝对重要

注：2，4，6，8 是可以使用的其他中间值；若指标B_i不如指标B_j重要，b_{ij}为 $1/\nu$，ν 取值为 1，2，3，…，9。

显然，任何判断矩阵都应满足：

$$\begin{cases} b_{ij} > 0 & (\forall i = 1, 2, \cdots, n;\ \forall j = 1, 2, \cdots, n) \\ b_{ij} = \dfrac{1}{b_{ij}} & (\forall i = 1, 2, \cdots, n;\ \forall j = 1, 2, \cdots, n) \\ b_{ii} = 1 & (\forall i = 1, 2, \cdots, n) \end{cases} \tag{6.2}$$

因此，对于 n 阶判断矩阵，仅需要对$\frac{n(n-1)}{2}$个矩阵元素给出数值（谢季坚 等，2017）。基于层次分析法和以上构造判断矩阵的方法，对6位专家进行了包含指标重要性判断的两两比较表问卷调查（问卷样本可见附录6）。通过整理问卷信息，本研究构造出80个判断矩阵，为下一步进行指标权重计算奠定了原始数据基础。

（2）指标权重计算与一致性检验

层次分析法的指标权重计算问题，可归结为判断矩阵的特征向量和最大特征值的计算，主要方法有方根法（根法）、合积法、幂法等。综合相关文献的研究观点，本研究采用的是方根法。

方根法计算指标权重的五个步骤如下。

步骤1，计算判断矩阵 $\boldsymbol{G}$ 的每一行元素的乘积：

$$M_i = \prod_{j=1}^{n} G_{ij}, \quad i = 1, 2, \cdots, n \tag{6.3}$$

步骤2，计算M_i的 n 次方根：

$$\overline{w_i} = (M_i)^{\frac{1}{n}}, \quad i = 1, 2, \cdots, n \tag{6.4}$$

步骤3，对$\overline{w_i}$进行归一化处理：

$$w_i = \frac{\overline{w_i}}{\left(\sum_{i=1}^{n} \overline{w_i}\right)}, \quad i = 1, 2, \cdots, n \tag{6.5}$$

则所求相对权重集为：$\boldsymbol{w} = [w_1, w_2, \cdots, w_n]^T$。显然，相对权重之和是 1，即 $\sum_{i=1}^{n} w_i = w_1 + w_2 + \cdots + w_n = 1$。

步骤 4，计算判断矩阵 $\boldsymbol{G}$ 的最大特征值λ_{max}：

$$\lambda_{max} = \sum_{i=1}^{n} \frac{[Gw]_i}{n\, w_i} \tag{6.6}$$

式中：$[Gw]_i$是 $\boldsymbol{Gw}$ 向量中的第 i 个元素。

步骤 5，一致性检验。

在特殊情况下，判断矩阵可以具有传递性和一致性。一般情况下，并不要求判断矩阵严格满足这一性质。但从人类认知规律看，判断矩阵的重要性排序具有一定的逻辑规律。如若 **A** 比 **B** 重要，**B** 又比 **C** 重要，则从逻辑上讲，**A** 应该比 **C** 明显重要。若两两比较中 **C** 比 **A** 重要，则该判断矩阵违反了一致性准则，逻辑上是不合理的。因此在实际中要求判断矩阵满足大体上的一致性，需要进行一致性检验。只有通过检验，才能说明判断矩阵在逻辑上是合理的，才能继续对结果进行分析。

一致性检验的步骤如下。

①计算出一致性指标 CI：

$$CI = \frac{\lambda_{max} - n}{n - 1} \tag{6.7}$$

式中：n 等于矩阵的维数，实际为同一矩阵指标的个数；λ_{max}为矩阵的最大特征值。

显然，当判断矩阵完全一致时，$CI = 0$。$\lambda_{max} - n$ 越大，CI 值就越大，矩阵的一致性就越差。

②确定平均随机一致性指标 RI。

根据判断矩阵的不同维数，查阅平均随机一致性指标对照表，可以得到平均随机一致性指标 RI，见表 6.3。

表 6.3　平均随机一致性指标对照表

n	1	2	3	4	5	6	7	8	9
RI	0	0	0.58	0.90	1.12	1.24	1.32	1.41	1.45

③计算一致性比例 CR：

$$CR = \frac{CI}{RI} \tag{6.8}$$

一致性判断是指，对于一维、二维判断矩阵，RI 只是形式上的。按照本研究对判断矩阵所下的定义，一维、二维判断矩阵总是完全一致的，故不需要计算一致性指标。当维数大于 2 时，本研究需要进行一致性检验。如果 $CR < 0.1$，则判断矩阵具有令人满意的一致性；若 $CR \geq 0.1$，就需要对判断矩阵 $\boldsymbol{G}$ 进行调整。本研究采用以上步骤计算

指标相对权重，并检验判断矩阵的一致性。

（3）综合权重计算

上述计算得到的是每一个判断矩阵各指标的相对权重，体现的是本组指标之间的相对重要性，并没有体现出本组指标在整个指标体系中的重要性。计算综合权重就是计算该指标在整个指标体系中所占的绝对权重，即总排序。综合权重的计算采用自上而下的方法，然后逐层对相对权重进行合成。

很明显，一级指标处于总指标体系中的第2层（最高层是目标层），所以一级指标的相对权重等于它的综合权重。根据上述方法可以求得一级指标的相对权重集：

$$\mathbf{W} = (w_1, w_2, w_3, \cdots, w_k) \tag{6.9}$$

此处设定w_i为一级指标i在此层中所占的相对权重。对于第i个一级指标，假如其向下可以细分出p个二级指标，用上述方法，可以计算出这p个二级指标的权重集为：

$$\mathbf{W}_i = (w_{i_1}, w_{i_2}, w_{i_3}, w_{i_j}, \cdots, w_{i_p}) \tag{6.10}$$

则在本层次结构中，一级指标i下属的二级指标j的综合权重计算为：

$$w_{ij} = w_i \cdot w_{i_j} \tag{6.11}$$

以此类推，依据各个指标的综合排序，可以获取所有指标重要程度的总排序。

如果同组指标的相对权重之和以及同层级指标的综合权重之和都为1，而且不是简单的均分关系，能很好地体现指标体系的“整体性”以及内部各个指标的差异性。本研究认为，基于层次分析法确立的指标权重可以体现出评价指标在整个指标体系中的作用，并为下一步进行相关指标的综合评价奠定数值基础。

三、各层级指标的模糊综合评价

在确立指标体系与指标权重的基础上，需要对各层级指标进行模糊综合评价。本研究将模糊综合评价原理与“整体性”评价指标体系相结合，展开关于商务英语人才培养模式各层级指标的模糊综合评价。

1. 模糊综合评价的组成要素

模糊综合评价包含因素集、权重集、评价集等6个基本要素。为了与模糊数学专业术语保持一致，本部分用“因素”代表“指标”。

（1）因素集合表示为$U=\{u_1, u_2, \cdots, u_n\}$。$U$代表商务英语人才培养模式“整体性”评价指标体系中所有指标的集合。

（2）评价集合表示为$V=\{v_1, v_2, \cdots, v_m\}$。$V$代表模糊评价中对被评价对象进行各种评价的参数所组成的集合。本研究中指14所院校在人才培养模式“整体性”评价指标体系中相关指标的模糊评价的数据集合：$V=\{v_1$（学校1），v_2（学校2），v_3（学校3），…，v_{14}（学校14）$\}$。

（3）因素权重集表示为 $\boldsymbol{W}=(w_1, w_2, w_3, \cdots, w_n)$。$\boldsymbol{W}$ 代表评价因素的相对重要程度的集合，也就是权重集，它在综合评价中被用来对 $\boldsymbol{R}$ 做加权处理。

（4）单因素评价矩阵表示为 $\boldsymbol{R}=(r_{ij})_{n\times m}$。对于单因素评价，有模糊映射 f：$U\rightarrow V$，即对某个单因素 $u_i\in U$，存在一个模糊评价 $\underline{\boldsymbol{M}}(u_i)$，它事实上是 V 中的一个模糊集合。模糊映射 f 可以确定一个模糊关系 R_f，而这个模糊关系正是需要的模糊变换关系 $\boldsymbol{R}$，即模糊综合评价所综合的对象。

（5）模糊合成算子表示为“∘”。“∘”是指合成 $\boldsymbol{W}$ 与 $\boldsymbol{R}$ 所使用的计算方法，即模糊合成方法。本书选择的是加权平均型模糊合成算子 $M(\cdot, +)$。加权平均型模糊合成算子具有能够均衡兼顾不同权重的因素的基本特点，可以发挥各个因素的功能作用，与基于交叉学科的商务英语人才培养模式吻合度高，能够体现系统“整体性”原理的基本思想，是本研究模糊关系合成的理想选择。

（6）评价结果向量表示为 $\underline{\boldsymbol{M}}$。它是评价集合 V 中的一个模糊子集合。

2. 模糊综合评价的工作步骤

模糊综合评价过程可以理解为从因素集 U 到评价集 V 的一个模糊变换过程。每输入一组因素的权重集，就可以得到一组相应的评价结果。一级模糊评价过程见图 6.7，某因素的权重集为 W，其单个因素评价矩阵为 $\boldsymbol{R}$，$\boldsymbol{W}$ 与 $\boldsymbol{R}$ 经过模糊关系合成，得到的评价结果向量为 $\underline{\boldsymbol{M}}$。

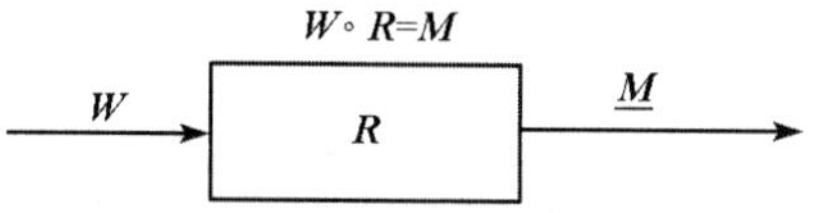

图 6.7　一级模糊评价过程（梁保松 等，2007）

对照上文建立的多层次结构的指标体系（共 7 层），本研究所建构的数学模型属于复杂多层级模糊综合评价数学模型。本部分以抽象、简化的 3 层指标体系为例来展示模糊计算过程，这样可以保证本书的简洁性及逻辑表述的完整性。在此 3 层指标体系中，最高层为目标层，中间层为准则层，最末层为方案层。

（1）确定因素集

在该简化的 3 层指标体系中，最高层为目标层 O，向下细分为 k 个一级指标（准则层）。这 k 个一级指标再依次向下细分为 n 个二级指标（方案层）。如此，准则层有 k 个因素，方案层有 n 个因素。以下是模糊综合评价因素集的划分过程。

首先，目标层 O 的因素集是由 k 个一级指标构成，可以表示为：

$$U_O=\{U_1, U_2, \cdots, U_k\} \tag{6.12}$$

上述集合需要满足下列 3 个条件：

$U_i\neq\varnothing\ (i=1, 2, \cdots, k)$；$U_i\cap U_j=\varnothing\ (i\neq j)$；$U=\bigcup_{i=1}^{k}U_i$。

本研究把 $U_0=\{U_1, U_2, \cdots, U_k\}$ 称为一级指标因素集。

然后，设定一级指标中的第 i 个指标向下细分出n_i个二级指标，可以表示为：

$$U_i=\{u_1^{(i)}, u_2^{(i)}, \cdots, u_{n_i}^{(i)}\}, \quad i=1, 2, \cdots, k \tag{6.13}$$

其中，

$$n_1+n_2+\cdots+n_k=\sum_{i=1}^{k} n_i=n \tag{6.14}$$

式中：k 是最高层（目标层）包含的一级指标因素的数量；n_i 是第 i 个一级指标（准则层）包含的二级指标因素（方案层）的数量，不同准则层因素所包含的方案层因素数量可以有所不同；n 是方案层因素的总数量。

本研究把 $U_i=\{u_1^{(i)}, u_2^{(i)}, \cdots, u_{n_i}^{(i)}\}$ 称为二级指标因素集。

（2）确定评价集

评价集是通过模糊综合评价得到的一个模糊评价向量。评价集一般表示为：

$$V=\{v_1, v_2, \cdots, v_m\} \tag{6.15}$$

不论有多少评价指标层次，评价集只能有一个。但是由于指标体系中有多个评价指标，因此可以得到针对被评价对象的多个评价子集。

（3）建立权重集

针对上述简化的3层指标体系的模糊综合评价，评价者运用层次分析法可以计算出各层级因素的权重集。

一级指标因素的权重集为：

$$\mathbf{W}_0=(w_1, w_2, \cdots, w_k) \tag{6.16}$$

设定一级指标中的第 i 个指标向下细分出n_i个二级指标，计算出的该组二级指标因素的权重集为：

$$\mathbf{W}_i=\{w_1^{(i)}, w_2^{(i)}, \cdots, w_{n_i}^{(i)}\} \tag{6.17}$$

（4）二级指标的模糊综合评价

在确定模糊综合评价数学模型的因素集、评价集和权重集后，采用合适的模糊合成算子，就可以进行模糊综合评价。

先对二级指标因素 $U_i=\{u_1^{(i)}, u_2^{(i)}, \cdots, u_{n_i}^{(i)}\}$ 集的第 n_i 个因素进行单因素评价，即建立因素集U_i到评价集 V 的模糊映射：

$$\underset{-}{f}_i: U_i \to F(V) \tag{6.18}$$

$$u_1^{(i)} \mapsto \underset{-}{f}_i(u_1^{(i)})=(r_{11}^{(i)}, r_{12}^{(i)}, \cdots, r_{1m}^{(i)}) \tag{6.19}$$

$$u_2^{(i)} \mapsto \underset{-}{f}_i(u_2^{(i)})=(r_{21}^{(i)}, r_{22}^{(i)}, \cdots, r_{2m}^{(i)}) \tag{6.20}$$

$$\vdots$$

$$u_{n_i}^{(i)} \mapsto \underset{-}{f}_i(u_{n_i}^{(i)})=(r_{n_i1}^{(i)}, r_{n_i2}^{(i)}, \cdots, r_{n_im}^{(i)}) \tag{6.21}$$

得到第 i 个一级指标对应的单因素评价矩阵为：

$$\boldsymbol{R}_i = \begin{bmatrix} r_{11}^{(i)} & r_{12}^{(i)} & \cdots & r_{1m}^{(i)} \\ r_{21}^{(i)} & r_{22}^{(i)} & \cdots & r_{2m}^{(i)} \\ & & \vdots & \\ r_{n_i1}^{(i)} & r_{n_i2}^{(i)} & \cdots & r_{n_im}^{(i)} \end{bmatrix} \tag{6.22}$$

因素集 $U_i = \{u_1^{(i)}, u_2^{(i)}, \cdots, u_{n_i}^{(i)}\}$ 的权重集为 $\boldsymbol{W}_i = (w_1^{(i)}, w_2^{(i)}, \cdots, w_{n_i}^{(i)})$，选择合适的模糊合成算子模型，将单因素评判矩阵 $\boldsymbol{R}_i$ 与权重集 $\boldsymbol{W}_i$ 经过模糊变换，得到一级模糊综合评价结果向量 $\underline{\boldsymbol{M}}_i$：

$$\begin{aligned} \underline{\boldsymbol{M}}_i &= \boldsymbol{W}_i \circ \boldsymbol{R}_i \\ &= (w_1^{(i)}, w_2^{(i)}, \cdots, w_{n_i}^{(i)}) \circ \begin{bmatrix} r_{11}^{(i)} & r_{12}^{(i)} & \cdots & r_{1m}^{(i)} \\ r_{21}^{(i)} & r_{22}^{(i)} & \cdots & r_{2m}^{(i)} \\ & & \vdots & \\ r_{n_i1}^{(i)} & r_{n_i2}^{(i)} & \cdots & r_{n_im}^{(i)} \end{bmatrix} \\ &= (\underline{m}_{i1}, \underline{m}_{i2}, \cdots, \underline{m}_{im}) \end{aligned} \tag{6.23}$$

式中，i 是一级指标因素集中的第 i 个因素，$i=1, 2, \cdots, k$；n_i 是第 i 个一级指标包含的二级指标因素的数量；m 是评价集中要素的数量；$\circ$是广义模糊合成算子。

（5）一级指标的模糊综合评价

对于上述简化的3层指标体系，为了得到目标层的模糊综合评价结果，需要进行两个层级指标的模糊综合评价。首先对方案层进行模糊综合评价，从而得到准则层各指标的模糊综合评价结果。根据上节中的计算方法，所得的准则层指标的模糊综合评价结果向量分别为：

$$\underline{\boldsymbol{M}}_1 = \boldsymbol{W}_1 \circ \boldsymbol{R}_1 = (\underline{m}_{11}, \underline{m}_{12}, \cdots, \underline{m}_{1m}) \tag{6.24}$$

$$\underline{\boldsymbol{M}}_2 = \boldsymbol{W}_2 \circ \boldsymbol{R}_2 = (\underline{m}_{21}, \underline{m}_{22}, \cdots, \underline{m}_{2m}) \tag{6.25}$$

$$\vdots$$

$$\underline{\boldsymbol{M}}_k = \boldsymbol{W}_k \circ \boldsymbol{R}_k = (\underline{m}_{k1}, \underline{m}_{k2}, \cdots, \underline{m}_{km}) \tag{6.26}$$

于是得到目标层 O 的单因素评价矩阵：

$$\boldsymbol{R}_0 = \begin{bmatrix} \underline{\boldsymbol{M}}_1 \\ \underline{\boldsymbol{M}}_2 \\ \vdots \\ \underline{\boldsymbol{M}}_k \end{bmatrix} = \begin{bmatrix} \underline{m}_{11} & \underline{m}_{12} & \cdots & \underline{m}_{1m} \\ \underline{m}_{21} & \underline{m}_{22} & \cdots & \underline{m}_{2m} \\ & & \vdots & \\ \underline{m}_{k1} & \underline{m}_{k2} & \cdots & \underline{m}_{km} \end{bmatrix} \tag{6.27}$$

根据上面得到的一级指标权重集为 $\boldsymbol{W}_0 = (w_1, w_2, \cdots, w_k)$，选择合适的合成算子模型，将单因素评判矩阵 $\boldsymbol{R}_0$ 与权重集 $\boldsymbol{W}_0$ 经过模糊变换，得到第二级模糊综合评判结果向量$\underline{\boldsymbol{M}}_0$：

$$\underline{\boldsymbol{M}}_O = \boldsymbol{W}_O \circ \boldsymbol{R}_O = (w_1, w_2, \cdots, w_k) \circ \begin{bmatrix} \underline{m}_{11} & \underline{m}_{12} & \cdots & \underline{m}_{1m} \\ \underline{m}_{21} & \underline{m}_{22} & \cdots & \underline{m}_{2m} \\ & & \vdots & \\ \underline{m}_{k1} & \underline{m}_{k2} & \cdots & \underline{m}_{km} \end{bmatrix} = (\underline{m}_1, \underline{m}_2, \cdots, \underline{m}_m) \tag{6.28}$$

图 6. 8 表示上述两级模糊综合评价过程。

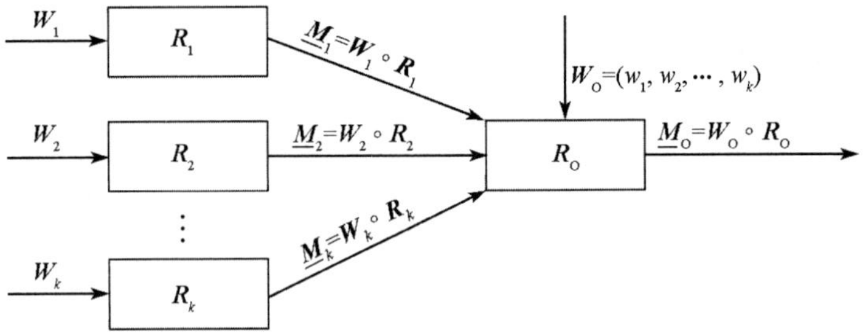

图 6. 8　两级模糊综合评价过程

以上描述可以看出，模糊综合评价是一个从最末层指标的模糊评价开始，然后逐级向上的循环评价过程。只要获得了各个层级的单因素评价矩阵和其相应的权重集，就可以得到任何指标集合的评价结果和指标体系最终的评价结果。

综上所述，本研究关于商务英语人才培养模式的“整体性”模糊综合评价采用的基本步骤为：

步骤 1，确定被评价对象的商务英语人才培养模式“整体性”评价指标体系（总的因素集）U，以及各指标的因素集 U_i。

步骤 2，确定“整体性”评价集 V。在本研究中主要是对 14 所院校商务英语人才培养模式的“整体性”评价参数集。

步骤 3，基于层次分析法确定出各指标的相对权重集 $\boldsymbol{W}_i$。

步骤 4，通过量化处理，确定最末层指标的数值，并进行归一化处理。

步骤 5，确定出某一确定指标的单因素评价矩阵为 $\boldsymbol{R}_i$。

步骤 6，选择加权平均型合成算子模型 M（·，+），将 $\boldsymbol{W}_i$ 与 $\boldsymbol{R}_i$ 进行模糊合成，得到该上层指标的模糊综合评价结果 $\underline{\boldsymbol{M}}_i$。

步骤 7，逐层向上进行模糊综合评价，最终得到对目标层 O 的模糊综合评判结果 $\underline{\boldsymbol{M}}_O$。

四、关于本研究建构的数学模型的简要说明

本研究建构的模糊综合评价数学模型的目标层，是指对 14 所院校商务英语人才培

养模式“整体性”的模糊综合评价。本研究将学科基础分系统、培养目标分系统、培养方式分系统、培养内容分系统和培养评价分系统分别对应于“目标层 O”下属的五个准则层指标｛O1，O2，O3，O4，O5｝。为了方便标记，本研究采用 A，B，C，D，E 来分别表示这五个分系统。“学科基础 A”“培养目标 B”“培养方式 C”“培养内容 D”“培养评价 E”等 5 个“准则层指标（一级指标）”逐级向下细分为多个准则层指标，最终细分为 229 个方案层（最末层）指标。

“目标层 O”的一级指标因素集 O =｛O1，O2，O3，O4，O5｝=｛A，B，C，D，E｝；相对权重集为 $\boldsymbol{W}_O$ =（W_{O1}，W_{O2}，W_{O3}，W_{O4}，W_{O5}）=（W_A，W_B，W_C，W_D，W_E）；构成的单因素评价矩阵为 $\boldsymbol{R}_O$ = [O1，O2，O3，O4，O5]^T = [$\underline{\boldsymbol{M}}_A$，$\underline{\boldsymbol{M}}_B$，$\underline{\boldsymbol{M}}_C$，$\underline{\boldsymbol{M}}_D$，$\underline{\boldsymbol{M}}_E$]^T。本研究利用模糊合成算子对 $\boldsymbol{W}_O$ 与 $\boldsymbol{R}_O$ 进行模糊合成，得到模糊综合评判结果向量 $\underline{\boldsymbol{M}}_O = f$（O1，O2，O3，O4，O5）$= \boldsymbol{W}_O \circ \boldsymbol{R}_O$。

“学科基础 A”（一级指标）向下细分为“交叉性 A1”“完整性 A2”等 2 个二级指标。因此，“学科基础 A”的二级指标因素集 A =｛A1，A2｝，相对权重集为 $\boldsymbol{W}_A$ =（W_{A1}，W_{A2}），构成的单因素评价矩阵为 $\boldsymbol{R}_A$ = [A1，A2]^T。本研究利用模糊合成算子对 $\boldsymbol{W}_A$ 与 $\boldsymbol{R}_A$ 进行模糊合成，得到模糊综合评判结果向量 $\underline{\boldsymbol{M}}_A = f$（A1，A2）$= \boldsymbol{W}_A \circ \boldsymbol{R}_A$。

“培养目标 B”（一级指标）向下细分为“整体目标 B1”“方向目标 B2”“层次目标 B3”“规格目标 B4”“类型目标 B5”等 5 个二级指标。因此，“培养目标 B”的二级指标因素集 B =｛B1，B2，B3，B4，B5｝，相对权重集 $\boldsymbol{W}_B$ =（W_{B1}，W_{B2}，W_{B3}，W_{B4}，W_{B5}），构成的单因素评价矩阵为 $\boldsymbol{R}_B$ = [B1，B2，B3，B4，B5]^T。本研究利用模糊合成算子对 $\boldsymbol{W}_B$ 与 $\boldsymbol{R}_B$ 进行模糊合成，得到模糊综合评判结果向量 $\underline{\boldsymbol{M}}_B = f$（B1，B2，B3，B4，B5）$= \boldsymbol{W}_B \circ \boldsymbol{R}_B$。

“培养方式 C”（一级指标）向下细分为“专业设置模式 C1”“专业教学模式 C2”等 2 个二级指标。因此，“培养方式 C”的二级指标因素集 C =｛C1，C2｝；相对权重集 $\boldsymbol{W}_C$ =（W_{C1}，W_{C2}）；构成的单因素评价矩阵为 $\boldsymbol{R}_C$ = [C1，C2]^T。本研究利用模糊合成算子对 $\boldsymbol{W}_C$ 与 $\boldsymbol{R}_C$ 进行模糊合成，得到模糊综合评判结果向量 $\underline{\boldsymbol{M}}_C = f$（C1，C2）$= \boldsymbol{W}_C \circ \boldsymbol{R}_C$。

“培养内容 D”（一级指标）向下细分为“通识教育课程 D1”“专业教育课程 D2”“实践环节 D3”“毕业论文（设计）D4”“学分体系 D5”等 5 个二级指标。因此，“培养内容 D”的二级指标因素集 D =｛D1，D2，D3，D4，D5｝，相对权重集 $\boldsymbol{W}_D$ =（W_{D1}，W_{D2}，W_{D3}，W_{D4}，W_{D5}），构成的单因素评价矩阵为 $\boldsymbol{R}_D$ = [D1，D2，D3，D4，D5]^T。利用模糊合成算子对 $\boldsymbol{W}_D$ 与 $\boldsymbol{R}_D$ 进行模糊合成，得到模糊综合评判结果向量 $\underline{\boldsymbol{M}}_D = f$（D1，D2，D3，D4，D5）$= \boldsymbol{W}_D \circ \boldsymbol{R}_D$。

“培养评价 E”（一级指标）向下细分为“评价原则（标准）E1”“评价主体 E2”“评价方法 E3”“评价内容 E4”等 4 个二级指标。因此，“培养评价 E”的二级指标因素集 E =｛E1，E2，E3，E4｝；相对权重集 $\boldsymbol{W}_E$ =（W_{E1}，W_{E2}，W_{E3}，W_{E4}）；构成的单

因素评价矩阵为 $\boldsymbol{R}_E$ = [E1，E2，E3，E4]^T。利用模糊合成算子对 $\boldsymbol{W}_E$ 与 $\boldsymbol{R}_E$ 进行模糊合成，得到模糊综合评判结果向量 $\underline{\boldsymbol{M}}_E = f$（E1，E2，E3，E4）$= \boldsymbol{W}_E \circ \boldsymbol{R}_E$。

其中，模糊综合评判结果向量 $\underline{\boldsymbol{M}}_O$，$\underline{\boldsymbol{M}}_A$，$\underline{\boldsymbol{M}}_B$，$\underline{\boldsymbol{M}}_C$，$\underline{\boldsymbol{M}}_D$，$\underline{\boldsymbol{M}}_E$ 均是评判集 V 中的模糊子集。

上述这些二级指标可以继续往下细分出多个三级指标和多个四级指标等。这些指标逐层向下细分，最终细分到最末层指标（方案层）。每一级指标的模糊综合评价分析和运算的过程与上述分析类似，在此不再赘述，具体计算过程见后续章节（第三节）。

综上，模糊综合评价数学模型可以解决复杂多层指标的量化分析问题。它通过严谨的推理论证程序，采用精确的定量分析方法，从多个维度、多个层级对商务英语人才培养模式进行“整体性”评价分析。该数学模型具有结果清晰、层次分明、系统性强的特点，符合基于系统“整体性”原理的商务英语人才培养模式“整体性”研究的基本需求。

第三节 “整体性”模糊综合评价数学模型计算

本节在数学建模的理论与方法的指导下，以商务英语人才培养模式“整体性”评价指标体系中的各项指标为研究对象，在基于层次分析法的指标权重计算的基础上，开展14所院校商务英语人才培养模式“整体性”综合评价。首先，在确定多层次指标体系的基础上，组织学界6位专家对指标体系各层级指标（元素）的重要性进行两两比较，并基于层次分析法计算得出各层次指标的权重值。然后，在系统“整体性”原理的指导下，按照确立研究对象的基本标准，选定14所开办商务英语专业的院校作为研究对象，采用多种渠道与方法收集样本院校最末层指标中各因素的原始数据，并运用归一化的计算方法对原始数据进行标准化处理，得到样本院校原始数据处理后的数据统计结果——229个最末层指标数据。本研究以229个标准化的指标数值作为模糊综合计算的起点，采取分系统、逐层向上的计算方式，对样本院校商务英语人才培养模式进行模糊综合运算，获得了14所院校相关指标的综合计算数值（目标层、准则层的88个指标的综合评价值）。关于商务英语人才培养模式评价指标的综合计算结果，可作为14所院校商务英语人才培养模式“整体性”评价分析的数据基础，成为本书实证研究的重要组成部分。

一、基于层次分析法计算指标权重

如上所述的指标权重计算步骤，首先基于层次分析法分析系统中各因素间的相互关系，将商务英语人才培养模式的指标体系划分为不同的层次。本研究已完成建构多层次结构指标体系工作（详见附录1～附录5）。同时，组织学界专家，对每一层次中各指标（要素）的重要性进行两两比较（专家对同组指标各要素重要性的两两比较表见附录6），从而构造出权重判断矩阵。其次根据判断矩阵计算出本层次各要素（指标）的相对权重，通过检验判断矩阵的一致性，考察所计算的指标相对权重是否合理，如果合理则进行层次内单排序。最后计算出本层次元素相对于目标层的综合权重值，从而进行各个层次指标的总排序。

1. 分系统一级指标权重计算

商务英语人才培养模式“整体性”评价指标体系“O”是一个完整的指标系统。该系统包含“学科基础A”“培养目标B”“培养方式C”“培养内容D”“培养评价E”等5个一级指标分系统。研究者整理6位专家对该层指标的两两比较结果，构造相关权重判断矩阵。

（1）构造权重判断矩阵

本研究对6份专家问卷（部分内容见附录6）提供的两两比较数据进行统计与处理，得到数据统计表（见表6.4）。

表6.4　两两比较数据统计

指标两两比较	专家1	专家2	专家3	专家4	专家5	专家6	均值	取整
$G_{A\to B}$	1	1	1	5	3	3	2.33	2
$G_{A\to C}$	3	1	3	3	5	2	2.83	3
$G_{A\to D}$	1	1	1	5	3	3	2.33	2
$G_{A\to E}$	3	1	3	5	3	5	3.33	3
$G_{B\to C}$	3	1/3	3	5	1	1	2.22	2
$G_{B\to D}$	1	1/3	1/3	1	1	1/3	0.67	1/2
$G_{B\to E}$	3	1/3	3	3	1	1	1.89	2
$G_{C\to D}$	1	1/5	1/3	1/5	1/3	1/5	0.38	1/3
$G_{C\to E}$	1	1	1/3	7	1	3	2.22	2
$G_{D\to E}$	5	1	5	3	5	1	3.33	3

构造权重判断矩阵，见表6.5。

表 6.5 权重判断矩阵

O	A	B	C	D	E
A	1	2	3	2	3
B	1/2	1	2	1/2	2
C	1/3	1/2	1	1/3	2
D	1/2	2	3	1	3
E	1/3	1/2	1/2	1/3	1

（2）指标权重计算与一致性检验

由表 6.5 可以得到判断矩阵，利用方根法求解：

$$G_0=\begin{bmatrix}1&2&3&2&3\\1/2&1&2&1/2&2\\1/3&1/2&1&1/3&2\\1/2&2&3&1&3\\1/3&1/2&1/2&1/3&1\end{bmatrix}\xrightarrow{\text{各行元素乘积}}\begin{bmatrix}36\\1\\0.11\\9\\0.03\end{bmatrix}\xrightarrow{n\text{ 次方根}}\begin{bmatrix}2.05\\1\\0.64\\1.55\\0.49\end{bmatrix}\xrightarrow{\text{归一化}}\begin{bmatrix}0.36\\0.17\\0.11\\0.27\\0.09\end{bmatrix}$$

得到特征向量 $\boldsymbol{W}_0=(0.36,\ 0.17,\ 0.11,\ 0.27,\ 0.09)^{\mathrm{T}}$。

计算最大特征值 $\lambda_{\max}$：

$$G_0\cdot W_0=\begin{bmatrix}1&2&3&2&3\\1/2&1&2&1/2&2\\1/3&1/2&1&1/3&2\\1/2&2&3&1&3\\1/3&1/2&1/2&1/3&1\end{bmatrix}\cdot\begin{bmatrix}0.36\\0.17\\0.11\\0.27\\0.09\end{bmatrix}=\begin{bmatrix}1.84\\0.88\\0.58\\1.39\\0.44\end{bmatrix}$$

$$\lambda_{\max}=\frac{1}{n}\sum_{i=1}^{n}\frac{(GW)_i}{W_i}=\frac{1}{5}\times\left(\frac{1.84}{0.36}+\frac{0.88}{0.17}+\frac{0.58}{0.11}+\frac{1.39}{0.27}+\frac{0.44}{0.09}\right)\approx 5.13$$

计算一致性指标 CI：

$$CI=\frac{\lambda_{\max}-n}{n-1}=\frac{5.13-5}{5-1}\approx 0.033$$

计算平均随机一致性指标 CR：

$$CR=\frac{CI}{RI}\approx\frac{0.033}{1.12}=0.029<0.1$$

通过上述计算分析得出结论，该判断矩阵的一致性满足本研究要求。

于是，根据以上结论得到所求的各指标的权重系数：

$\boldsymbol{W}_0=(W_{01},\ W_{02},\ W_{03},\ W_{04},\ W_{05})^{\mathrm{T}}=(0.36,\ 0.17,\ 0.11,\ 0.27,\ 0.09)^{\mathrm{T}}$

为了降低计算难度、减少工作量，基于 MATLAB/GUI 软件对以上运算过程进行编程，运行计算程序可以得到上述计算结果。基于层次分析法的系统指标权重计算软件运行界面见图 6.9。

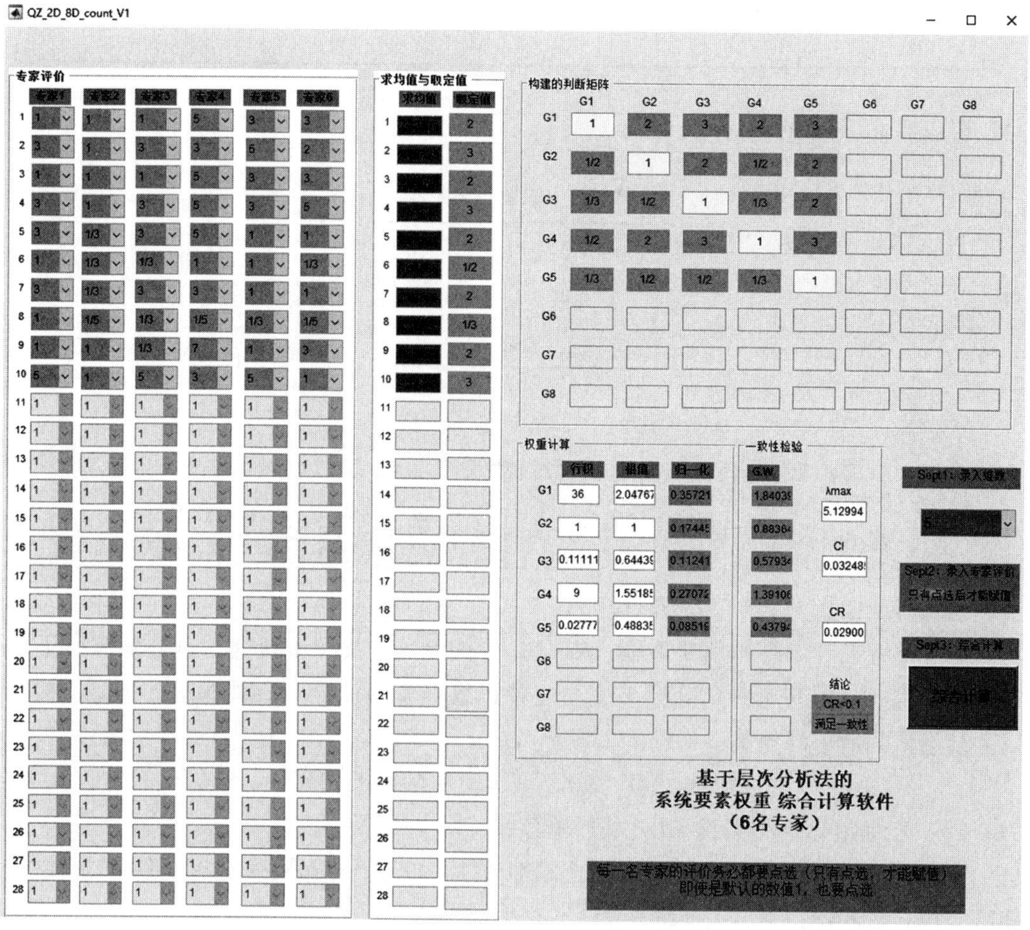

图 6.9　基于 MATLAB/GUI 编制的指标权重计算程序显示界面

2. 以“学科基础 A”分系统为例作内部指标权重计算

关于“学科基础 A”分系统的内部指标权重计算包含其下属的二级指标、三级指标权重的计算。

（1）二级指标的权重计算

“学科基础 A”分系统包含“交叉性 A1”和“完整性 A2”2 个因素。

①构造权重判断矩阵

对专家问卷（两两比较数据）进行统计分析，结果见表 6.6。

表 6.6 两两比较数据统计结果

指标两两比较	专家 1	专家 2	专家 3	专家 4	专家 5	专家 6	均值	取整
$\boldsymbol{G}_{A1\to A2}$	1/5	1/3	3	1	7	3	2.42	2

构造权重判断矩阵，见表 6.7。

表 6.7 权重判断矩阵

A	A1	A2
A1	1	2
A2	1/2	1

②指标权重计算与一致性检验

由表 6.7 可以得到判断矩阵，利用方根法求解：

$$\boldsymbol{G}_{A}=\begin{bmatrix}1 & 2\\ 1/2 & 1\end{bmatrix}\xrightarrow{\text{各行元素乘积}}\begin{bmatrix}2\\ 0.5\end{bmatrix}\xrightarrow{n\text{ 次方根}}\begin{bmatrix}1.41\\ 0.71\end{bmatrix}\xrightarrow{\text{归一化}}\begin{bmatrix}0.67\\ 0.33\end{bmatrix}$$

得到特征向量 $\boldsymbol{W}_{A}=(0.67,\ 0.33)^{T}$。

对于一维或者二维的判断矩阵，*RI* 只是形式上的。按照本研究对判断矩阵所下的定义，一维、二维的判断矩阵应该完全一致，故不需要计算一致性指标。于是，根据以上结论得到所求的各基本指标的权重：

$$\boldsymbol{W}_{A}=(W_{A1},\ W_{A2})^{T}=(0.67,\ 0.33)^{T}$$

（2）三级指标“交叉性 A1”的权重计算

“交叉性 A1”分为“人才培养模式属性 A11”“人才培养模式支撑学科 A12”“人才培养模式核心学科 A13”等 3 个因素。

①构造权重判断矩阵

关于专家问卷（两两比较数据）统计分析，结果见表 6.8。

表 6.8 两两比较数据统计结果

指标两两比较	专家 1	专家 2	专家 3	专家 4	专家 5	专家 6	均值	取整
$\boldsymbol{G}_{A11\to A12}$	1	1	5	9	1/5	1/3	2.76	3
$\boldsymbol{G}_{A11\to A13}$	1/3	1	5	9	1/7	1	2.75	3
$\boldsymbol{G}_{A12\to A13}$	1/5	1	1/3	9	1/5	1/7	1.81	2

构造权重判断矩阵，见表 6.9。

表 6.9　权重判断矩阵

A1	A11	A12	A13
A11	1	3	3
A12	1/3	1	2
A13	1/3	1/2	1

②指标权重计算与一致性检验

由表 6.9 可以得到判断矩阵，利用方根法求解：

$$\boldsymbol{G}_{A1}=\begin{bmatrix}1 & 3 & 3\\ 1/3 & 1 & 2\\ 1/3 & 1/2 & 1\end{bmatrix}\xrightarrow{\text{各行元素乘积}}\begin{bmatrix}9\\ 0.67\\ 0.17\end{bmatrix}\xrightarrow{n\text{ 次方根}}\begin{bmatrix}2.08\\ 0.87\\ 0.55\end{bmatrix}\xrightarrow{\text{归一化}}\begin{bmatrix}0.59\\ 0.25\\ 0.16\end{bmatrix}$$

得到特征向量 $\boldsymbol{W}_{A1}=(0.59,\ 0.25,\ 0.16)^T$。

计算最大特征值 λ_{max}：

$$\boldsymbol{G}_{A1}\cdot\boldsymbol{W}_{A1}=\begin{bmatrix}1 & 3 & 3\\ 1/3 & 1 & 2\\ 1/3 & 1/2 & 1\end{bmatrix}\cdot\begin{bmatrix}0.59\\ 0.25\\ 0.16\end{bmatrix}=\begin{bmatrix}1.81\\ 0.76\\ 0.48\end{bmatrix}$$

$$\lambda_{max}=\frac{1}{n}\sum_{i=1}^{n}\frac{(GW)_i}{W_i}=\frac{1}{3}\times\left(\frac{1.81}{0.59}+\frac{0.76}{0.25}+\frac{0.48}{0.16}\right)\approx 3.05$$

计算一致性指标 CI：

$$CI=\frac{\lambda_{max}-n}{n-1}=\frac{3.05-3}{3-1}\approx 0.027$$

计算平均随机一致性指标 CR：

$$CR=\frac{CI}{RI}=\frac{0.027}{0.58}\approx 0.046<0.1$$

上述计算分析得出结论，该判断矩阵的一致性满足本研究要求。

于是，根据上面的结论得到所求的各基本指标的权重：

$$\boldsymbol{W}_{A1}=(W_{A11},\ W_{A12},\ W_{A13})^T=(0.59,\ 0.25,\ 0.16)^T$$

（3）三级指标“完整性 A2”的权重计算

“完整性 A2”划分为“培养目标的学科要求 A21”“交叉学科群的课程分布比例 A22”“教师教育背景分布比例 A23”“论文主题的学科分布比例 A24”等 4 个因素。

①构造权重判断矩阵

关于专家问卷（两两比较数据）统计分析，结果见表 6.10。

表 6.10　两两比较数据统计结果

指标两两比较	专家 1	专家 2	专家 3	专家 4	专家 5	专家 6	均值	取整
$\boldsymbol{G}_{A21\to A22}$	5	1	7	9	1	5	4.67	5
$\boldsymbol{G}_{A21\to A23}$	9	1	7	9	1/5	1	4.53	5
$\boldsymbol{G}_{A21\to A24}$	9	1	1/3	9	1/3	1/3	3.33	3
$\boldsymbol{G}_{A22\to A23}$	1	1/3	5	9	1/5	1/3	2.64	3
$\boldsymbol{G}_{A22\to A24}$	1/5	1/3	1	9	1/3	1/5	1.84	2
$\boldsymbol{G}_{A23\to A24}$	1/5	1	9	9	9	5	5.53	6

构造权重判断矩阵，见表 6.11。

表 6.11　权重判断矩阵

A2	A21	A22	A23	A24
A21	1	5	5	3
A22	1/5	1	3	2
A23	1/5	1/3	1	6
A24	1/3	1/2	1/6	1

②指标权重计算与一致性检验

由表 6.11 可以得到判断矩阵，利用方根法求解：

$$\boldsymbol{G}_{A2}=\begin{bmatrix}1&5&5&3\\1/5&1&3&2\\1/5&1/3&1&6\\1/3&1/2&1/6&1\end{bmatrix}\xrightarrow{\text{各行元素乘积}}\begin{bmatrix}75\\1.2\\0.4\\0.03\end{bmatrix}\xrightarrow{n\text{ 次方根}}\begin{bmatrix}2.94\\1.05\\0.80\\0.41\end{bmatrix}\xrightarrow{\text{归一化}}\begin{bmatrix}0.57\\0.2\\0.15\\0.08\end{bmatrix}$$

得到特征向量 $\boldsymbol{W}_{A2}=(0.57, 0.2, 0.15, 0.08)^{T}$。

计算最大特征值 λ_{max}：

$$\boldsymbol{G}_{A2}\cdot\boldsymbol{W}_{A2}=\begin{bmatrix}1&5&5&3\\1/5&1&3&2\\1/5&1/3&1&6\\1/3&1/2&1/6&1\end{bmatrix}\cdot\begin{bmatrix}0.57\\0.2\\0.15\\0.08\end{bmatrix}=\begin{bmatrix}2.58\\0.93\\0.81\\0.39\end{bmatrix}$$

$$\lambda_{max}=\frac{1}{n}\sum_{i=1}^{n}\frac{(GW)_i}{W_i}=\frac{1}{4}\times\left(\frac{2.58}{0.57}+\frac{0.93}{0.2}+\frac{0.81}{0.15}+\frac{0.39}{0.08}\right)\approx 4.86$$

计算一致性指标 CI：

$$CI=\frac{\lambda_{max}-n}{n-1}=\frac{4.86-4}{4-1}\approx 0.29$$

计算平均随机一致性指标 CR：

$$CR = \frac{CI}{RI} = \frac{0.29}{0.9} \approx 0.32 > 0.1$$

从上述计算可以看出，该判断矩阵不能满足一致性的要求，需要进一步调整该判断矩阵。

③判断矩阵调整及相关计算与检验

本研究采用的调整方法是，针对不同专家的评测分别计算权重与 CR 值，去除 CR 值最不符合要求的专家问卷，采用最符合本研究要求的专家问卷。

计算各个专家的评测值所对应的 CR 值，见表 6.12。

表 6.12　不同专家评测对应的 *CR* 值

指标两两比较	专家 1	专家 2	专家 3	专家 4	专家 5	专家 6
CR 值	0.19	0.06	1.7	0.49	0.14	0.33

根据表 6.12 所示数值，专家 3 的评测值最不符合一致性要求，专家 2 的评测值最符合一致性要求。因此用专家 2 的评测值代替专家 3 的评测值，进而计算得到 $CR = 0.15 > 0.1$。但该结果仍不满足一致性要求，需要进一步调整。采用专家 2 的评测值代替专家 4 的评测值，计算得到 $CR = 0.16 > 0.1$，还是不满足一致性要求，需要再进一步调整。用专家 2 的评测值代替专家 6 的评测值，计算得到 $CR = 0.08 < 0.1$。该判断矩阵满足一致性要求，得到最终两两比较数据统计结果见表 6.13。

表 6.13　两两比较数据统计结果

指标两两比较	专家 1	专家 2	专家 3	专家 4	专家 5	专家 6	均值	取整
$\mathbf{G}_{A21 \to A22}$	5	1	1	1	1	1	1.67	2
$\mathbf{G}_{A21 \to A23}$	9	1	1	1	1/5	1	2.2	2
$\mathbf{G}_{A21 \to A24}$	9	1	1	1	1/3	1	2.22	2
$\mathbf{G}_{A22 \to A23}$	1	1/3	1/3	1/3	1/5	1/3	0.42	1/2
$\mathbf{G}_{A22 \to A24}$	1/5	1/3	1/3	1/3	1/3	1/3	0.31	1/3
$\mathbf{G}_{A23 \to A24}$	1/5	1	1	1	9	1	2.2	2

构造的权重判断矩阵，见表 6.14。

表 6.14　权重判断矩阵

A2	A21	A22	A23	A24
A21	1	2	2	2
A22	1/2	1	1/2	1/3
A23	1/2	2	1	2
A24	1/2	3	1/2	1

由上表可以得到判断矩阵，利用方根法求解：

$$\boldsymbol{G}_{A2}=\begin{bmatrix}1 & 2 & 2 & 2\\ 1/2 & 1 & 1/2 & 1/3\\ 1/2 & 2 & 1 & 2\\ 1/2 & 3 & 1/2 & 1\end{bmatrix}\xrightarrow{\text{各行元素乘积}}\begin{bmatrix}8\\ 0.08\\ 2\\ 0.75\end{bmatrix}\xrightarrow{n\text{ 次方根}}\begin{bmatrix}1.68\\ 0.54\\ 1.19\\ 0.93\end{bmatrix}\xrightarrow{\text{归一化}}\begin{bmatrix}0.39\\ 0.12\\ 0.27\\ 0.21\end{bmatrix}$$

得到特征向量 $\boldsymbol{W}_{A2}=(0.39, 0.12, 0.27, 0.21)^{T}$。

计算最大特征值 λ_{max}：

$$\boldsymbol{G}_{A2}\cdot\boldsymbol{W}_{A2}=\begin{bmatrix}1 & 2 & 2 & 2\\ 1/2 & 1 & 1/2 & 1/3\\ 1/2 & 2 & 1 & 2\\ 1/2 & 3 & 1/2 & 1\end{bmatrix}\cdot\begin{bmatrix}0.39\\ 0.12\\ 0.27\\ 0.21\end{bmatrix}=\begin{bmatrix}1.61\\ 0.53\\ 1.14\\ 0.92\end{bmatrix}$$

$$\lambda_{max}=\frac{1}{n}\sum_{i=1}^{n}\frac{(GW)_i}{W_i}=\frac{1}{4}\times\left(\frac{1.61}{0.39}+\frac{0.53}{0.12}+\frac{1.14}{0.27}+\frac{0.92}{0.21}\right)\approx 4.21$$

计算一致性指标 CI：

$$CI=\frac{\lambda_{max}-n}{n-1}=\frac{4.21-4}{4-1}\approx 0.07$$

计算平均随机一致性指标 CR：

$$CR=\frac{CI}{RI}=\frac{0.07}{0.9}\approx 0.08<0.1$$

于是，根据上面的结论得到所求的各基本指标的权重：

$$\boldsymbol{W}_{A2}=(W_{A21}, W_{A22}, W_{A23}, W_{A24})^{T}=(0.39, 0.12, 0.27, 0.21)^{T}$$

以上为“学科基础 A”的部分指标权重计算过程。因篇幅所限，本研究关于“学科基础 A”的其他部分及“培养目标 B”“培养方式 C”“培养内容 D”“培养评价 E”的指标权重计算过程省略，不再赘述。

3. 指标权重计算结果汇总

综合权重是某一个指标相对于目标层的绝对权重，其计算方法如前文所述。现将商务英语人才培养模式“整体性”评价指标体系的学科基础分系统的权重计算结果汇总，见表6.15。因考虑到本书章节篇幅的均衡性，其他四个分系统的权重计算结果汇总表被放置在附录7～附录10中，且在表格中省去相关文字描述，仅以指标代号表示各项指标。研究说明，权重能够以数量形式直观表达评价指标的重要程度，科学地将定性问题转换为定量问题。本研究产生的“整体性”评价指标体系的权重结果，为商务英语人才培养模式“整体性”建设状况实证分析提供了基本的度量尺度。

表6.15　评价指标体系“学科基础A”分系统的权重分配表

一级指标	二级指标			三级指标			四级指标		
	指标	相对权重	综合权重	指标	相对权重	综合权重	指标	相对权重	综合权重
A（权重0.36）	A1	0.67	0.241	A11	0.59	0.126			
				A12	0.25	0.054	A121	0.75	0.040 5
							A122	0.25	0.013 5
				A13	0.16	0.034	A131	0.5	0.017
							A132	0.5	0.017
	A2	0.33	0.106	A21	0.39	0.041	A211	0.53	0.021 7
							A212	0.27	0.011 1
							A213	0.13	0.005 3
							A214	0.07	0.002 9
				A22	0.12	0.013	A221	0.5	0.006 5
							A222	0.14	0.001 8
							A223	0.29	0.003 8
							A224	0.07	0.001
				A23	0.27	0.029	A231	0.4	0.011 6
							A232	0.46	0.013 3
							A233	0.09	0.002 6
							A234	0.05	0.001 5
				A24	0.21	0.022	A241	0.39	0.008 6
							A242	0.39	0.008 6
							A243	0.15	0.003 3
							A244	0.07	0.001 5

二、14所院校“整体性”指标数据收集与处理

本研究建构的“整体性”模糊综合评价数学模型需要学校为单位作为研究对象，通过剖析若干学校商务英语人才培养模式的实际情况，反映出商务英语人才培养模式“整体性”建设的基本状况。本研究依照系统“整体性”原理，按照确立研究对象的基本标准，选定14所开办商务英语专业的院校作为研究对象。同时，商务英语人才培养模式“整体性”综合评价需要在界定研究对象的基础上，通过各种渠道方法，收集计算各院校最末层指标的原始数据。而且要对不同量纲、不同数值的原始数据进行标准化（规范化）处理，即最末层指标原始数据的归一化处理，最终得到样本院校的指标数据统计结果（229个最末层指标数据），为关于14所院校商务英语人才培养模式“整体性”综合评价奠定数据分析的基础。

1. 14所院校的基本情况

本研究选择样本院校的基本标准有：一是国内各个主要区域内有样本院校；二是各个办学层次中有样本院校；三是不同学校类别中有样本院校；四是在重点区域、重点层次、重点类别中有样本院校（一般为2所学校）；五是样本院校所提供的信息和统计数据能够满足本研究的基本需求，具备开展实证分析的可行性和可操作性，例如样本院校的配合度、相关数据采集的完整性、文本资料的权威性（如人才培养方案）等。本研究遵循系统“整体性”原理，将样本学校看成一个系统整体，依据完整性、层次性、关联性的基本范畴，力争体现出学校所具有的特点和代表性。经过反复筛选甄别，选择国内14所开办商务英语专业的院校作为样本院校。为便于统计分析，对14所院校分别进行编号来代表学校称谓，分别为：高校1、高校2、高校3、高校4、高校5、高校6、高校7、高校8、高校9、高校10、高校11、高校12、高校13、高校14。以下从不同地域、不同办学层次和不同院校类别等三个维度来介绍样本院校的基本情况。

（1）不同地域的代表院校

根据区域社会经济发展的实际情况，目前国内存在东部沿海、中部内陆和西部边远三个经济地带。东部沿海地区开设商务英语专业的院校具有开办时间较早、学校数量较多、办学水平较高的综合性特征，体现出商务英语专业的整体发展水平，据此在该经济区域挑选9所院校作为研究对象。中部内陆地区开设商务英语专业的院校数量和整体发展水平与东部沿海地区有一定差距，因此在该地区选择4所院校作为研究对象。西部边远地区商务英语专业起步晚，专业覆盖面小，因此在该地区选择1所大学作为代表院校。综上，三个经济地带的代表院校见表6.16。

表 6.16　所选高校所属经济地带分布

东部沿海地区	高校 2、高校 3、高校 4、高校 5、高校 8、高校 9、高校 11、高校 13、高校 14
中部内陆地区	高校 1、高校 7、高校 10、高校 12
西部边远地区	高校 6

（2）不同办学层次的代表院校

本研究沿用普通高等学校全国统一考试本科录取批次来进行高校办学层次分类。由于本科第一批次院校办学历史悠久，学科综合实力较强，商务英语专业起点较高，具有师资队伍和教学资源的比较优势，因此选取 8 所本科第一批次院校作为样本院校。商务英语专业作为应用型专业，与本科第二批次院校的办学定位吻合度高，符合社会经济对于人才的基本需求。据此，选取 5 所第二批次院校作为样本院校。第三批次本科院校开设商务英语专业的院校越来越多，已经成为一个重要的群体。因此，选取高校 12 作为研究对象学校。样本院校的办学层次见表 6. 17。

表 6. 17　样本院校所属办学层次一览表

本科一批	高校 1、高校 2、高校 3、高校 4、高校 5、高校 6、高校 7、高校 8
本科二批	高校 9、高校 10、高校 11、高校 13、高校 14
本科三批	高校 12

（3）不同类别的代表院校

本研究考虑到开设商务英语不同类别院校的情况，选取语言类、财经类、综合类、工科类和师范类 5 个类别的院校作为基本对象。由于商务英语专业在财经类院校中发展较为成熟，因此选取 5 所财经类院校作为研究对象。样本院校所属类别具体情况见表 6. 18。

表 6. 18　样本院校所属类别一览表

财经类	高校 3、高校 6、高校 7、高校 10、高校 11
综合类	高校 8、高校 13、高校 14
工科类	高校 4、高校 9、高校 12
师范类	高校 1、高校 5
语言类	高校 2

2. 14 所院校数据来源

本研究要展开关于模糊数学模型的相关计算，最终产生关于商务英语人才培养模式各项评价指标的具体数值，其重要的前置条件就是要有相关的原始数据，这就涉及数据来源问题。各个样本院校的原始数据涉及五大板块：学科基础、培养目标、培养方式、培养内容和培养评价等。其中包含课程体系、教师教育背景、人才培养目标、专业（方向）设置模式、专业教学模式、实践教学形式、培养评价内容、培养评价方法等。

本研究搜集相关数据有多种渠道方式，主要包括：院校官方网站，商务英语专业人才培养方案，通识教育选修课课表的文本内容分析，商务英语专业学生与教师问卷调查（见附录 11 ~ 附录 12），商务英语领域的专家、教师、行政人员与学生的访谈（见附录 13），商务英语教师学科教育背景统计，商务英语专业学生英语专业四级、八级合格率，商务英语专业四级、八级合格率，毕业生就业率，等等。

此外，多主体的调查问卷保证了调查问卷内容的“效度”。本研究按照整体性原则设计教师问卷、学生问卷和专家问卷，既体现出问卷内容的权威性和专业性，也保证了问卷内容的普遍性和代表性。研究者在调查访谈中，先后采访了不同院校的 7 位商务英语专业大三、大四学生，11 位一线专业教师，7 位教授、硕士生导师，8 位担任主管教学科研的副院长、党委副书记、系主任等。可以说，本研究所采访的主体具有“整体性”，采集的数据信息能够体现目前商务英语人才培养模式的基本情况。

3. 14 所院校相关数据收集与处理

本研究按照商务英语人才培养模式“整体性”评价指标体系，对 14 所院校的相关资料进行数据收集与处理。主要完成了以下工作：一是统计相关问卷的原始数据；二是对院校人才培养方案和相关文件信息与指标标准进行比照，确定其符合程度；三是按照指标要求，对相关课程进行核定、分类与计算，并统计相关数值。本指标体系涵盖几百个指标，指标内容纷繁复杂，有以下两个特点：一是指标体系包含定量指标和定性指标；二是指标评价等级存在两极化和多极化现象。因此，关于定性指标的量化和指标等级的统一化，成为商务英语人才培养模式相关数据处理过程中的突出问题。

由于原始数据存在上述两个问题，不能直接将其交付给数学模型进行计算分析，因此需要对数据进行量化处理才能符合数学模型的运算要求。主要的工作内容有：一是确定教师问卷与学生问卷两类调查问卷数据的权重值；二是确定院校指标内容中“有或无”和“程度状态”的分值。以下为原始数据量化处理的基本规则，详见表 6.19。

表 6.19 评价等级与取值对照表

评价层级	有				没有
	符合	比较符合	基本符合	较不符合	不符合
	优	良	中	较差	差
取值	95	85	75	65	55

本研究按照5个等级对评价等级两极化和多极化的指标内容进行数值等级的确定，以达成数据规范化与统一化的要求。

对教师和学生调查问卷信息，本研究采用不同的权重值进行数据统计。教师问卷结果所占权重为0.6，学生问卷结果所占权重为0.4。

本研究按照上述处理原始数据的方法，对样本院校商务英语人才培养模式相关数据进行整理。由于14所高校的数据处理过程基本类似，本研究以高校1商务英语专业（国际商务管理方向）为例说明原始数据处理的基本步骤，详见附录14。

4. 14所院校数据规范化处理及统计结果

本研究按照指标体系确立的最末层的229个指标，逐一对14所院校商务英语人才培养模式进行“整体性”相关数据收集和规范化处理，得到了指标的具体数值。

本研究汇总了14所高校最末层指标的原始数据，形成了原始数据汇总表，见附录15。

通过检验统计汇总，本研究发现14所高校原始数据的量值、量纲都不统一，无法输入数学模型进行模糊综合评价，需要对这些原始数据进行规范化（归一化）处理，达成采用数据的一致性，从而形成14所院校229个（最末层）归一化数值（数据统计结果）。因此，本研究采用了以下计算方法对14所院校商务英语人才培养模式原始数据进行归一化处理。计算方法如下：

$$x'_{ik}=\frac{x_{ik}-\min\limits_{1\leqslant i\leqslant 14}\{x_{ik}\}}{\max\limits_{1\leqslant i\leqslant 14}\{x_{ik}\}-\min\limits_{1\leqslant i\leqslant 14}\{x_{ik}\}}\quad (i=1,2,3,\cdots,13,14;\ k=1,2,3,\cdots,228,229) \tag{6.29}$$

通过对14所院校原始数据进行规范化处理，使 $x'_{ik}\in[0,1]$，得到14所院校原始数据归一化的统计结果（共有229个数据）。这些数据涉及人才培养系统五个分系统。据此，本研究可以分系统、逐层向上迭代地展开关于样本院校商务英语人才培养模式“整体性”的数学模型计算。考虑到篇幅限制，在此只展现14所院校“学科基础A”分系统的原始数据归一化后的统计数据（见表6.20）。14所院校的其他4个分系统的原始数据归一化后的统计数据见附录16。5个分系统的原始数据归一化后的统计数据累加为“21+33+25+120+30”。本研究产生了14所院校人才培养模式229个归一化后的“整体性”评价数值。

表 6.20　14 所院校学科基础 A 分系统的归一化统计数据表

序号	指标	高校													
		高校 1	高校 2	高校 3	高校 4	高校 5	高校 6	高校 7	高校 8	高校 9	高校 10	高校 11	高校 12	高校 13	高校 14
1	A11	0. 5	1	1	0. 75	0. 5	0. 5	0. 75	0. 75	0	0	0. 25	0	0. 25	0
2	A121	0. 849	1	0. 984	0. 871	0. 425	0. 559	0. 849	0. 177	0. 78	0. 478	0	0. 672	0. 398	0. 78
3	A122	0. 189	0. 541	0. 153	0. 793	0. 815	0. 694	1	0. 149	0. 667	0	0. 41	0. 351	0. 23	0. 761
4	A131	0	0. 559	0. 64	0. 882	0. 691	0. 625	0. 676	0. 559	0. 596	1	0. 471	0. 772	0. 669	0. 699
5	A132	0	0. 504	0. 223	0. 855	0. 781	1	0. 926	0. 484	0. 617	0. 539	0. 363	0. 441	0. 297	0. 746
6	A211	1	1	1	1	1	1	1	1	1	1	1	1	1	1
7	A212	1	1	1	1	1	1	1	0	1	1	0	1	1	1
8	A213	1	1	1	1	1	1	1	1	1	1	0	1	1	1
9	A214	1	1	1	1	1	0	1	0	0	1	0	1	0	1
10	A221	0	0. 339	0. 342	1	0. 901	0. 404	0. 993	0. 223	0. 134	0. 26	0. 274	0. 25	0. 829	0. 541
11	A222	0. 585	0. 69	0. 433	0. 327	0. 363	0. 757	0. 394	0. 525	1	0. 532	0. 627	0. 725	0	0. 697
12	A223	1	0. 379	0. 31	0. 046	0. 356	0. 598	0. 08	0. 563	0. 368	0. 046	0. 506	0	0. 241	0. 276
13	A224	0. 455	0. 545	0. 341	0. 432	0. 341	0	1	0	0. 545	0	0. 455	0. 682	0. 409	0. 455
14	A231	0. 727	0. 46	0. 299	0. 739	1	0. 557	0	0. 796	0. 578	0. 707	0. 204	0. 606	0. 784	0. 707
15	A232	0. 206	0. 416	1	0	0. 416	0. 258	0. 891	0. 131	0. 337	0	0. 375	0	0. 202	0

续表

序号	指标	高校													
		高校 1	高校 2	高校 3	高校 4	高校 5	高校 6	高校 7	高校 8	高校 9	高校 10	高校 11	高校 12	高校 13	高校 14
16	A233	0.584	1	0.429	0.245	0.24	0.893	0.408	0.3	0	0	0.858	0.343	0	0
17	A234	0	0.351	0.524	0	0.293	0	1	0	0	0	0	0	0.283	0
18	A241	0.444	0.694	0.706	0.822	1	0	0.669	0.647	0.207	0.669	0.602	0.432	0.501	0.57
19	A242	0.019	0.407	0.392	0.057	0.024	1	0.053	0.067	0.057	0	0.239	0	0.139	0
20	A243	0	1	0.224	0	0.106	0.247	0	0.506	0	0.141	0	0	0	0.082
21	A244	0	0.694	0.51	1	0	0	0.429	0	0	0	0	0	0	0

三、对14所院校商务英语人才培养模式“整体性”的模糊综合评价

本研究综合运用基于层次分析法计算得到的各项指标权重值、14所院校最末层指标归一化的指标数值（229个），按照横向五个分系统和逐层向上迭代（纵向向上、横向向前）的方式，对14所院校商务英语人才培养模式的各项指标进行模糊综合评价。以“学科基础A”分系统为例，展示其下属三级、二级、一级指标的综合评价过程，并计算出“学科基础A”（第一级指标）的最终评价结果。通过模糊运算得到5个分系统的最终评价结果后，本研究得到14所院校商务英语人才培养模式“整体性”评价指标体系的综合评价结果。

1. “学科基础A”分系统（准则层）的模糊综合评价

“学科基础A”分系统中包含四级指标，其中最末层的指标已经通过前文的院校原始数据收集与处理得到。本研究需要在此基础上进行关于“学科基础A”分系统中三级、二级、一级指标的模糊综合评价。

（1）三级指标的模糊综合评价

①三级因素集A12 = {A121，A122}。根据表6.15中评价指标体系“学科基础A”分系统的权重分配表，权重$\boldsymbol{W}_{A12}=(W_{A121}, W_{A122})=(0.75, 0.25)$，结合14所高校归一化后的数据统计表6.20，对A121，A122的模糊评价构成的单因素评价矩阵：

$$\boldsymbol{R}_{A12}=\begin{bmatrix}A121\\A122\end{bmatrix}$$

$$=\begin{bmatrix}0.849 & 1 & 0.984 & 0.871 & 0.425 & 0.559 & 0.849 & 0.177 & 0.78 & 0.478 & 0 & 0.672 & 0.398 & 0.78\\0.189 & 0.541 & 0.153 & 0.793 & 0.815 & 0.694 & 1 & 0.149 & 0.667 & 0 & 0.41 & 0.351 & 0.23 & 0.761\end{bmatrix}$$

用模型$M(\cdot, +)$计算，得：

$$\underline{\boldsymbol{M}}_{A12}=\boldsymbol{W}_{A12}\cdot\boldsymbol{R}_{A12}$$

$$=(0.684, 0.885, 0.776, 0.852, 0.523, 0.593, 0.887, 0.17, 0.752, 0.359, 0.103, 0.592, 0.356, 0.775)$$

②三级因素集A13 = {A131，A132}。根据表6.15中评价指标体系“学科基础A”分系统的权重分配表，权重$\boldsymbol{W}_{A13}=(W_{A131}, W_{A132})=(0.5, 0.5)$，结合14所高校归一化后的数据统计表6.20，对A131，A132的模糊评价构成单因素评价矩阵：

$$\boldsymbol{R}_{A13}=\begin{bmatrix}A131\\A132\end{bmatrix}$$

$$=\begin{bmatrix}0 & 0.559 & 0.64 & 0.882 & 0.691 & 0.625 & 0.676 & 0.559 & 0.596 & 1 & 0.471 & 0.772 & 0.669 & 0.699\\0 & 0.504 & 0.223 & 0.855 & 0.781 & 1 & 0.926 & 0.484 & 0.617 & 0.539 & 0.363 & 0.441 & 0.297 & 0.746\end{bmatrix}$$

用模型$M(\cdot, +)$计算，得：

$$\underline{\boldsymbol{M}}_{A13} = \boldsymbol{W}_{A131} \cdot \boldsymbol{R}_{A132}$$
$$= (0, 0.532, 0.432, 0.869, 0.736, 0.813, 0.801, 0.522, 0.607, 0.77, 0.417, 0.607, 0.483, 0.723)$$

③三级因素集 A21 = {A211，A212，A213，A214}。根据表 6.15 中评价指标体系“学科基础 A”分系统的权重分配表，权重 $\boldsymbol{W}_{A21}$ = (W_{A211}，W_{A212}，W_{A213}，W_{A214}) = (0.53，0.27，0.13，0.07)，结合 14 所高校归一化后的数据统计表 6.20，对 A211，A212，A213，A214 的模糊评价构成单因素评价矩阵：

$$\boldsymbol{R}_{A21} = \begin{bmatrix} A211 \\ A212 \\ A213 \\ A214 \end{bmatrix} = \begin{bmatrix} 1 & 1 & 1 & 1 & 1 & 1 & 1 & 1 & 1 & 1 & 1 & 1 & 1 & 1 \\ 1 & 1 & 1 & 1 & 1 & 1 & 1 & 0 & 1 & 1 & 0 & 1 & 1 & 1 \\ 1 & 1 & 1 & 1 & 1 & 1 & 1 & 1 & 1 & 1 & 0 & 1 & 1 & 1 \\ 1 & 1 & 1 & 1 & 1 & 0 & 1 & 0 & 0 & 1 & 0 & 1 & 0 & 1 \end{bmatrix}$$

用模型 M（·，+）计算，得：

$$\underline{\boldsymbol{M}}_{A21} = \boldsymbol{W}_{A21} \cdot \boldsymbol{R}_{A21}$$
$$= (1, 1, 1, 1, 1, 0.93, 1, 0.66, 0.93, 1, 0.53, 1, 0.93, 1)$$

④三级因素集 A22 = {A221，A222，A223，A224}，根据表 6.15 中评价指标体系“学科基础 A”分系统的权重分配表，权重 $\boldsymbol{W}_{A22}$ = (W_{A221}，W_{A222}，W_{A223}，W_{A224}) = (0.5，0.14，0.29，0.07)，结合 14 所高校归一化后的数据统计表 6.20，对 A221，A222，A223，A224 的模糊评价构成单因素评价矩阵：

$$\boldsymbol{R}_{A22} = \begin{bmatrix} A221 \\ A222 \\ A223 \\ A224 \end{bmatrix}$$
$$= \begin{bmatrix} 0 & 0.339 & 0.342 & 1 & 0.901 & 0.404 & 0.993 & 0.223 & 0.134 & 0.26 & 0.274 & 0.25 & 0.829 & 0.541 \\ 0.585 & 0.69 & 0.433 & 0.327 & 0.363 & 0.757 & 0.394 & 0.525 & 1 & 0.532 & 0.627 & 0.725 & 0 & 0.697 \\ 1 & 0.379 & 0.31 & 0.046 & 0.356 & 0.598 & 0.08 & 0.563 & 0.368 & 0.046 & 0.506 & 0 & 0.241 & 0.276 \\ 0.455 & 0.545 & 0.341 & 0.432 & 0.341 & 0 & 1 & 0 & 0.545 & 0 & 0.455 & 0.682 & 0.409 & 0.455 \end{bmatrix}$$

用模型 M（·，+）计算，得：

$$\underline{\boldsymbol{M}}_{A22} = \boldsymbol{W}_{A22} \cdot \boldsymbol{R}_{A22}$$
$$= (0.404, 0.414, 0.345, 0.589, 0.628, 0.481, 0.645, 0.348, 0.352, 0.218, 0.403, 0.274, 0.513, 0.48)$$

⑤三级因素集 A23 = {A231，A232，A233，A234}，根据表 6.15 中评价指标体系“学科基础 A”分系统的权重分配表，权重 $\boldsymbol{W}_{A23}$ = (W_{A231}，W_{A232}，W_{A233}，W_{A234}) = (0.40，0.46，0.09，0.05)，结合 14 所高校归一化后的数据统计表 6.20，对 A231，A232，A233，A234 的模糊评价构成单因素评价矩阵：

$$\boldsymbol{R}_{A23}=\begin{bmatrix}A231\\A232\\A233\\A234\end{bmatrix}$$

$$=\begin{bmatrix}0.556 & 1 & 0.299 & 0.565 & 0.593 & 0.426 & 0 & 0.609 & 0.442 & 0.541 & 0.156 & 0.464 & 0.6 & 0.541\\0.206 & 0.625 & 1 & 0 & 0.075 & 0.258 & 0.891 & 0.131 & 0.337 & 0 & 0.375 & 0 & 0.202 & 0\\0.389 & 1 & 0.286 & 0.163 & 0.143 & 0.594 & 0.271 & 0.2 & 0 & 0 & 0.571 & 0.229 & 0 & 0\\0 & 0.529 & 0.524 & 0 & 0.262 & 0 & 1 & 0 & 0 & 0 & 0 & 0 & 0.283 & 0\end{bmatrix}$$

用模型 M（·，+）计算，得：

$$\underline{\boldsymbol{M}}_{A23}=\boldsymbol{W}_{A23}\cdot\boldsymbol{R}_{A23}$$

$$=(0.352,\ 0.804,\ 0.604,\ 0.241,\ 0.298,\ 0.343,\ 0.484,\ 0.322,\ 0.332,\ 0.216,\ 0.286,\ 0.206,\ 0.347,\ 0.216)$$

⑥三级因素集 A24 = {A241，A242，A243，A244}，根据表 6.15 中评价指标体系“学科基础 A”分系统的权重分配表，权重 $\boldsymbol{W}_{A24}$ = （W_{A241}，W_{A242}，W_{A243}，W_{A244}） = (0.39，0.39，0.15，0.07)，结合 14 所高校归一化后的数据统计表 6.20，对 A241，A242，A243，A244 的模糊评价构成单因素评价矩阵：

$$\boldsymbol{R}_{A24}=\begin{bmatrix}A241\\A242\\A243\\A244\end{bmatrix}$$

$$=\begin{bmatrix}0.444 & 0.694 & 0.706 & 0.822 & 1 & 0 & 0.669 & 0.647 & 0.207 & 0.669 & 0.602 & 0.432 & 0.501 & 0.57\\0.019 & 0.407 & 0.392 & 0.057 & 0.024 & 1 & 0.053 & 0.067 & 0.057 & 0 & 0.239 & 0 & 0.139 & 0\\0 & 1 & 0.224 & 0 & 0.106 & 0.247 & 0 & 0.506 & 0 & 0.141 & 0 & 0 & 0 & 0.082\\0 & 0.694 & 0.51 & 1 & 0 & 0 & 0.429 & 0 & 0 & 0 & 0 & 0 & 0 & 0\end{bmatrix}$$

用模型 M（·，+）计算，得：

$$\underline{\boldsymbol{M}}_{A24}=\boldsymbol{W}_{A24}\cdot\boldsymbol{R}_{A24}$$

$$=(0.181,\ 0.628,\ 0.498,\ 0.413,\ 0.415,\ 0.427,\ 0.312,\ 0.354,\ 0.103,\ 0.282,\ 0.328,\ 0.168,\ 0.25,\ 0.235)$$

（2）二级指标的模糊综合运算

本级指标的计算，需要用到上述模糊评价得到的数值。

①二级因素集 A1 = {A11，A12，A13}，根据表 6.15 中评价指标体系“学科基础 A”分系统的权重分配表，权重 $\boldsymbol{W}_{A1}$ = （W_{A11}，W_{A12}，W_{A13}） = （0.59，0.25，0.16），结合 14 所高校归一化后的数据统计表 6.20 和对 A12，A13 的模糊评价结果，可以构成 $\boldsymbol{R}_{A1}$ 的单因素评价矩阵如下：

$$\boldsymbol{R}_{A1}=\begin{bmatrix}A11\\A12\\A13\end{bmatrix}$$

$$=\begin{bmatrix}0.5 & 1 & 1 & 0.75 & 0.5 & 0.5 & 0.75 & 0.75 & 0 & 0 & 0.25 & 0 & 0.25 & 0\\0.684 & 0.885 & 0.776 & 0.852 & 0.523 & 0.593 & 0.887 & 0.17 & 0.752 & 0.359 & 0.103 & 0.592 & 0.356 & 0.775\\0 & 0.532 & 0.432 & 0.869 & 0.736 & 0.813 & 0.801 & 0.522 & 0.607 & 0.77 & 0.417 & 0.607 & 0.483 & 0.723\end{bmatrix}$$

用模型 M（·，+）计算，得：

$$\underline{\boldsymbol{M}}_{A1}=\boldsymbol{W}_{A1}\cdot\boldsymbol{R}_{A1}$$

$$=(0.466,\ 0.896,\ 0.853,\ 0.795,\ 0.544,\ 0.573,\ 0.792,\ 0.569,\ 0.285,\ 0.213,\ 0.24,\ 0.245,\ 0.314,\ 0.309)$$

2）二级因素集 A2 = {A21，A22，A23，A24}，根据表 6.15 中评价指标体系“学科基础 A”分系统的权重分配表，权重 $\boldsymbol{W}_{A2}=(W_{A21},\ W_{A22},\ W_{A23},\ W_{A24})=(0.39,\ 0.13,\ 0.27,\ 0.21)$，对 A21，A22，A23，A24 的模糊评价结果可以构成 $\boldsymbol{R}_{A2}$ 的单因素评价矩阵：

$$\boldsymbol{R}_{A2}=\begin{bmatrix}A21\\A22\\A23\\A24\end{bmatrix}$$

$$=\begin{bmatrix}1 & 1 & 1 & 1 & 1 & 0.93 & 1 & 0.66 & 0.93 & 1 & 0.53 & 1 & 0.93 & 1\\0.404 & 0.414 & 0.345 & 0.589 & 0.628 & 0.481 & 0.645 & 0.348 & 0.352 & 0.218 & 0.403 & 0.274 & 0.513 & 0.48\\0.352 & 0.804 & 0.604 & 0.241 & 0.298 & 0.343 & 0.484 & 0.322 & 0.332 & 0.216 & 0.286 & 0.206 & 0.347 & 0.216\\0.181 & 0.628 & 0.498 & 0.413 & 0.415 & 0.427 & 0.312 & 0.354 & 0.103 & 0.282 & 0.328 & 0.168 & 0.25 & 0.235\end{bmatrix}$$

用模型 M（·，+）计算，得：

$$\underline{\boldsymbol{M}}_{A2}=\boldsymbol{W}_{A2}\cdot\boldsymbol{R}_{A2}$$

$$=(0.576,\ 0.793,\ 0.703,\ 0.618,\ 0.639,\ 0.608,\ 0.67,\ 0.464,\ 0.52,\ 0.536,\ 0.405,\ 0.517,\ 0.576,\ 0.56)$$

（3）一级指标的模糊综合运算

本级指标的计算，需要用到上述模糊评价得到的数值。

一级因素集 A = {A1，A2}，根据表 6.15 中评价指标体系“学科基础 A”分系统的权重分配表，权重 $\boldsymbol{W}_{A}=(W_{A1},\ W_{A2})=(0.67,\ 0.33)$，对 A1，A2 的模糊评价结果可以构成 $\boldsymbol{R}_{A}$ 的单因素评价矩阵：

$$\boldsymbol{R}_{A}=\begin{bmatrix}A1\\A2\end{bmatrix}$$

$$=\begin{bmatrix}0.466 & 0.896 & 0.853 & 0.795 & 0.544 & 0.573 & 0.792 & 0.569 & 0.285 & 0.213 & 0.24 & 0.245 & 0.314 & 0.309\\0.576 & 0.793 & 0.703 & 0.618 & 0.639 & 0.608 & 0.67 & 0.464 & 0.52 & 0.536 & 0.405 & 0.517 & 0.576 & 0.56\end{bmatrix}$$

用模型 M（·，+）计算，得：

$$\underline{\boldsymbol{M}}_{A}=\boldsymbol{W}_{A}\cdot\boldsymbol{R}_{A}$$

$= (0.502, 0.862, 0.804, 0.737, 0.575, 0.585, 0.752, 0.534, 0.363, 0.32, 0.294, 0.335, 0.4, 0.392)$

“培养目标 B”“培养方式 C”“培养内容 D”“培养评价 E”等分系统的模糊综合评价过程与此类似，因此不再赘述。

2. “整体性”指标体系（目标层）的模糊综合评价

“商务英语人才培养模式‘整体性’指标体系 O”的 5 个一级指标已经在上面进行了模糊综合评价，评价结果可以构造该目标层的单因素评价矩阵。以下对指标体系目标层进行模糊综合评价。

因素集为 O = {O1，O2，O3，O4，O5}。根据指标体系权重分配表，权重 $\boldsymbol{W}_O = (W_{O1}, W_{O2}, W_{O3}, W_{O4}, W_{O5}) = (0.36, 0.17, 0.11, 0.27, 0.09)$，结合上述评价结果，对 O1，O2，O3，O4，O5 的模糊评价结果可以构成 $\boldsymbol{R}_O$ 的单因素评价矩阵：

$$\boldsymbol{R}_O = \begin{bmatrix} O1 \\ O2 \\ O3 \\ O4 \\ O5 \end{bmatrix} = \begin{bmatrix} \underline{M}_A \\ \underline{M}_B \\ \underline{M}_C \\ \underline{M}_D \\ \underline{M}_E \end{bmatrix}$$

$$= \begin{bmatrix} 0.502 & 0.862 & 0.804 & 0.737 & 0.575 & 0.585 & 0.752 & 0.534 & 0.363 & 0.32 & 0.294 & 0.335 & 0.4 & 0.392 \\ 0.405 & 0.81 & 0.534 & 0.388 & 0.841 & 0.176 & 0.907 & 0.698 & 0.694 & 0.881 & 0.86 & 0.713 & 0.611 & 0.856 \\ 0.328 & 0.755 & 0.41 & 0.304 & 0.345 & 0.481 & 0.389 & 0.324 & 0.132 & 0.332 & 0.256 & 0.203 & 0.506 & 0.289 \\ 0.505 & 0.686 & 0.655 & 0.541 & 0.4 & 0.396 & 0.516 & 0.467 & 0.415 & 0.341 & 0.42 & 0.428 & 0.432 & 0.387 \\ 0.442 & 0.825 & 0.778 & 0.836 & 0.653 & 0.597 & 0.631 & 0.574 & 0.385 & 0.317 & 0.574 & 0.552 & 0.537 & 0.21 \end{bmatrix}$$

用模型 $M(\cdot, +)$ 计算，得到对目标层 O 的模糊综合评价：

$$\underline{\boldsymbol{M}}_O = \boldsymbol{W}_O \cdot \boldsymbol{R}_O$$

$$= (0.462, 0.791, 0.672, 0.586, 0.555, 0.454, 0.664, 0.524, 0.41, 0.422, 0.445, 0.429, 0.469, 0.442)$$

为了降低计算难度、减少工作量，本研究基于 MATLAB/GUI 软件对以上计算过程进行编程，运行计算程序可以得到上述计算结果。“基于 MATLAB/GUI 编制的模糊综合评价”程序运行界面见图 6.10。

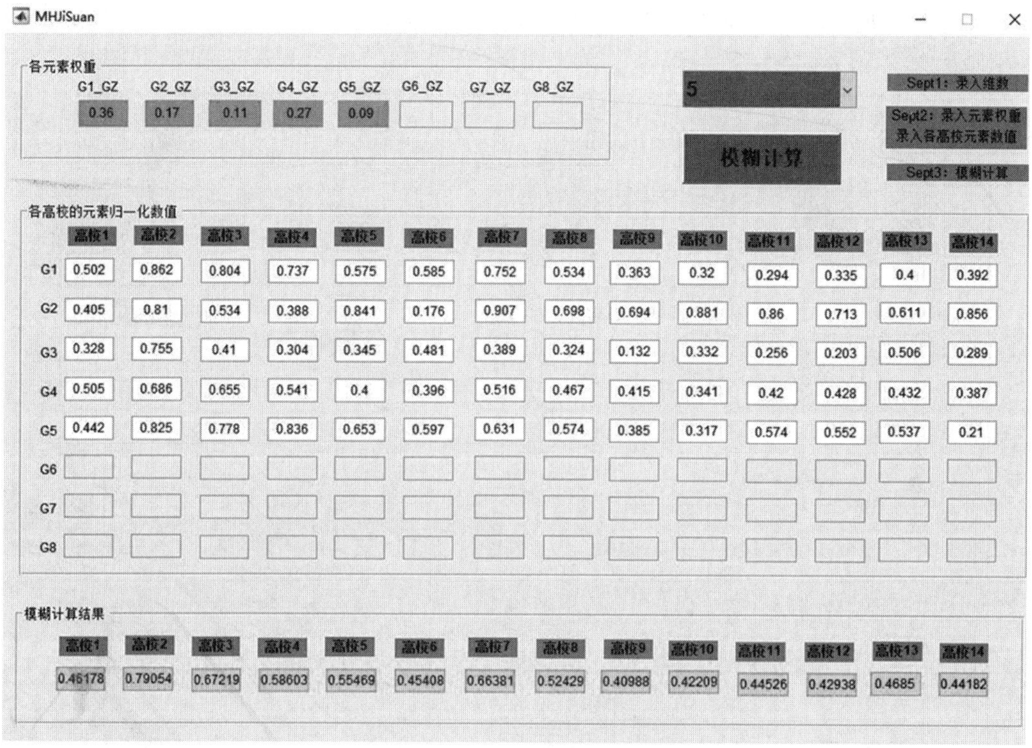

图 6.10　基于 MATLAB/GUI 编制的模糊综合评价程序运行界面

3. 14 所院校各项指标“整体性”模糊综合评价结果

通过对 14 所院校进行模糊综合评价，本研究得到了除最末层外（目标层、准则层）的各项指标的模糊综合数值。结合上面得到的最末层指标数值（归一化后的汇总表 6.20），本研究可以对 14 所院校商务英语人才培养模式“整体性”进行评价排序（各项指标排序），得到 317 个指标（229 个最末层指标 + 88 个较高层次指标）的计算数值。这些指标计算数值为开展 14 所院校商务英语人才培养模式“整体性”评价（实证分析）提供了数值依据。本研究将上述经过模糊综合评价获得的 88 个较高层次的指标评价数值进行汇总，见表 6.21。

表 6.21　14 所院校商务英语人才培养模式“整体性”模糊综合评价数值统计汇总表

序号	指标	高校													
		高校 1	高校 2	高校 3	高校 4	高校 5	高校 6	高校 7	高校 8	高校 9	高校 10	高校 11	高校 12	高校 13	高校 14
1	A12	0. 684	0. 885	0. 776	0. 852	0. 523	0. 593	0. 887	0. 17	0. 752	0. 359	0. 103	0. 592	0. 356	0. 775
2	A13	0	0. 532	0. 432	0. 869	0. 736	0. 813	0. 801	0. 522	0. 607	0. 77	0. 417	0. 607	0. 483	0. 723
3	A21	1	1	1	1	1	0. 93	1	0. 66	0. 93	1	0. 53	1	0. 93	1
4	A22	0. 404	0. 414	0. 345	0. 589	0. 628	0. 481	0. 645	0. 348	0. 352	0. 218	0. 403	0. 274	0. 513	0. 48
5	A23	0. 352	0. 804	0. 604	0. 241	0. 298	0. 343	0. 484	0. 322	0. 332	0. 216	0. 286	0. 206	0. 347	0. 216
6	A24	0. 181	0. 628	0. 498	0. 413	0. 415	0. 427	0. 312	0. 354	0. 103	0. 282	0. 328	0. 168	0. 25	0. 235
7	A1	0. 466	0. 896	0. 853	0. 795	0. 544	0. 573	0. 792	0. 569	0. 285	0. 213	0. 24	0. 245	0. 314	0. 309
8	A2	0. 576	0. 793	0. 703	0. 618	0. 639	0. 608	0. 67	0. 464	0. 52	0. 536	0. 405	0. 517	0. 576	0. 56
9	A	0. 502	0. 862	0. 804	0. 737	0. 575	0. 585	0. 752	0. 534	0. 363	0. 32	0. 294	0. 335	0. 4	0. 392
10	B212	0. 9	1	0	0. 9	0. 9	0. 61	1	0. 9	0. 9	0. 9	0. 9	0. 29	0. 29	0. 68
11	B21	0. 925	1	0	0. 925	0. 925	0. 708	1	0. 925	0. 925	0. 925	0. 925	0. 468	0. 468	0. 76
12	B41	0. 863	0. 95	0. 635	0. 74	0. 58	0. 6	0. 975	0. 533	0. 938	0. 975	0. 295	0. 8	0. 328	0. 9
13	B42	0. 895	0. 95	0. 898	0. 56	0. 845	0. 92	0. 8	0. 48	1	0. 89	0. 868	0. 91	1	0. 91
14	B43	0. 733	0. 838	0. 513	0. 238	0. 83	0. 16	0. 67	0. 58	0. 75	1	1	1	0. 84	0. 89
15	B1	0. 247	0. 798	0. 597	0. 35	1	0	0. 933	0. 933	0. 47	0. 91	1	0. 91	0. 628	1
16	B2	0. 62	1	0. 33	0. 62	0. 95	0. 474	1	0. 62	0. 95	0. 95	0. 95	0. 314	0. 644	0. 839
17	B3	0. 417	0. 667	0. 667	0	0. 333	0	0. 75	0. 25	0. 917	0. 75	0. 584	0. 667	0. 5	0. 5
18	B4	0. 838	0. 922	0. 67	0. 569	0. 709	0. 57	0. 855	0. 531	0. 906	0. 96	0. 614	0. 878	0. 624	0. 9
19	B5	0. 378	0. 46	0. 403	0. 385	0. 414	0. 344	0. 761	0. 277	0. 844	0. 633	0. 358	0. 549	0. 566	0. 506

续表

序号	指标	高校													
		高校 1	高校 2	高校 3	高校 4	高校 5	高校 6	高校 7	高校 8	高校 9	高校 10	高校 11	高校 12	高校 13	高校 14
20	B	0. 405	0. 81	0. 534	0. 388	0. 841	0. 176	0. 907	0. 698	0. 694	0. 881	0. 86	0. 713	0. 611	0. 856
21	C221	0. 895	0. 955	0. 621	0. 344	0. 15	0. 603	0. 523	0. 306	0. 255	0. 238	0. 754	0. 298	0. 159	0. 276
22	C11	0. 33	1	0. 33	0. 33	0. 33	0. 33	0	0. 33	0	0. 33	0. 33	0	0. 33	0. 33
23	C12	0. 085	1	0. 17	0. 128	0. 085	0. 085	0. 085	0. 085	0	0	0. 043	0	1	0
24	C14	0. 33	0. 67	0. 67	0. 67	0. 33	0. 33	0. 33	0. 33	0. 33	0. 33	0. 33	0. 33	0. 33	0. 33
25	C15	0. 028	0. 549	0	0. 743	0. 511	1	0. 653	0. 535	0. 396	0. 156	0. 198	0. 153	0. 059	0. 469
26	C16	0. 666	0. 377	0. 764	0. 293	0. 549	0. 887	0. 679	0. 477	0	0. 507	0. 355	0. 271	0. 495	0. 496
27	C21	0. 442	0. 622	0. 577	0. 369	0. 59	0. 728	0. 701	0. 52	0. 386	0. 678	0. 385	0. 534	0. 313	0. 553
28	C22	0. 554	0. 982	0. 48	0. 387	0. 29	0. 478	0. 608	0. 367	0. 253	0. 328	0. 584	0. 295	0. 464	0. 333
29	C1	0. 281	0. 769	0. 362	0. 28	0. 288	0. 419	0. 292	0. 271	0. 058	0. 246	0. 196	0. 112	0. 558	0. 219
30	C2	0. 47	0. 712	0. 553	0. 374	0. 515	0. 666	0. 678	0. 482	0. 353	0. 591	0. 435	0. 474	0. 351	0. 498
31	C	0. 328	0. 755	0. 41	0. 304	0. 345	0. 481	0. 389	0. 324	0. 132	0. 332	0. 256	0. 203	0. 506	0. 289
32	D21111	0. 74	0. 92	1	0. 68	0. 53	0. 57	1	0. 41	0. 93	0. 93	0. 48	0. 15	0. 46	0. 93
33	D21121	0. 65	1	0. 87	0. 79	0. 9	0. 66	0. 21	0. 49	0. 92	0. 28	1	1	0. 44	0. 87
34	D21131	0. 65	1	1	0. 55	0	0. 25	0. 8	0. 65	0. 75	0. 8	0. 65	0	0. 513	0
35	D21141	1	1	0. 45	0. 45	0. 69	0. 24	0. 45	0. 69	0. 45	0. 76	0. 69	1	0. 69	1
36	D2111	0. 567	0. 787	0. 831	0. 76	0. 608	0. 538	0. 944	0. 426	0. 698	0. 81	0. 39	0. 181	0. 472	0. 802
37	D2112	0. 738	0. 912	0. 747	0. 593	0. 709	0. 683	0. 19	0. 485	0. 922	0. 28	0. 894	0. 899	0. 347	0. 796
38	D2113	0. 625	0. 918	0. 915	0. 422	0	0. 364	0. 817	0. 57	0. 727	0. 679	0. 619	0. 043	0. 445	0. 25

续表

序号	指标	高校													
		高校1	高校2	高校3	高校4	高校5	高校6	高校7	高校8	高校9	高校10	高校11	高校12	高校13	高校14
39	D2114	0.869	0.75	0.473	0.357	0.62	0.2	0.4	0.699	0.443	0.82	0.661	0.941	0.592	0.863
40	D2411	0.528	1	0.83	0.528	0.887	0.472	0	0.378	0.943	0.113	1	1	0.528	0.736
41	D3115	0.091	0.327	0.499	0.583	0.438	0.335	0.832	0.539	0.375	0.344	0.469	0.634	0.431	0.37
42	D3116	0.481	0.56	0.661	0.465	0.431	0.666	0.69	0.433	0.311	0.506	0.246	0.865	0.285	0.315
43	D111	0.226	0.274	0.212	0.429	0.466	0.261	0.293	0.265	0.415	0.272	0.292	0.511	0.511	0.242
44	D112	0.36	0.553	0.572	0.754	0.369	0.496	0.587	0.637	0.458	0.325	0.585	0.336	0.452	0.591
45	D113	0.188	0.284	0.403	0.581	0.253	0.291	0.236	0.213	0.285	0.214	0.241	0.256	0.226	0.206
46	D121	0.332	0.412	0.489	0.328	0.526	0.416	0.305	0.605	0.5	0.294	0.721	0.562	0.462	0.491
47	D122	0.775	0.218	0.867	0.467	0.17	0.424	0.648	0.32	0.09	0.376	0.656	0.646	0.432	0.162
48	D132	0.5	0.5	0.5	0.5	0.5	0.5	0.5	0.5	0.5	0.5	0.5	0.5	0.5	0.5
49	D211	0.647	0.847	0.803	0.603	0.481	0.502	0.688	0.498	0.739	0.651	0.59	0.38	0.445	0.667
50	D212	0.464	0.404	0.437	0.393	0.394	0.35	0.386	0.449	0.419	0.445	0.426	0.342	0.517	0.409
51	D213	0.494	0.509	0.403	0.341	0.419	0.308	0.451	0.421	0.24	0.393	0.376	0.445	0.401	0.395
52	D221	0.273	0.709	0.463	0.313	0.504	0.651	0.315	0.266	0.611	0.183	0.38	0.255	0.137	0.507
53	D222	1	1	1	0.67	0.67	1	1	1	1	0.33	0.335	0.335	0.335	0.335
54	D223	0.766	0.798	0.736	0.032	0.192	0.837	0.163	0	0.239	0.049	0.086	0.005	0.7	0.33
55	D241	0.708	1	0.944	0.513	0.293	0.429	0.67	0.658	0.981	0.707	0.863	0.33	0.311	0.913
56	D243	0.5	0.5	0.5	0.5	0.5	0.5	0.5	0.5	0.5	0.5	0.5	0.5	0.5	0.5
57	D311	0.263	0.92	0.883	0.401	0.518	0.163	0.701	0.493	0.375	0.445	0.646	0.333	0.342	0.339

续表

序号	指标	高校													
		高校 1	高校 2	高校 3	高校 4	高校 5	高校 6	高校 7	高校 8	高校 9	高校 10	高校 11	高校 12	高校 13	高校 14
58	D321	0. 341	0. 547	0. 357	0. 454	0. 814	0. 713	0. 964	0. 489	0. 176	0. 339	0. 913	0. 636	0. 723	0. 18
59	D322	0. 545	1	0. 635	0. 398	0. 129	0. 357	0. 773	0. 863	0. 098	0. 069	0. 061	0. 268	0. 245	0. 14
60	D11	0. 32	0. 485	0. 516	0. 7	0. 355	0. 443	0. 503	0. 535	0. 424	0. 301	0. 503	0. 334	0. 415	0. 497
61	D12	0. 659	0. 441	0. 864	0. 592	0. 421	0. 573	0. 445	0. 525	0. 368	0. 53	0. 752	0. 47	0. 583	0. 413
62	D13	0. 375	0. 375	0. 625	0. 375	0. 375	0. 625	0. 375	0. 375	0. 375	0. 375	0. 375	0. 375	0. 375	0. 375
63	D21	0. 56	0. 642	0. 61	0. 485	0. 442	0. 416	0. 547	0. 467	0. 54	0. 535	0. 496	0. 381	0. 458	0. 533
64	D22	0. 597	0. 817	0. 684	0. 367	0. 493	0. 796	0. 497	0. 44	0. 657	0. 202	0. 307	0. 23	0. 311	0. 418
65	D23	0. 167	1	0. 5	0. 834	0. 834	0. 834	0. 834	0. 667	0. 334	0	0. 667	0. 167	0. 167	0. 667
66	D24	0. 361	0. 915	0. 453	0. 285	0. 199	0. 252	0. 346	0. 342	0. 468	0. 361	0. 422	0. 214	0. 646	0. 441
67	D25	0. 618	0. 595	0. 589	0. 471	0. 448	0	0. 36	0. 182	0. 135	0. 124	0. 377	0. 436	1	0. 117
68	D31	0. 447	0. 94	0. 912	0. 551	0. 638	0. 122	0. 776	0. 619	0. 531	0. 584	0. 734	0. 5	0. 506	0. 254
69	D32	0. 494	0. 887	0. 566	0. 412	0. 3	0. 446	0. 821	0. 769	0. 118	0. 137	0. 274	0. 36	0. 364	0. 15
70	D33	0. 699	0. 873	0. 712	0. 337	0. 194	0. 306	0. 849	0. 823	0. 046	0. 034	0. 09	0. 163	0. 101	0. 165
71	D51	0. 386	0. 43	0. 576	0. 479	0. 368	0. 426	0. 452	0. 481	0. 529	0. 482	0. 413	0. 592	0. 51	0. 506
72	D52	0. 5	0. 5	0. 5	0. 5	0. 5	0. 5	0. 5	0. 5	0. 5	0. 5	0. 5	0. 5	0. 5	0. 5
73	D53	0. 5	0. 5	0. 5	0. 5	0. 5	0. 5	0. 5	0. 5	0. 5	0. 5	0. 5	0. 5	0. 5	0. 5
74	D1	0. 352	0. 465	0. 557	0. 644	0. 363	0. 479	0. 48	0. 51	0. 413	0. 328	0. 501	0. 35	0. 421	0. 473
75	D2	0. 513	0. 728	0. 582	0. 472	0. 456	0. 38	0. 492	0. 392	0. 42	0. 304	0. 445	0. 329	0. 576	0. 409
76	D3	0. 507	0. 916	0. 803	0. 48	0. 482	0. 224	0. 8	0. 69	0. 351	0. 385	0. 513	0. 405	0. 397	0. 215

续表

序号	指标	高校													
		高校 1	高校 2	高校 3	高校 4	高校 5	高校 6	高校 7	高校 8	高校 9	高校 10	高校 11	高校 12	高校 13	高校 14
77	D4	0. 757	0. 802	0. 773	0. 656	0. 258	0. 509	0. 275	0. 226	0. 4	0. 228	0. 157	0. 571	0. 203	0. 369
78	D5	0. 406	0. 442	0. 562	0. 483	0. 391	0. 439	0. 46	0. 485	0. 523	0. 485	0. 428	0. 576	0. 508	0. 505
79	D	0. 505	0. 686	0. 655	0. 541	0. 4	0. 396	0. 516	0. 467	0. 415	0. 341	0. 42	0. 428	0. 432	0. 387
80	E321	0. 779	0. 83	0. 43	0. 445	0. 683	0. 776	0. 507	0. 538	0. 611	0. 673	0. 715	0. 81	0. 602	0. 024
81	E475	0. 256	0. 162	0. 269	0. 418	0. 32	0. 468	0. 725	0. 109	0. 22	0. 196	0. 223	0. 205	0. 356	0. 263
82	E32	0. 728	0. 971	0. 771	0. 61	0. 761	0. 817	0. 666	0. 715	0. 143	0. 444	0. 766	0. 138	0. 115	0. 389
83	E47	0. 196	0. 211	0. 228	0. 242	0. 208	0. 211	0. 332	0. 197	0. 305	0. 162	0. 159	0. 05	0. 136	0. 125
84	E1	0. 442	0. 692	0. 935	0. 952	0. 806	0. 401	0. 568	0. 615	0. 461	0. 314	0. 671	0. 721	0. 69	0. 103
85	E3	0. 575	0. 99	0. 924	0. 704	0. 586	0. 772	0. 722	0. 738	0. 047	0. 147	0. 42	0. 045	0. 205	0. 296
86	E4	0. 861	0. 832	0. 768	0. 757	0. 577	0. 773	0. 801	0. 299	0. 352	0. 639	0. 448	0. 377	0. 181	0. 289
87	E	0. 442	0. 825	0. 778	0. 836	0. 653	0. 597	0. 631	0. 574	0. 385	0. 317	0. 574	0. 552	0. 537	0. 21
88	O	0. 462	0. 791	0. 672	0. 586	0. 555	0. 454	0. 664	0. 524	0. 41	0. 422	0. 445	0. 429	0. 469	0. 442

第七章　14所院校商务英语人才培养模式“整体性”实证分析

本章在系统“整体性”原理的指导下，以商务英语人才培养模式“整体性”模糊综合评价数学模型产生的统计数据（评估结果和学校评估排名）为基本依据，按照“整体性”指标体系设定的指标、专家确定的指标权重和本研究设定的基本范畴，对14所开办商务英语专业院校的商务英语人才培养模式“整体性”状况展开实证分析。

本研究主要采用两两比较的分析方法，展开14所院校商务英语人才培养模式“整体性”的对比分析：取某项指标排名第一和排名靠后的两所学校进行对比分析（排名靠前说明其“整体性”强，排名靠后则说明其“整体性”弱），通过指标与指标、分系统与分系统、学校与学校之间的对比分析，说明商务英语人才培养模式“整体性”建设的基本状况。本实证分析贯彻既见部分、又见整体的系统整体观，采取定性分析与定量分析相结合的实证分析模式，按照“部分—整体”的研究路径展开关于商务英语人才培养模式“整体性”的研究。具体研究步骤为：一是14所院校商务英语人才培养系统5个分系统“整体性”的比较分析；二是14所院校商务英语人才培养模式“整体性”状况的评价分析；三是商务英语人才培养模式“整体性”关系研究（人才培养系统与分系统、分系统与分系统之间的相互关系）；四是14所院校商务英语人才培养模式“整体性”特色分析；五是找出商务英语人才培养模式“整体性”建设的基本问题；六是商务英语人才培养模式“整体性”建设的对策与建议。

第一节　学科基础（分系统）的“整体性”分析

“商务英语是一门交叉学科”已经成为商务英语学者的普遍共识。作为商务英语人才培养模式的学科基础，交叉学科与商务英语人才培养模式形成相互对应的正相关关系，成为人才培养系统的分系统。业内6位专家问卷计算结果得出，学科基础在人才培养系统的权重中占比第一，达到32%。专家们认为，交叉学科是人才培养模式的基础性要素，是影响人才培养系统整体效应的决定性分系统。关于商务英语人才培养模式学科基础“整体性”的评价分析，需要考察商务英语交叉学科的交叉性和完整性两个评价指标。关于学科基础的交叉性分析，主要是考察院校商务英语人才培养模式学科基础体现出的多学科的交叉性；关于学科基础的完整性分析，主要是以院校的人才培养目标、课程设置、教师教育背景等为评价指标，分析语言学、经济学、管理学、法学等交叉学科组成的完整性，从而说明商务英语人才培养模式学科基础的“整体性”状况。

一、学科基础“整体性”评估排名

学科基础“整体性”相关指标评估排名涉及四个方面：一是专家给定的学科基础“整体性”的评估指标权重；二是14所院校学科基础“整体性”的评估排名（见图7.1）；三是14所院校学科基础交叉性指标评估排名（见图7.2）；四是14所院校学科基础完整性指标评估排名（见图7.3）。关于学科基础“整体性”指标的院校评估排名说明了相关学校的基本站位，也为进行学校之间的对比分析提供了依据。

专家根据学科基础交叉性与学科基础完整性两个评价指标的作用功能，给出了两个指标的权重，分别为0.67与0.33。学科基础的交叉性指标权重约为完整性指标权重的两倍，对学科基础“整体性”评价具有较大的影响力。本研究以专家给定的指标权重为参照，按照学科基础“整体性”评价指标对14所院校进行“整体性”评估。通过数学模型计算后，院校排名情况见图7.1。

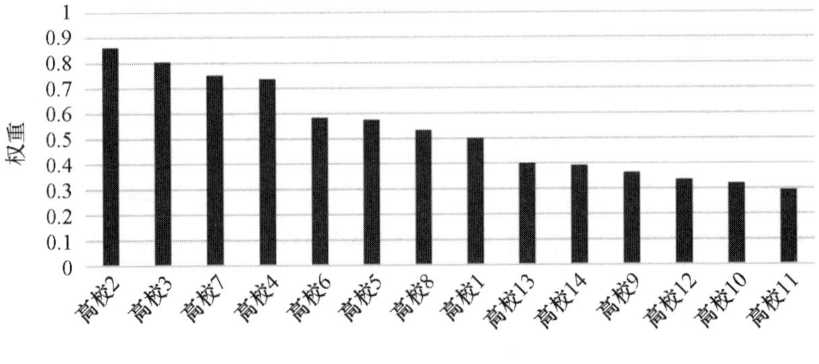

图7.1　14所院校学科基础“整体性”评估排名

图7.1表明，高校2、高校3、高校7排名前三位，排名最后的为高校11。14所院校在学科基础的交叉性与完整性指标评估中的排名见图7.2和图7.3。

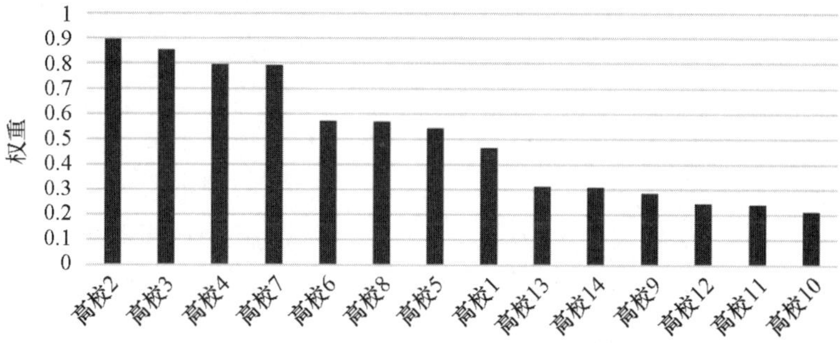

图 7.2 14 所院校学科基础交叉性指标评估排名

图 7.2 表明，交叉性指标评估排名第一为高校 2，高校 10 排名最后。

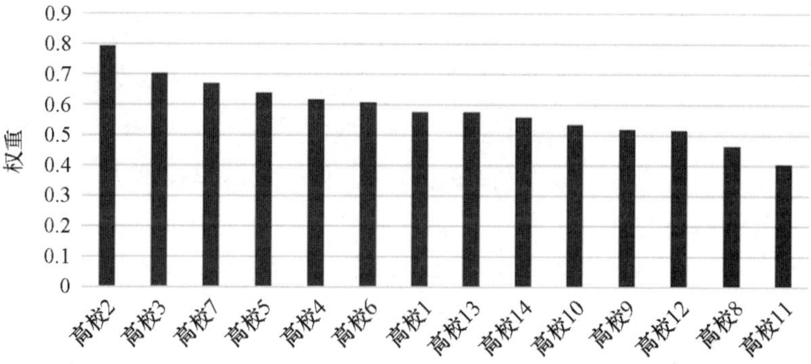

图 7.3 14 所院校学科基础完整性指标评估排名

图 7.3 表明，完整性指标评估排名第一为高校 2，高校 11 排名最后。

二、学科基础交叉性和完整性对比分析

从上述排名可以看出，在学科基础交叉性和完整性“整体性”评估中，高校 2 均排名第一。高校 11 由于在两项指标评估中排名靠后导致其学科基础“整体性”评估排名最后。本研究以交叉性和完整性两个评价指标为研究内容，对高校 2 和高校 11 的商务英语人才培养模式学科基础“整体性”状况进行对比分析。

1. 学科基础交叉性对比分析

学科基础交叉性具有学科组成结构和学科整合程度的双重含义。本研究以样本院校的人才培养方案表述内容为依据，考察院校关于人才培养模式学科基础的基本定位，并以问卷调查的方式，考察教师和学生对于交叉学科组成的认知，作为界定学科基础的基本依据。课程设置是学科基础交叉性分析的主要研究对象。关于学科基础交叉性的多项评估指标都与课程设置（组成）相关联，是考察学科基础“整体性”的基本内

容。本研究主要是观察院校关于语言学、经济学、管理学和法学等学科的课程设置，重点考察语言学与经济学的课程设置情况。需要说明的是，学科基础的交叉性主要有人才培养模式学科属性、人才培养模式支撑学科、人才培养模式核心学科三个评估指标，其权重依次为0.59，0.25，0.16。人才培养模式学科属性指标权重达59%，成为评估学科基础交叉性的核心指标。

高校2的人才培养模式学科属性和人才培养模式支撑学科两个指标的评估结果均在前列。高校11的三个评价指标整体得分较低，影响到该校学科基础交叉性评估排名。以下为两所学校关于该项指标的对比分析。

（1）人才培养模式学科属性对比分析

人才培养模式的学科属性是关于学科基础“整体性”研究的基本前提，是评估学科基础交叉性的首要指标。人才培养模式学科属性主要从两个方面进行考察：一是观察样本院校的人才培养方案，了解校方对人才培养模式学科属性的基本定位；二是从客观事实观察样本院校跨学科培养人才的实际情况，界定人才培养模式所具有的学科属性。本研究对两所学校进行关于商务英语人才培养模式学科属性的对比分析。

高校2在关于人才培养模式学科基础的界定和人才培养实践方面，充分体现出人才培养模式的跨学科属性。该校提出，商务英语专业包括国际商务管理、国际金融、国际贸易、国际经济法四个专业方向，是国内唯一实施商务英语专业多方向培养人才的院校。该校人才培养方案是：商务英语专业核心课程包括语言类课程和经济学原理、管理学原理、国际商法等课程；要求学生必须跨越学科大类选修课程，即修读经济学、管理学和法学等其他学科门类课程。方案体现出建构跨学科人才培养知识体系的基本思想。可以说，该校已经基本形成跨学科人才培养模式。高校11人才培养方案没有商务英语交叉学科属性的表述，也没有关于跨学科培养人才的内容要求，因此该校人才培养模式学科属性评价指标得分为零。

（2）人才培养模式支撑学科对比分析

人才培养模式的支撑学科主要是指商务英语交叉学科的基本构成，如语言学、经济学、管理学与法学等。该项指标的评估主要考察样本院校商务英语交叉学科组成情况，从而界定人才培养模式学科基础的基本范畴，主要采用调查问卷和考察院校课程设置两种评估形式。调查问卷内容是教师和学生对于交叉学科组成的基本认知。关于对课程设置的考察主要关注语言学、经济学、管理学、法学四个学科课程在专业教育课程中的设置比例。本研究以高校2和高校11的问卷调查情况，对人才培养模式支撑学科评价指标进行对比分析。

①高校2问卷调查

该校一共有177名大三学生和41名教师参与问卷调查。由于参与人数较多，该项调查具有样本性。问卷调查统计结果见表7.1。

表 7.1　高校 2 调查问卷统计结果

学科名称	比例（学生）	比例（教师）
语言学	85.88%	97.56%
经济学	81.92%	82.93%
管理学	58.19%	80.49%
法学	4.52%	48.78%
填写人数	177	41

问卷调查结果显示，商务英语交叉学科由语言学、经济学、管理学和法学等学科组成商务英语交叉学科已经成为师生的基本共识，其中语言学与经济学的认同度更高。该校国际商务英语学院硕士与博士学位设置了商务英语研究专业和法律语言学专业，体现出法学与语言学的学科融合，为界定商务英语交叉学科组成提供了学科依据。本研究以该校商务英语专业国际贸易方向课程设置作为研究对象，考察四大学科课程设置的“整体性”状况。该专业方向总课程为 42 门，其中四大学科课程达到 35 门，约占总课程比例的 83.33%，在 14 所院校中排在前列。该校商务英语专业教育课程实现了四大学科课程的交叉设置，形成了跨学科设置课程的基本格局，这正是该校人才培养模式支撑学科评价指标得分较高的基本原因。

②高校 11 问卷调查

高校 11 参加问卷调查的学生为 124 人，人数充足，但参与的教师只有 9 人，影响了样本的效度。该校问卷调查统计结果显示，各个学科统计数值都比较低，语言学与经济学两个主要学科的比例远远低于高校 2。虽然该校的四个学科课程占比达到了 80.39%，但由于问卷调查内容得分较低，造成人才培养模式支撑学科的整体评价得分偏低。

（3）人才培养模式核心学科对比分析

关于人才培养模式核心学科评价指标，主要是考察以语言学与经济学为主体构建的商务英语专业教育课程体系，分为核心学科课程在支撑学科课程中的比例与核心学科课程在专业教育课程中的比例两个方面。

高校 2 在该项指标考察中排名居中，高校 11 排名靠后。两所院校专业课程设置均体现出语言学与经济学为四大学科的核心学科。高校 2 开设的语言学、经济学、管理学与法学等相关课程中，只有 3 门课程不属于语言学与经济学；高校 11 在四大学科课程中有 4 门不属于语言学与经济学，两者差距并不大。在专业教育课程体系中，高校 2 语言学与经济学课程占比 76.19%，两者之间差距为 9%。两者存在差距的主要原因在于，高校 2 开设了更多的管理学、法学课程以及数学与统计学等课程，因此课程体系具有多学科知识的交叉性；而高校 11 由于该项指标分值较低，在人才培养模式核心学科指标评估中排名靠后。

各个院校在人才培养方案、专业设置方向、课程设置、核心课程、专业教育课程等方面应该体现出商务英语人才培养模式学科基础的交叉性。高校 2 在学科属性和人才培养实践两个方面，均体现出商务英语人才培养模式的交叉学科属性。而高校 11 在上述多个方面没有体现出商务英语人才培养模式的交叉学科属性，实质上仍然属于单一学科的人才培养模式。

2. 学科基础完整性对比分析

对学科基础的完整性分析，须在对学科基础交叉性进行评估的基础上，考察各院校学科基础组成的完整性状况，从而体现语言学、经济学、管理学、法学四大学科“一个都不能少”的“整体性”原则。本研究以培养目标的学科要求（多学科知识能力）、交叉学科课程分布比例等为评价指标，从多个角度来考察交叉学科的完整性。专家对培养目标的学科要求、教师教育背景的分布比例、教师论文研究主题、交叉学科课程分布比例等评价指标给定了相关权重，依次为 0.39，0.27，0.21，0.12。本研究参照各项评价指标的权重，通过数学模型的计算，得出 14 所院校整体排名，并以高校 2 和高校 11 作为学科基础完整性的研究对象，展开相关指标的对比分析。

高校 2 在前三个指标评估中排在 14 所院校的前两位（第四个指标评估排名第七位）。高校 11 因为在前三个指标中排名靠后，所以在学科基础完整性评价中排名靠后。以下，对两所学校进行对比分析。

（1）培养目标学科要求对比分析

对培养目标学科要求的完整性评估，主要是通过分析人才培养目标的基本内容，考察学校对学生掌握语言学、经济学、管理学和法学相关知识技能的基本要求。这是以人才培养目标内涵的完整性说明学科基础组成的完整性。高校 2 和高校 11 关于人才培养目标有如下规定性表述。

高校 2 要求学生具有扎实的英语语言基础和熟练的听、说、读、写、译能力，掌握国际商务管理、国际贸易、国际金融、国际经济法等专业领域的基本知识与技能。该校人才培养目标对于语言学、经济学、管理学、法学的相关知识（技能）要求表述得比较完整。

高校 11 提出培养具有较强的英语听、说、读、写、译的语言技能，掌握专业基本理论、基本知识和基本技能的应用型人才，但没有提出掌握相关学科知识和技能的具体要求，表述过于笼统，关于经济学、管理学、法学的相关知识与技能没有基本要求。可以说，该校关于人才培养的目标要求，没有体现出商务英语交叉学科培养目标内涵的完整性。

（2）教师教育背景分布比例对比分析

商务英语人才培养需要有语言学、经济学、管理学与法学多学科教育背景的师资队伍作为基本支撑。分析教师教育背景分布比例指标，能够帮助考察各院校人才培养模式学科基础的完整性。根据调查，经济学、语言学、管理学和法学教师教育背景的权重依次为 0.46，0.40，0.09，0.05。可以看出，经济学教育背景与语言学教育背景教师的权重远高于后两项指标的权重，说明语言学科与经济学科在此人才培养模式中的主体地位。同时发现一个问题，部分学校语言学教育背景教师所占比例非常高，有的甚至达到90%，出现了管理学和法学学科教育背景教师所占比例几乎为零的现象。所以，如果简单地以权重为基准进行指标评估，将会出现以偏概全的现象，不符合完整性的评价原则。据此，本研究对教师教育背景分布比例数据进行干预：凡该校教师学科教育背景缺少一个学科就乘以 0.9 的系数，缺少两个学科就乘以两个 0.9 的系数，以此类推。这样的干预可以保证排在评估前列学校具有四大学科教育背景教师队伍的完整性，克服简单地以“数据 + 数据”来说明学科基础完整性的弊端，真正体现系统整体非加和性的基本思想。在该项指标评估中，高校 2 排名第一，高校 11 排名第十。本研究对两所学校师资队伍进行对比分析。

高校 2 国际商务英语学院现有专业教师 90 人（全国排名第一），100% 的教师拥有硕士以上学位，90% 以上的专业教师具有海外留学背景。该院教师教育背景的学科分布情况见表 7.2。

表 7.2 高校 2 教师学科教育背景

学科名称	教师人数	所占比例
语言学	53	58.89%
经济学	10	11.11%
管理学	21	23.33%
法学	6	6.67%
合计	90	100%

从表 7.2 可以看出，该院教师学科教育背景具有完整性，且学科分布比较均衡。语言学、经济学、管理学和法学都有专门教师，语言学教师与管理学教师占比分别为 58.89% 和 23.33%，经济学教师占比 11.11%，法学教师占比 6.67%。经济学、管理学、法学三个学科教师总占比为 41.11%，接近教师总人数的一半，排在 14 所院校的前列，体现出该校商务英语师资队伍学科结构的合理性和完整性。

高校 11 商务英语专业现有教师 8 人，其中具有留学经历的教师 5 人，另有部分教师具有外资企业和翻译工作经历，部分教师兼有金融学、经济学或管理学硕士学位。该校教师教育背景学科分布见表 7.3。

表 7.3　高校 11 教师学科教育背景分布

学科名称	教师人数	所占比例
语言学	5	62.5%
经济学	1	12.5%
管理学	2	25%
法学	0	0%
合计	8	100%

从表 7.3 可以看出，该校具有经济学科教育背景教师与管理学科教育背景教师总占比为 37.5%，但缺乏法学教育背景的专职教师，师资队伍的学科整体结构缺乏完整性。

两所学校的对比分析说明，多学科的、“整体性”的师资队伍建设是商务英语专业的立身之本，也是人才培养的基础性工程建设。因此，师资队伍学科结构（教育背景）的完整性，成为商务英语人才培养模式学科基础“整体性”研究的基本参照，也是目前大多数院校师资队伍建设的难点问题。这就要求我们既要按照交叉型的思路整合教师队伍，又要按照完整性原则，注重教师队伍教育背景的均衡性、层次性和整体结构性。

（3）交叉学科课程分布比例对比分析

考察专业教育课程设置可以体现各院校学科基础的完整性。本研究以各个学科课程在专业教育课程总门数中所占比例为评估指标，考察语言学、经济学、管理学、法学等课程设置的完整性。在该项指标评估中，高校 2 排名第二位，高校 11 排名倒数第三（权重和课程分布比例图省略）。以上两个学校交叉学科课程分布比例的排名说明，影响学校排名的关键因素（权重最高）是语言学课程比例，体现出语言学科在交叉学科中的重要地位。两所院校都设置有四大学科课程，体现出交叉学科的完整性。

本研究依据系统“整体性”原理的层次性范畴，以学科基础的交叉性和完整性作为两条基本主线（二级指标），设置了不同层级和不同范畴的实证研究指标，考察 14 所院校商务英语人才培养模式学科基础的“整体性”，力图说明以下四个问题：一是商务英语人才培养模式的学科属性；二是商务英语人才培养模式学科基础的基本组成；三是关于学科基础中核心学科的定位；四是商务英语人才培养模式学科基础的“整体性”状况。

关于人才培养模式学科基础“整体性”的实证分析说明，高校 2 商务英语人才培养模式的学科基础基本上实现了语言学、经济学、管理学、法学等多学科的交叉集合。而多学科课程的交集、培养目标内涵的多样化、师资队伍结构的交叉学科性等，从不同的角度表明，该校人才培养模式学科基础具有完整性。实证分析结果表明，该校学科基础“整体性”的各项指标评估在 14 所院校里均排名前列，充分说明学科基础具有极强的渗透性，它会以各种形式在各个方面呈现出来。同时也说明学科基础是一种具有“整体性”的学科行为，它是相关要素相互作用、相互影响的结果。本研究认为，学科基础决定了人才培养模式的性质、组织结构和发展方向，对于培养目标、培养方式、培养内容有着直接的影响，是人才培养系统中的决定性要素。

第二节　培养内容（分系统）的“整体性”分析

课程体系是人才培养模式的落脚点，也是人才培养教育的基本平台。它在人才培养模式中具有重要的地位和功能，成为关于商务英语人才培养模式“整体性”研究的聚焦点。调查发现，各个院校都将课程体系的建构放在极其重要的位置上，其人才培养方案都是以课程体系作为主体部分展开设计的，即以课程体系作为编制人才培养方案的基本框架。因此，将课程体系作为商务英语人才培养模式“整体性”分析的主要研究对象，具有较强的针对性和可操作性，并且体现了理论与实际相结合的实证研究范式。本研究将培养内容（课程体系）分为通识教育课程、专业教育课程、实践教学、毕业论文（设计）和学分体系五个部分，并设置了关于课程体系的完整性、层次性、关联性、有序性、特色性等评价指标，通过上述五个方面对 14 所院院校课程体系的“整体性”状况进行分析。本研究将培养内容（课程体系）分为多个子系统（指标），再进一步分为多个下属指标。在对五个子系统进行“整体性”评估的基础上，对每个子系统排名第一的院校和排名最后的院校进行对比分析。

一、培养内容“整体性”评估排名

该分系统的专业教育课程、实践教学、通识教育课程、毕业论文（设计）和学分体系的指标权重分别为 0.26，0.22，0.20，0.17，0.15。14 所学校在该部分的评估排名是根据专家所给定权重，通过数学模型的计算得出的结果，见图 7.4。

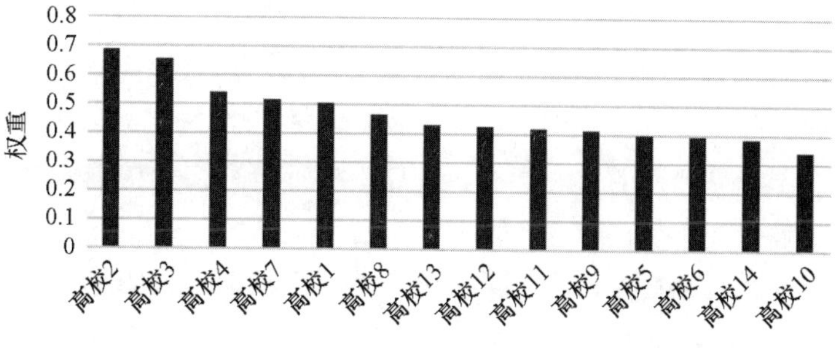

图 7.4　14 所院校培养内容（课程体系）的评估排名

从图7.4中可以看出，该项评估排名第一位的为高校2，排名最后的为高校10。高校2与高校10在培养内容内部指标中的评估排名见表7.4。

表7.4 高校2与高校10培养内容内部指标评估排名

二级指标院校	专业教育课程	实践教学	通识教育课程	毕业论文（设计）	学分体系
高校2	1	1	8	1	10
高校10	14	11	14	11	6

从上表看出，高校2因为在三个指标评估中均排名第一，从而在培养内容“整体性”评估中排名第一。高校10因为在专业教育课程和通识教育课程评估中排名最后，直接影响到该校的课程体系“整体性”评估排名。

二、专业教育课程对比分析

为了保证本研究具有普遍性意义，选取“国际贸易方向课程”作为专业教育课程“整体性”分析的研究对象，主要是观察各院校专业教育课程的完整性、特色性、层次性、关联性、有序性，它们的权重依次为0.36，0.26，0.14，0.10，0.14。其中课程的完整性与特色性的排名对专业教育课程的排名影响很大。由于篇幅原因，加上特色性分析不是课程“整体性”研究的重点内容，因此，关于专业教育课程的特色性在此不作进一步分析。

高校2在四个指标评估中排名第一（课程的特色性排名第三），说明该校专业教育课程“整体性”较强。高校10因为五个指标评估排名均处于中下游水平，导致该校培养内容“整体性”评估排名最后。本研究选取五个指标评估中排名第一和排名最后的两所学校进行专业教育课程“整体性”相关指标的对比分析。

1. 课程完整性对比分析

在关于专业教育课程完整性指标评估中，高校2排名第一，高校12排名最后。本研究主要从课程内容完整性、课程知识领域完整性和功能课程完整性等方面，来考察院校专业教育课程的完整性，它们的权重依次为0.49，0.31，0.20。课程内容完整性是考察专业教育课程完整性的核心指标，其权重接近整个指标权重的50%，该指标的评估排名直接影响被调查学校的排名顺序。

高校2在课程内容完整性和功能课程完整性中排名第一，因而在14所院校中排名第一。高校12因为在课程内容完整性与课程知识领域完整性中排名靠后，导致整体排名居后位。本研究选取这两所学校进行对比分析。而在功能课程完整性排名中，由于高校12排名靠前，本研究选取该指标排名最后的高校9作为分析对象。

（1）课程内容与课程知识领域完整性对比分析

《商务英语专业本科教学质量国家标准》（以下简称为“国标”）对课程体系提出了明确要求：专业核心课程按英语知识与技能模块、商务知识与技能模块、跨文化交际模块与人文素养模块等四大模块设置。同时国标规定了每个模块开设的课程以及每个模块在整个专业教育课程中所占的比例（依次为 50%～60%，25%～35%，5%～10%，5%～10%）。本研究依照国标要求，评估 14 所院校在四个模块开设课程的完整性（比例吻合度）。

高校 2 在专业教育课程内容完整性评估中排名第一。该校开设了国标要求的所有四个模块课程，课程比例基本符合国家标准，课程完整性强，如英语模块课程比例为 50%，商务模块课程比例为 31%，跨文化交际模块课程比例为 7.1%，人文素养模块课程比例为 2.4%（略低于国家标准）。高校 12 四个模块课程开设不完整，如英语模块课程只开设 4 门；在培养目标中要求学生掌握跨文化交际能力，但没有开设跨文化交际模块课程；培养目标与课程教学脱节。该校跨文化交际课程设置缺位，商务英语专业教育课程缺乏完整性，培养目标与培养内容之间缺乏关联性。

（2）功能课程完整性对比分析

将人才的整体素质作为课程体系架构的基本目标，注重课程体系的整体功能，可以形成知识类型课程、能力类型课程和素质类型课程为一体的课程体系。据此，在功能课程的完整性评估中，本研究设置了能力型课程、技能型课程、知识型课程、素质型课程等评估指标，考察学校四种不同功能课程设置情况和每种功能课程在专业教育课程中的占比，其权重依次为 0.36，0.32，0.19，0.13。其中能力型课程与技能型课程的权重之和占比为 68%，它们决定着学校功能课程完整性的整体评估排名。

在该项指标评估中，高校 2 排名第一，高校 9 排名靠后。两所学校都开设了四种类型课程。高校 2 开设 7 门能力型课程，占比 16.67%；开设 17 门技能型课程，占比 40.48%。高校 9 开设 1 门能力型课程，占比 2.33%；开设 15 门技能型课程，占比 34.88%。两相比较，高校 9 能力型课程开设数目太少，比高校 2 少 6 门，两者之间比例差距为 14.34%；技能型课程的占比差距也达到 5.6%。另外，高校 9 开设知识型课程 26 门，占比 60.46%，占比过高。总体而言，高校 9 能力型课程的数目太少，技能型课程比例偏低，功能型课程分布不均匀。而高校 2 开设的能力型课程、技能型课程的数量和占比都比较合理，知识型课程与技能型课程数目对等，各种类型课程布局均匀，形成了多种类型课程共存的“整体性”格局，体现出整体协同与要素优化相结合的课程体系设计思路。

2. 课程层次性对比分析

课程层次性是课程体系“整体性”结构的具体表现。专业教育课程不是所谓概论和技能课程的简单堆积，也不是几门课程的简单相加组合，而是纵向的学科课程（一般以二级学科课程为主）与横向的大类课程、关联性课程、拓展性课程的有机结合体。关于专业教育课程层次性的对比分析主要考察各院校专业教育课程所呈现出（对应）的学科层次性、课程内容层次性、课程设置层次性，其权重依次为 0.49，0.31，0.20。专家认为，按照不同学科层次设置专业教育课程，是考察各院校专业教育课程层次性的最佳指标。该项指标评估排名第一的为高校 2，排名最后的为高校 10。本研究按照指标考察内容对两所院校进行对比分析。

学科层次是教育内容最重要的结构性要素，课程教学秩序基本上根据学科层次进行设计安排。学科层次与课程的相互关系组成了课程的基本结构。商务英语专业教育课程体系具有多学科课程交集的基本特点。确定课程的学科基础，研究相关学科之间的基本关系，就成为组织课程结构的基本前提。本研究以《授予博士、硕士学位和培养研究生的学科、专业目录（2018）》、《普通高等学校本科专业目录（2020）》、《学科分类与代码国家标准（2009）》为基本参照，将学科课程划分为一级学科课程、二级学科课程、三级学科课程和学科分支/专业教育课程，如语言学基础（一级学科课程）、应用语言学（二级学科课程）、英语（三级学科课程）、英语翻译（学科分支课程）。高校 2 商务英语专业教育课程对应学科层次的具体情况见表 7.5。

表 7.5　高校 2 商务英语专业教育课程对应学科层次

课程对应学科层次	课程门数	比例
一级学科课程	3	7.14%
二级学科课程	3	7.14%
三级学科课程	3	7.14%
学科分支/专业教育课程	33	78.58%
总计	42	100%

从表 7.5 可以看出，一是该校商务英语专业开设了各个层级的学科课程，体现出专业教育课程学科层次的完整性。二是该校商务英语专业国际贸易方向开设了 3 门一级学科课程，占比 7.14%，3 门二级学科课程，占比 7.14%；一二级学科课程共有 6 门，占比 14.28%，在 14 所院校评估中排名第一。该校专业教育课程体系具有课程结构基础化的特点，即课程体系包含培养学生适应社会经济发展的基本素质和扩大知识面的基础课程。语言学基础、经济学原理和管理学原理是学科理论知识的基础性课程，也是掌握语言知识与能力、商务知识与能力、管理知识与能力的学科基础。该校专业教育课程体现出核心学科基础课程的完整性。三是该校专业教育课程内容体现出学科知识的层次性，如经济学原理（一级学科课程）、国际贸易（二级学科课程）、营销学原理（三级学科课程）、国际贸易实务（学科分支课程）、国际结算（学科分支课程）等，形成了一个具有层级性的学科知识体系。

高校 10 商务英语专业教育课程对应学科层次的具体情况见表 7.6。

表7.6 高校10商务英语专业教育课程对应学科层次

课程对应学科层次	课程门数	比例
一级学科课程	1	2.08%
二级学科课程	2	4.17%
三级学科课程	2	4.17%
学科分支/专业教育课程	43	89.58%
总计	48	100%

从表7.6中可以看出，高校10商务英语专业教育课程中只有1门一级学科课程（语言学），2门二级学科课程（会计学与公共关系学），2门三级学科课程。一级学科课程和二级学科课程共3门，占比6.25%，而学科分支/专业教育课程达到43门，占比89.58%，且没有开设经济学与管理学基础课程。专业教育课程存在技能型课程偏重、基础课程缺位的现象，其结构缺乏层次性。

3. 课程关联性对比分析

课程关联性是指根据知识的逻辑性和相关性对课程进行横向整合，体现出课程之间的相互联系、相互作用的内在关系。多学科课程交集的专业教育课程体系，主要表现为横向的学科课程之间的关联性。商务英语专业教育课程是一个多学科课程交集的课程体系，客观上存在课程之间的关联性问题。专业教育课程关联性是关于课程体系“整体性”的基本研究范畴。高校2和高校10在专业教育课程关联性指标评估中分别排名第一与最后，本研究以两所学校作为研究对象，对专业教育课程（方向）的关联性进行对比分析。

高校2商务英语专业（方向）课程体系由国际商务管理、国际贸易、国际金融、国际经济法组成，对于专业教育课程关联性研究具有样板意义。该校专业方向课程以国际经济活动的实际需求为核心，以国际商务活动中的语言交流问题、经济问题、管理问题、法律问题为基本（主题）线索，形成一个中心和四个方向的专业教育课程设置模式。该校商务英语四个专业方向课程群各自有着学科课程的逻辑性和系统性；同时在专业方向课程群中被嵌入共同的专业教育课程，如在国际商务管理方向、国际贸易方向、国际金融方向都安排了国际贸易实务课程。在通识教育课程、大类课程、共同性课程的基础上，进一步加深了专业方向课程的整合程度，增强了专业方向课程之间的交叉度，因此构建出四个专业方向课程整体协同的商务英语专业教育课程体系。英语与商务分属于语言学和经济学两个基本范畴。所谓英语与商务的交叉结合，在专业教育课程体系中就是语言学和经济学两条课程主线的交汇融合。该校商务英语专业四个方向的课程按照两条基本主线组织：一是以语言课程为主线，语言知识课程和技能课程作为语言课程的基本组成部分；二是以大商务为主线，设置了相关的经济学课程。这两条课程主线不是平行的独立的课程关系，而是多学科非线性交叉融合关系。该校四个专业方向的课程虽然都具有纵向课程的知识深度，但仍然是围绕着大商务主题横向展开。例如，国际商务管理方向的营销学原理、国际商务、国际金融、国际贸易实务、财务决策等课程都属于经济学（国际经济学）的范畴，而国际贸易和国际金融两个专业方向开设的国际结算、货币银行学、投资学、商品市场反转研究实践等课程，也归属于经济学（国际经济学）范畴。又如，国际经济法方向在法学基础课程（法理学、民法、商法）的基础上，专门设置了国际经济法的模块课程，体现出专业方向课程具有国际经济的基本特征。与此同时，该校在语言模块课程中设置了商务笔译、商务口译、财经翻译工作坊、商务专题口译工作坊等，既体现出专业教育课程所具有的国际经济特点，也是英语学科课程和商务学科课程交叉融合的成果。实践教学课程与专业方向课程设置模式紧密结合，使得语言课程与国际商务课程具有交叉性、关联性和贯通性。两条课程组织主线形成多学科课程的交叉点，成为该校商务英语专业方向“整体性”课程建构的基本设计思路。

高校 2 专业教育课程不是课程科目（数量）的简单相加，而是主体性课程内容与个性化课程内容的有机结合体。该校商务英语四个专业方向课程如同合唱中的四个声部，具有相对的独立性。但它们又有着合唱的“主旋律”，即共同的、基础的、必备的专业教育课程知识和专业技能。它们作为专业教育课程内容的主体部分，成为各个专业方向的共享课程，四个专业方向以“齐唱”的方式演唱“主旋律”（共享课程）。同时，四个专业方向课程还有着自己的“和声”区域，即专业方向所特定的专业教育课程内容。在专业教育四个方向课程中，“音高”（各个学科课程的纵向维度）既体现出课程知识的深度，又体现出课程内容的层次。“音区”（各个学科课程的横向配置）体现出不同课程知识所对应的学科课程。“音色”（各个学科课程）则体现出各个专业方向课程内容（侧重点）的个性。国际商务管理方向关于管理学课程的设置，国际贸易方向关于国际贸易课程的设置，国际金融方向关于国际金融学课程的设置，国际经济法方向关于国际经济法课程的设置等，都体现出上述专业方向自身的特点。总的来说，该校专业教育课程体系呈现出个性与共性、部分与整体、特殊性与普遍性相结合的“整体性”关系。各个专业方向课程如同四个声部，和谐地唱着同一首歌，体现出该校专业教育课程组织的整体非加和性思想。

高校 10 商务英语专业人才培养方案中设置了专业核心课程和专业方向课程（国际贸易方向和国际金融方向），但在实地考察该校课程开设情况时发现，因为种种原因，该校商务英语专业并没有开设国际金融方向课程群，实际上只开设了国际贸易方向课程群。课程设置与人才培养方案表述不一致，专业方向课程设置没有落到实处，也就谈不上所谓关于专业方向课程的关联性。

4. 课程有序性对比分析

课程有序性是指按照知识内在的逻辑关系和人的心理认知的顺序，对课程（知识）

进行的编制设计。课程有序性是考察专业教育课程“整体性”的基本范畴。本研究将课程有序性指标分为课程开设顺序与设置先修课程两项四级指标。课程开设顺序是指专业教育课程的先后顺序，即：一年级先开设通识导论，再以通识教育课程为主开设课程；二年级先开设学科导论，再开设学科课程；三年级先开设专业导论，再开设专业教育课程；四年级先开设专业实践导论，再开展综合实践活动。课程有序性指标排名第一的是高校 2，排名最后的是高校 1。本研究选择高校 2 与高校 1 进行课程开设顺序的对比分析。

关于学科导论课程与学科课程，高校 2 的专业导论课程与专业教育课程设置顺序安排较为合理。该校在设置核心课程群——大类课程的同时，还设置了四个方向的课程群。大类课程基本在前两年完成学习，随后是各个方向课程群，体现了先开设学科和专业导论课程，再开设学科和专业具体课程的前后顺序。该校商务英语专业四个方向都形成了较为系统的课程内容。国际商务管理由管理学和人力资源管理等课程构成；国际贸易由国际贸易学与国际贸易实务等课程构成；国际金融由国际金融学与国际结算等课程构成；国际经济法由商法和涉外法律实践等课程构成。这样的课程设置体现了理论课程与实践课程相结合的课程设计思路，如国际经济法方向的《民法》（必修课）与《民事诉讼法》（选修课）相配套，组成了一个实体法和程序法联系紧密的民法知识体系；又如国际贸易与国际贸易实务，营销学原理与营销案例分析与实践，国际金融与投资学、国际结算等课程设置，都体现出学科课程知识的内在联系，增强了专业方向课程的配套性。该校语言类课程设置具有以下特点：一是课程知识内容形成了递进关系，如综合商务英语有（1）、（2）、（3）、（4），高级英语写作与阅读有（1）、（2）、（3）等级；二是由基础性课程、知识型课程和技能型课程组成的功能性课程群，如语言学基础、综合商务英语、高级英语阅读与写作、商务英语写作、财经翻译工作坊等组成的课程群；三是通用性课程与专业性课程相结合，如英语笔译与商务笔译，英语口译与商务口译、法律口译，综合商务英语与法律英语；四是知识能力课程与技能课程相互连接，如商务英语听、说、读、写、译课程与英语辩论工作坊、财经翻译工作坊、法律翻译工作坊课程等。

高校 1 的通识教育课程没有按照先开设导论课程再开设具体课程的顺序设置课程，且学科导论课程与实践课程不配套。该校商务英语专业导论类课程开设顺序为：商务知识导论（第二学期）、管理学（第三学期）、国际商法（第七学期）、中国文化概论（第四学期）、英语语言学（第五学期）、欧洲文化概论（第八学期）、电子商务原理（第四学期）等。该校开设了国际贸易实务，但没有开设国际贸易概况或国际贸易学等课程。由此可以看出，该校的学科导论课程开设较为随意。总的来说，该校专业教育课程设置不够严谨规范，学科导论课程开得较晚，且存在基础课程与实务课程脱节的现象。

综上，在专业教育课程体系“整体性”评估中，高校 2 商务英语专业各个指标表现优良，在专业教育课程的完整性、层次性、关联性、有序性、特色性等方面，都有着明显的“整体性”比较优势。该校商务英语专业教育课程“整体性”建设经验值得借鉴。

三、实践教学对比分析

高等学校商务英语专业本科教学要求指出，“实践教学是体现商务英语专业应用特色的重要手段，主要形式包括：实验教学、专业实习、商务方案设计、学术活动和社会实践等”（陈淮民 等，2009）。本研究从实践教学内容、实践场地和实训方式三个方面考察样本院校的实践教学情况，其权重依次为0.60，0.20，0.20。实践教学内容指标权重大于实践场地和实训方式两个指标权重的总和，该项指标的评价对学校在实践环节中的排名影响最大。

在实践环节的“整体性”评估中，排名第一的为高校2，排名靠后的为高校14。本研究从实践教学内容、实践场地两个方面对这两所学校进行对比分析。

1. 实践教学内容对比分析

实践教学内容主要考察专业实习与毕业实习两个方面。专业实习评价指标包括社会实践课程、职业素质与能力课程、语言技能实训课程、商务技能实训课程、商务实践课外活动与学术活动。毕业实习是指顶岗实习或企事业单位的商务业务实践。

（1）专业实习对比分析

高校2商务英语专业开设了所有类别的实训课程，如英语辩论工作坊、法律翻译工作坊、商务专题口译工作坊等语言技能实训课程，具有社会实践和学术科研相结合的特色，有着可操作性强的特点。该校商务实践课外活动和学术活动资源丰富，组织完善，学生参与积极性高。本研究对该校学生参加商务实践课外活动与学术活动情况展开问卷调查，调查结果见表7.7和表7.8（选项是可多选的，因此所有活动所占比例相加会超过100%，本章后面表格同此情况）。

表7.7　高校2商务英语专业学生参加商务实践课外活动情况

商务实践课外活动	比例
商业创意	13.56%
商务英语谈判比赛	11.3%
商务英语实践比赛	85.88%
经贸洽谈	3.39%
招商引资	1.69%
商品会展	64.41%
没有参加	1.13%

表 7.8　高校 2 商务英语专业学生参加学术活动情况

学术活动	比例
学术讲座与研讨	48.02%
课题研究	28.81%
国内外学术会议	10.17%
学科竞赛	35.03%
没有参加	31.07%

从表 7.7 和表 7.8 看出，该校学生参加课外活动比例最高的是商务英语实践比赛和商品会展，有 85.88% 的学生参加商务英语实践比赛，64.41% 的学生参加商品会展。事实上，该校国际商务英语学院每年都安排上千名学生参加中国进出口商品交易会（以下简称为“广交会”），广交会已成功申报为国家级实践教育基地。学术讲座与研讨和学科竞赛为学生参加学术活动的主要选项，有 48.02% 的学生参加各类学术讲座与研讨，有 35.03% 的学生参加学科竞赛。

高校 14 没有开设社会实践课程和职业素质与能力课程，较多关于商务技能实训的课程也没有开设。其商务英语专业实践课程缺乏完整性。问卷调查也反映出学生参与课外实践活动和学术活动的积极性不高，详情见表 7.9 和表 7.10。

表 7.9　高校 14 商务英语专业学生参加商务实践课外活动情况

商务实践课外活动	比例
商业创意	15.05%
商务英语谈判比赛	15.05%
商务英语实践比赛	13.98%
经贸洽谈	7.53%
招商引资	5.38%
商品会展	12.9%
没有参加	68.82%

表 7.10　高校 14 商务英语专业学生参加学术活动情况

学术活动	比例
学术讲座与研讨	25.81%
课题研究	20.43%
国内外学术会议	7.53%
学科竞赛	29.03%
没有参加	45.16%

表 7.9 和表 7.10 说明，该校商务英语专业 68.82% 的学生没有参加商务实践课外活动，有接近一半的同学没有参加学术活动，商务实践课外活动和学术活动为该校的薄弱环节。

（2）毕业实习基地对比分析

高校 2 国际商务学院注重学生的实践能力培养，目前已与广交会、广州市中级人民法院、广东省律师协会、广发证券、羊城会计师事务所等单位建立了稳定的实习实践基地。

高校 14 商务英语系没有与任何企事业单位建立对口实习关系，实践教学基地问题亟待解决。

2. 实践场地对比分析

专业实践场地一般分为校内实训基地和校外实训基地。校内实训基地应建有语音室和商务实训室。学生在语音室开展商务英语口译实训活动，在商务实训室模拟操练外贸、金融、财务、营销、法律等实务流程。校外实训基地应包括实地考察与实地实习。学校应定期组织学生到贸易公司、企事业单位实地考察，了解商务流程和商品产出环节，并安排学生到企业、公司等教育实习基地进行实践或到外贸公司顶岗实训。

高校 2 校内实训基地设施比较完善。该校专门建有电子商务实验室、视听说实验室、国际经贸研究与创新实验室、跨国远程教育实验室及高级同传实验室等多个实训基地。学生可以在这些实验室中进行模拟操练，提高相关技能，培养综合能力。该校校外实训基地对口单位多，彼此之间联系密切。由此形成了实体基地与非实体基地、实地训练与虚拟（模拟）训练、校内实训基地与校外实训基地的相互结合，体现出实践课程社会性、“整体性”的基本特征。

高校 14 由于诸多原因的制约，目前仅有语言实践教学室，缺乏训练商务实践技能的综合实训软、硬件设施。唯一使用的单证实训软件也为工商管理系所有，常常受到教学任务和学时的制约。该校目前还没有校外实训基地。

关于实践环节的对比分析说明，高校 2 实践教学处于各个学校前列。该校人才培养方案明确提出要加强实践教学，并提出了关于加强实践教学的具体要求：一是压缩理论教学学时，增加实践教学学时，人文社会科学类专业的实践教学一般不应少于总学分（学时）的 15%；二是增加课内实践环节，将课内实践环节细分为课程设计、实验、实训（含上机）及其他共四个部分；三是充分利用学校多语种学习平台和经济、管理、法学综合实验教学平台开设实践教学课程；四是提倡各专业开设反映专业最新实务内容，并由校内外专家共同任课的讲座式课程。上述关于实践环节的积极举措，直接推动了该校实践教学的健康发展。综合关于实践教学各个方面的情况，可以说，该校实现了实践教学体系一体化，体现出实践教学的“整体性”优势。

四、通识教育课程对比分析

通识教育是高等教育的组成部分，是所有大学生都应该接受的非专业性教育。站在大课程观的角度，课程体系就是通识教育课程与专业教育课程组成的课程知识系统，是人才培养的基本平台。通识教育课程具有公共性、基础性、通用性和综合性的基本特征，是所有学生修读的基本课程。通识教育课程由于课程内容覆盖面广，学科知识跨度大，学科科目数量多，其“整体性”成为通识教育课程体系建设最重要的问题。关于通识教育课程的“整体性”研究主要从课程完整性、课程关联性和课程层次性三个方面进行分析，它们的权重依次为0.78，0.18，0.07。其中课程完整性权重达到0.78，约占总比重的四分之三。因此通识教育课程完整性评价排名将决定学校通识教育课程的总体排名。在通识教育课程评价指标排名中，高校4排名第一，高校10排名靠后。本研究按照课程完整性、课程关联性和课程层次性三个维度，对这两所学校进行对比分析，重点关注通识教育课程的完整性。

1. 课程完整性对比分析

由于通识教育课程具有复杂性、多样性，通识教育课程的完整性成为一个比较难界定的范畴。在本研究指标框架中，通识教育课程完整性主要体现在以下方面：课程知识领域完整性、素质课程完整性和国标课程完整性，它们的权重依次为0.75，0.18，0.07。课程知识领域完整性的指标权重占比通过其他两项指标权重之和的3倍。该项指标成为通识教育课程完整性院校排名的决定要素。

（1）课程知识领域完整性对比分析

通识教育课程体系包括自然科学、社会科学和人文学科领域中与人的发展和社会需求相关的内容（胡弼成，2004）。大学教育既要培养学生掌握专门领域的知识技能，又要培养学生掌握交叉整合学科知识的能力。跨学科课程往往体现出多学科课程之间的关联性，是通识教育课程的组成部分。据此，通识教育课程知识领域完整性由跨学科课程、人文学科课程、社会科学课程与自然科学课程四个指标组成，它们的权重依次为0.499，0.167，0.167，0.167。跨学科课程的开设直接决定院校在此项指标中评估排名。

高校4开设93门通识教育课程，各个科学知识领域课程间比例悬殊不大，结构比较合理，其中跨学科课程占比为6.45%。这样的分布体现出该校同等看待不同科学领域课程，重点关注跨学科课程的课程设置思想。该校正确处理整体数量与整体质量的辩证关系，以整体结构的优化提升课程的整体功能，符合系统整体非加和性规则。因此，该校通识教育课程知识领域完整性指标评估中排名第一。高校10共开设354门课程，是高校4的约4倍。按照自然科学、社会科学、人文学科和跨学科进行分类，该校354门课程中有239门课程属于社会科学课程，占比约为67.52%，人文学科课程与自然科学课程仅占百分之十几，跨学科课程仅占比1.69%。该校通识教育课程知识领域分布不均衡，社会科学课程占比太高。

（2）素质课程完整性对比分析

人的素质分为思想道德素质、科学素质、文化素质、身心素质、国际化素质、艺术（审美）素质等。这是关于人的全面发展的基本内涵，体现出关于人的整体素质的完整性。通识教育课程以培养学生综合素质为出发点，重视学生综合素质与课程组织结构的对应性，体现出以素质培养为导向的基本特征。素质内容课程的完整性成为考察通识教育课程“整体性”的基本指标。“国际化”是商务英语人才必备的基本素质。其中，国际化课程作为通识教育课程的主要组成部分，成为培养国际化人才的基本途径。通识教育课程中素质课程完整性内部指标权重分布见表7.11。

表7.11　通识教育课程中素质课程完整性内部指标权重

五级指标	思想道德素质课程	科学素质课程	文化素质课程	身心素质课程	国际化素质课程	艺术素质课程
权重	0.34	0.12	0.14	0.1	0.24	0.06

表7.11中权重排名前两位的为思想道德素质课程和国际化素质课程，两项权重相加占比58%，两项素质课程的开设比例决定院校的排名。

高校4通识教育课程包含六类素质课程，课程内容具有完整性，其中思想道德素质课程占比10.75%，国际化课程占比4.3%，使得该校在院校评估中排名前列，且素质课程之间比例差距不大，整体结构比较均匀。高校10思想道德素质课程占比为5%，国际化素质课程占比也仅为1.69%，比例偏低，而文化素质课程占比达73.81%，科学素质课程占比10.45%，艺术素质课程占比9.05%。各种类型课程之间占比差距太大，形成了文化素质课程唱主角，其他课程当配角的课程体系组织格局，没有体现出“整体性”的素质课程组织思想。

（3）国标课程完整性对比分析

国标提出公共课程应设置思想政治理论、信息技术、人文与艺术、军事理论与技能、现代汉语、社会科学、自然科学、体育与健康、职业规划、第二外国语等类别的课程。本研究根据国标要求对14所院校通识必修课程进行完整性统计分析，并选取排名第一和最后的院校作为对比分析对象。国标课程完整性指标中高校13和高校12并列第一，排名靠后的为高校3。本研究对高校12与高校3的国标课程作对比分析。

高校12通识必修课开设了国标所规定的所有课程。该校在专业教育课程中开设第二外国语课程，设置素质拓展课程，如批判性思维与研究方法训练、创新创业课程等，其国标课程具有完整性。而高校 3 通识教育国标课程中没有开设人文与艺术课程、军事理论与技能、现代汉语以及第二外国语课程，课程种类缺失较多，课程设置不具有完整性。

2. 课程关联性对比分析

通识教育课程的关联性是构建课程体系的难点问题，关键是要破解“拼盘式”和“零碎化”的课程组织困局，形成具有关联性的课程组织形态。通识教育必修课与通识教育选修课是一对完整的课程概念范畴，是相互对应、相互补充的课程关系，它们之间的比例直接关系着课程整体结构的合理程度。通识教育选修课应该体现出相关学科课程的横向组合关系。这种关系如果是相互协调、相互关联的，课程之间就能达成功能耦合，产生整体非加和性。因此，关于通识教育课程关联性考察，主要是观察通识必修课分布的知识领域，以及通识必修课学分与选修课学分之间的关联性。在该项指标“整体性”分析中，本研究将选取排名第一的高校 3 和排名最后的高校 10 进行对比分析。

高校 3 的通识教育课程分为通识教育课程和通修课程。通识教育课程分为文学与写作、艺术、文化与历史、哲学与心理学、社会科学、自然科学等六大类。该校通识必修课按照知识领域设计分布必修课程，规定课程知识类别，提供相应类别的选修课范围，对选修课程进行指导性设计，学生按照不同类别选择修习课程。该校通识课中选修课所占比例较大，是该校通识教育课程设计的一大特点。通识选修课程学分为 26 分，通识必修课程学分为 22 分，合计为 48 分，比例比较合理。具体情况见表 7. 12。

表 7. 12 高校 3 通识教育课程学分情况

课程类型	学分	比例
必修课程	22	45. 83%
选修课程	26	54. 17%
合计	48	100%

从表 7. 12 中可以看出，该校通识教育选修课程在学时、学分方面占有很大的空间，通识教育必修课程与选修课程之间学分比例比较合理，必修课程与选修课程之间形成了相互对应的关联性。

高校 10 通识教育课程采取的是传统课程设置形式，没有按照“分布必修”或分类选修来组织课程。该校通识必修课程中开设了管理学通论和经济学通论，专业基础课占据通识选修课的学分，不利于通识教育课程的整体设计。该校通识必修课程与选修课程的学分比例情况见表 7. 13。

表 7.13　高校 10 通识教育课程学分情况

课程类型	学分	比例
必修课程	47	88.68%
选修课程	6	11.32%
合计	53	100%

从表 7.13 中可以看出，该校通识选修课程学分只有 6 分，学分偏低。其实该校通识教育选修课开设有 300 多门，但由于修读 3 门课程即可完成学分，学生没有体验到通识教育选修课的丰富性。该校通识教育课程由于选修课程受到学时、学分的制约，再加上随意化的课程设置，课程体系“整体性”出现缺口，存在着两个弊端：一是选修课与必修课没有形成递进关系，其功能受到限制；二是课程内容相距太远，必修课没有为选修课提供必备的知识背景，无法实现选修课程的基本功能。由此，该校通识选修课程没有与通识必修课程形成合作互补的关系，通识教育课程知识体系缺乏关联性。

3. 课程层次性对比分析

通识教育课程的层次性主要体现在课程所对应的学科层次、功能性课程的分布比例等方面，如技能型课程、知识型课程、能力型课程和素质型课程等。通识教育课程体系是不同学科层级课程与学科门类课程的有机结合体。通识教育课程的基本主体是以培养学生知识迁移能力、知识整合能力、研究思辨能力、社会适应性能力为内容的学科课程。鉴于通识教育课程层次性分析内容与专业教育课程层次性分析内容具有同一性，本研究在此不展开本指标的具体分析研究。

高校 3 在课程所对应学科层次、课程门类层次、课程功能层次等指标评估中处于前列，获得课程层次性“整体性”评估第一名。该校通识教育课程呈现出梯形的课程组织结构，即基础知识课程作为课程组织结构的核心部分，六个类别知识领域为课程的横向组织内容，属于厚基础、宽口径的课程结构类型。

综观通识教育课程“整体性”的情况，14 所院校在通识教育课程的完整性、层次性、关联性各项指标中都各有自身特点和所长，没有一所学校能够同时在各项指标中拔得头筹。高校 4 在课程完整性方面表现突出；高校 3 在课程层次性与课程关联性方面表现出众。总体而言，高校 3 通识教育课程设置最有特色，该校通识教育课程的“整体性”设计理念值得推广。

五、毕业论文（设计）对比分析

国标指出商务英语专业教育课程体系包含公共课程、专业核心课程、专业方向课程、实践环节和毕业论文五个部分。该标准规定毕业论文重点考察学生商务英语和专业知识的综合运用，以及实践与创新能力。毕业论文分为实践类或学术类等形式。实践类又包含项目报告和调研报告。本研究按照国标的基本要求，在毕业论文（设计）中设置学术类、实践类、学术类+实践类三个三级指标，重点考察14 所院校商务英语专业学生毕业论文撰写形式。在该项指标的问卷调查中，高校2 有40.91%的学生以学术类+实践类相结合的方式撰写毕业论文，在学校评估中名列前茅，体现出学术研究与实践认知相结合的理论研究范式，呈现出人才培养内容的教育成果。

六、学分体系对比分析

学分与课程有着密切的对应关系，科学合理的学分体系是课程体系“整体性”建设的刚需内容，是学校人才培养方案的基本要件，也是培养内容的组成部分。本研究将学分体系分为课程体系组成部分学分比例、必修课程与选修课程学分比例、理论课程与实践课程学分比例三个方面，考察14 所院校商务英语专业学分体系组成情况。该项指标中排名第一的为高校12，排名最后的为高校5。

综上，关于14 所院校“培养内容（课程体系）”的“整体性”分析，主要考察专业教育课程、通识教育课程、实践环节、毕业论文（设计）、学分体系等五个部分（子系统）的完整性、层次性、关联性、有序性。通过对不同层级指标和不同范畴指标的对比分析，形成关于培养内容“整体性”实证分析的基本结论。

关于14 所院校培养内容五个子系统的“整体性”分析表明：高校2 专业教育课程体系“整体性”评估排名第一。该校专业教育课程层次鲜明，关联性较强，有序性明显，课程体系具有完整性。该校专业教育课程形成了多个学科课程知识之间相互联系、相互补充的“整体性”课程体系。

通识教育课程“整体性”评估中排名前两位的为高校4 和高校3。高校4 通识教育课程设置体现出整体均衡性，各种类型课程和不同学科门类课程之间比例均衡，课程布局合理；课程体系设置精细完善，“整体性”较强。高校3 通识教育课程设置充分考虑到选修课程和与必修课程的内在关系，在兼顾学生个人学习兴趣的基础上，注意通识教育课程的广通性和基础性，强调通识教育课程与专业教育课程的衔接，体现出通识教育课程的关联性、层次性。该校关于“分布必修”的通识教育课程模块设计，形成了具有“整体性”的通识教育课程设置模式。

关于培养内容“整体性”的实证分析结果表明，没有一所院校能够兼有专业教育课程与通识教育课程的“整体性”，而通识教育课程体系缺乏完整性也是一个普遍存在的主要问题。这就需要我们站在人才培养系统的高度，重新审视关于课程体系的“整体性”问题，把握好专业教育课程与通识教育课程之间的“整体性”关系，厘清关于人才培养内容“整体性”建构的基本思路。

第三节　培养目标（分系统）的“整体性”分析

商务英语人才培养模式由于学科交叉出现多学科培养目标交集问题，如人才培养目标的定位、人才培养目标的内涵、人才培养目标的性质、人才培养目标的类型（规格）等。研究认为，商务英语人才培养目标体系绝不是商务专业人才培养目标与英语专业人才培养目标的简单相加，而是人的全面发展目标、创新人才培养目标（素质培养目标）、专业培养目标有机结合的“整体性”的人才培养目标系统。

人的全面发展目标、人才素质培养目标和专业培养目标的有机结合，形成了一个具有“整体性”的人才培养目标体系。在系统“整体性”原理的指导下，本研究提出商务英语人才培养目标体系（分系统）由整体目标、方向目标、层次目标、类型目标和规格目标构成，它们的权重依次为 0.50，0.23，0.12，0.08，0.07。整体目标和方向目标两项指标权重合计达到 73%，因此整体目标与方向目标的排名决定院校的排名顺序。根据培养目标（分系统）指标对 14 所院校进行综合评价，各个院校排名见图 7.5。

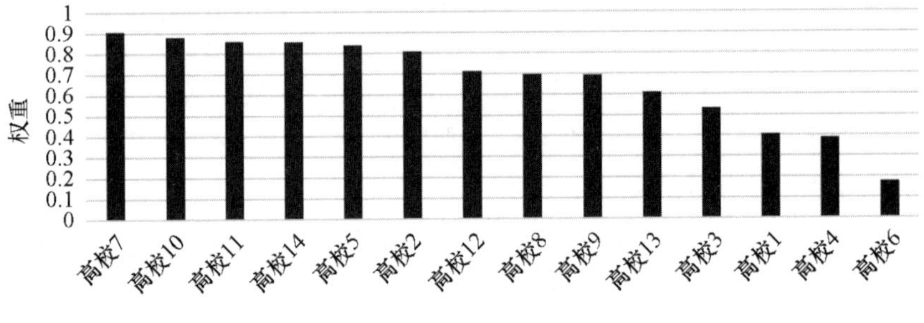

图 7.5　14 所院校培养目标（分系统）的评估排名

从图 7.5 中可以看出，在培养目标“整体性”评估排名中，一般院校的排名高于重点院校。高校 7 排名第一，排名第二、三、四的分别为高校 10、高校 11 和高校 14，排名最后的为高校 6。院校排名顺序表明，一般院校人才培养目标内容基本符合人才培养目标“整体性”评估要求。

高校 7 在培养目标的五个主要指标评估排名处于前两位（规格目标排名第六）。高校 10 在五个指标评估中排名前三位，高校 6 在五个指标评估中排名均处于后三位。关于培养目标的“整体性”分析，本研究采用两两比较法进行分析，即选取一对或两对学校进行相关指标的对比分析。

一、整体目标对比分析

人才培养目标（体系）是按照人的全面发展的目标内涵，结合不同类型、不同层级的人才培养目标，形成一个关于人才培养目标的展开机制。据此，本研究中的整体目标主要分为德育目标、智育目标、体育目标和美育目标，即德、智、体、美全面发展的人才培养目标。通过对样本院校培养目标的基本表述进行模糊数学运算分析，得到 14 所院校在整体目标（子系统）中的具体排名。排名第一的为高校 5，高校 7、高校 8、高校 11 和高校 14 并列排名第二，排名最后的为高校 6。本研究选取高校 5、高校 7 与高校 6 进行整体目标的对比分析。

高校 5 在人才培养总目标中明确提出培养德、智、体、美、劳全面发展的人才，并在培养规格中对德、智、体、美、劳的内涵进行了详细的解读，如人才应该人格健全且具有良好的心理素质等相关描述。该校商务英语专业人才培养整体目标表述全面完整。

高校 7 的人才培养总目标中没有关于整体目标的表述，但在培养标准和实现途径中，详细阐述了培养人才的德行、体能、智力等培养目标的具体内容，如人才应该具有社会责任感、良好的思想道德品质与法律意识等。但该校培养目标中没有关于美育和劳动培养目标的表述。

高校 6 人才培养目标中没有提到德、智、体、美全面发展的整体目标。

本研究认为，整体目标应该是学校人才培养方案的基本范畴，是一种关于人才培养目标规定性的基本概念，是人才培养目标体系的核心组成部分。作为人才培养纲领性文件的人才培养方案，理应有整体目标的基本表述，否则就是关于人才培养目标体系“整体性”表述的主要缺失。同时，人才培养目标“整体性”强调作为整体的人的全面发展。

二、方向目标对比分析

人才培养既要立足当前求实效，又应该着眼未来谋长远。就业领域是人才的方向目标，也是学生的基础性目标。本科院校人才培养的方向目标应当满足社会经济发展和人才职业发展需求，这是界定方向目标内涵的基本标准。研究认为，方向目标分为职业目标和发展目标。职业目标又分为传统目标和特色目标，主要包括国际贸易、国际金融、国际商务管理、涉外法律和其他涉外工作等。发展目标是对人才培养方向提出的综合性目标，即培养具有较高的人文素养，善于跨文化交流沟通，具备国际竞争力的高素质跨学科综合型人才。职业目标与发展目标的权重分别为 0.67 和 0.33。职业目标权重约为发展目标权重的 2 倍，因此该项指标评估排名决定学校的人才培养方向目标整体评估排名。高校 2 与高校 7 在方向目标指标排名并列第一；高校 12 和高校 3 排名最后。本研究选取高校 7 与高校 3 进行对比分析。

高校 7 商务英语专业职业目标设置具有完整性。该校人才培养方案明确提出，商务英语专业培养在国际环境中熟练使用英语从事经贸、管理、金融、法律等领域商务工作的人才，人才职业目标涵盖了经济、管理、法学和其他领域岗位。高校 3 人才培养目标中既没有职业目标内容，也没有关于人才工作岗位（领域）的具体设计，其人才培养职业目标缺乏完整性。

在发展目标的设计中，高校 7 将培养目标与实现途径相结合，提出 8 个具体的人才培养目标，详细地阐述了实现人才培养目标的基本途径。其人才发展目标内涵具有完整性、层次性和关联性，人才发展目标具有“整体性”。该校商务英语专业培养目标、培养标准、实现途径等，可以作为商务英语专业人才培养目标设计的参照范本。该校商务英语专业人才培养目标体现出人才知识、能力、素质培养与教育课程的关联性，凸显出该校集人才知识、能力、素质于一体的“整体性”培养目标。高校 3 商务英语专业人才培养发展目标内容比较全面，但关于人才培养途径内容描述比较笼统，更多的是关于教学内容的设计，与培养目标的关联性不强。

三、层次目标对比分析

人才的内涵包括知识、能力、素质三个方面。良好的基本素质、优化的知识结构与综合能力三者互为条件、相辅相成，形成一个关于人才内涵的有机整体。因此，层次目标主要是考察人才知识、能力和素质的完整性和依次递增的层级性。它们的权重分别为 0.75 和 0.25，完整性指标权重是层次性指标权重的 3 倍。因此，该项指标评估的排名决定学校排名。高校 9 在层次目标评估中排名第一，高校 6 排名最后。

高校 9 培养目标体现了人才知识、能力、素质的完整性。其培养目标知识要求涉及商务知识、跨文化知识、人文社科知识等（缺乏跨学科知识）；人才能力要求涉及英语应用能力、商务实践能力、跨文化交际能力、思辨与创新能力、自主学习能力等，关于人才能力的表述比较完整；人才素质要求涉及思想素质、专业素质、职业素质、文化素质等（缺乏身心素质）。该校关于人才知识、能力、素质的表述基本完整，其人才培养目标是人文素质、学科基础理论（知识）与能力（英语应用能力、跨文化交际能力、商务实践能力、思辨与创新能力）的结合体，充分体现出三者之间所具有的层次性和关联性。

高校 6 商务英语专业培养目标中，关于人才知识的表述缺乏国际商法知识、跨文化知识、国别知识、跨学科知识等；关于人才能力的要求缺乏商务实践能力；培养目标缺乏思想素质、人文素质和身心素质等。其属于“知识 + 能力”的简单组合，人才培养目标缺乏层次性和完整性。

四、规格目标对比分析

人才培养规格是关于人才质量标准的规定，表现出对人才培养质量的基本（最低）要求。本研究依据《商务英语专业本科教学质量国家标准要点解读》提出人才的规格目标指标，即关于人才应该具备的知识、能力、素质。规格目标构成要素包括综合知识、综合能力和人格素质。综合知识结构强调知识结构的基础性、综合性、前沿性，主要包括语言知识、商务知识、跨文化知识、人文社科知识、自然科学知识和跨学科知识。综合能力结构强调培养学生的英语应用能力、跨文化交际能力、商务实践能力、思辨与创新能力和自主学习能力。人格素质结构强调思想修养与人格理想塑造相结合，包括思想素质、文化素质、专业素质、职业素质、身心素质等。规格目标与层次目标有着密切的关系。规格目标是层次目标的具体化，它是在层次目标的基础上关于人才知识、能力和素质完整性的具体要求。本研究已在人才培养层次目标中，就人才知识、能力、素质的完整性进行了对比分析，考虑到层次目标与规格目标的交叉性，在此不再对规格目标展开对比分析。

五、类型目标对比分析

人才类型就是根据社会经济发展需求和学校自身培养目标定位，综合各种因素对人才基本属性的界定。研究发现，人才类型的内涵具有交叉性，即人才同时兼有几种属性，例如交叉复合型人才常常表现出多种人才属性。本研究认为，商务英语专业培养的人才兼有应用型人才、国际化人才、综合型人才、跨学科人才和创新型人才的特征。商务英语应该提升人才培养目标层级。在交叉复合型人才培养目标定位的基础上，将培养目标定位于跨学科综合型创新人才。主要缘由如下：一是商务英语培养目标从高级英语专门人才发展到复合型英语人才，再进入交叉复合型人才阶段后，面临培养创新型人才的新课题。交叉科学的本质特性就是综合创造性，创造能力是创新能力的基础且创新型人才与跨学科人才具有相通性。二是所谓“人才”存在三个基本概念范畴——综合知识、综合素质、综合能力。评价人才往往使用综合概念，因为其具有“整体性”、整合性、应用性等含义。运用综合概念描述跨学科人才所具有的“整体性”素质比较完整准确，且不会产生认知理解的误区。综上，商务英语人才培养目标的准确表述应该是跨学科综合型人才。这既是新形势下人才培养目标的升级版，也是商务英语人才培养的实践和社会经济发展提出的崭新研究课题。

通过访谈专家、收集整理教师和学生调查问卷反馈意见，类型目标包括下列人才：综合型人才、创新创业型人才、应用型人才、国际化人才、跨学科人才等。在该项指标评估中，高校 9 排名第一，高校 7 排名第二，高校 8 排名最后。

综上，关于14所学校培养目标（分系统）“整体性”的对比分析可以看出，高校7培养目标体系基本符合培养目标（分系统）的指标要求，体现出要素完整、重点突出、内涵丰富的“整体性”建构思想。有的学校培养目标设计具有自身特色，体现出人才培养目标的合理定位，也应该给予充分的肯定。

本研究提出的基于交叉学科的人才培养目标体系，对于商务英语人才培养目标的“整体性”建设具有现实意义。人的全面发展是人才培养的终极目标，也是适用于任何学科专业的具有普适性的人才培养目标，是人才培养目标定位的基础。本研究认为，基于交叉学科的商务英语人才培养目标，并非专业培养目标的简单叠加，而是在学科的交叉综合中，真正实现人才培养目标内涵的有机结合。

第四节　培养方式（分系统）的“整体性”分析

培养方式主要是指以专业为核心的关于人才培养教育的基本方式，包括专业设置模式、专业教学组织（管理）形式、专业教学模式等。培养方式是人才培养的具体形式和实现途径，是人才培养模式的重要组成部分。关于培养方式的“整体性”分析主要是分为专业设置模式和专业教学模式两个方面。

专业设置模式是由专业组织形式、专业设置方向、专业设置口径、专业设置空间、专业设置时间组成的专业教育组织形式，也是建立在交叉学科基础上的专业教育体系。具体而言，专业组织形式是指关于人才培养的行政体制，一般分为学院制与系所制。专业设置口径是指专业主要学科基础的覆盖面。专业设置方向是指专业口径的分化。专业设置时间是指专业教育的阶段性。专业设置空间是指学生能否转专业或跨专业学习（本研究中主要是指能否转变专业方向）。

专业教学模式是指教学活动的组织方式，以及教学时间和教学空间的安排方式，其主要内容是教学方法与教学形式。教学方法和教学形式对于培养人才的学习能力、实践能力和创新能力具有明显的教育功能。

本研究就专业设置模式和专业教学模式这两个指标设立相关的下级评价指标，从不同的角度、按照不同的层级指标对培养方式进行“整体性”评价分析，主要有：专业组织形式、专业设置方向、专业设置空间、专业设置时间、专业设置口径、专业师资结构（主要指“双师型”教师）等。专业设置模式与专业教学模式的权重分别为0.75和0.25。专业设置模式权重达到专业教学模式权重的3倍，充分体现出专业设置模式在培养方式上的重要地位。根据培养方式所设定的指标对14所院校进行综合评价后，各院校培养方式“整体性”评估排名见图7.6。

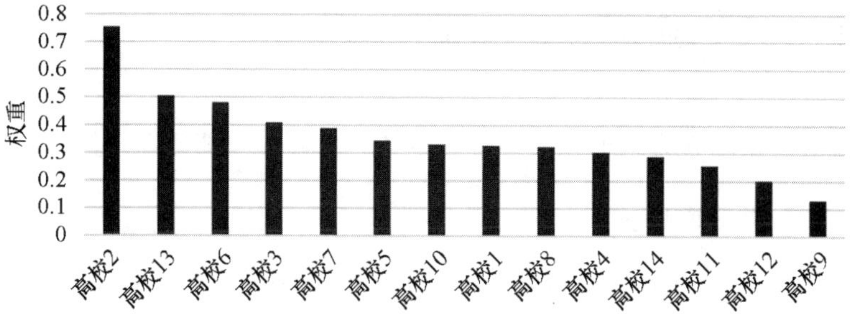

图 7.6 14 所院校培养方式“整体性”评估排名

从图 7.6 中可以看出，排名前二位的为高校 2 和高校 13，排名最后的为高校 9。各院校专业设置模式和专业教学模式评估排名见图 7.7 和图 7.8。

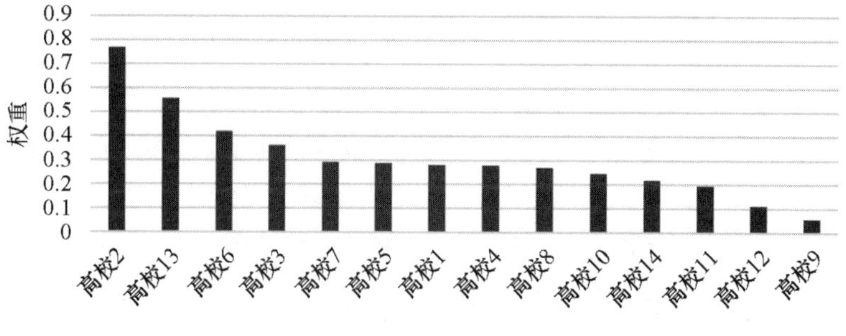

图 7.7 14 所院校专业设置模式评估排名

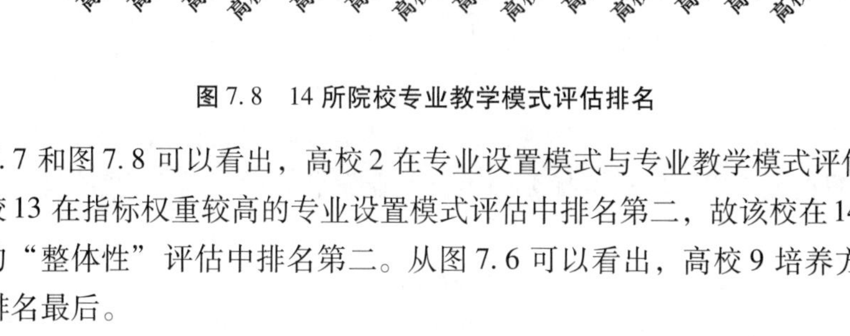

图 7.8 14 所院校专业教学模式评估排名

从图 7.7 和图 7.8 可以看出，高校 2 在专业设置模式与专业教学模式评估中都排名第一。高校 13 在指标权重较高的专业设置模式评估中排名第二，故该校在 14 所院校的培养方式的“整体性”评估中排名第二。从图 7.6 可以看出，高校 9 培养方式“整体性”评估排名最后。

一、专业设置模式对比分析

专业设置模式是培养方式的核心指标，本研究对高校2和高校9进行对比分析。

1. 高校2专业设置模式

高校2在专业设置模式中下设的六项指标评估中均排名前位，故整体排名第一。该校商务英语专业设置模式在专业组织形式、专业设置方向、专业设置空间、专业设置时间、专业设置口径和师资队伍结构等方面具有交叉性、层次性、多元性、互补性和完整性，体现出专业设置模式的“整体性”功能。本研究从上述六个方面，对该校商务英语专业设置模式进行简要分析。

（1）专业组织形式

高校2国际商务英语学院是国内开办商务英语专业院校中唯一的教学研究型学院，承担着培养高层次复合型国际商务人才的职责与功能。学院整合本校外语与经济、管理、法学等学科多年形成的人才资源和教学科研优势，形成了具有自身特色的专业组织形式。学院现设有四个商务英语专业方向，设有硕士二级学科点商务英语研究，下设商务英语跨文化交际、商务英语语言、商务英语教育三个研究方向。该校“学院制”的教学管理模式，多元化的专业方向设置，本、硕、博完备的专业人才培养体系，国际化的专业办学特色，专业学位的设置，学科（专业）的交叉性，全英教学等，充分体现出该校专业组织形式的“整体性”优势。

（2）专业设置方向

高校2商务英语专业依托学校经济贸易优势学科背景，有效地整合学校优秀教育资源，以大商务为专业设置的基本主线，成为国内唯一设立四个专业方向的商务英语专业。该校多方向的专业设置模式对应于商务英语人才培养模式的学科基础，基本上形成了多学科专业方向交集关系，呈现出商务英语专业方向群的基本雏形。建立在多学科交叉基础上的专业口径更加宽广，专业方向更加多样，专业空间更加扩大，增强了专业横向拓展的宽度，形成了多元化的专业组织格局，体现出专业设置模式的完整性和层次性。专业方向多元化是关于培养方式“整体性”研究的基本前提。目前，开办商务英语专业的院校存在同质化现象，普遍都是国际贸易方向。高校2商务英语专业多方向设置模式，成为破解困扰商务英语专业发展瓶颈的基本途径，具有典型样板意义。

（3）专业设置空间、专业设置时间与专业设置口径

商务英语专业设置模式要克服专业设置同质化的局限性，就必须以专业设置方向为抓手，充分利用学校自身的优势教育资源，在专业设置空间、专业设置时间和专业设置口径方面改革创新。高校2国际商务英语学院推出了一些创新举措。该校新生入

学后，首先按商务英语学科大类打通培养，然后按学校有关规定确定主修专业方向。在确定专业方向之后，通过一定时间学习，学校允许学生调整、转变专业学习方向。大类打通培养给予学生更大的专业方向选择自主权和更大的发展空间，体现出专业设置空间大和专业设置时间灵活的特点。同时，该校商务英语专业设置口径较宽，开设了较多学科基础课程，在整个专业教育课程中占比 83.33%。此外，该校商务英语专业要求学生必须修读跨学科大类选修课。

（4）师资队伍结构

“双师型”教师是商务英语专业教育的立足之本，也是师资队伍建设的基础工程。同时，在大数据迅猛发展的时代背景下，能够秉承现代教育技术理念，运用数字多媒体进行网络教学，运用现代教育信息技术，开展课堂教学的“数字型”教师，也成为师资队伍建设的重要环节。本研究选取高校 2 商务英语专业教师进行相关调查分析。数据显示，该校商务英语专业中语言学教师占比为 58.89%，经济、管理、法学三大学科教师总占比为 41.11%，接近教师总人数的一半，体现出该校“双师型”师资队伍的完整性。

该校商务英语专业重视培养既能胜任英语语言教学工作，又能传授商务知识和操作技能的“双师型”教师，并大力倡导教师向“数字型”教师方面发展。本研究邀请该校教师和学生进行自我评价与他评，获得的评估数据在 14 所院校中排名第一。教师和学生问卷调查原始数据见表 7.14 和表 7.15。

表 7.14　高校 2 学生关于师资队伍结构的评价

师资队伍结构	符合	比较符合	基本符合	较不符合	不符合
“双师型”教师	31.08%	47.3%	16.22%	5.41%	0%
“数字型”教师	45.95%	43.24%	8.11%	2.7%	0%

表 7.15　高校 2 教师关于师资队伍结构的评价

师资队伍结构	符合	比较符合	基本符合	较不符合	不符合
“双师型”教师	50%	25%	25%	0%	0%
“数字型”教师	25%	62.5%	12.5%	0%	0%

从表 7.14 和表 7.15 可以看出，该校学生和教师对本专业交叉性教学和多媒体数字教学实施状况认可度较高，体现出教师整体素质较强，具备跨学科教育能力。该校将教师教学能力发展与专业发展联系起来，建立长远的教师队伍发展规划，并将教师工作放在十分重要的位置上，表现为：专门设置教学型的教师岗位；在教师职称评审中强调教学贡献；鼓励教师开展教学研究，将教研项目与科研项目放在同等重要的地位上。

总之，该校商务英语专业设置模式在专业组织形式、专业设置方向、专业设置空间、专业设置时间、专业设置口径和师资队伍结构六个方面改革创新，基本形成了一个整体优化的专业教育体系。尤其是该校学院制的教学组织管理模式和多方向的专业设置，走在国内开办商务英语专业学校的前列，为该校商务英语人才培养模式“整体性”建设提供了组织保障和教学平台。该校商务英语专业形成了特色鲜明的专业设置模式，体现出厚基础、宽口径、强能力、高素质的人才培养指导思想。

2. 高校 9 专业设置模式

高校 9 专业设置模式的“整体性”评估排名第 14 位。从评估数据来看，高校 9 有三个指标在评估中排在前三名，但由于这些指标的评估结果只分为两到三个档次，每个档次都包含很多学校。因此，排名第二、第三已经是排名为后。该校专业设置模式整体排名靠后的关键原因在于该校师资队伍结构“整体性”排名靠后。该校教师和学生关于师资队伍结构问卷结果见表 7. 16 和表 7. 17。

表 7. 16　高校 9 学生关于师资队伍结构的评价

师资结构	符合	比较符合	基本符合	较不符合	不符合
“双师型”教师	22. 68%	29. 9%	26. 8%	14. 43%	6. 19%
“数字型”教师	25. 77%	36. 08%	29. 9%	6. 19%	2. 06%

表 7. 17　高校 9 教师关于师资队伍结构的评价

师资结构	符合	比较符合	基本符合	较不符合	不符合
“双师型”教师	0%	25%	37. 5%	25%	12. 5%
“数字型”教师	37. 5%	37. 5%	12. 5%	12. 5%	0%

以上问卷统计结果说明，该校教师和学生对于师资队伍结构的认可度较低，教师普遍认为不能同时担任英语教学和商务教学工作。该校商务英语专业 16 名教师中有 14 名为语言学教育背景，占比高达 87. 5%。商科教师的缺乏制约了商务课程教学。同时，教师多媒体教学能力评估得分最低，说明该校教师仍然沿用传统的教学方法开展教学活动，现代化教育技术在教学中没有发挥作用，不能适应大数据时代的教学要求，该校师资队伍的整体结构存在一定问题。

二、专业教学模式对比分析

专业教学模式主要分为教学方法和教学形式。教学形式分为国际化教学、导师制、多媒体网络教学和产学研结合教学等。由于高校 2 在各项指标的评估中均排名在前位，本研究对该校专业教学模式相关情况进行简要介绍（相关统计数据省略）。

高校 2 国际商务英语学院具有国际化办学特色。该校在联合培养、合作办学、留学生制度、学术交流、课堂教学等方面，全方位地推行国际化办学模式。该校实行学业导师制，为学生配备导师进行四年全程指导。该校大力推行产学研相结合的教学形式，利用英语辩论工作坊、法律翻译工作坊、商务专题口译工作坊等组合形式，将教学和学术科研结合起来。该校举行商务英语谈判比赛、商务英语实践比赛等，为学生参加商务实践课外活动和学术活动提供平台，全校有将近 50% 的学生参加各类学术讲座与研讨，有 35.03% 的学生参加学科竞赛。产学研相结合的教学形式提升了学生参加学术活动和科研活动的积极性、创造性，培养了一批既懂理论知识，又有实践技能的优秀人才。

以上分析说明，高校 2 在商务英语专业设置模式和专业教学模式两个方面，都具有整体优化的基本特点。多方向的专业设置和学院制的教学管理形式，成为该校专业设置模式的突出特色，形成了一个具有多元性、完整性、关联性、有序性的专业教育体系。该校的专业教学模式与专业设置模式相匹配，在教学方法与教学形式方面有着诸多创新设计。可以说，该校的专业设置模式体现了整体非加和性的基本思想。其专业设置模式与专业教学模式组成的人才培养方式实现了整体大于部分之和的整体功能效应。

第五节　培养评价（分系统）的“整体性”分析

培养评价是一种多维度的组织系统行为，涉及评价原则、评价指标、评价内容、评价对象、评价方法、评价主体等评价范畴，它们组成了完整的关于人才培养的评价体系。本研究的人才培养评价体系作为人才培养系统的分系统，主要包括评价原则（标准）、评价主体、评价方法、评价内容等，它们的权重依次为 0.46，0.22，0.13，0.19。评价原则（标准）权重最大，评价主体指标权重排名第二。因此，这两项指标的排名对院校的整体排名影响较大。14 所院校培养评价“整体性”排名情况见图 7.9。

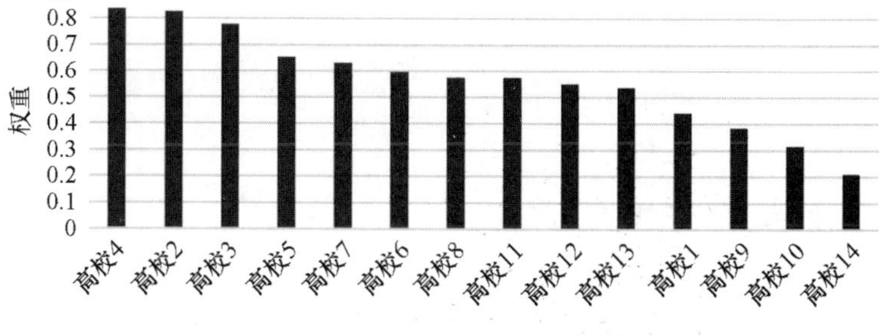

图 7.9　14 所院校培养评价“整体性”评估排名

从图7.9中看出，高校4和高校2排名前两位，高校14排名最后。关于培养评价体系（分系统）的“整体性”分析，主要是对四项指标排名第一的院校与排名最后的院校分别进行对比分析。它们是高校4和高校14；高校2和高校1；高校2和高校12；高校1和高校13。

一、评价原则（标准）对比分析

人的全面发展作为考察人才培养质量的总指标，培养评价的“整体性”原则是关于培养评价的基本标准，即评价主体、评价内容、评价过程、评价方法都必须以“整体性”为基本准绳。因此，培养评价“整体性”原则与人才培养模式“整体性”原则达成高度一致。由于该项指标主要是考察关于人的全面发展目标和对“整体性”原则的认知，本研究主要采取问卷形式收集信息数据，从而产生相关问题的统计分析结果。高校4和高校14教师和学生问卷结果见表7.18和表7.19。

表7.18　高校4关于评价原则（标准）的问卷统计

评价原则（标准）	是（学生）	否（学生）	是（教师）	否（教师）
培养评价的总原则	90.36%	9.64%	100%	0%
培养评价的基本标准	91.57%	8.43%	100%	0%

表7.19　高校14关于评价原则（标准）的问卷统计

评价原则（标准）	是（学生）	否（学生）	是（教师）	否（教师）
培养评价的总原则	87.1%	12.9%	80%	20%
培养评价的基本标准	87.1%	12.9%	80%	20%

对比表7.18和表7.19可以看出，高校4有90.36%的学生和100%的教师认可人的全面发展是人才培养评价的总原则，高校14的相关数据为87.1%的学生和80%的教师。同时，高校4有91.57%的学生和100%的教师认为“整体性”原则是人才培养评价的基本标准，高校14的相关数据为87.1%的学生和80%的教师。两所学校的调查问卷说明，人的发展的全面性既是人才培养的出发点和归宿，也是关于人才培养评价的根本原则。

二、评价主体对比分析

关于评价主体的“整体性”分析，本研究将高校2与高校1进行对比分析。

高校2在培养评价过程中贯彻“整体性”评估原则，形成了由教师、学生、企业或行业的相关人员组成的综合性评价主体。问卷结果显示，该校 100% 教师和 61.58% 学生认为本校培养评价主体构成人员广泛，相关企业人员积极参与，已经成为该校评价主体的重要组成部分。

高校 1 商务英语专业教师与学生问卷结果显示，只有 12.5% 的教师和 38.98% 的学生认为该校商务英语人才培养评价主体是由教师、学生、企业或行业的相关人员组成，为 14 所院校中比例最低的院校，这也是该校在评价主体指标中排名最后的基本原因。

三、评价方法对比分析

评价方法是指学校对学生学习过程的表现和学业成绩的考察评价形式。评价方法要大力推行多元化的人才评价方式，贯彻具有完整性、综合性的基本思想，采用形成性评价与终结性评价相结合的评价模式。商务英语目前还没有比较规范的、可操作性强的评价指标体系，人才培养评价方法比较单一，大多采取考试的方式。因此，很有必要总结各个院校运用评价方法的实际情况。本研究对高校 2 与高校 12 的评价方法进行对比分析，主要分为评价方法的“整体性”、主要的评价方法、累加综合评价方法等三个考察指标，指标数据主要来源于对教师与学生的调查问卷。

高校 2 商务英语专业 100% 的教师认为培养评价方法具有“整体性”，体现出形成性评价和终结性评价相结合的基本评价原则。该校评价方法的问卷结果显示，期末考试作为终结性评价方式，是该校主要的评价方式。同时该校形成性评价特点突出，如课堂行为记录、课余作业、社会实践报告等，师生的认可度也较高，分别占有 87.01%、92.66%、82.49% 的比例。基地实习作为专业知识与实践相结合的实践评价方式，也得到学生的基本认可。该校 100% 的学生认为学校对课程是分节点考核、分比例相加计算总分，综合评价学生的整体学习状况。这些评价举措说明，该校学生成绩评价不是期末考试“一锤定音”，而是分节点、分比例、分内容的多元化的综合考察。该校基本形成了定量评价和定性评价相结合、形成性评价和终结性评价相结合、内部评价与外部评价相结合的“整体性”评价方法体系。

高校 12 教师与学生关于评价方法“整体性”的调查问卷数据说明：一是该校商务英语专业教师认为，本校人才培养评价方法没有体现出定量评价与定性评价相结合、形成性评价与终结性评价相结合等的评价基本思想，也没有形成评价方法的“整体性”；二是培养评价方法体现出单一性，该校大部分学生认为培养评价主要是期末考试，只有小部分同学认为该校采取了基地实习方式来考察评价人才；三是该校没有推行累加综合评价方法，100% 的学生认为学校没有分节点来考核学生学习状况，一般就是分为期中与期末两个节点进行考试，终结性评价为该校的主要评价方式。

四、评价内容对比分析

目前，人才评价内容还没有形成基本的研究范畴，关于人才培养评价的基本内涵也没有统一的标准。本研究主要从英语应用能力、跨文化交际能力、商务知识与技能、跨学科知识与能力、创新创业能力、人文素养、资格证书与就业率等八个方面，对评价内容的“整体性”进行分析。它们的权重依次为 0.23，0.21，0.19，0.11，0.09，0.07，0.05，0.05。

关于评价内容“整体性”的对比分析，本研究主要关注英语应用能力、跨文化交际能力、商务知识与技能、跨学科知识与能力四项指标。四项指标排名第一的为高校 1，排名最后的为高校 13。调查结果数据显示，高校 1 商务英语专业 20.34% 的学生和 37.5% 的教师认为学生符合英语应用能力的要求，高校 13 的为 10.91% 的学生和 20% 的教师，但高校 13 有 34.55% 的学生与 20% 的教师认为学生不太符合英语应用能力的要求。高校 1 有 15.25% 的学生和 43.75% 的教师认为学生具备较强的跨文化交际能力，高校 13 的为 12.73% 的学生与 20% 的教师。两所院校在该项指标中差距较大，说明高校 1 商务英语专业教师与学生注重知识、能力、素质的“整体性”评价。

关于学生获取资格证书统计分析说明，在 14 所院校中，只有高校 9 组织学生参加了商务英语专业四级考试，合格率为 91%。商务英语专业四级考试目的是考察学生知识结构、能力构成及综合素质。考试成绩可作为学生进行自我评价或为用人单位提供参考数据。各个院校应该安排学生参加商务英语专业四、八级考试。

关于 14 所院校商务英语人才培养评价体系“整体性”的对比分析，从不同的角度说明了以下几点：一是“整体性”既是培养评价体系的基本特征，也是关于人才培养评价的基本遵循；二是多元化已经成为人才培养评价的发展趋势，如评价主体的多元化、评价方法的多样性、评价内容的多元化等；三是强调培养评价的过程性，真正发挥培养评价的监督调整功能。学校应该高度关注形成性评价（过程评价）。整体来看，开办商务英语专业的院校还没有形成良好的关于人才培养评价的指标体系。人才培养评价方法比较简单，评价内容层次性较低，缺乏科学的评价技术方法手段，普遍存在以考试为主体的评价方式，没有形成具有“整体性”的培养评价体系。比较而言，高校 4、高校 2 在上述各个方面进行了卓有成效的有益实践，取得了一些经验成果，可以为其他学校提供参考。

第六节 14 所院校商务英语人才培养模式的“整体性”分析

在本章前五节，本研究以 14 所院校作为研究对象，采用两两比较的分析方法，对五个分系统逐个进行了“整体性”的实证分析，从而得出了各院校在各个分系统的排名，并适时进行了简要述评。本节将五个分系统中的院校排名和学校具体情况相互联系，分析各院校人才培养模式“整体性”评估排名的基本原因，并以系统“整体性”原理为基本遵循，对商务英语人才培养模式的“整体性”关系做出分析总结。在此基础上，总结各院校人才培养模式“整体性”建设的特色经验以及存在的“整体性”问题，并提出对策与建议。

一、14 所院校商务英语人才培养模式“整体性”评估

本研究以 14 所院校在各个分系统的“整体性”评估分值为基本依据，参照专家设定的各个分系统的指标权重，通过数学模型计算出各院校商务英语人才培养模式“整体性”评估排名，并依照系统“整体性”原理进行简要分析。

1. 人才培养模式五个分系统指标权重

人才培养系统五个分系统的指标权重（见表 7.20），是根据各个分系统在人才培养模式中的功能作用，由学界专家核定后产生的。其对于人才培养模式“整体性”研究有着重要的功能作用：一是为确定各个分系统内部指标权重奠定了参考数值；二是界定了五个分系统在人才培养系统中的基本地位；三是界定了各个分系统在人才培养系统中的基本属性。它为研究人才培养系统与分系统的相互关系、五个分系统之间的相互关系，提出了一个基本的参照系。

表 7.20 商务英语人才培养模式五个分系统指标权重

一级指标	学科基础	培养内容	培养目标	培养方式	培养评价
权重	0.36	0.27	0.17	0.11	0.09

专家认为，由于各个分系统在人才培养模式中的功能不同，其在商务英语人才培养模式“整体性”评估指标体系中所占比重也有所不同。学科基础和培养内容在整个人才培养系统中占有非常重要的地位。

2. 14所院校商务英语人才培养模式"整体性"评估排名

本研究通过数学模型计算出14所院校人才培养模式的"整体性"评估排名，见图7.10。

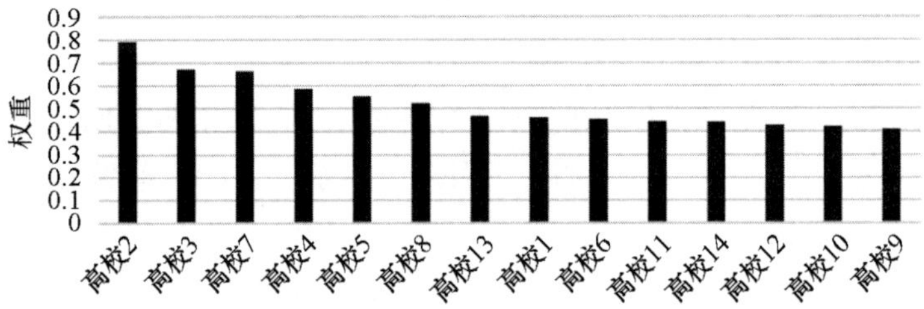

图7.10　14所院校商务英语人才培养模式"整体性"评估排名

其中，排名前三的分别为高校2、高校3、高校7，排名后两位为高校10与高校9。同时，数学模型也计算出五个分系统"整体性"评估中的院校排名。上述两种关于"整体性"排名的综合情况见表7.21。

表7.21　14所院校商务英语人才培养模式（含五个分系统）"整体性"评估排名

整体排名	院校名称	分系统排名				
		学科基础	培养内容	培养目标	培养方式	培养评价
1	高校2	1	1	6	1	2
2	高校3	2	2	11	4	3
3	高校7	3	4	1	5	5
4	高校4	4	3	13	10	1
5	高校5	6	11	5	6	4
6	高校8	7	6	8	9	7
7	高校13	9	7	10	2	10
8	高校1	8	5	12	8	11
9	高校6	5	12	14	3	6
10	高校11	14	9	3	12	8
11	高校14	10	13	4	11	14
12	高校12	12	8	7	13	9
13	高校10	13	14	2	7	13
14	高校9	11	10	9	14	12

在表 7.21 中，有经贸类大学 6 所，师范类大学 2 所，综合类大学 4 所，其他类别大学 2 所；一本类大学有 8 所，二本类大学有 5 所，其他 1 所。关于样本院校商务英语人才培养模式“整体性”评估排名，体现出不同地域、不同类别、不同层次的院校商务英语人才培养模式“整体性”的基本站位，体现出各院校人才培养模式“整体性”建设的发展水平。同时，关于各院校在五个分系统“整体性”评估的排名，既体现出各院校在五个分系统“整体性”建设的实际状况，也反映出各院校人才培养模式五个分系统之间的基本关系。

3. 14 所院校人才培养模式“整体性”评估排名分析

系统“整体性”原理认为，系统“整体性”既要考察整体（系统）与部分（要素）之间的关系，还要考察部分（要素）与部分（要素）之间的相互关系，这才是完整的、辩证的系统整体观。关于商务英语人才培养模式“整体性”的实证分析，充分体现了辩证的系统整体观的基本思想。本研究将 14 所院校商务英语人才培养模式“整体性”评估排名与五个分系统“整体性”评估排名进行综合分析，可以非常清楚地看出，各个学校人才培养模式“整体性”评估排名与五个分系统“整体性”评估排名有着必然的内在联系。部分学校正是因为五个分系统之间的相互联系、相互作用，形成了一个整体结构优化的人才培养系统，从而在商务英语人才培养模式“整体性”评估中名列前茅。

关于 14 所院校商务英语人才培养模式“整体性”评估排名的分析，体现了系统“整体性”原理的基本观点：一是系统要素配置（要素禀赋）和系统组织结构决定了人才培养系统“整体性”状况，单个分系统（要素）的优化不等于系统整体的优化，如高校 2 五个分系统具有“整体性”结构，虽然其中个别分系统指标并不是处于最前位，但总排名仍然在 14 所院校中位列第一。二是核心分系统（核心指标）是形成系统“整体性”的决定性因素，如高校 10 在培养目标“整体性”评估中排名第二，但因为在学科基础和培养内容两项指标中排名靠后，其总排名受到很大影响。三是实体系统对于形成人才培养系统“整体性”贡献率大。实体系统是指学科基础、培养内容和培养方式等，它们作为人才培养的基本平台，是实现人才培养模式“整体性”的基本途径。四是人才培养系统构成要素的完整性是决定系统“整体性”的基本前提，系统要素（部分）的缺失会影响到人才培养系统的“整体性”，如专业设置方向的缺失，就成为制约诸多院校培养方式“整体性”评估排名的重要因素。五是分系统（部分）之间的相互联系、相互作用是形成商务英语人才培养模式“整体性”的根本原因，如学科基础的“整体性”关系、专业设置的“整体性”关系、课程体系的“整体性”关系、师资队伍结构“整体性”关系等。在人才培养模式中，学科基础、培养目标、培养方式、培养内容、培养评价之间相互对应、互联互通，组成了一个完整的人才培养系统整体。

关于14所院校商务英语人才培养模式“整体性”评估的排名，说明各个院校人才培养模式“整体性”建设发展不平衡，部分院校五个分系统的组织结构“整体性”差，分系统与分系统之间的“整体性”状况对比落差较大。因此，需要在对五个分系统进行“整体性”分析的基础上，对商务英语人才培养模式的“整体性”关系进行研究。

二、商务英语人才培养模式“整体性”关系

关于商务英语人才培养模式“整体性”的研究说明，商务英语人才培养模式“整体性”关系包含三种关系：一是五个分系统本身的“整体性”关系；二是各个分系统与商务英语人才培养模式纵向的“整体性”关系；三是分系统与分系统之间横向的“整体性”关系。本章前五节主要是通过实证分析来研究分系统本身的“整体性”关系。因此，本节在上述研究的基础上，结合调查问卷采集的相关信息，依照系统“整体性”原理的基本观点，解析人才培养系统（整体）与分系统（部分）、分系统（部分）与分系统（部分）之间的相互关系，从而完成商务英语人才培养模式“整体性”实证研究的基本任务。

1. 学科基础与人才培养系统以及其他分系统的关系

商务英语交叉学科与人才培养模式形成部分与整体的关系范畴，是商务英语人才培养模式的学科基础。站在人才培养系统的角度，学科基础与其他四个分系统属于部分与部分的“整体性”关系。作为商务英语人才培养模式学科基础，交叉学科与培养目标、培养方式、培养内容形成了一种相互对应、相互依存、互为因果的逻辑关系。交叉学科作为它们共同的学科基础，体现出分系统（部分）与分系统（部分）之间相互联系、相互作用的基本关系。

2. 培养方式与人才培养系统以及其他分系统的关系

从人才培养系统的整体结构来看，培养方式分系统在人才培养系统处于“中观”的位置，是人才培养系统中承上启下、纵横连接的中层分系统。而作为培养方式的主体部分，专业设置模式和学科基础形成相互依存、相互对应的基本关系。交叉学科为商务英语专业教育提供了丰富的课程资源，拓展了专业（方向）的发展领域，为商务英语专业提供了人才培养的知识资源。专业设置方向与学科基础（交叉学科）、课程体系（专业核心课程）形成了相互对应（学科—专业—课程体系）的关系，成为商务英语人才培养模式学科基础与分系统相互连接的桥梁纽带。

3. 培养内容与人才培养系统以及其他分系统的关系

课程体系是培养内容的核心。课程体系是商务英语人才培养模式的具体体现和基

本内容，属于人才培养系统的内容要素，体现出商务英语人才培养模式的基本特征。课程体系与商务英语人才培养模式形成相互对应的关系。

课程体系与人才培养系统各个分系统有着密切的内在关系。在人才培养实践活动过程中，课程作为人才培养的基本知识单元，成为各个分系统的基本元素，并通过各种方式渗透到人才培养的各个领域。课程是五个分系统的基本实现形式和基本组织单元，各个分系统的基本组织结构都会在课程体系中显现出来，并以课程作为分系统之间相互联系的桥梁纽带。

4. 培养目标与人才培养系统以及其他分系统的关系

作为人才培养系统的目标要素，培养目标是人才培养系统必备的基本要素。培养目标与各个分系统有着相互依存、相互影响、相互作用的关系。培养目标通过专业目标、课程目标、评价目标渗透到人才培养模式五个分系统之中，并与学科基础、专业设置模式、课程体系、培养评价体系形成了密切的内在关系。培养目标是各个分系统正常运作的导向指南，也是影响商务英语人才培养模式“整体性”功能效应的重要因素。在人才培养系统中，培养目标分系统体现出导向价值、标识价值、激励价值和标杆作用功能。

5. 培养评价与人才培养系统以及其他分系统的关系

培养评价与人才培养模式形成相互对应的“整体性”关系。培养评价体系为商务英语人才培养模式实施和改进提供基本依据，是人才培养系统运行的保障系统。

培养评价分系统与人才培养系统其他分系统有着特定的内在联系。培养目标为培养评价提供依据，人才培养实践为培养评价提供分析研究样本。培养评价通过监控人才培养的实践过程，提供评价考核信息，考察组成人才培养系统各个分系统之间的相互关系，进而提出调整改进举措，提高人才培养模式的“整体性”建设水平。

本研究依照系统“整体性”原理的基本观点，对人才培养系统与分系统、各分系统之间的相互关系进行概括总结。

一是商务英语人才培养模式具有整体非加和性。站在各个系统功能的角度，五个分系统是自成体系的独立系统。但对于商务英语人才培养模式整体而言，各个分系统是作为部分的存在，两者之间属于整体与部分的关系。同时，从人才培养系统整体的形成机制来看，商务英语人才培养模式是具有非加和性的系统整体，不是五个分系统简单相加的整体，这是商务英语人才培养模式整体与部分相互关系的实质。

二是商务英语人才培养模式具有系统功能互补的“整体性”关系。在人才培养系统中，五个分系统之间存在着相互制约、相互影响的对立统一的“整体性”关系。例如，培养目标决定了商务英语人才培养模式的定位，学科基础决定了专业设置模式的组织形态（多元化的专业方向），专业设置模式决定了课程体系的基本结构（多学科课程交集）等。五个分系统之间通过互联互通、相互作用，形成了一个整体大于部分之和的人才培养系统。

三是分系统之间的相互作用是形成人才培养系统“整体性”的根本原因。分系统与分系统之间非线性的相互作用是形成人才培养系统“整体性”的根本原因，体现出系统“整体性”原理的基本思想。正是因为五个分系统之间的相互联系、相互作用，才形成了商务英语人才培养模式的整体新性质、整体新功能、整体新优势，从而实现人才培养系统“整体性”的功能效应。

三、商务英语人才培养模式“整体性”特色

本研究在人才培养系统“整体性”关系的研究基础上，总结出部分学校商务英语人才培养模式具有的特色和创新举措，可以作为开办商务英语专业院校的借鉴参考，主要分为专业设置模式、人才培养目标、课程体系、办学定位、国际化办学、教师队伍等六个方面。

1. 专业设置模式的“整体性”特色

实证分析说明，高校 2 依托学校国际经济贸易优势学科教育资源，以大商务为专业设置的基本主线，根据人才培养的实际需求，对专业设置方向进行整体谋划。该校商务英语专业设立了国际商务管理、国际金融、国际贸易、国际经济法等专业方向，成为国内唯一开设四个专业方向的商务英语专业。高校 2 商务英语专业的多方向设置模式，对于商务英语人才培养模式“整体性”建设具有典型的意义。

2. 人才培养目标的“整体性”特色

实证分析表明，部分学校人才培养目标体现出多元化、层次性和完整性。高校 7 商务英语专业人才培养目标定位准确、内涵完整、层次分明、表述清晰，既有关于人才的多学科知识、能力、素质的“整体性”要求，又有关于多学科知识、能力、素质的层次性要求。同时，该校人才培养目标与课程目标相结合，人才的知识、能力、素质要求与专业教育课程相互对应，体现出人才培养目标与专业教育课程的关联性。

3. 课程体系的“整体性”特色

实证分析说明，部分学校在课程设置和课程组织方面推出了一些创新举措。这些举措既体现出学校课程设置的个性特色，又体现出课程组织结构的“整体性”特色。

（1）特色课程

实证分析发现，部分学校依托学校教育资源，开办对应于地方经济和行业发展需求的专业特色课程。高校 4 开设了国际物流英语、国际航运、远洋运输业务、国际航

运英语、运输代理实务、航运法规、海商法等体现该校海事特色的相关课程。高校 7 开设贸易法和国际商事仲裁法课程，体现出商务英语专业法学课程设置的完整性和独特性。

（2）课程组织结构

实证分析说明，部分学校以课程组织形式为抓手，将通识教育课程、专业教育课程、基础课程、选修课程有机地结合在一起，体现出课程体系组织的整体结构性。

高校 8 的商务英语专业教育课程分为基础课程和专业教育课程两个类别，每个类别课程的选修课由多个课程群组成。基础课程包括语言知识与语言技能课程群、商务知识课程群和文化知识课程群，专业教育课程包括管理知识课程群、文化知识课程群。高校 11 的专业教育课程包含通识教育课程、学科基础课程、专业理论课程、专业应用课程与职业导向课程，并在专业方向选修课程中设置国际商务模块、财经翻译模块和通用选修课程模块，每个课程模块都有具体的修读要求，体现出专业教育课程的方向性、层次性和关联性。

（3）通识教育课程

实证分析表明，部分学校在通识教育课程“整体性”建设方面进行了有益的尝试，推出了一些创新举措。高校 3 注重通识教育课程的广通性和基础性，强调通识教育课程与专业教育课程的衔接、大小通识教育课程相互结合，体现出通识教育课程横向组合关系。这就形成了课程之间协同合作的功能耦合，从而产生了具有整体非加和性的课程体系整体功能效应。

高校 6 的课程体系体现出通识教育课程与专业教育课程互联互通的“整体性”特色。该校构建了“五个层级 + 个性化模块”的课程结构体系，包括公共基础课、文理基础课、大学科基础课、专业主修课、文化素质课和自由选修学分模块。文理基础课程模块有 12 门核心课程，覆盖社会科学、人文学科、思维科学、自然科学等领域。该校上述多种关于通识教育课程“整体性”建设的积极举措，既克服了通识教育课程设置中普遍存在的碎片化弊端，又实现了通识教育课程与专业教育课程的有机结合，体现出课程体系“整体性”建设的基本思想。

4. 办学定位的“整体性”特色

实证分析说明，部分学校立足于学校发展方向，服务于地方经济和行业经济发展，体现出学校的办学特色。高校 9 商务英语专业面向石油化工行业及长江三角洲区域社会经济，为江苏省及周边地区培养适应跨国经济贸易需求的复合型、应用型英语人才；高校 12 人才培养方案中提出培养适应河南省社会经济发展需要的复合型、应用型人才；高校 11 人才培养方案结合学校区位特点，提出培养适应珠江三角洲地区经济社会发展需要的人才；高校 4 商务英语系立足于本校的国际航运、国际物流办学方向，服务于国家建设国际航运中心战略，培养交通管理、商船航行、国际物流等领域工作的英语商务人才；等等。

5. 国际化办学的“整体性”特色

国际化既是商务英语培养人才的基本特征，也是部分学校商务英语专业的办学特色。高校 3、高校 8、高校 7 等学校，都在国际化办学方面形成了自身的特色优势，主要体现在以下几个方面：一是与国外大学建立学术交流与合作办学关系，涉及世界各地的不同层次、不同类型的学校；二是建立长、短期相结合的留学合作机制，形成了具有不同学历、不同时段、不同培养内容的人才培养格局；三是形成了“走出去，请进来”的合作办学机制；四是关于学校课程学分互认的制度安排，如高校 3 学生赴国外大学选修课程（实践项目）可替代暑期学校课程。另外，值得肯定的是，高校 2 形成了全方位的国际化办学模式。

6. 教师队伍的“整体性”特色

实证分析表明，部分学校根据人才培养的实践需求，着力打造具有特色化和多元化的教师队伍。高校 13 采取多种举措，加强跨境电子商务专业方向师资队伍建设，如选派老师参加全国高校跨境电商师资培训或到跨境电商企业参加实践学习，并引进具备跨境电商行业工作实践背景的教师，组成了跨境电商教师团队。高校 2 教师队伍整体组织结构具有多元化的综合特点：一是教师分别毕业于国内综合性大学、外语院校、师范大学等不同类型的大学；二是部分教师来自国外知名大学；三是部分教师具有跨学科的教育背景，体现出教师队伍整体结构的交叉性和完整性。

四、商务英语人才培养模式“整体性”问题

在实证研究的过程中，发现各个院校人才培养模式存在着多种形式的“整体性”问题。这些问题说明了目前商务英语人才培养模式“整体性”建设的基本状况，形成了局部（院校）与全局（开办商务英语专业院校）、分系统与人才培养系统、分系统与分系统等不同范畴的商务英语人才培养模式“整体性”问题。

1. “整体性”建设发展不平衡

关于各个学校人才培养模式“整体性”评估排序说明，部分院校人才培养模式具有自身的学科优势和地域经济优势，如高校 7 依托本校经济学、法学和管理学等国家一级学科优势构建人才培养模式，要素禀赋的先天优势成为部分院校进入人才培养模式“整体性”评估前列的基本原因。而二三本院校人才培养模式由于缺乏优势学科的支撑，多数院校人才培养模式“整体性”建设水平落在后面。如何提高不同类别、不同层次、不同经济地域院校人才培养模式的“整体性”建设水平，成为商务英语人才

培养模式“整体性”建设中亟待解决的问题。

2. 构成要素不完整

实证分析发现，有的院校以课程组织来代替人才培养模式，忽视人才培养模式的完整性和结构性。有的院校培养目标忽略了学科基础、培养目标、培养评价等要素，从而造成了人才培养系统构成要素缺位。实证分析表明，作为指导人才培养的纲领性文件，部分院校人才培养方案内容存有重大缺失。还有的院校仍然沿用英语专业人才培养模式，在人才培养目标、专业设置、课程设置等方面，没有体现出多学科合作培养人才的基本思想。

3. 相加组合的组成方式

实证分析表明，学界关于学科专业的形成机制和交叉学科组成存有误区：一是以相加组合作为专业组成的基本方式，如有的院校人才培养方案中提出“英语 + 商务”组成商务英语专业；二是有的院校用“专业 + 专业”“课程 + 课程”“英语技能 + 商务知识”构建人才培养模式；三是关于学科组成局限于英语与商务两个要素，忽略了商务英语多学科交叉的学科组织形态，体现出一种相加组合的学科整体观。

4. 缺乏互联互通的合作机制

实证分析表明，部分学校人才培养系统五个分系统没有形成整体联动的运作机制。各个分系统行为孤立。分系统与分系统之间“整体性”状况差距较大，缺乏整体协同功能作用。例如，高校 10 培养目标“整体性”评估排名第 2，但该校学科基础“整体性”评估排名第 13，培养内容“整体性”评估排名第 14；高校 11 培养目标“整体性”评估排名第 3，但学科基础“整体性”评估排名第 14；高校 14 培养目标“整体性”评估排名第 4，但培养内容“整体性”评估排名第 13。由于五个分系统没有形成互联互通的合作机制，难以达成商务英语人才培养模式的“整体性”功能效应，因而上述三所院校商务英语人才培养模式的“整体性”评估排名处在 14 所学校的最后。

5. 同质化的专业设置模式

实证研究发现，简单复制成为部分学校构建专业设置模式的基本形式。14 所院校的专业设置基本上都是以国际贸易为专业方向。有的学校具有商学和金融的学科教育资源，如高校 10 和高校 11，但两所学校只开设了国际贸易专业方向。如何适应社会经济发展的需求，依托学校自身的教育资源，设置各种类型的专业方向，成为专业设置模式“整体性”建设亟待解决的现实问题。实证分析表明，有的学校教学组织管理模式建立在商务英语教研室或课程的基础上。浅层次的教学组织管理模式和单一化的专业设置方向，严重制约着基于交叉学科的人才培养模式“整体性”建设，难以实现商务英语人才培养模式整体非加和性的功能效应。

6. 缺乏"整体性"的培养目标

实证研究说明，人才培养目标体系"整体性"建设存在着以下问题：一是没有形成关于人才培养目标体系的"整体性"认知，忽略了人才培养目标体系的多要素性，如方向目标、层次目标、规格目标、类型目标等；二是人才培养目标中缺失整体目标，14 所院校中有 10 所院校人才培养方案没有德、智、体、美、劳全面发展的"整体性"目标；三是相加组合成为人才培养目标的基本组成形式，有的学校将培养目标简单地理解为英语与商务两个专业培养目标的简单叠加；四是培养目标设计偏重于技能化和实用性，缺乏关于德、智、体、美、劳人才培养目标内涵的基本表述。总的来说，培养目标存在简单化和浅层化现象，人才培养目标的组成体现出整体加和性。

7. 缺乏"整体性"的课程体系

实证分析说明，商务英语课程体系存在"整体性"问题：一是课程体系缺乏完整性，部分院校没有开设经济学、管理学、国际商法、跨文化交际等相关课程，部分院校没有开设社会实践课程、职业素质与能力课程、商务技能实训课程；二是课程结构缺乏层次性，存在着技能型课程偏重、基础课程缺位的现象，有的学校学科分支课程占比高达 89.58%；三是简单叠加成为课程设置的突出现象，如"拼盘式"课程、"三明治式"课程、套餐式课程等，课程体系缺乏关联性；四是通识教育课程碎片化现象突出，通识教育课程与专业教育课程没有形成"整体性"关系，通识教育课程整体数量与整体质量的关系成为困扰课程体系"整体性"建设的难题。

8. 缺乏"整体性"的师资队伍结构

实证分析数据说明，有的院校商务英语专业教师全部是语言学背景的教师（如高校 10），有的院校具有经济学科教育背景的教师占比仅有 11%，具有法学教育背景的教师占比为零。师资队伍学科知识结构缺乏交叉性和完整性，严重影响人才培养质量的整体效果，成为基于交叉学科商务英语人才培养模式"整体性"建设的瓶颈。其中，"双师型"教师培养是目前商务英语教师队伍"整体性"建设的难点问题。

实证分析研究说明，商务英语专业缺乏关于人才培养评价的系统的指标体系。人才培养评价方法比较简单，评价内容层次性较低，缺乏科学的评价技术方法手段，普遍存在以考试为主体的评价方式，没有形成定性评价和定量评价相结合、过程性评价和终结性评价相结合的"整体性"培养评价体系。

综上，商务英语人才培养模式存在的"整体性"问题主要表现在以下几个方面：一是各个院校人才培养模式"整体性"建设存在发展不平衡的基本问题；二是人才培养模式的五个分系统自身的"整体性"建设问题；三是五个分系统之间的"整体性"

关系问题；四是关键要素（子系统）的“整体性”建设问题，如专业设置方向、教师队伍的“整体性”结构等。

五、基于实证分析的商务英语人才培养模式建设的对策与举措

人才培养模式存在的“整体性”问题说明，影响商务英语人才培养模式整体效应的因素具有多样性。各个院校需要根据自身的具体情况，在提升五个分系统的系统“整体性”的基础上，以五个分系统之间的互联互通为抓手，形成具有整体非加和性的人才培养系统，提高商务英语人才培养模式的“整体性”教育培养功能。值得关注的是，本研究设计的商务英语人才培养模式“整体性”评价指标体系，本身就具有“整体性”的分析评价功能，也是提高各个分系统和商务英语人才培养模式“整体性”建设水平具体的参照指南，具有较强的指导性和操作性。因此，各个院校可根据该指标体系设定的相关指标内容，对照自身的人才培养实践情况，对学科基础、培养目标、培养内容、培养方式与培养评价五个分系统进行调整和改善，从而提高人才培养模式的“整体性”建设水平。

一是将系统“整体性”原理作为商务英语人才培养模式“整体性”建设的思想基础；指导商务英语人才培养模式“整体性”建设和人才培养实践活动。二是为跨学科培养人才提供教学组织保障。各个院校应该力争建立独立的商务英语学院，或通过成立商务英语学术委员会，健全商务英语教学全国性和地区性组织，为构建商务英语跨学科人才培养模式提供组织保障。三是大力推广多方向的专业设置形式，形成与交叉学科相对应的专业设置模式。各院校可根据学校的优势学科与学校定位开设至少两个或两个以上商务英语专业方向。四是打造综合型的师资队伍。各院校应建设具有交叉学科背景的师资队伍，注重培养“数字型”教师；当前主要是要引进具有管理学科和法学学科教育背景的教师，改善教师队伍的“整体性”结构。五是加强课程体系“整体性”建设。各个院校可以课程组织形式为抓手，将公共（通识）课程、专业教育课程、基础课程、选修课程有机地结合在一起，体现课程体系的整体结构性。同时，各个学校可依托自身的课程资源，开设适应地方经济和行业发展需求的主题性课程、跨学科课程、精品课程、特色课程和互联网课程。六是设计具有跨学科性的“整体性”培养目标，并将方向目标、层次目标、规格目标、类型目标有机地融合在一起，形成一个以人的全面发展目标为中心的目标体系。七是推广具有商务英语人才培养特征的课外实践活动和科研活动，将通识教育课程、专业教育课程、课外活动有机结合起来，体现出大学教育的“整体性”。八是根据人才培养实践的需求，设计定量评价和定性评价相结合、形成性评价和终结性评价相结合、内部评价与外部评价相结合的“整体性”评价体系。

本研究认为，要实现商务英语人才培养模式的整体效应，提高商务英语人才培养模式的“整体性”教育功能，必须在系统“整体性”原理的指导下，在解决重点分系统（实体分系统）“整体性”建设的基础上，以分系统之间相互联系、相互作用作为实现人才培养系统“整体性”的基本途径。在优化商务英语人才培养模式“整体性”结构的基础上，提高各个院校商务英语人才培养模式的“整体性”建设水平。

第八章　以商务英语为代表的专门用途英语人才培养模式“整体性”研究结论

商务英语人才培养模式“整体性”研究具有样本意义和示范作用。选择人才培养实践经验丰富，专业发展比较迅速，具有代表性的商务英语人才培养模式，进行系统整体观视域下的专门用途英语复合型人才培养模式研究，既有利于商务英语人才培养模式的“整体性”建设，也有利于推进我国专门用途英语人才培养模式发展。本研究在系统“整体性”原理指导下，将商务英语人才培养模式看作一个人才培养系统，以商务英语人才培养模式建设实践中存在的相加组合的“整体性”现象作为问题研究的切入点。在分析研究“英语 + 商务”人才培养模式实践情况的基础上，综合学界关于人才培养模式“整体性”的研究观点，将商务英语人才培养模式的“整体性”研究纳入系统“整体性”的研究范畴，本研究确定了基本命题：专门用途英语人才培养模式“整体性”研究——以商务英语为例，试图以商务英语人才培养模式为样本来解读专门用途英语人才培养模式建设的基本状况，并以理论研究和实证分析的成果，为其他类型专门用途英语人才培养提供借鉴参照。坚持走中国特色专门用途英语人才培养模式发展道路，是本研究的基本遵循。本研究将提高以商务英语为代表的专门用途英语人才培养模式“整体性”建设水平作为研究目标，聚焦于人才培养模式“内涵式”发展，进而确立了本书的研究方向和主要研究问题。

专门用途英语人才培养模式研究具有共源性。各种类型专门用途英语的产生、发展具有共同的作用机制原理和共同关注的问题区域。本研究以商务英语人才培养模式为主要研究对象，聚焦于人才培养模式的构成要素的“整体性”，期望在商务英语人才培养模式“整体性”研究的基础上，探究专门用途英语学科和人才培养模式“整体性”建设发展的新思路。

不可否认，各种类型人才培养模式之间存在差异性。以商务英语为代表的专门用途英语人才培养模式“整体性”具有问题研究的共性和个性，主要是由于各种类型专门用途英语处于不同的发展阶段，它们既有共性的问题区域，也有不同的问题诉求，需要我们注重不同类型专门用途英语人才培养模式建设的核心关切，将共性的问题研究与个性的问题研究相结合，掌握新情况，把握新特点，关注专门用途英语建设实践中存在的主要问题。事实决定观点，观点决定行动，这是理论逻辑与实践逻辑相结合的科学研究思想。站在整体与部分相互关系的角度，各种类型的专门用途英语人才培养模式在“应该是”和“事实是”之间存在偏差，与本研究命题存有差异性，这是研究课题预设与人才培养实践之间的偏差，需要我们以实事求是的态度对待商务英语与专门用途英语在发展过程中的差异性，坚持理论创新与实践创新相结合，展开关于专门用途英语人才培养模式的“整体性”研究。

具体问题具体分析是理论联系实际原理的基本观点。专门用途英语人才培养模式研究是一个系统的、复杂的研究工程。以商务英语为代表的专门用途英语人才培养模式“整体性”研究，一方面要有关于人才培养体系的专门性和系统性的研究，如商务英语人才培养模式系统与要素、要素与要素相互关系的“整体性”研究解析；另一方面要根据专门用途英语人才培养模式建设的具体情况，拓宽问题研究领域，注重专门用途英语研究的核心关注，统筹兼顾专门用途英语领域各个方面，适当地扩大研究范畴，体现有的放矢、注重实效、总揽全局、协同发展的系统思维，注重解决专门用途英语建设实践问题。

进入新时代，大学教育高质量发展，对人才培养模式建设提出了更高要求。本研究在梳理总结商务英语人才培养实践情况的基础上，得出商务英语人才培养模式建设的基本结论，并提出加强商务英语人才培养模式建设的具体举措。本章在总结商务英语人才培养模式“整体性”研究结论的基础上，从专门用途英语建设的主要成就、基本问题和启示与对策几个方面进行分析阐述，力争为专门用途英语人才培养模式“内涵式”发展提供基本建设思路。同时，本章针对研究的局限性和存在的不足，提出了进一步开展专门用途英语学科和人才培养模式建设研究的思考与建议。

第一节　关于商务英语人才培养模式“整体性”研究的主要结论

问题的导向和研究目标是确立本研究框架的基础。系统“整体性”原理确定了本研究的基本范畴。基于交叉学科的商务英语人才培养模式的组成结构，形成了关于商务英语人才培养模式“整体性”研究的展开机制。本研究按照整体（系统）与部分（要素）、部分与部分的“整体性”研究范畴，采取理论研究与实证分析紧密结合的研究范式，建立了一个具有因果关系和逻辑关系的基于交叉学科的商务英语人才培养模式“整体性”研究分析框架（研究体系）。

本书首先说明了学界目前关于人才培养模式“整体性”的研究现状和经验成果。之后以整体非加和性为理论内核，组成了包括系统“整体性”原理、辩证整体观、交叉科学“整体性”原理在内的理论体系，在界定商务英语交叉学科组成的基础上，阐述了商务英语交叉学科与商务英语人才培养模式的关系，研究分析了形成商务英语人才培养模式整体加和性问题的原因和思想根源。这为界定基于交叉学科的商务英语人才培养模式其他构成要素，确定商务英语人才培养模式“整体性”研究首要的研究对象，展开“整体性”实证分析，奠定了“整体性”的研究基础。

本研究按照系统与要素的对应关系，根据各个要素的功能作用，界定了人才培养系统五大组成部分（要素分系统），确立了商务英语人才培养模式“整体性”实证分析的主要研究对象，并以模糊数学理论为指导，构建出商务英语人才培养模式“整体性”模糊综合评价数学模型，作为商务英语人才培养模式“整体性”建设状况实证研究的工作平台。

本研究的实证研究将 14 所开办商务英语专业的院校作为研究对象。在模糊综合评价数学模型的评估结果基础上，根据交叉性、完整性、关联性、有序性、层次性等研究范畴，进行指标与指标、分系统与分系统、院校与院校的“整体性”对比分析。并在对关于各个分系统进行“整体性”实证分析的基础上，以各个分系统的基本功能为逻辑线索，依照系统“整体性”原理基本观点，阐述了分系统之间的“整体性”关系，分系统与人才培养模式之间的“整体性”关系。本研究实证分析以理论基础为基本指导、以数据为基本依据、以事实为基本理据，说明了各个院校商务英语人才培养模式“整体性”建设的基本状况，总结出商务英语人才培养模式“整体性”特色，提出了商务英语人才培养模式存在的“整体性”问题，并提出了加强人才培养模式建设的具体措施和参考建议，基本完成了商务英语人才培养模式“整体性”研究预设的研究问题，进一步总结了人才培养模式五个分系统和商务英语人才培养模式“整体性”建设状况研究的基本结论。

基于此，本研究梳理专门用途英语学科与人才培养模式建设的主要成就和基本问题，提出加强专门用途英语人才培养模式“整体性”建设的启示与建议，形成以商务英语为代表的专门用途英语人才培养模式“整体性”研究的基本结论。本研究结论将为后续的“以商务英语为代表的中国特色专门用途英语人才培养模式发展展望”专题研究，提供认识路径和研究基础。

一、基于交叉学科的商务英语人才培养模式形成“整体性”问题的原因

本研究综合相关依据，通过充分的论证分析，对商务英语交叉学科组成做出基本界定：商务英语是以语言学与经济学为主体，在语言学、经济学、管理学、法学等学科知识领域组成的一个完整的交叉学科。本研究在界定商务英语交叉学科组成部分的基础上，依照系统“整体性”原理和交叉学科“整体性”原理的基本观点，总结出关

于商务英语人才培养模式形成“整体性”问题的原因。一是建立在交叉学科基础上的人才培养模式，客观上存在由于学科交叉带来的“整体性”关系问题。商务英语人才培养模式的基本问题是交叉学科的矛盾关系，实质上就是因为学科交叉带来的人才培养模式的“整体性”问题。二是交叉学科“整体性”关系具有基元性。交叉学科作为人才培养模式的学科基础，说明了交叉学科与商务英语人才培养模式的内在关系。作为商务英语人才培养模式的学科基础，交叉学科既是商务英语人才培养模式产生、发展的内在根据，也是形成商务英语人才培养模式“整体性”问题的深层次原因，并且会影响到商务英语人才培养模式的各个方面。三是商务英语人才培养模式形成“整体性”问题的原因既有客观原因（学科交叉），也有主观因素（线性加和整体观）。将“移植”作为商务英语交叉学科形成机制，为形成商务英语人才培养模式“整体性”问题的直接原因；而深层次原因是交叉学科的“整体性”矛盾关系，其思想根源则是线性加和整体观。

二、商务英语人才培养模式的“整体性”构成要素

人才培养模式“整体性”构成要素的界定，实质上就是对系统整体组成部分的划分，体现出要素与系统的“整体性”关系。本研究将商务英语人才培养模式构成要素的界定纳入系统“整体性”的研究范畴，为关于商务英语人才培养模式构成要素的界定，提供了正确的理论（方法）和基本途径，体现出关于系统要素界定的本源性、科学性、规范性和准确性。本研究综合学界关于人才培养模式构成要素的解析观点，提出了界定人才培养模式构成要素的基本依据，通过对人才培养模式组成部分五大要素的论证分析，完成了商务英语人才培养模式具有“整体性”构成要素的界定：商务英语人才培养模式以培养目标为导向、以交叉学科基础为依托、以培养内容为核心、以培养方式为平台、以培养评价为保障，组成了一个具有完整性、层级性和关联性的人才培养系统整体，体现出基于系统“整体性”原理的商务英语人才培养模式组成的内涵。关于商务英语人才培养模式具有“整体性”构成要素的界定，既为商务英语人才培养模式“整体性”实证分析设定了具体研究对象；也为构建商务英语人才培养模式“整体性”评价数学模型奠定了基础条件（评价指标体系是依据本研究界定的基本要素而划分出来的）。

三、构建商务英语人才培养模式“整体性”模糊综合评价数学模型，展开关于人才培养模式“整体性”状况的定量分析

本研究在界定商务英语人才培养模式具有“整体性”构成要素的基础上，将商务英语人才培养模式“整体性”评价指标体系、层次分析法确定的各层指标权重、各层级指标的模糊综合评价三者有机地结合在一起，形成了基于模糊数学的层次综合评价模式，即“整体性”模糊综合评价数学模型。该数学模型较好地解决了模糊因素量化分析的问题，适合商务英语人才培养模式“整体性”研究的基本需求。本研究运用“整体性”模糊综合评价数学模型的相关理论与计算方法，以多层次指标体系的各项指标为研究对象，在收集原始数据的基础上，以229个标准化数据为模糊综合评价的起点，采取分系统、逐层向上的计算分析方式，获得了14所院校人才培养模式88个较高层次指标的模糊综合评价数值，对其展开人才培养模式“整体性”的模糊综合评价。评价指标的综合运算统计结果，既可以作为14所院校商务英语人才培养模式“整体性”评价排序的基本依据，也为商务英语人才培养模式“整体性”建设状况实证研究提供了数理支撑，是关于商务英语人才培养模式“整体性”实证研究的主要组成部分。

四、基于模糊综合评价数学模型的商务英语人才培养模式“整体性”建设状况

本研究在系统“整体性”原理的指导下，以14所院校为研究对象，以模糊综合评价数学模型运算得出的统计数据和院校排名为基本依据，根据完整性、层次性、关联性、有序性等基本范畴，结合样本院校的相关文本资料和调查信息，对人才培养系统的五个分系统逐个进行了“整体性”的实证分析，并在此基础上进行了14所院校商务英语人才培养模式“整体性”评价分析。以下为14所院校商务英语人才培养模式“整体性”实证分析的相关结论：

1. 五个分系统研究结论

关于学科基础分系统“整体性”的实证分析说明：一是语言学、经济学、管理学和法学四个学科组成商务英语人才培养模式的学科基础；二是语言学与经济学是商务英语人才培养模式学科基础（交叉学科）的核心学科；三是学科基础在商务英语人才培养模式中具有重要地位和作用。学科基础决定了商务英语人才培养模式的基本性质、基本组织结构和基本方向，是人才培养系统中的基础性要素。高校2商务英语人才培

养模式的学科基础基本上实现了多学科的交叉集合，学科基础具有完整性，为商务英语人才培养模式“整体性”建设奠定了“整体性”的学科基础。

关于培养目标分系统“整体性”实证分析说明：高校 7 商务英语人才培养目标体系基本符合培养目标“整体性”要求，体现出要素完整、重点突出、内涵丰富的“整体性”建构思想。该校将培养目标与实现途径相结合，提出 8 个具体的人才培养目标，详细阐述了实现人才培养目标的基本途径。人才培养目标内涵具有完整性、层次性和关联性。该校商务英语专业培养目标、培养标准、实现途径等，可以作为商务英语专业人才培养目标设计的参照范本。

关于培养方式分系统“整体性”实证分析说明：高校 2 的商务英语专业设置模式具有整体优化的基本特点。该校多方向的专业设置和学院制的教学管理形式，体现出商务英语专业设置模式的突出特色，形成了具有多元性、完整性、关联性、有序性的专业教育体系。另外，该校商务英语专业教师学科教育背景具有交叉性，体现出该校商务英语师资队伍学科整体结构的合理性和完整性。

关于培养内容分系统“整体性”的实证分析说明：课程体系作为培养内容的主体部分，成为实现商务英语人才培养模式整体非加和性贡献率最大的实体分系统。实证分析表明，高校 2 商务英语专业教育课程层次鲜明，关联性较强，有序性明显，具有较强的“整体性”。该校形成了多学科课程知识之间相互联系、相互补充的整体课程体系，体现出整体优化的基本特征。高校 4 通识教育课程设置体现出整体均衡性，各种类型课程和不同学科门类课程之间比例均衡，课程布局合理，“整体性”较强。高校 3“分布必修”的通识教育课程模块设计，形成了具有“整体性”的通识教育课程设置模式。

关于培养评价分系统“整体性”实证分析说明：从整体来看，开办商务英语专业的院校还没有建立系统完整的关于人才培养评价的指标体系。人才培养评价方法比较简单，评价内容层次性较低，缺乏科学的评价技术方法手段，普遍存在以考试为主体的评价方式，没有形成具有“整体性”的培养评价体系。比较而言，高校 4、高校 2 进行了有益的实践探索，取得了一些经验成果，可以作为其他学校的借鉴参考。

本研究在各个分系统“整体性”实证分析的基础上，依照系统“整体性”原理基本观点，解析了商务英语人才培养模式内部多种“整体性”关系，并得出如下结论：一是商务英语人才培养模式是五个分系统组成的具有整体非加和性的系统；二是五个分系统形成了系统功能互补的人才培养模式“整体性”关系；三是五个分系统之间相互联系、相互作用是形成商务英语人才培养模式的“整体性”功能效应的作用机制。

2. 商务英语人才培养模式“整体性”建设状况研究结论

对 14 所院校商务英语人才培养模式“整体性”的实证分析得出以下基本结论。一是系统要素配置和系统组织结构决定了人才培养系统“整体性”状况。单个分系统的优化不等于系统整体的优化。二是核心分系统（核心指标）是形成系统“整体性”的决定性因素。例如，高校10在培养目标“整体性”评估中排名第2，但该校在学科基础和培养内容两项指标排名靠后，因而影响到该校商务英语人才培养模式“整体性”的排名顺序。三是实体系统对于形成人才培养系统“整体性”贡献率大，如学科基础、培养内容和培养方式等。四是人才培养系统构成要素的完整性是决定系统“整体性”的基本前提，系统要素的缺失会影响到人才培养系统的“整体性”。例如专业设置方向的缺失就成为制约诸多院校培养方式“整体性”的主要原因。五是分系统（部分）之间的相互联系、相互作用是形成商务英语人才培养模式“整体性”的根本机制，如商务英语人才培养模式学科基础的“整体性”关系；四个专业方向之间的“整体性”关系；语言学、经济学、管理学、法学的“整体性”课程体系；多学科教育背景形成的师资队伍“整体性”结构等。

3.“整体性”特色与问题

本研究的实证分析说明，在商务英语人才培养模式“整体性”建设实践中，部分院校依托办学资源，立足于服务地方经济和行业发展，在专业设置模式、课程设置、国际化办学、教师队伍建设等方面，形成了一些具有“整体性”特色的经验成果，可以为商务英语人才培养模式“整体性”建设提供借鉴参考。

实证分析发现，各院校商务英语人才培养模式存在多种形式的“整体性”问题。一是人才培养模式构成要素缺乏完整性，学科基础没有纳入人才培养模式“整体性”建设的基本范畴。二是人才培养模式层级低，部分院校以专业或课程组织来替代商务英语人才培养模式。三是人才培养模式的组成方式存在简单加和现象。四是专业设置模式普遍存在着同质化现象。五是人才培养目标体系缺乏“整体性”，部分院校将培养目标简单地理解为英语与商务两个专业培养目标的简单叠加。六是课程体系存在“整体性”问题，如简单叠加成为课程设置的突出现象，通识教育课程碎片化现象比较严重。七是师资队伍的“整体性”结构成为制约人才培养模式“整体性”建设的瓶颈。八是人才培养没有形成定性评价和定量评价相结合、过程性评价和终结性评价相结合的“整体性”培养评价指标体系。

五、在商务英语人才培养模式“整体性”研究的基础上，探索具有中国特色的专门用途英语人才培养模式建设发展的新路径

专门用途英语人才培养模式的“整体性”研究是一个宏观的研究课题，具有问题研究的复杂性和艰深性，这正是本研究没有直面专门用途英语人才培养模式，而是选

择商务英语人才培养模式作为研究对象的根本原因。在我国经济快速发展的时代背景下，商务英语与其他类型专门用途英语处于不同的发展阶段。它们既有共性的问题区域，也有不同的问题关切，各种类型院校人才培养模式之间存有差异性。以商务英语为代表的专门用途英语人才培养模式“整体性”研究，既要有关于人才培养体系的专门性和系统性的研究，如人才培养模式系统与要素、要素与要素相互关系的“整体性”研究解析，还要根据专门用途英语人才培养模式建设的具体情况，注重专门用途英语建设的核心关注，将共性的问题研究与个性的问题研究相互结合，统筹兼顾专门用途英语领域各个方面，适当地扩大研究范畴，体现有的放矢、注重实效、总“览”全局、协同发展，注重解决专门用途英语建设实践问题的系统思维的研究思路。

系统“整体性”原理视域下的商务英语复合型人才培养模式的研究兼有专门用途英语人才培养模式理论研究的前瞻性，为其他类型的专门用途英语“整体性”建设提供了系统化的研究思路，具有重要地位和指导意义。研究结论表明：各种类型专门用途英语人才培养模式发展不平衡，成为人才培养模式建设中的核心关切，是必须共同面对的基本问题。本章在总结商务英语人才培养模式“整体性”研究结论的基础上，借鉴商务英语人才培养模式的建设思路，总结专门用途英语发展进步的主要成就，揭示专门用途英语人才培养模式建设的主要问题，在理论创新与实践创新相结合的基础上，提出了加强专门用途英语人才培养模式建设的启示与建议，形成以商务英语为代表的专门用途英语人才培养模式“整体性”的基本结论。这为中国特色专门用途英语人才培养模式建设发展，提供了理论逻辑和实践逻辑相结合的具体认识路径。

本研究的实证分析说明，商务英语人才培养模式“整体性”建设水平不高，各院校之间人才培养模式“整体性”建设发展不平衡，是目前商务英语人才培养模式建设的基本问题。部分院校五个分系统的组织结构“整体性”差，分系统之间的“整体性”状况差距较大，五个分系统之间没有形成互联互通的“整体性”关系，成为制约商务英语人才培养模式“整体性”建设主要因素。实证分析说明，目前商务英语人才培养模式建设的基本状况，与实现基于交叉学科的商务英语人才培养模式的整体非加和性（人才培养系统的整体增值）尚有一定的距离。本研究认为，商务英语人才培养模式“整体性”建设要在系统“整体性”原理指导下，对人才培养模式进行顶层设计和整体谋划，将上述“整体性”问题纳入整体（系统）与部分（要素）、部分（分系统）与部分（分系统）的基本关系范畴，以五个分系统的“整体性”关系为抓手，以分系统与分系统之间相互联系、相互作用作为实现人才培养系统“整体性”的基本途径，在优化人才培养模式“整体性”结构的基础上，提高商务英语人才培养模式的“整体性”建设水平。

走进中国特色社会主义新时代，党和国家已经把人才培养放在前所未有的高度，“我们比以往任何时期都更加渴望人才，更加重视高等教育”。有人才培养就有人才培养模式。人才培养模式建设始终是中国高等教育的重要命题，人才培养模式的改革创新是大学英语教育发展的基本途径。我们要借鉴商务英语人才培养模式的建设思路，认真总结专门用途英语人才培养模式经验成果，推动大学英语教育和复合型英语人才培养实践不断发展。本研究为总结专门用途英语人才培养模式建设成就，揭示了人才培养模式发展的主要问题，提出了加强专门用途英语人才培养模式建设的举措建议，提供了理论逻辑和实践逻辑相结合的具体认识路径。

第二节　专门用途英语发展进步的主要成就

在我国高校大学英语教育中，教师越来越多地运用专门用途英语教学模式进行授课。各个高校开设多种英语课程，用来培养学生英语语言能力和在专业性强的领域内英语应用能力，促进了我国高校英语教育的发展，也为大学英语学科和人才培养模式建设提供了宝贵的经验。随着大学英语教学改革的深入发展，我国大多数高校开设了专门用途英语类课程，涉及领域非常广泛，如医学、贸易、新闻、金融、外交、法律、军事等。尤其是在“十一五”与“十二五”期间，国内很多高校开办专门商务英语本科，专门用途英语教学进入了一个新的发展时期（俞丽芳，2018）。专门用途英语教学理论与教学实践方面的建设成就和实践经验，为专门用途英语教育和人才培养模式建设发展奠定了基础。

一、专门用途英语教学研究：大学英语教学理论的新体系

在全球化的背景下，英语作为国际通用语言，需要满足各类人员的需要。专门用途英语是一种基于特定行业、特定内容的英语类型，具有很强的专业性和实用价值，这与我国应用型本科院校人才培养的目标一致，符合大学英语教学的要求（俞丽芳，2018）。专门用途英语教学理论为教授专业英语知识，提高专业英语应用技能提供了理论依据。在专门用途英语教学理论和教学实践交汇的基点上，大学英语界在专门用途英语教学理念上达成了基本共识：一是专门用途英语是英语语言教学的一个分支学科；二是专门用途英语是一种教学途径；三是专门用途英语是一种多元化的教学理念；四是专门用途英语是一个特定的语言范围（单胜江，2012）。专门用途英语教学观的形成对于推动大学英语教学改革有着积极意义，也为专门用途英语教学模式建设奠定了思想基础。经过学者的共同努力和积极探索，专门用途英语已经发展成为一套完整的教学理论体系。

1. 专门用途英语教学研究的主要内容

研究认为，专门用途英语教学研究主要分为两个方面。一是大学英语教学改革研

究。综合研究发现，近 10 年国内 ESP 教学论文大多集中于对 ESP 教学改革的理论思考。例如，蔡基刚围绕我国大学英语教学定位展开了理论思考，并提出了 ESP 教学改革的建议和实施方案。殷和素和严启刚在探讨通用英语和专门用途英语之间关系的基础上，提出了新一轮大学英语教学改革发展的具体建议。马亚伟和严启刚探讨了基于 ESP 视角的大学英语教学改革与教学实践，并对改革过程中的 ESP 教学方法，以及 ESP 教学与基础英语和专业教育课程的关系进行了深入探讨。杨瑞英认为专门用途英语与通用英语是相通的，两者的教育功能不能偏废。白解红提出课程改革是英语教学改革的重中之重，应该重视课程改革实践中出现的问题。二是专门用途英语教学理论研究。目前，专门用途英语教学理论研究涉及专门用途英语在大学英语中的教学地位、教学需求分析、教学师资、教材建设、课程设置（设计）、教学方法、课堂教学模式、教学大纲、教学评价等方面，既有在专门用途英语教学观指导下的教学模式研究，也有基于教学实践的具体研究和课堂教学设计，涉及专门英语教学领域的各个方面。

分析发现，我国 ESP 教学研究主要从理论方面探讨教学模式，同时也有针对教学理论和教学技术在学术英语中应用的探讨，部分学者进行的专门用途英语教学实践的理论研究为 ESP 教学提供了重要的理念和发展路径。比如学界著名的“需求分析理论”就在 ESP 教学理论研究中充当了“定基固本”的核心作用。学者们一致认为，需求分析是 ESP 的核心概念。需求分析与 ESP 教学有着很深的渊源，是 ESP 课程设计的基石。以需求分析为导向的 ESP 教学符合高校大学英语课程改革的趋势，是中国大学英语教学改革的方向与目标之一（杨瑞英 等，2021）。近年来，学者们拓展了专门用途英语的理论研究视野，着力于研究专门用途英语的新问题，如专门用途英语的制度保障、专门用途英语安全研究和专门用途英语教学改革新方向等研究课题，拓展了专门用途英语的理论研究空间。

2. 专门用途英语教学研究的主要成果

几十年来，在专门用途英语教学实践的基础上，产生了一大批英语教学改革和专门用途英语教学理论研究成果，关于专门用途英语的立项研究课题、教学理论的专著不时可见，如《专门用途英语》（陈剑萍）、《专门用途英语研究》（陈莉萍）、《专门用途英语教学研究：理论与实践》（单胜江）、《专门用途英语教学研究》（郭剑晶）、《基于应用型外语人才培养的（ESP）教学探析》（俞丽芳）、《高职院校专门用途英语教学与研究》（向晓）等。上述研究主题（专著）涉及专门用途英语教学的理论研究、专门用途英语教学实践研究、专门用途英语课程设计、应用型英语人才培养研究等方面，形成了一套完整的专门用途英语教学理论框架。值得关注的是，2021 年 12 月出版的专著《专门用途英语新发展研究》。该书紧扣“新时代”和“新发展”主题，在简述专门用途英语 60 年发展历史的基础上，融合定量与定性的研究方法，通过系统分析与比较，既从宏观视角呈现 21 世纪国内外专门用途英语的最新发展，又从较微观的视角探讨了近10年国内外专门用途英语教学、评估与测试以及教师发展研究，对推动我国专门用途英语研究和教学发展，提升高层次、应用性英语人才培养质量具有重要的意义（杨瑞英 等，2021）。该书的出版，填补了我国系统论述专门用途英语学科历史、发展轨迹及其核心内容的概论性质的中文著作的空白，标志着我国关于专门用途英语的理论研究进入了一个新的发展阶段。

二、专门用途英语教学体系：我国高校英语教学改革的创新点

在大学英语教学改革的大背景下，国内各个高校创造性地开展专门用途英语教学实践活动，有力地促进了大学英语教学改革的深入发展。专门用途英语教学模式为复合型人才培养模式的建设奠定了发展基础，对我国大学英语学科建设和人才培养模式改革产生了深刻的影响。

1. 专门用途英语教学模式：大学英语教学改革的主要成果

在我国大学英语教学改革的大背景下，专门用途英语教学模式满足了培养复合型英语人才的社会需求，成为大学英语教学模式改革的主要成果。专门用途英语将专业知识与语言能力相融合，构成了一个比较完整的教学体系。专门用途英语教学模式为高校英语教学提供了理论支撑，也为我国大学英语教学指明了发展方向，对大学英语改革具有重要的推动作用。国内部分高校把专门用途英语教学模式纳入教学改革计划，开展多样化的专门用途英语教学模式创新活动。各个高校根据自己的实际情况提出了颇有创见的教学模式，在建构立体化和个性化网络教学环境中取得了可喜的成绩。例如，中山大学在英语教学改革中采用了双阶段、多层次、立体化和个性化相结合的教学模式，极大地丰富了课程教学内容，同时也为学生进行个性化的英语学习提供了可能（俞丽芳，2018）。法律英语教学是专门用途英语教学领域的重要组成部分，主要目标是培养具有国际视野、通晓国际规则、能够参与国际法律事务和国际竞争的国际化复合型人才（杨瑞英 等，2021）。法律人才培养和课程体系建设是我国专门用途英语学界关注的问题区域。学者们就此提出了一些建议和举措，如建立科学完善的课程体系，鼓励学校根据校本培养目标和教学目的开设法律英语专业教育课程，完善法律英语课程体系。又如“多点发展、长线发展”的法律英语人才培养路径，“多点发展”是指针对人才培养规格设计多方位的着力点，提高学生的综合素质和专业素质；“长线发展”主要是从时间维度上规划人才培养过程，将学校教育与继续教育相结合的长线设计思路。再如在法律英语教学改革中，从法律英语的学科定位、跨学科发展等视角，进行更高程度的学科合作，整合多学科的概念、观点和理论，使用多学科的解决方案

解决当前法律英语教学中存在的问题（杨瑞英 等，2021）。法律英语教学在专门用途英语教学中具有典型性，其“多点发展、长线发展”的人才培养路径，形成了具有法律英语学科特色的专门用途英语教学新模式。

2. 专门用途英语课程设计：人才培养内容系统的建设基础

按照国家社会经济发展和学生就业的需求，国内各个高校努力开办各种类型的专门用途英语课程，许多学校的大学英语课程被评为学校、省级和国家级精品课程，并出版了各种类型专门用途英语教材，初步形成了专门用途英语课程体系的基本框架。在教学实践中，国内各个高校充分利用自身的教育资源，努力开办具有特色的专门用途英语课程，如西安电子科技大学的“科技英语语法”课程、江西农业大学的“英语话农史＋华夏篇”课程、大连海事大学的“航海英语与听力与会话”课程等（杨瑞英 等，2021）。在学者的共同努力下，我国专门用途英语课程建设取得了一定成效。复旦大学根据学生学习需求，开设理科学生专门用途英语课程，如为所有在校生开设的国际学术交流课程，为医学生开设的医学英语课程等（俞丽芳，2018）。该校英语课程包括语言文化类课程、综合英语课程、专项语言技能课程和专门用途英语课程多个模块，形成了模块课程组合成的大学英语课程知识系统。高校 2 商务英语专业开设了国际贸易、国际工商管理、国际金融、国际经济法等课程，形成了以大商务为主体范畴的课程体系。该校专业教育课程设置以问题导向作为课程设计的主线，围绕着培养国际化、复合型人才的中心目标，以国际商务活动的实际需求为课程组织的核心主线，并以国际经济活动中的语言问题、经济问题、管理问题、法律问题为基本问题区域，形成了由四个专业方向的课程群和两条专业教育课程组织主线相结合的专业教育课程组织模式。即“一个中心”“两条主线”“四个主题”“四个方向”的专业教育课程设置模式，体现出专门用途英语课程设置“整体性”的新格局。香港大学面向非英语专业的学生开设了 42 门专门的学术英语课程，主要包括法律英语、医学英语、工程英语、贸易英语、金融英语等。这些都是根据各个专业的实际情况，为了提高学生利用英语进行学术交流的积极性设计的。课程内容包括口头论述、论文和报告撰写、专业知识讨论策略等（俞丽芳，2018）。国内各高校在专门用途英语课程教学中有一些创新举措，如“分级教学”“分层教育”“分类指导”的课程设置方式，对大学英语四个学年、不同专业和不同水平的学生进行层次性、有序性的课程设置的制度安排。研究认为，专门用途英语课程设计符合知识整体观的基本思路，也为专门用途英语人才培养模式培养内容系统的“整体性”建设，取得了经验成果。

3. 专门用途英语教学方法：大学英语教学改革的新亮点

教学方法是指能有效实现教学目标及促进学生有意义的学习而采取的各种措施和载体（王瑾，2014）。专门用途英语教学方法在保证教学质量方面发挥了积极的作用。

教师根据不同的教学对象、不同阶段的教学活动采用灵活机动、切合实际的教学方法。通过开展形式多样的课堂教学活动，提高学生的专业素养，加强学生自主解决问题的能力，提升课程教学质量。多种教学方法的综合运用，成为专门用途英语教学方法的基本特征。在教学实践过程中，处在教学一线的大学英语教师贯彻“学习者自主学习”的主导思想，创造出新颖的教学方法，如需求分析法、任务型教学法、情境体验教学法、角色扮演法、主题教学法、案例教学法、体裁分析教学法、项目教学法、合作教学法、研讨式教学法、问题导向法、交际教学法、浸润教学法、对比教学法、多媒体与网络教学法等，增强了学生学习兴趣，增加了学生的获得感、成就感，促进了大学英语教学方法的转变，提升了教学质量，成为专门用途英语人才培养实践教学中的一个亮点。

4. 专门用途英语师资队伍：大学英语教学改革的“助推器”

在大学英语教学改革中，各高校重视英语师资队伍建设，为提高教师综合素质能力提供重要保障。许多教师主动适应新的教学模式，学习现代教育技术，转换角色，积极探索，深入研究，以教改带动科研、以科研促进教改，提高了自身的整体教学能力。很多学校组织教师参加各种业务培训，设立岗前培训项目，提升教师的岗位教学能力。通过对教师在岗培训和引进多学科教育背景教师，专门用途英语教师队伍有了一定的发展（俞丽芳，2018）。杭州部分高校为了加强教育师资资源共享，解决师资队伍结构性矛盾，实施师资互聘制度，形成师资队伍专业素质的互补效应。同时，在高校内部整合资源，组建跨系的教学团队，促进教学经验交流，发挥教师队伍集体力量，实现科研团队和教学团队共同发展。通过科研内容向教学内容转化、科研成果向教学成果及时转化、科研方法与教学方法互相渗透、科研问题与教学问题双向延伸等方式，促进人才培养活动的灵活性和多元性发展。在课程教学中，各个高校积极引进社会各界人士作为兼职教师，解决教师数量和教师实践经验不足的问题，提高师资总体数量和整体素质。

5. 专门用途英语教学体系：专门用途英语教学实践的积极成果

专门用途英语教学实践证明，专门用途英语响应国家进步与发展需求，契合国家社会经济发展战略，成为我国大学英语教学改革重要推动力。目前，上海市 26 所高校正在进行着以专门用途英语为核心的大学英语改革试点工作，旨在提高大学生的语言实际运用能力，使学生的学术知识和语言交际能力得到丰富和提高，促使大学英语真正让学生学有所用（俞丽芳，2018）。有关资料表明，我国有 31 所高校设立了与专门用途英语相关的硕士点，这表明我国学术界对专门用途英语研究的重视，标志着我国大学英语人才培养开始走向正规化（郭剑晶，2012）。进入新世纪，国内各个高校在各种类型专门用途英语课程的基础上，构建出具有学科特色的专门用途英语教学体系，如商务英语、法律英语、军事英语、医学英语、海事英语等，初步形成了一个多层级、多元化的专门用途英语教学的基本框架。在各种类型专门用途英语下再设立专业分支，如在商务英语下设国际商务管理、国际贸易、国际金融、国际经济法（专业方向）；又如在军事英语下设陆军英语、空军英语、海军英语、火箭军英语专业分支，再下设相关分支，如陆军指挥英语、飞行员英语、舰艇英语、导弹英语、信息英语、士官英语、维和英语等。这些专门用途英语专业分支组成了一个网络式的专门用途英语教学体系。

研究表明，各种类型专门用途英语专业分支已经应用于我国社会各个领域，成为我国大学英语教学改革和专门用途英语人才培养的重要推手。几十年来，专门用途英语为我国培养了大批急需的复合型英语人才，为实现我国国际化经济战略和“一带一路”战略目标做出了积极贡献。仅商务英语专业就为国家培养了数十万应用性复合型英语人才，体现出专门用途英语教学的社会经济成果。

三、以商务英语为代表的专门用途英语：大学英语新兴教育类型的典型代表

尽管目前国内各种类型专门用途英语人才培养体系还不够健全、成熟，但已经形成了基本雏形。

研究认为，国内专门用途英语教育主要分为三种类型：课程教育（专门用途英语和学术英语）、学位教育和联合培养学位教育。目前国内各高校主要是在开展课程教育。比较而言，商务英语集中了上述三种类型教育内容，形成了具有自身特色的商务英语教育体系。商务英语体现了专门用途英语教育“整体性”的基本特点，即将语言、跨文化交际、相关专业学科知识基础融合成一个整体，以综合的知识整体观研究和实施专门用途英语教育。商务英语教育的综合性表现在其具有整体视域，即在商务英语教育理论上，将语言学、国际商务学、教育学、心理学、经济学、管理学、法律学（商法）、社会学、现代教育技术、哲学等相关学科内容作为理论基础，构建综合性的商务英语教育观（鲍文，2017）。研究表明，商务英语在课程教育、学位教育和国际合作教育等方面，已经取得了较大进展，并形成了本、硕、博完整的学历教育体系。商务英语学科体系、理论体系和知识体系日趋完善，产生了一系列理论研究成果，并形成了独立的专业设置模式，成为专门用途英语教育中的“领军者”。关于商务英语教育发展的实践表明，专门用途英语教育有着丰富鲜活的人才教育实践，已经成为我国大学英语新兴教育类型的典型代表。我们相信，在各个高校广泛开展专门用途英语课程教育的基础上，以专门用途英语学科建设和人才培养模式建设为抓手，将会推动专门用途英语教育走向新阶段，从而实现专门用途英语人才培养模式的转型升级。

四、商务英语学科建设：专门用途英语本源性和发展性的具体表现

商务英语的发展历程表明，商务英语为专门用途英语发展起到了领航导向的作用，在专门用途英语学科体系中有着重要地位。站在专门用途英语发展的角度，可以说，商务英语与专门用途英语的关系是隶属与超越的关系（鲍文，2017），专门用途英语推动了商务英语学科的建设发展，商务英语作为专门用途英语教育人才培养的先行者，为专门用途英语学科建设提供了鲜活的经验成果，体现了专门用途英语学科和人才培养模式的本源性、成长性和发展性。

共源机制是专门用途英语的共有特征。英语“语言共核”是各种专门用途英语的基础，也是商务英语学科发展的依托和基石（鲍文，2017）。专门用途英语有着“语言共核”不是指英语语言所有的内容，而是指英语是所有用途和场合的通用语言内容。商务英语作为专门用途英语的学科专业分支，同样以英语“语言共核”为基础。专门用途英语的“语言共核”说明了各种专门用途英语所具有的共源机制，它们在学科深处具有共同的因子，在此基础上，通过与相关学科交叉，产生新的专门用途英语学科分支。因此，专门用途英语在学科交叉中应该挖掘共源、认识共源、说明共源，以学科交叉为抓手，推动专门用途英语学科建设发展。

商务英语学科研究是专门用途英语学科建设共享的研究命题。作为分支，商务英语教学建立在专门用途英语教学理论基础上。专门用途英语研究包括：专门用途英语特征研究、语体研究、教学理论研究、翻译理论研究与实践研究等，它们也是商务英语的主要特征。事实上，国内外研究者对专门用途英语的研究与实践，涵盖了商务英语的内容。关于商务英语的理论研究说明，商务英语的研究和发展直接受益于专门用途英语教学理论的发展，专门用途英语教学理论为商务英语教育发展奠定了基础，推动商务英语学科的形成；而商务英语教学的形成与发展又丰富和拓展了专门用途英语理论与实践内容，构成了专门用途英语不可或缺的重要组成部分（鲍文，2017）。可以说，商务英语学科的理论研究成果，将成为专门用途英语学科建设共享的理论资源，对专门用途英语学科建设有重要意义。

交叉学科知识体系赋能于专门用途英语人才培养模式。在国家改革开放和“一带一路”经济发展战略驱动下，社会对复合型商务英语人才需求越来越大，商务英语学科建设持续保持较快的发展。在发展过程中，商务英语研究呈现出跨学科、多视角、多领域、多维度发展趋势，并形成了商务英语学科建设和理论研究本土化特色（陈建平，2018）。商务英语充分利用语言学、经济学、管理学和法学学科综合的优势教育资源，将交叉学科理论导入专门用途英语研究框架，对专门用途英语教学进行理论重塑，从而形成了语言学科与相关学科相互结合、相互作用的交叉学科，构建成一个多学科

合作培养人才的商务英语教育体系。

跨学科、跨语言、跨文化是商务英语的基本特点。随着语言学从语言本体领域向跨学科的专门用途英语领域发展，商务英语从专门用途英语课程教学模式逐步发展成为一门独立的学科。在商务英语学科、商务英语理论、商务英语教育发展过程中，商务英语学科内涵、学科边界、研究理论、研究方法和人才培养模式逐渐超越了专门用途英语教学模式的框架，形成了具有自身学科特色的商务英语教育模式。

专门用途英语人才模式要走具有中国特色的大学英语教育发展道路。商务英语学科建设和人才培养模式发展历程说明，任何一种理论或培养模式都不是一成不变的。与时俱进、守正创新，才是专门用途英语人才模式的发展之路。专门用途英语教学模式和教学实践为商务英语人才培养模式建设发展开拓了前进道路。商务英语复合型人才培养模式研究成果和实践经验，又反哺于专门用途英语人才培养模式的建设发展，从而为各种类型的专门用途英语建设提供发展的新路径。

第三节　专门用途英语发展过程中的主要问题

我国设有外语专业的高等院校主要分为外语院校、综合性大学、师范类院校、理工类院校、农业类院校、医学类院校、财经类院校等。由于各个院校的办学层次、隶属行业、生源背景、服务对象等方面存在差别，也就形成了不同类型的专门用途英语人才培养模式。商务英语作为各种类型专门用途英语中专业规模最大、发展最快的学科专业，成为专门用途英语的代表性学科专业。值得注意的是，在商务英语高速发展的同时，我们必须看到专门用途英语还处于粗放式的发展阶段。复合型人才培养模式的建设实践与商务英语发展初期的基本情况相似，人才培养模式多数为“课程 + 课程”组合模式，专业设置普遍存在着同质化现象，人才培养模式建设显示出局限性：在相加组合思想的影响下，“英语 + 专业”简单相加的组合模式，难以培养出英语应用能力与专业知识良好结合的复合型英语人才，不能满足国家复合型人才的培养目标。需要注意的是，国内大学英语学界普遍认为，在专门用途英语还不是一门独立学科的情况下，专门用途英语只是一种英语教学理论和英语课程教学实践活动，目前还谈不上研究专门用途英语人才教育、专门用途英语人才培养模式和专门用途英语学科建设问题。因此，尽管有部分学者在积极呼吁建立专门用途英语人才培养模式，但在人才培养实践中却是收效甚微。

关于专门用途英语人才培养模式的研究表明，专门用途英语在发展中存在一些现实问题：一是传统的大学英语教育理念制约了专门用途英语的推广和发展；二是学界主要聚焦于课程教学和教学实践两个方面，理论研究滞后于人才培养教育的具体实践；

三是国内大部分院校专门用途英语还只是作为一门课程存在，人才培养模式缺乏学科支撑，复合型人才培养模式建设没有取得突破性进展；四是专门用途英语教育的站位不高，没有从提升国家文化软实力的战略层面审视自身，没有树立以社会发展和国家综合利益为人才培养的基本导向，以市场需求为导向构建专门用途英语人才培养模式缺乏精准性；五是培养复合型专门用途英语教师，成为教师队伍建设中亟待解决的重要问题；六是部分高校对专门用途英语人才培养模式的重视程度不高，虽然提出了复合型人才培养模式或专门用途英语培养模式，但是在实践中往往出现表面化、贴标签的现象，或者是培养模式要素的局部改变，而不是对人才培养模式的整体变革；七是人才培养模式建设缺乏合适的科学研究理论和方法工具。因此，对照国家提出的大学学科专业“内涵式”建设和人才培养教育质量的发展目标，各种类型专门用途英语（包括商务英语）人才培养模式“整体性”建设发展不平衡，人才培养模式“整体性”建设水平不高，成为目前我国高校专门用途英语人才培养实践中的基本问题。

一、专门用途英语人才培养模式建设尚未取得突破性进展

专门用途英语人才培养模式建设是我国大学英语教学改革尚待完成的重要课题。著名学者秦秀白教授认为，分析设计符合我国国情和行业特点的复合型人才培养模式及对策研究，使其具有生命力和生产力并加以推广普及，是值得我们进一步探讨的问题（谢玉华，2020）。蔡基刚教授是我国专门用途英语人才培养模式的主要倡导者，他发表了《ESP 与我国大学英语教学发展方向》《关于我国大学英语教学重新定位的思考》《学术英语还是专业英语——我国大学教学 ESP 的重新定位的思考》《ELE 还是 ESP，再论我国大学英语的发展方向》《英语专业开展专门用途英语研究：（国标）修订思考》等研究论文。蔡基刚指出：专门用途英语人才培养模式突破了“英语 + 人文学科知识”的传统。新的专门用途英语复合型模式是：“英语 + 新工科一般知识 + 新工科语言类知识”。英语专业从单一的英美语言文学方向朝新工科语言英语方向转型符合世界高校发展潮流，也符合国家对创新人才培养要求。高校英语教育必须向专门化和精细化的专门用途英语教学转移，培养大学生在各自学科和行业里的英语交际能力（蔡基刚，2019）。李思阳等（2013）提出：“探索专门用途英语人才培养模式，旨在为高校培养既懂专业又懂英语的复合型人才提供有益的尝试。”谢玉华等（2020）提出：“丰富 ESP 教学理论，为 ESP 复合型外语人才培养模式提供实证和理论依据，从而推动外语教学科学发展。”学者们都在呼吁大学英语教育必须导入专门用途英语人才培养模式。高校英语专业教育必须转型，要敢于抛弃传统的英语专业教学理念和英美语言文学学科发展的自身利益，敢于突破传统英语人才培养模式，探索专门用途英语复

合型人才培养模式（蔡基刚，2019）。英语专业从单科的人才培养模式转向复合型人才培养模式，是我国高校英语专业教学改革中持续时间最长、影响最大的课题（莫再树，2014）。目前，学界关于专门用途英语在大学英语中的地位有两种不同的声音：一是关于商务英语与专门用途英语的关系存有异议，部分学者认为，商务英语是专门用途英语，但不隶属于专门用途英语，因为专门用途英语不是一门独立的学科（翁凤翔，2009）。随着商务英语专业的设立，学者们认为商务英语和专门用途英语形成了两种不同的发展路径，对专门用途英语人才培养模式存有质疑；二是关于通用英语与专门用途英语的关系。近年来，大学英语教学争论最为激烈的问题是专门用途英语能否替代通用英语，还是两者互为补充关系。学者关于两者在大学英语中地位的争论说明，专门用途英语学科建设任重道远，基于学科交叉的专门用途英语人才培养模式还没有成为官方和大学英语学界的基本共识。大学英语教育没有确立专门用途英语人才培养模式的基本定位，专门用途英语复合型人才培养模式建设没有取得突破性进展，这是我国大学英语教育亟待解决的主要课题。

二、各种类型专门用途英语教育发展不平衡

各种类型专门用途英语教育发展不平衡是专门用途英语建设的共性问题。几十年来，在学者的共同努力下，商务英语教育、商务英语学科体系、商务英语人才培养模式等各个方面的建设取得了长足的进步，显示出专门用途英语学科建设的方向性和发展性。进入新世纪，我国高校纷纷设置商务英语专业，甚至形成了“中国高校英语专业向商务英语专业转向”的潮流（鲍文，2017）。对比之下，国内高校其他类型的专门用途英语差距甚大，多数只是作为一门课程存在。如军事英语已经形成了通用军事英语和专业军事英语乃至众多的军事英语学科专业分支，但还是作为一门“军事英语课程”在统筹整体的军事英语教育。在国内开办专业英语的高校中，高校 2 商务英语设置四个专业方向（国际贸易、国际金融、国际经济法、国际工商管理），但多数院校商务英语专业方向均为国际贸易。总体来看，专门用途英语专业设置模式“千校一面”，专业（方向）同质化现象比较普遍，专门用途英语教育缺乏顶层设计和整体谋划。人才培养模式“整体性”建设水平不高，各种类型专门用途英语人才培养模式发展不平衡，成为专门用途英语人才培养模式建设的共性问题。商务英语学科建设发展的实践说明，单一的英语课程无法构成专业，也无法构成独立的学科。专门用途英语教育局限于“课程＋课程”范畴或教学模式层面，是专门用途英语人才培养模式发展不平衡的主要原因。

研究认为，各种类型专门用途英语人才培养模式建设目标需要具体问题具体分析，因为不同类型的专门用途英语人才培养模式有着自身特定的规定性，如军事英语人才培养必须以国家安全和军事斗争为需求导向，不能以市场需求为目标。因此，专门用

途英语人才培养模式建设应该以社会发展和国家综合利益为基本导向，单纯地以市场需求为导向构建专门用途英语人才培养模式缺乏精准性。

三、学科基础缺位

学科基础缺位是专门用途英语人才培养模式的基本建设问题。研究发现，在专门用途英语人才培养模式起步阶段，一般都是在“课程设计范式变革”的基础上发端，通过课程与课程的组合逐步形成，普遍以“课程 + 课程”的方式组合人才培养模式。这也是商务英语复合型人才培养模式的发展初期比较普遍的现象。在人才培养模式建设发展进程中，“课程 + 课程”的人才培养模式暴露出结构性的问题：人才培养模式构建没有从课程层面上升到学科层面，人才培养缺乏所依托的学科知识体系和学科支撑。基于课程层面的人才培养模式缺乏学科组织力，人才培养难以有效地整合学科资源，更难以发挥多学科合作培养人才的综合优势。专门用途英语以课程为基础的组织形态，制约了人才培养模式的建设发展。

专门用途英语人才培养模式需要学科基础支撑。上海高校大学英语教学指导委员会主任蔡基刚教授指出：“在 1987 年批准专门用途英语专业后，又被收回批准了。在我国改革开放初期，教育部外语目录有专门用途外语二级学科位置，1997 年被调整出去。在以学科发展为驱动的我国高校里必须有学科地位，才能吸引大批外语教师敢于投身于专门用途英语教学，才能有项目和资金的投入，才能有教师身份、理论研究和职称评定的学科归属”（蔡基刚，2018）。中国高校专业具有严格的意义，必须具备标准的专业建设流程以及配套的硬件保障等基本办学条件（胡媚 等，2014）。我国大学本科专业目录按照学科门类、专业类型（一级学科）、专业（二级学科）进行设置。学科专业具有实体身份。学科设置如同申办“户口”，如果一门学科没有“户口”，将直接影响到学科评审、研究生招生和学科建设，而没有进入大学专业目录的专业势必会出现学科生存危机，人才培养也将难以为继。

人才培养模式与学科专业有着密切的内在关系，学科专业建设的发展模式决定了人才培养模式的定位和发展方向。专门用途英语人才培养模式的学科基础有着特定的学科范畴，如英语和商务英语的学科基础就有着不同的学科范畴，前者是单学科的人才培养模式，而后者是基于交叉学科的人才培养模式。两者的人才培养目标和人才类型有着不同的规定性。学科是人才培养所依托的知识体系，专门用途英语复合型人才培养模式必须有相关学科基础支撑，才能实现人才培养模式的可持续发展。多学科合作培养人才是专门用途英语复合型人才培养模式的基本特征。专门用途英语学科建设的滞后，制约了基于交叉学科的专门用途英语人才培养模式“整体性”建设发展。

四、理论研究滞后

理论研究滞后是专门用途英语人才培养模式理论研究的基本问题。关于专门用途英语理论研究状况的分析发现，在商务英语之外，其他类型专门用途英语理论研究主要集中在专门用途英语教学和专门用途英语课程两个方面，鲜有关于专门用途英语人才培养模式和专门用途英语教育的专门理论研究。在这方面，商务英语研究与专门用途英语研究形成了鲜明的对比。综观商务英语的研究发展轨迹，商务英语已经形成了具有自身内在规律性的理论研究发展逻辑：《晚清商务英语教学源流考镜》（博士论文，莫在树）⇒《ESP 视角下商务英语课程设计》（专著，王瑾）⇒《商务英语课程体系研究》（专著，邓静子）⇒《商务英语教学研究》（专著，朱文忠）⇒《基于语言经济学的商务英语教育研究》（专著，莫再树）⇒《商务英语教育论》（专著，鲍文）⇒《商务英语研究》（专著，翁凤翔）⇒《商务英语语言学》（专著，陈建平）⇒《商务语言学》（专著，陈建平）⇒《商务英语学科建设与专业发展》（论文集，段玲琍、胡文飞、周钰颖）⇒《国家标准指导下的商务英语专业建设》（论文集，刘白玉、包芳）⇒《商务英语人才培养模式“整体性”研究》（博士论文，邓静子）⇒《商务英语文体研究范式建构》（专著，戴桂玉）。上述系列研究（专著）充分说明，商务英语研究是沿着一条逐步深入、逐步升级的理论研究发展路线在前进，已清晰地描画出商务英语研究纵横交叉的理论谱系。

通过对专门用途英语研究理论的发展历史进行考察，可以发现它从产生之日到现在都是一种英语教学理论（王瑾，2014）。教育与教学是一对上下位的概念范畴。教学主要是指关于课程教学的具体活动，教育则是大学最基本的概念，它涵盖了整个人才培养的全过程，体现出学科建设和人才培养模式的成长性和发展性。可以说，商务英语已经完成从英语教学向人才教育的转型升级，走向了人才培育的高级阶段。对比之下，其他类型人才培养模式的理论研究还处于起步阶段，专门用途人才培养模式还没有形成被学界基本认同的概念定义。上述对比分析说明，其他类型专门用途英语的理论研究还处于局部的、微观的认知层面，系统和整体的思考尚显不足，缺乏对专门用途英语教育体系宏观的整体关照。

尽管目前专门用途英语不是一门独立的学科，也没有形成成熟的人才培养模式。但各种类型的专门用途英语人才培养模式的建设实践始终处于“正在进行时”，大量鲜活的人才培养实践经验亟待升华为人才培养的理论研究成果。加强专门用途英语人才培养模式理论研究既是大学英语教学改革的强烈呼唤，也是专门用途英语教育自身发展的迫切要求。专门用途英语人才培养理论研究滞后，制约了专门用途英语人才培养实践的发展进程。

五、简单加和组合模式的误区

简单加和组合模式是专门用途英语“整体性”构成的误区。复合理论是形成人才培养模式“整体性”问题的理论基础。关于专门用途英语复合型人才培养模式的研究说明，学界在专门用途英语还没有成为独立学科前，普遍采用复合理论构建专门用途英语专业学科和人才培养模式，因为各种类型的专门用途英语有着共性特点：“英语 + 专业”。需要说明的是，学界所谓复合理论是基于复合材料说而来的，即：英语专业是基础材料，相关专业是加强材料，两种“材料”复合而成专门用途英语专业。在复合材料说基础上建立的复合理论，对于具有交叉学科属性的专门用途英语学科组织结构缺乏科学理论的解释力。目前，虽然学界普遍都认为商务英语具有交叉学科的特性，但由于缺乏对交叉科学的学习探究，以至于在复合性问题研究中频频出现一些关于交叉科学常识性的认知误区，如认为商务英语是复合型学科、复合型专业等。根据概念范畴的定义指向，“复合”与“融合”有着不同的意义；以“融合”来表述英语与相关专业之间的相互结合更精准，这也是交叉科学普遍采用“融合”概念的主要原因。“复合”概念很容易让人产生“加和”的歧义，在复合理论的引导下，人们认为专门用途英语就是“英语 + 专业”，出现组成要素简单相加的“整体性”问题。

线性相加组合模式是人才培养模式“整体性”问题的组织原因。思维科学认为，线性思维的基本特点就是直线的、简单的、单向的、迭加的思维方法。在简单相加即为整体的线性思维的影响下，专门用途英语课程体系、教学模式、人才培养模式，基本上都是采用简单叠加的整体组合方式。这种简单的代数加和的关于专门用途英语的“整体性”表述，造成了专门用途英语学科和人才培养模式理论研究中的模糊混乱现象。有的研究认为，专门用途英语应该是“英语与某一种专业或某一种学科相互结合（融合）”。这种表述方式没有描述出专门用途英语学科和人才培养模式“整体性”的内在关系，也是线性相加思维的具体表现。系统论认为，所谓系统应该是一个有机的组织系统，而不是要素简单相加组合的整体。由此可以说，线性相加的组合模式是复合型人才培养模式产生“整体性”问题的组织原因。

六、缺乏合适的研究理论和方法工具

缺乏合适的研究理论和方法工具是专门用途英语人才培养模式研究的盲区。系统科学是我国原创的科学理论体系，是人们认识自然和社会的重要的科学理论和方法论。系统论认为，人才培养模式是由若干要素组成的人才培养系统，这是关于专门用途英语人才培养模式的基本定位。“整体性”是人才培养系统最为鲜明、最为基本的特性。系统论是研究人才培养模式最合适的科学理论和方法论。离开了系统理论就不能把握人才培养模式的“整体性”。值得注意的是，在专门用途英语学界，关于专门用途英语人才培养模式的研究，鲜有基于系统与要素、要素与要素相互关系的“整体性”研究，也没有建立起完整性、层次性、关联性、有序性等关于人才培养系统研究的基本范畴。人才培养模式研究缺乏系统科学理论指导和方法工具，成为专门用途英语人才培养模式理论研究难以展开的主要原因。

专门用途英语没有形成跨学科的研究范式。专门用途英语涉及不同学科领域的学科专业，如商务英语、科技英语、军事英语等，因而对于专门用途英语研究必须具有跨界融合的思维和研究范式。国际大学教育发展的实践说明，学科交叉融合已经成为大学教育发展的必然趋势，也是专门用途英语教育自身发展的客观需求。商务英语的发展过程说明，专门用途英语要实现跨越式的成长，只有依靠学科交叉才能实现。但学界关于专门用途英语所具有的学科交叉性还没有形成基本共识，普遍存在专门用途英语只是一种特殊的语言的基本观点。实质上，专门用途英语是一个跨学科知识的组合体，具有跨学科、跨语言、跨文化的综合特征。目前，专门用途英语还没有形成跨学科的研究范式，现有的专门用途英语理论难以指导跨学科的专门用途英语人才培养具体实践。

系统科学认为，一门学科的研究只有在运用数学模型时才能称之为真正的科学，尤其是在进行复杂系统的效能评估时，应该建立合适的数学模型，才能有真正意义上的定量研究。在建立人才培养模式评价指标体系的基础上，利用数学模型进行人才培养模式的评价分析，是国内大学英语学界必须面对的一个全新课题。这也是在当今大数据、信息化、网络化时代中，各门学科发展的必然趋势。“计算机是系统科学的实验室”（陈禹 等，2006）。中国规模庞大的专门用途英语教育体系建设，呼唤着质与量相结合的实证分析工作平台。

第四节　关于专门用途英语人才培养模式建设的启示与对策

系统整体观视域下的专门用途英语人才培养模式研究，对于解决专门用途英语学科建设和人才培养实践中的实际问题，提升专门用途英语人才培养模式“整体性”建设水平，具有重要的现实意义。作为专门用途英语的代表，商务英语复合型人才培养模式是大学英语学界关注的焦点，成为专门用途英语研究领域的重要关切。本研究通过总结专门用途英语建设的主要成就和梳理人才培养模式发展中的基本问题，以商务英语为“样本”来解读专门用途英语人才培养模式建设的基本状况，并以理论研究和实证分析的成果，为专门用途英语学科和人才培养模式建设提供借鉴参照。

在国家“双一流”建设和大学英语教学改革深入发展的背景下，专门用途英语教育要大力推进跨学科课程体系建设，设置独立的专门用途英语人才培养评价标准，并在专门用途英语师资队伍建设方面有所突破。专门用途英语学科建设要大力促进网络技术与人才教育相结合，赋能于专门用途英语人才培养模式。专门用途英语人才培养模式建设要在人才培养理论研究和人才培养实践两个方面有所突破，完整地、准确地认识和理解复合型人才培养模式，为专门用途英语人才培养模式“整体性”建设提供理论指导。必须转变大学英语教育观念，树立新时代大学英语教育观，提升人才培养模式“整体性”新站位，站在国家战略发展高度审视专门用途英语教育；从国家安全和国家综合利益层面制定专门用途英语发展规划，建立培养高素质复合型英语人才的保障机制，充分发挥专门用途英语在实现中华民族伟大复兴，保障国家安全和实现国家综合利益方面的重要作用。

科学研究的一个重要任务就是在描述、解释、预测研究对象的基础上，根据关于研究对象规律性的认识，对事物采取恰当的控制行动，也就是人们经常说的所谓“对策与建议”。本研究在商务英语复合型人才培养模式“整体性”研究的基础上，结合专门用途英语人才培养实践的具体情况，对照国家关于大学英语人才培养的基本要求，对专门用途英语学科和专门用途英语人才培养模式建设发展提出如下建议。

一、转变我国高校大学英语人才培养教育观念

我国大学英语教育需要转变人才培养教育理念，充分认识专门用途英语在大学英语教育中的重要地位，坚持英语与相关学科专业相结合的学科建设理念，注重普通英语与专门用途英语相结合的“整体性”，树立多学科合作培养人才的专门用途英语教育思想，以新时代的大学英语教育观指导大学英语人才培养实践。

1. 专门用途英语：新型的大学英语教育

蔡基刚教授指出，从20世纪80年代以来，关于大学英语的存在意义都有争议，即大学英语究竟是为了提高学生的英语水平、人文素养，还是为帮助学生用英语从事专业学习而存在？近年来，由于受国外专门用途英语发展的影响以及我国社会经济发展的实际需要和学生英语水平的显著提高，各路学者纷纷意识到专门用途英语教学的重要性，认为需要提升专门用途英语教育地位，因为中国的专门用途英语不仅仅是一种教学方法，一种崭新的英语教育类型，更是一种复合型英语人才的培养模式。21世纪英语教学改革最重大的发展是英语与其他专业学科的结合，英语不单是一门语言课程，人们也不单是为学习语言而学习外语，英语教学将会越来越多地与某一专业的知识相结合，或者与某一学科知识相结合（蔡基刚，2018）。教育部在《大学英语教学指南》（征求意见稿）中提到“专门用途英语”的概念，指出“大学英语教学的主要内容可

分为通用英语、专门用途英语和跨文化交际三个部分”。这一概念的提出标志着我国大学英语教学理念的转变，一定程度上化解了通用英语与专门用途英语教学的矛盾，肯定了英语应用教学在大学英语教育中的重要性（蔡基刚，2018）。

2. 普通英语与专门用途英语相结合：大学英语教育的“整体性”内容

我国高校英语专业人才培养模式的实践与研究说明，尽管在实践中多种人才培养模式并存，但总体可分为两类：一是坚持无论社会形势如何变化，高校英语专业教学应以英语语言文学为本，通过讲授语言学和文学知识，提高学生的英语语言技能和阅读欣赏能力，以不变应万变；二是主张高校英语专业教学应该适应市场人才需求的变化，必须探求新型的教学模式，即“语言 + 专业知识”的复合型人才培养模式。可以说，英语复合型人才培养模式的提出，适应了社会经济的需要，对培养社会急需人才、优化高校的学科分布、鼓励新兴学科的建设起到了积极作用，也有利于市场需求和学生就业（于洁，2008）。专门用途英语教育实践说明，普通英语教育是大学英语的初级阶段，专门用途英语教育是大学英语的高级阶段，两者共同构成大学英语的“整体性”内容。专门用途英语教学和普通英语教学是一个相互依存、相互补充的有机整体，普通英语教学是专门用途英语教学的基础，只有实施普通英语教学，才能保证专门用途英语教学的顺利进行，两者缺一不可。普通英语教学和专门用途英语教学应充分考虑英语教学规律性，掌握学生的学习需求，使两种不同的英语教学方法和内容合理衔接，大学英语教学才可以更科学、更有效、更协调地发展（蔡基刚，2018）。

二、提升专门用途英语在大学英语教育中的整体站位

我国大学英语教育必须主动推进专门用途英语人才培养模式的理论研究和教育实践，提升专门用途英语在大学英语教育中的“整体性”站位，服务于中华民族伟大复兴和国家综合利益。我国大学英语教育要站在国家战略发展高度审视专门用途英语教育，将专门用途英语教育提升到国家国际竞争力和国家宏观语言战略的高度。“如果语言研究不关心语言的命运及其相关征兆因素，那我们的研究就失去真义……中国语言学研究要与国家命运共患难，与中华民族的伟大复兴目标相结合”（文秋芳，2014）。在新时代发展背景下，专门用途英语教学不仅仅是培养学生的就业能力。作为一门应用性极强的学科，专门用途英语建设已经事关国家综合利益。外语能力作为国家语言文化实力的组成部分，涉及政治、外交、军事、经济、文化各个方面。培养高素质的专门用途英语人才，服务于我国的国际交往、文化传播、国际经济贸易和国际军事活动，可以有效地保证我们国家的综合利益和实现中华民族复兴的伟大事业。

专门用途英语教育是国家语言战略规划的重要组成部分。习近平总书记指出：“提高国家文化软实力，要努力提高国际话语权。要加强国际传播能力建设，精心构建对

外话语体系，发挥好新兴媒体作用，增强对外话语的创造力、感召力、公信力。”如何塑造好中国形象，让中国故事被更多人看懂，让中国声音被更多人理解，让中国特色被更多人认可？语言研究者应该是先遣队。我们应该研究传播中国文化的最佳话语模式（文秋芳，2014）。这就涉及国家语言能力。国家语言能力主要体现为一个国家的外语能力，包括拥有的外语人才数量和水平，外语教育的语种数量和质量，外语资源对国家需求的适应性等方面（黄德宽，2014）。国家语言能力是国家软、硬实力的重要组成部分，对于服务国家政治、经济、军事、文化利益在海外的拓展，意义极其重大（文秋芳 等，2013）。如军事英语是国防语言的重要组成部分，关涉到国家安全和军事斗争综合需求。它是国家和军队根据国家安全战略和军事战略需求，运用语言资源实施和保障军事活动的能力，是国家语言能力和军事能力的重要组成部分，是一种特质战斗力（李苏鸣，2020）。当前，英美等国已经将国家语言能力纳入语言战略规划，并取得了明显的实践效果，为我们认识专门用途英语教育的战略地位提供了借鉴参考。大学英语教育必须从提高国家语言能力战略目标出发，提升专门用途英语教育战略地位，给予其更多的发展空间，赋能于国家语言发展战略建设。

三、完整、准确地认识和理解专门用途英语复合型人才培养模式

专门用途英语是一个跨学科的复合型学科专业，多学科合作培养复合型人才，成为专门用途英语人才培养模式的基本特征。作为专门用途英语一个最基本的概念范畴，“交叉复合”概念为我们完整、准确地认识和理解专门用途英语复合型人才培养模式提供了正确的路径。

学科交叉是专门用途英语学科形成的机制原理。“现代语言学的理论研究越来越深刻，理论应用越来越广泛。多角度、全方位地研究语言，成为现代语言学发展的必然趋势。每当语言学家从一个新角度去研究语言时，就会产生新的看法、新的理论观点，并建立新的学科”（王德春，2003）。在 20 世纪和 21 世纪之交的 100 多年里，语言学领域涌现了一系列新兴的交叉型学科，它们都是经由语言学科与其他学科的交叉、融合（复合）而生成和发展起来的，如社会语言学、文化语言学、心理语言学等。其中，英语学科与其他学科交叉而成的交叉学科更是层出不穷，所涵盖的学科分支已经渗透到社会各个领域，如科技英语、医学英语、法律英语、理工英语、军事英语等。商务英语就是由英语语言学科与经济学科、管理学科和法学（商法）交叉融合的一门新生的交叉学科。

学科交叉性是专门用途英语学科的生命力，主要表现在以下方面：一是学科交叉

性体现了商务英语学科生成的原始动因，指明了该新兴学科生成、发展的终极目的；二是学科交叉性揭示了该学科在人才培养全过程中出现的多门学科交叉融合中的一切矛盾；三是学科交叉性是一个内涵高度简化、语言高度抽象的概念，它贯穿学科理论体系的始终。

学科交叉性和人才培养复合性是商务英语教育的逻辑起点和逻辑终点。培养国际商务活动中需要的复合型英语人才，是商务英语专业办学的出发点和落脚点。在商务英语学科逻辑体系中，学科交叉性是商务英语学科的逻辑起点，商务英语办学实践和教学的全过程及其规律性，是从办学出发点通往办学落脚点（即从逻辑起点到逻辑终点）的必经之路，而跨文化、跨语言、跨学科的复合型英语人才的出炉，则显现了商务英语学科体系的逻辑终点，即人才培养的复合性。学科交叉和复合型人才是一种因果关系，学科交叉是因，复合型人才是果，交叉学科是培养复合型人才的基本途径。可以说，学科交叉性体现了商务英语学科逻辑和人才培养实践逻辑相结合的科学研究思想。

人才培养模式必须建立在一定的学科基础之上。商务英语在交叉学科的基础上，形成了多学科合作培养人才体系。专门用途英语具有共源性。学科交叉复合作为专门用途英语形成、发展的同源性机制，为我们认识专门用途英语的形成机制原理，提供了科学的认识论和方法论。

四、突破专门用途英语研究理论的局限性

人才培养模式是高等教育领域的基本问题，人才培养实践要有科学理论的指导。加强人才培养模式的理论研究既是时代发展的强烈呼唤，也是高等教育自身发展的迫切要求（董泽芳，2012）。人才培养模式理论建构的目标是指导大学人才培养活动，提高人才培养质量。基于交叉学科的人才培养模式理论建构有利于多学科合作培养复合型人才，提升人才培养模式“整体性”教育功能。理论建构是学科发展的根本动力，也是人才培养模式建设的思想源泉。理论建构是人才培养模式建设的基础工程，建立在交叉学科基础上的专门用途英语人才培养模式研究有着特定的理论需求，而专门用途英语学科理论体系也有着自身的基本内涵。专门用途英语要突破自身研究理论的局限性，对专门用途英语教学理论进行重塑，将教学理论上升到教育理论的研究领域，注重人才培养模式的跨学科研究，导入人才培养科学理论，实现专门用途英语研究理论的转型升级。

1. 教学研究和跨学科研究：两种不同的科学研究领域

在我国大学英语教学改革中，专门用途英语教学研究在教学实践中发挥了重要作用，也在人才培养实践中积累了丰富的教学经验。但可以肯定地说，专门用途英语教

学研究与人才培养模式的跨学科（“学科交叉”）研究两者之间存在着层次性和差异性。通常将学科交叉视为一种跨学科研究和跨学科教育（李佳敏，2014）。由于专门用途英语所具有的学科交叉性，使得教学研究和跨学科研究形成了两个不同的研究领域，它们在科学研究的层面和学科之间界面的关系上缺乏关联性。因此，在目前的专门用途英语教学理论框架内，难以形成专门用途英语跨学科研究的指导理论，也难以回答专门用途英语因为学科交叉而带来的多种相互关系的基本问题。

2. 专门用途英语教学模式与人才培养模式：两种不同理论研究的基本范畴

人才培养是大学英语教育的最高目标，也是大学英语教育存在的根基。专门用途英语教学模式与人才培养模式属于两种不同理论研究的基本范畴。如果仅仅从教学内容、教学方式、教学方法、教学评估、教学师资等方面研究专门用途英语特点和规律，其研究范畴或研究领域就会存在一定的局限性。专门用途英语学科具有典型的交叉学科的特征，多学科合作培养人才，成为人才培养模式的基本职能。因此，专门用途英语的本体理论难以满足专门用途英语学科和人才培养模式的建设发展。教学模式与人才培养模式在内涵和外延上都有着明显的区别，相应的指导理论也属于不同的理论范畴。这就需要对专门用途英语理论进行升级改造，导入跨学科研究范式，增加鲜活的交叉学科理论基础，为专门用途英语学科和专门用途英语人才培养模式建设提供学科理论支撑。

五、建立培养复合型英语人才的跨学科课程体系

我国大学英语教育要培养复合型人才，建立跨学科的课程体系十分必要，只有这样才能实现培养人才的目标（蔡基刚，2018）。大学英语课程改革是复合型人才培养模式建设的核心和落脚点。复合型英语人才培养需要贯彻“加强基础，突出复合，因材施教”的指导思想，为学生提供文理融通、课程模块结构合理的课程体系。跨学科培养复合型人才，必须根据人才培养目标制订合理的学科交叉培养计划，形成相互联系、互相衔接的知识结构与知识体系。常见的有两种方式：一是在课程体系中的基础课和专业课中设置模块课程，规定学生交叉选择某一模块，并对选修学分有明确要求。二是围绕课程目标重新整合课程内容，开设跨学科综合性课程，为学生提供自由选择的空间，注意在课程设置中要防止“拼盘式”的课程叠加。跨学科课程体系建设要贯彻“跨界融合、因材施教、分流培养”教改方针。教师要加强对学生的选课指导，引导学生主动学习，独立思考，培养学生自主搭建知识结构的能力和探索精神。高校应鼓励教师在学科专业基础课中开拓新领域，大力倡导教师开设跨学科课程，以精品课程为重点抓好课程知识的整合和优化，积极编写跨学科课程教材，探索跨学科教育内容与教学方法。

在大学英语教学中设置跨学科课程，需要各个学科部门的配合支持。要改革与专门用途英语人才培养模式不相适应的管理体制，建立跨学科人才培养的组织机制、运行机制和培养方式，成立相关的教学研究机构，推进专门用途英语课程体系改革。如设立跨学科教学中心、课程改革委员会和跨系科的教学项目等。在目前复合型师资比较缺乏的情况下，可采用由学科教育背景不同的教师联合开设跨学科复合课程的方式，推动跨学科的专门用途英语课堂教学活动深入发展。

六、建立培养高素质复合型英语人才的保障机制

人才培养是大学教育的基本逻辑起点，体现大学教育的基本价值。如果将高等教育体制比作一个圆的话，那么，人才培养模式便是圆心，办学体制、管理体制以及保障机制则是依次拓展的同心圆（杨红霞，2014）。人才培养保障机制在人才培养实践中有着保驾护航的功能，在专门用途英语学科建设中有着特殊的现实意义，是大学外语教育体制和英语教学改革中政策规划建设的系统工程。

1. 对专门用途英语建设进行政策性的制度安排是大学英语学界的共同呼声

针对目前国内专门用途英语的发展状况，学者们提出了关于专门用途英语建设的看法。北京外国语大学文秋芳教授指出：“专门用途英语对国民经济发展有着重要的影响，专门用途英语学习对学生就业与职业发展有很大帮助。”华南理工大学秦秀白教授认为：“专门用途英语是大学英语教育发展的新途径，应该放在国家语言政策层面予以考虑。”重庆大学李红指出：“专门用途英语教学有很大社会需求，应该得到教育管理部门的认可，专门用途英语才会有广阔的发展空间。”山东大学贾卫国建议：“制定中国专门用途英语战略发展规划，根据学校规模、社会需求、生源等状况，指导分层次实施教学，制定宏观的指导性教学大纲，对教学目标、教学要求、课程设计和评价体系进行说明。”（俞丽芳，2018）。北京市教委主任刘利民认为：“外语教育应该提高到国家战略的高度，把其视为一种政治政策才行。高校外语教育应该适应社会和国际环境需求，才能最终实现外语为国家服务的目标。”上述学者们的意见说明，专门用途英语建设应该纳入大学英语教学改革的顶层制度设计范畴，必须形成具有行政约束力的政策制度，为专门用途英语学科建设提供保障支撑。

2. 建立培养专门用途英语复合型人才的保障机制

我国大学外语教育要坚持外语规划系统性和科学性原则，借鉴国外经验和做法，建立国家外语规划和决策机构，负责统筹规划、制定、指导、监督、评价和调整国家重大外语教育政策，推进国家外语能力建设。同时该机构还要承担外语教育政策的研究、咨询、考试评价和服务等职责。专门用途英语要纳入国家层面关键语言建设规划

范畴，要从国家层面制定专门用途英语实施政策和发展规划，建立培养专门用途英语复合型人才的保障机制。

国家应根据国家语言文化发展战略和语言文化安全的需要，制定培养复合型高素质英语人才的相关法律法规，对人才培养模式进行改革，提供资金支持大学开设培养高级复合型英语人才教育项目。资助项目包括师资培训、基础设施建设、国际活动、学术研究等领域。要从宏观上加强专门用途英语教育规划性和政策规约性，完善专门用途英语教育的制度建设，制定全国专门用途英语教学的质量标准，加强专门用途英语专业的布点与建设的指导性。当前特别是要加强中西部地区大学专门用途英语教育建设，提升该区域复合型人才培养模式“整体性”建设水平。要充分发挥专门用途英语研究会的龙头作用、协同作用和智库作用，提升专门用途英语建设规划的系统性、“整体性”水平。值得注意的是，国家应对特殊行业领域的专门用途英语建设给予政策倾斜，为如“外事英语”和“军事英语”等的学科建设和专业设置提供绿色通道，赋能于国家语言能力建设，为保障国家安全和国家综合利益提供政策支撑。同时，可以在高校设立高级复合型英语人才培养机构，如语言和国别文化以及区域研究中心，还可以与国外大学共同设立学习研究机构，这些机构既可以成为国内教师出国进修培训的基地，也可以成为国内大学生海外学习的机构。

第五节　本研究的理论意义与实践意义

专门用途英语为培养复合型英语人才提供了有效的实践途径。商务英语是我国大学英语教学改革的成功范例。商务英语复合型人才培养模式的研究兼具专门用途英语人才培养模式理论研究的前瞻性。商务英语人才培养模式“整体性”的理论研究和实证分析，对于以商务英语为代表的专门用途英语人才培养模式“整体性”建设具有重要的实践意义。本书的研究对于以商务英语为代表的专门用途英语人才培养模式的“整体性”建设具有重要的理论与实践意义。

一、本研究的理论意义

系统整体观视域下的以商务英语为代表的专门用途英语人才培养模式研究，改变了既往专门用途英语人才培养模式传统的研究范式，拓宽了专门用途英语人才培养模式理论研究领域，在人才培养系统研究中具有重要的理论指导意义。

1. 丰富了商务英语人才培养模式研究理论的内涵

系统“整体性”原理是商务英语人才培养模式“整体性”建设的理论基础，是人才培养系统“整体性”研究的灵魂和精髓，决定着商务英语人才培养模式的方向性和独特性。系统“整体性”原理在商务英语人才培养系统中具有广泛作用和现实意义。本研究以整体非加和性作为指导理论的内核，将辩证整体观、交叉科学的“整体性”原理、系统“整体性”原理作为本研究的理论基础。三个基本理论（原理）形成了一个相互联系、相互作用的关于人才培养系统的理论研究体系，为商务英语人才培养模式理论体系注入了科学理论元素。

2. 规范了人才培养模式研究理论的基本范畴

本研究将“整体与部分”“系统与要素”“‘部分（要素）’与‘部分（要素）’”纳入人才培养模式的研究范畴，着重研究这些基本范畴之间相互联系、相互作用的整体非加和性关系。同时，本研究在系统“整体性”原理的指导下，设立了交叉性、完整性、层次性、关联性、有序性等基本范畴，组成了关于商务英语人才培养模式“整体性”研究的基本理论框架。上述基本范畴的设立改变了既往商务英语人才培养模式基本范畴缺乏同一性和对应性的混乱局面，形成了一个关于商务英语人才培养模式理论研究的基本范畴体系，奠定了商务英语人才培养模式理论科学化、规范化研究的基础，体现出以商务英语为代表的专门用途英语人才培养模式“整体性”研究的本源性、科学性和准确性。

3. 奠定了人才培养系统研究的理论基础

系统论是研究任何系统的科学理论，成为研究系统问题的理论指导。本研究将商务英语人才培养模式看成一个系统，采用系统科学理论方法研究商务英语人才培养模式“整体性”，改变了既往商务英语人才培养模式传统的研究范式，为人才培养模式研究提供了鲜活的理论元素，将以商务英语为代表的专门用途英语人才培养模式的理论研究，引入一个全新的、科学的研究领域。系统“整体性”原理既是考察人才培养系统“整体性”的科学原理，也是实现人才培养系统整体功能效应的基本遵循，成为人才培养模式研究最合适的研究理论和方法论。系统“整体性”原理作为研究系统与要素、要素与要素相互关系的科学原理，在关于人才培养系统（专门用途英语）理论研究中具有广泛的推广作用和现实意义。

4. 确立了人才培养模式理论研究的认识论和方法论

系统“整体性”原理将事物作为整体或系统来考察，符合辩证法事物之间普遍联系的哲学原理。实质上，系统“整体性”就是部分与部分之间相互联系、相互作用而形成的“整体性”关系。这是基于辩证整体观关于系统“整体性”的哲学解释，成为认识和理解系统“整体性”的基本立场。部分（要素）与部分（要素）之间相互联系、相互作用的观点，既是辩证整体观的基本原理，也是系统整体论的重要思想基础，成为以商务英语为代表的专门用途英语人才培养模式“整体性”研究的认识论和方法论。

5. 确定了评价分析人才培养系统“整体性”的基本标准

整体非加和性和整体加和性是区别系统整体观与机械整体观的标志。整体非加和性是一切系统所具有的基本共性。因此，系统“整体性”原理成为考察人才培养系统“整体性”的基本原则。系统“整体性”原理在研究系统“整体性”时，强调整体与部分、部分与部分之间相互作用关系，使得整体与部分范畴具有一种非加和性，体现出一种系统整体形成的非总和观。系统“整体性”原理以整体非加和性为基本理据，将相互联系、相互作用、相互结合作为系统整体的基本形成方式，充分说明了系统“整体性”的本质属性，具有观点明确、有的放矢、论据充足的综合性特点。因此系统“整体性”原理成为考察评价以商务英语为代表的专门用途英语人才培养模式“整体性”的基本标准。

6. 形成了以商务英语为代表的专门用途英语人才培养模式“整体性”研究的理论指导

交叉科学是关于知识系统整体效益和效率的科学。学科交融的形成机制（原理）说明了商务英语人才培养模式的形成机理，成为商务英语人才培养模式“整体性”研究的学理依据。交叉学科通过学科交叉融合，形成了具有合作互补、协同作用的有机整体，从而产生了交叉学科整体新性质、整体新功能、整体新优势，充分体现出系统“整体性”原理的科学力量。“整体性”既是交叉科学的基本思想，也是建设交叉学科“整体性”的基本遵循，成为基于交叉学科的商务英语人才培养模式“整体性”研究的理论基础。学科交叉是专门用途英语的共同特性，交叉学科的“整体性”关系决定了人才培养模式的“整体性”状况，交叉科学“整体性”原理在专门用途英语人才培养模式理论研究中具有指导意义。

二、本研究的实践意义

专门用途英语人才培养模式符合国家提出的培养复合型人才目标的要求，对于深化高校英语教学改革，建设具有中国特色的专门用途英语教育体系，推动大学英语人才培养实践，实现国家语言发展战略和提升国家语言能力，增强国家的国际竞争力等，都具有重要的现实意义。

1. 为破解商务英语人才培养模式相加组合“整体性”困局提供了基本思路

本研究以系统“整体性”原理为指导，将“英语+商务”人才培养模式中存在的相加组合现象作为切入点，揭示形成问题的原因，提出了对策与建议。本研究将商务英语人才培养模式“整体性”建设纳入系统“整体性”的研究范畴，为破解目前商务英语人才培养模式存在的“知识+知识”的困局，提供了理论指导和解决问题的基本思路。

2. 对于以商务英语为代表的专门用途英语人才培养模式“整体性”建设具有指导意义

本研究的实证分析总结出部分院校在商务英语人才培养模式“整体性”建设中成功的经验成果，提出了商务英语人才培养模式存在的“整体性”问题，比较客观地总结了目前商务英语人才培养模式“整体性”建设的基本状况。在总结分析人才培养系统、各个分系统的“整体性”问题的同时，提出了解决问题的基本思路和相关举措，有利于提高开办商务英语专业学校的人才培养模式“整体性”建设水平，对于各种类型专门用途英语人才培养模式建设具有借鉴指导意义。

3. 填补了商务英语课程体系和人才培养模式指标体系建设的空白

本研究以人才培养系统五个要素为坐标和连接点，通过对不同层级指标的分解，提炼出对应于五个要素的多层级的具体指标，形成一个纵向指标与横向指标相结合的评价指标体系。该评价指标体系中的各个层级指标，与完整性、层次性、关联性和有序性等研究范畴紧密结合，组成了一个具有“整体性”的分析评价框架，成为考察以商务英语为代表的专门用途英语人才培养模式“整体性”建设状况的参照系。

4. 提供了人才培养模式“整体性”建设的基本研究工具

本研究建构的“整体性”模糊综合评价数学模型，对于商务英语人才培养模式“整体性”建设具有重要的现实意义，是人才培养系统实证分析的主要工具方法。该数学模型将定性的指标转换为定量的指标，解决了模糊因素量化分析的问题，具有结果清晰、系统性强的特点。该数学模型适应人才培养模式“整体性”研究的基本需求，在专门用途英语人才培养实践中具有重要的推广价值，成为专门用途英语课程体系、人才培养系统实证研究的数学分析方法工具。

5. 对于其他类型专门用途英语人才培养模式建设具有重要的指导意义

本书的实证研究总结了商务英语人才培养模式“整体性”建设的基本状况，揭示出专门用途英语人才培养模式建设中必须共同面对的基本问题，具有问题警示和规避风险的作用。关于商务英语人才培养模式建设的经验成果和本研究提出的加强人才培养模式“整体性”建设的对策建议，对于各种类型专门用途英语课程体系、教学模式和人才培养模式“整体性”建设具有借鉴参照作用，体现了新时代大学英语教育高质量发展，对于提高专门用途英语人才培养模式“整体性”教育功能具有指导意义。

第六节　本研究的局限性和进一步研究的建议

本研究围绕提高专门用途英语人才培养模式“整体性”建设水平研究目标，展开以商务英语为代表的专门用途英语人才培养模式“整体性”研究，通过相关主题（章节）的专门化研究，有效地回答了之前提出的五个主要问题，并提出了解决问题的对策与建议。本研究通过数学模型的综合评价和商务英语人才培养模式“整体性”实证分析，得出了商务英语人才培养模式“整体性”建设状况比较客观的结论，并在总结专门用途英语学科和人才培养模式主要成就和主要问题的基础上，提出了具有中国特色的专门用途英语人才培养模式建设发展的新路径，具有一定的创新意义和推广价值。

走进新时代，在新的科学技术发展背景下，社会对复合型人才的要求不断提高，人才培养模式始终处于动态发展中，专门用途英语人才培养模式建设发展总是“正在进行时”。专门用途英语人才培养模式“整体性”研究始终是大学英语人才培养实践中应该持续探讨研究的重要课题。按照国家“双一流”建设目标和大学教育“内涵式”发展的基本要求，大学英语教育的内涵和外延还会继续拓展，专门用途英语人才培养模式的改革创新仍然是大学英语教育的新常态。关于人才培养模式的研究应该具有新思维、新范式、新发展。我们应该正视本研究的不足，克服课题研究的局限性，积极探索关于专门用途英语人才培养模式研究的新路径，服务于中华民族伟大复兴和国家的综合利益。

一、本研究的局限性

专门用途英语是一个多种类型专门用途英语组成的巨型的集合体，涉及社会各个领域，具有问题研究的广泛性和复杂性。因此，专门用途英语人才培养模式“整体性”研究是一项复杂的系统工程，远非本研究所能完全阐述清楚的。因此，尽管本研究力图从商务英语人才培养模式研究入手展开本书相关问题的研究，但势必会有一定的局限性。同时，由于本研究问题所具有的跨学科性、研究问题的多维性、各种关系的交错性，可能会存在研究分析不够透彻的问题，有待在今后的深入研究中逐步得以解决。

目前，国内鲜有对专门用途英语人才培养模式的专题研究，尤其缺乏将专门用途英语人才培养模式看作一个人才培养系统，依据系统论“整体性”的科学原理，对专门用途英语人才培养模式的学科基础、培养目标、培养方式、培养内容、培养评价等系统构成要素进行合理的界定，并对要素与要素、系统与要素的相互关系进行科学论证和实证分析的研究。在系统观视域下的人才培养模式、课程体系、教学模式、知识体系的研究，还是一个尚待开垦的“处女地”。在这种情况下，仅仅依靠研究者的有限的知识积累和个人摸索，肯定存在主观性和片面性。本研究注意到，国内以蔡基刚教授为代表的学者们在关于专门用途英语研究文献中，虽然提出了“专门用途英语人才培养模式”“专门用途英语复合型人才培养模式”“专门用途英语复合型外语人才培养模式”等概念范畴，但都没有就其给出一个被学界所认可的科学定义。关于专门用途英语人才培养模式的基本概念、内涵与外延、研究范畴、基本原理等，都是一个关于专门用途英语研究的空白点。可以说，专门用途英语人才教育还没有形成具有自身特色的成熟的理论框架，更没有关于人才培养模式专门的理论研究。因而本研究进行的专门用途英语人才培养模式“整体性”研究具有极强的挑战性。

此外，本研究的局限性还体现在：本研究的被调查对象还不够丰富广泛，信息数据的收集不够全面，可能存在信息数据不完全的问题。由于专门用途英语人才培养模式“整体性”研究缺乏足够的人才培养实践的基本支撑，本研究在实现人才培养系统整体增值方面展开不够充分。本研究构建的评价指标体系也没有可以参照的实际样板，关于各项评价指标的设定一定程度上缺乏精准性。关于专门用途英语师资队伍的建设是本研究的薄弱环节。由于难以采集关于专门用途英语师资队伍教育背景实证分析的调查资料，也因为该项问题研究的政策性因素的影响，关于专门用途英语师资队伍的建设意见，没有展开系统化、专门化的主题研究。

二、进一步研究的建议

由于上述主客观因素的影响制约，本研究存在一些不足之处，需要在认真总结研究成果和亟待解决问题的基础上，在学界专家和同仁的指导下，展开下一步的研究。专门用途英语人才培养模式“整体性”研究，是一个宏观的综合性研究课题，需要从组织和内容两个方面，进一步推动该问题的深入研究。

一是关于专门用途英语人才培养模式“整体性”的研究需要得到“管理层”的支持，最好是能够确立为具有一定层级的科研课题，从而为该课题的深入研究提供组织保障。二是鉴于该课题研究内容所具有的多学科领域的研究性质，需要组成一个跨学科的研究团队开展相关研究工作，其中要有从事过系统工程和具有模糊数学理论基础的人员。三是需要确定 3~4 所院校为主要研究对象，跟踪调查 4 个学年的人才培养实践情况。通过对一个批次的学生培养实践的考察，完成专门用途英语人才培养模式“整体性”建设实践的调查任务。四是需要进一步拓展完善研究问题和研究内容，形成一个具有“整体性”的专门用途英语人才培养模式研究问题范畴。可以围绕专门用途英语人才培养模式的“整体性”建设主题，确定相关研究专题，如专门用途英语人才教育、专门用途英语学科、学科基础、理论体系、教学模式、专业设置模式、培养目标、培养评价、教师队伍、课程体系等，通过主题研究和专题研究相结合的方式，解决专门用途英语人才培养模式关键要素建设问题，从而达到人才培养系统要素整体优化的研究目的。五是需要在本研究理论的基础上，将系统论、人才学、教育学、语言学、经济学、管理学、法学、军事学等相关研究理论结合起来，形成一个关于专门用途英语人才培养模式的理论研究体系，为专门用途英语人才培养模式研究提供科学理论指导。

第九章　以商务英语为代表的专门用途英语人才培养模式发展展望

进入中国特色社会主义新时代，在大学“双一流”和新文科建设背景下，提高大学人才教育质量，实现人才培养模式的高质量发展，成为大学教育改革的崭新课题。发展才是硬道理，只有在学科创新发展中才能解决人才培养模式建设过程中出现的实际问题。人才培养模式必须具有发展性，即实现专门用途英语人才培养模式可持续发展。新时代新阶段的发展必须是高质量发展。习近平总书记曾在多个重要场合就什么是高质量发展，怎样才能实现高质量发展做出深刻阐述：“高质量发展就是‘从有没有’转向‘好不好’。高质量不只是一个经济要求，而是对社会经济发展方方面面的总要求。”“高质量发展是‘十四五’乃至更长时期我国经济社会发展的主题，要在推动高质量发展上闯出新路子，在构建新发展格局中展现新作为”（谢希瑶 等，2022）。高质量发展是以新发展阶段明确发展的历史方位，以新发展理念明确发展的指导原则，以新发展格局明确发展的路径选择（霍小光 等，2022）。系统整体观视域下的以商务英语为代表的专门用途英语人才培养模式研究，对于改善专门用途英语人才培养模式的要素禀赋，提高人才培养模式的自组织性和内生动力，推进人才培养模式改造重塑，共享商务英语人才培养模式建设发展成果，实现专门用途人才培养模式的高质量发展，具有重要的理论意义与实践意义。

培养高素质复合型人才是大学教育的最高目标追求，是大学存在和发展的根本原因。在新时代背景下，我国大学英语教育要顺应时代发展要求，改革创新人才培养模式，着力培养创新性复合型人才，逐步形成具有高校自身办学特色、要素禀赋优良的专门用途英语复合型人才培养模式。专门用途英语学科要主动对接国家新文科建设战略，导入新兴科技要素，构建综合性的学科知识体系，赋能于专门用途英语人才培养模式建设。“互联网＋”专门用途英语人才培养模式，是解决目前专门用途英语人才培养模式发展不平衡的结构性问题的新趋势。我们要积极探索具有中国特色的专门用途英语复合型人才培养模式建设发展的新路径，坚持走“内涵式”人才培养模式建设发展道路，充分利用多学科合作培养人才的综合优势，提高人才培养模式的“整体性”教育功能，推动专门用途英语复合型人才培养模式的“整体性”建设发展。

第一节　专门用途英语复合型人才培养模式建设发展的基本途径

专门用途英语人才培养模式要坚持走中国特色自主创新的发展道路，实现专门用途英语复合型人才培养模式可持续发展。在新时代新阶段背景下，国家提出的“双一流”和新文科建设目标，提升了专门用途英语学科建设的时代内涵，赋能于专门用途英语人才培养模式建设，明确了专门用途英语学科和人才培养模式的发展方向。“互联网+”是提升人才培养模式“整体性”建设水平的有效途径。多学科合作培养复合型人才是专门用途英语学科的基本特征，学科交叉融合成为人才培养模式建设发展的增长点，体现出具有杂交新兴学科的综合优势。基于学科交叉融合的新文科建设思想，拓展了专门用途英语复合型人才培养模式建设发展的新路径。

一、自主创新：专门用途英语人才培养模式建设发展的新路径

自主创新是高质量发展的第一动力，创新发展是人才培养模式变革的核心驱动力，也是实现人才培养模式可持续发展的源泉活水。专门用途英语人才培养模式的建设实践说明，我国大学英语既往主要采用的是传统的英语人才培养模式和国外的专门用途英语模式，即原有的模式和引进的模式，这就容易在人才培养实践中出现思想理念上的路径依赖，形成固定的思维定式和研究范式。大学英语人才培养模式从单科型模式阶段进入复合型模式阶段，实际上就是进入了人才培养模式的拓展阶段。而要完成人才培养模式的创新构建必须要有一个正确的起点，即人才培养模式发展方向是正确的，兼具内生动力和外部推动力。同时，该模式具有发展性，即实现专门用途英语复合型人才培养模式可持续发展。如果说专门用途英语在改革开放初期是“摸着石头过河”，基本上是模仿和引进国外的理论和研究范式。经过40多年的建设发展，我们已经进入专门用途英语规律性探索阶段。如今中国已经跃升为世界第二大经济体和全球主要大国，中国专门用途英语学人担负重要的历史责任，应创建出具有专门用途英语自身特色的新概念、新范式、新学派、新模式，推动中国大学英语人才培养教育的高质量发展。

复合型人才培养模式是专门用途英语学科建设的“纲”。以商务英语为代表的专门用途英语教育之所以取得如今的发展成果，就是因为复合型人才培养模式这个“纲”符合国家社会发展的综合需求。今后要实现专门用途英语学科的高质量发展，还是要紧紧地围绕着这个“纲”，做到纲举目张、科学发展。关于商务英语复合型人才培养模式的“整体性”研究说明，专门用途英语复合型人才培养模式适合中国国情，已经逐

步深入大学英语专门人才教育和人才培养体系建设领域。我们高兴地看到，专门用途英语人才培养模式正在由模仿、学习的阶段，逐渐转化为自主创新发展的阶段。专门用途英语学界正在逐步建立具有中国特色的概念范式、定义框架和理论模型，进而揭示人才培养模式发展规律。

二、新文科：专门用途英语的崭新定位

在国家“双一流”建设背景下，教育部支持高校充分发挥学科交叉融合，全面推进新文科建设。“新文科”概念已经成为大学教育界的基本共识。近年来，国家大力提倡建设具有新兴学科特征的学科专业，2022 年有 31 个本科新专业首次正式招生，其中有 8 个学科专业包含智慧或智能元素。在信息化时代背景下，智能教育、智慧教育、数字教育、信息化教育等，已经与人才教育紧密捆绑在一起，赋能于专门用途英语教育，成为新文科的建设平台。在当代科学技术创新发展的大背景下，新文科建设被赋予新的内涵和定位，即突破传统的文科思维模式与文科构建体系，创建与新时代、新思维、新科技、新文化相呼应的新文科理论框架和研究范式。新文科具备传统文科和跨学科的特点，注重科学技术、战略创新和融合发展。新文科建设理念对外国语言学学科提出了新目标、新任务、新要求、新格局。具体而言，新文科旗帜下的外国语言文学学科的发展目标是：服务国家教育发展的知识体系框架，兼备迎接新科技革命的挑战能力，彰显人文学科与交叉学科的深度交融特点，夯实中外政治、文化、社会、历史等通识教育课程的建设，打通跨专业、跨领域的学习机制，确立多维互动教学模式。这些新文科要素将助推新文科精神、内涵、理念得以彻底贯彻落实到教育实践中，为国家培养出更多具有融合创新的专业能力，具有国际化视野，理解和通晓对象国人文、历史、地理、语言的人文社科领域外语人才（杨瑞英 等，2021）。新文科建设为专门用途英语提供了新的学科发展时代机遇，赋予专门用途英语更加广阔的发展空间。专门用途英语在中国大学外语教育体系中有着独特的学科个性，具有学科建设创新性和多学科合作培养人才的基本特质，有着新兴文科的特色。将专门用途英语归属于学科交叉融合的新文科，就为专门用途英语学科建设确立了明确的发展方向。专门用途英语复合型人才培养模式建设须突出中国特色，导入智能、智慧、信息、网络等新科技要素，构建综合性的学科知识体系，走出一条具有自身特色的人才培养新路径。

三、杂交新兴学科（“1+1>2”）：专门用途英语学科的独特优势

商务英语学科发展的历史表明，商务英语专业不是从纯语言的土地上成长起来的，始终直接受到相关交叉学科理论的浸润影响。交叉学科理论既拓展了商务英语的研究领域，又提供了丰富多样的研究方法，促进了商务英语学科健康发展。各种交叉学科

理论为商务英语学科建设发展提供了丰富的理论储备，它们都是商务英语学科理论体系的重要组成部分。跨学科复合而成新兴学科已经是一种普遍现象。而专门用途英语兼具跨文化、跨语言、跨学科、跨国别的综合特性，有着学科知识多样化、学科文化多元化以及学科独有的外向性特质，因而在交叉学科群体中独树一帜，更具有学科自身特色，彰显了专门用途英语交叉学科的独特优势。

专门用途英语交叉学科中有着一些杰出的学科知识群体，如语言学、跨文化交际学、经济学、管理学、法学、医学、军事学等，它们既是专门用途英语人才培养可依托的优秀教育资源，也丰富拓展了专门用途英语理论的研究范畴。专门用途英语学科体系融合程度高，知识涵盖范围广，与社会实践接触紧密，有利于培养复合型高素质英语人才。专门用途英语学科交叉复合（融合）的成果不是简单的“1 +1 =2”，而是具有“1 +1 >2”的特点。专门用途英语注重学科内部具有优势生命力的知识要素，吸收其他学科的优质教育资源，创造新的知识体系结构，较好解决了学科体系内部的知识同构问题。将交叉学科的理论资源和教育资源嫁接到专门用途英语学科知识领域中，它就具有杂交新兴学科的整体综合优势。

四、“互联网 +”：专门用途英语人才培养模式发展的新趋势

随着科学技术的发展，客观世界中网络无处不在。从哲学上说，网络反映了客观事物普遍联系的辩证法原理，从科学技术上说，网络也是系统，网络节点是系统的组分，网络网线代表组分之间的关系。复杂网络理论的发展，成为系统科学最新的生长点。网络直观形象地表现出系统的多元性、关联性、互动性和“整体性”（苗东升，2016）。系统科学复杂系统网络理论为构建网络化教育模式提供了新的研究思路。在科学技术变革发展的背景下，推动“互联网 + 教育”持续健康发展，既是我国信息技术和现代教育融合发展的必然要求，也是加快教育数字化转型的重要战略。我们要积极探索专门用途英语教育数字转型的新路径，建设网络教育与现实课堂有机结合的专门用途英语教育新模式。我国大学网络教学的实践证明，“互联网 +”拓展了专门用途英语的发展空间，也为人才培养模式的转型升级提供了新思路，对于提升专门用途英语人才培养模式“整体性”建设水平具有重要的现实意义，成为专门用途英语人才培养模式发展进步的新趋势。

网络技术与人才教育相结合能够赋能于专门用途英语人才培养模式建设，搭建人才培养的新平台：一是网络技术能给学生创造更好的自主学习环境；二是运用网络技术可以实现个性化教学，即提供与传统课堂截然不同的教学过程，促进对学生自主学习能力的培养；三是网络技术有利于提升学生的学习效率，并调动学生学习的积极性，加速其对知识的理解和掌握。借助网络技术，学生不仅可以在网络上对自己感兴趣的

资料进行搜索和选择性的学习，还可以针对某个课题进行跨学科的学习，以此来拓宽知识面和培养创新能力，这样的学习方式使得学生的角色从被动变成主动，并有助于他们养成自主学习的习惯（俞丽芳，2018）。

“互联网 +”是提升人才培养模式“整体性”建设水平的有效途径。网络教学模式包括新的沟通媒介以及人与人之间的交互作用的教学模式。这些新的沟通媒介是指计算机网络、多媒体、专业内容网站、信息搜索、电子图书馆、远程学习与网上课堂等。网络教学具有三大要素：一是网络环境，即信息技术学习环境；二是网络资源，即经过数字化处理，可在网络环境下运行的教学材料；三是网络模式，即利用信息技术，通过对资源的收集利用，探究知识、发现知识、创造知识及展示知识的学习模式。网络教学模式已经成为教育发展的热点。教育部“大学校园计算机网络建设工程”，可以实现校园网与中国教育科研网高速联网，大学可以使用互联网辅助高校英语教学（俞丽芳，2018）。大力推广网络教学模式，对于加强专门用途英语人才培养模式的“整体性”建设，提升中西部地区高校复合型英语人才培养能力，改变专门用途英语人才培养模式发展不平衡的现实状况，有着重要的现实意义。

第二节　“内涵式”发展：专门用途英语人才培养模式发展的必由之路

随着我国大学英语教学改革的深入发展，如何加强人才培养模式的“整体性”建设，提升人才培养模式的培养能力，提高人才培养质量，成为人才培养模式“内涵式”建设的核心内容。在国家“双一流”建设目标和大学教育高质量发展的新形势下，大学教育“内涵式”发展和专门用途英语学科建设发展的需求，提出了加强“内涵式”专门用途英语人才培养模式建设的现实课题。

一、内生动力：人才培养模式“内涵式”建设发展的聚焦点

“外延式”发展与“内涵式”发展是两种不同的发展模式。“外延式”发展强调的是数量增长、规模扩大，主要是适应外部的需求表现出的外形扩张；“内涵式”发展强调的是结构优化、质量提高、实力增强，发展更多是出自内在的需求。“内涵式”发展是以事物内部要素的相互作用作为动力和资源的发展模式。“内涵式”发展道路主要通过内部的深入改革，激发活力，增强实力，提高竞争力，最终量变引发质变，实现实质性的跨越式发展。一门学科的发展要具备两个相互推动的基本条件：一是社会发展

的需要，这是外部条件；二是学科自身发展的需要，这是内部条件（戴庆厦，2014）。主导和推动专门用途英语教育持续发展的不是外部的力量，而在于人才培养体系（系统）的内生动力。“内涵式”发展强调专门用途英语教育的内在禀赋、内部动力、内部潜力和内部创造力的不断优化重组，注重教育资源整合和内在要素关系的自我组织、自觉调控、自我适应、自我修复、自我更新等，从而促进专门用途英语专业教育的可持续发展。专门用途英语要满足社会经济发展的需求，就需要优化学科的要素禀赋，加强学科内部建设，以适应社会经济发展和国家综合利益的需求。系统科学认为，对“他组织”作用加以吸收、变换、改造，创造具有自己特色的运动机制，是非线性系统具有奇异性的重要表现，外来作用（他组织）与自身特性（自组织）相结合，创造有自己特色的结构、机制和行为模式，是非线性系统的固有特性（苗东升，2016）。我国改革开放事业取得举世瞩目伟大成就的重要原因，就是将自组织和他组织有机地结合起来，推动社会经济的高速发展。同理，我国的专门用途英语人才培养模式“整体性”建设必须依靠内生动力，走“内涵式”建设发展道路。

二、核心竞争力：专门用途英语人才培养模式发展新的增长点

人才培养的实践表明，专门用途英语所具有的比较优势正是其发展初期的生命力之所在。按照发展经济学的观点，初始要素是产生比较优势的主要因素，而核心竞争力的形成则主要是源于高级要素（推进性要素）。要素禀赋不是固定的模式，由要素禀赋决定的比较优势格局会随着要素的变化而发生变化。没有一成不变的学科比较优势，更不会因为学科具有比较优势，就会简单地生成专门用途英语的核心竞争力。核心竞争力是一种资源，是一种组织形态和运行机制（体制），是系统要素禀赋优化形成的新格局，是一种新的发展增长点。研究认为，合力在学科交叉中是一种带有原创性的内部动力。合力是交叉学科实现增值的作用机制，其中合力是原因，增值是结果。学科交叉不是学科与学科的机械相加，而是交叉学科融合成一体化的合力。交叉学科是人才培养系统中具有基础性、推进性、发展性的高级要素，是推动人才培养模式高质量发展的核心力量。这是在充分利用交叉学科优势的基础上，通过有效整合各种学科资源与能力而形成的能确保学科可持续发展的独特竞争力（王关富，2012）。建立在学科基础上的人才培养模式是一个系统，并且是最复杂、最富于变化、最有活力的人才培养系统（董泽芳，2015）。专门用途英语复合型人才培养模式的核心竞争力是在人才培养模式内部由多种优势要素相互融合生成的结构性系统，进而在改变人才培养模式要素禀赋的基础上，形成了人才培养模式具有内生动力的“整体性”竞争力。

三、“整体性”教育功能：专门用途英语人才培养模式“整体性”建设的落脚点

加强前瞻性思考、全局性谋划、战略性布局、“整体性”推进，是我们党提出的坚持系统思维的重要内涵。专门用途英语具有跨学科的性质，形成了各种类型的专门用途专业（方向）分支，难以建立像通用英语那样统一的人才培养模式；这就需要各种类型专门用途英语在科学定位的基础上，以系统思维为指导，在理论创新与实践创新相结合的基础上，开展创造性的人才培养模式建构工程。人才培养模式建设的真正抓手在于人们选择什么样的人才培养模式和对人才培养模式“整体性”的认识。专门用途英语复合型人才培养模式要通过转型升级，努力完成从具有学科比较优势向形成自身核心竞争力的转变，优化培养模式的要素禀赋，提升人才培养模式的“整体性”培养功能。根据各种类型专门用途英语自身的具体情况，做好人才培养模式的顶层设计和整体谋划，着力提高专门用途英语人才培养模式的系统性、“整体性”、协同性，是专门用途英语人才培养模式建设发展的基本思路。

系统（整体）与要素（部分）、要素（部分）与要素（部分）的相互关系是体现系统“整体性”的基本范畴。专门用途英语人才培养模式是一个多层级、多元化的纵横交错的人才培养复杂大系统。从专门用途英语体系来看，专门用途英语人才培养模式涉及不同专业类型。具体而言：从横向来看，有着培养目标、培养内容（课程体系）、培养方式（专业设置模式）、培养评价等组成要素；从纵向上看，涉及不同层级专业分支。实际上，专门用途英语人才培养模式是一个由多要素组成的具有层级性的人才培养系统。研究认为，具有完整性、层次性、关联性、有序性的人才培养模式，可以形成人才培养模式的“整体性”教育功能。我国大学英语人才培养模式改革应该遵循系统“整体性”原则，兼顾人才培养过程的各个环节，注重系统构成要素的关联性，在统筹兼顾中实现专门用途英语人才培养系统内部要素的协同发展，在构成要素的协同作用中提高专门用途人才培养系统的整体教育效（功）能，这是人才培养模式建设的核心目标。关于专门用途英语人才培养模式“整体性”研究，可以促进人才培养模式内部各种要素的相互融合、相互作用，完善和提升专门用途英语人才培养模式的教育功能，从而提高专门用途英语复合型人才培养模式“整体性”建设水平。

附　录

附录1：商务英语人才培养模式“整体性”评价指标体系（学科基础A）

一级指标	二级指标	三级指标	四级指标	描　述
学科基础 A	交叉性 A1	人才培养模式属性 A11		商务英语人才培养模式具有跨学科性
		人才培养模式支撑学科 A12	支撑学科组成 A121	商务英语支撑学科由哪些学科组成？ A. 语言学（外国语言文学）；B. 经济学（应用经济学）；C. 管理学（工商管理）；D. 法学（国际商法）；E. 跨文化交际学（外国语言文学下位学科）
			支撑学科课程设置 A122	支撑学科课程在专业教育课程中的设置比例
		人才培养模式核心学科 A13	核心学科课程在支撑学科课程中的比例 A131	语言学（外国语言文学）课程与经济学（应用经济学）课程在支撑学科课程中的比例；专业教育课程设置是否体现出语言学（外国语言文学）与经济学（应用经济学）为四个学科中的核心学科，同时围绕着核心学科组织整个交叉学科群
			核心学科课程在专业教育课程中的比例 A132	语言学课程与经济学课程在专业教育课程中的比例；专业教育课程设置是否以语言学课程和经济学课程为主线连接所有专业学科课程

续表

一级指标	二级指标	三级指标	四级指标	描　述
	完整性 A2	培养目标的学科要求 A21	语言学 A211	培养目标要求掌握语言学（外国语言文学）相关知识与技能
			经济学 A212	培养目标要求掌握经济学（应用经济学）相关知识与技能
			管理学 A213	培养目标要求掌握管理学（工商管理）相关知识与技能
			法学 A214	培养目标要求掌握法学（国际商法）相关知识与技能
		交叉学科群的课程分布比例 A22	语言学 A221	语言学（外国语言文学）课程在专业教育课程中所占比例
			经济学 A222	经济学（应用经济学）课程在专业教育课程中所占比例
			管理学 A223	管理学（工商管理）课程在专业教育课程中所占比例
			法学 A224	法学（国际商法）课程在专业教育课程中所占比例
		教师教育背景分布比例 A23	语言学 A231	语言学（外国语言文学）教师教育背景所占比例
			经济学 A232	经济学（应用经济学）教师教育背景所占比例
			管理学 A233	管理学（工商管理）教师教育背景所占比例
			法学 A234	法学（国际商法）教师教育背景所占比例

续表

一级指标	二级指标	三级指标	四级指标	描　述
		论文主题的学科分布比例 A24	语言学 A241	语言学（外国语言文学）主题论文比例
			经济学 A242	经济学（应用经济学）主题论文比例
			管理学 A243	管理学（工商管理）主题论文比例
			法学 A244	法学（国际商法）主题论文比例

附录 2：商务英语人才培养模式“整体性”评价指标体系（培养目标 B）

一级指标	二级指标	三级指标	四级指标	五级指标	描述	
培养目标 B	整体目标 B1	德育目标 B11			形成正确的人生观、价值观，具有良好的道德品质、正确的政治观念和思想方法	
		智育目标 B12			掌握系统的科学文化知识、技能，提高智力和与学习有关的非智力素质	
		体育目标 B13			掌握身体健康知识、技能，提高体力、增强体质，培养坚强的意志力	
		美育目标 B14			培养学生的审美观，提高学生鉴赏美、创造美的能力，培养学生的高尚情操和文明素质	
	方向目标 B2	职业目标 B21	传统目标 B211	国际贸易 B2111	涉外企业国际商务工作人员、国际贸易业务员	
			特色目标 B212	国际金融 B2121	国际金融业务人员，跨国投资、证券公司及管理咨询公司的业务人员，国际会计事务所业务人员	与传统优势学科、特色学科相结合；与地方经济和社会发展战略相结合
				国际商务管理 B2122	跨国经济组织、跨国公司（企业）管理人员	
				涉外法律 B2123	国际仲裁委员会、国际律师事务所、跨国公司法律等部门的工作人员	
				其他涉外工作人员 B2124	从事旅游、翻译、公关、对外宣传、文化交流等国际活动工作人员	

续表

一级指标	二级指标	三级指标	四级指标	五级指标	描 述
		发展目标 B22			具有较高人文素养和国际竞争力，善于跨文化交流沟通：（1）具有交叉学科的知识背景，既有较深广的基础理论知识，又有较强的专业技能，能够利用所学习的知识和技能开展综合创造性活动；（2）社会适应性强，具备适应个人终身发展和社会发展需要的必备品格和关键能力，具有继续学习能力和终生学习能力；（3）具有可持续发展的职业能力，具备扎实的英语基本功，掌握商务英语基础理论、知识与技能，了解信息科学技术和公司管理方法、运作功能
	层次目标 B3	知识、能力、素质的完整性 B31			知识、能力、素质具有完整性：（1）语言知识、商务知识、跨文化知识、人文社科知识和跨学科知识的完整性；（2）英语应用能力、商务实践能力、跨文化交际能力、思辨与创新能力和自主学习能力的完整性；（3）思想素质、专业素质、职业素质、文化素质和身心素质的完整性
		知识、能力、素质的层次性 B32			人员的知识、能力、素质三者之间体现出相互转化、相互包容、依次递增的内在关联性
	规格目标 B4	知识 B41	语言知识 B411		熟悉和掌握语音知识、词汇知识、语法知识、语篇知识、语用知识
			商务知识 B412		了解和掌握经济学知识、管理学知识、国际商法知识、国际金融知识、国际营销知识、人力资源管理知识、财务管理知识、商务操作规程、信息技术知识
			跨文化知识 B413		了解和掌握中国文化知识、外国文学知识、欧美文化知识、商业文化知识
			人文社科知识 B414		了解和掌握区域国别知识、国际政治知识、世界历史知识、世界宗教知识、外交知识

续表

一级指标	二级指标	三级指标	四级指标	五级指标	描述
			自然科学知识 B415		了解和掌握科学基础知识、现代科学技术发展知识、大数据和智能科学知识
			跨学科知识 B416		了解和掌握交叉学科知识、学科整合知识
		能力 B42	英语应用能力 B421		英语基本功扎实，具有较强的中英文交际能力，能较流利、正确地使用英语开展商务业务活动
			跨文化交际能力 B422		能够得体地综合运用语言和非语言交际策略与来自不同国家的英语使用者进行有效交际和沟通，在国际商务活动环境中成功地完成交际任务；能在跨文化交际中正确地使用交际策略表达情感与态度；恰当地把握文化对交际话题的影响，语用准确适宜
			商务实践能力 B423		流畅、熟练地使用英语开展商务活动、国际商务业务：（1）较强的协作能力、团队合作意识、信息获取能力、分析能力等；（2）较强的商务谈判和应变的能力，包括口语表达能力、沟通能力、应急处理问题能力、判断能力和文明礼仪素养等；（3）较强的独立开展外贸业务的能力，包括自主创新意识、决策能力、协调能力等
			思辨与创新能力 B424		主要有沟通能力、合作能力、组织能力、调查研究能力、分析研究能力、决策能力、组织实施能力以及处理复杂问题的能力等
			自主学习能力 B425		能够对自己的学习过程进行积极主动的计划、监察、检查、评价、反馈、控制和调节的能力

续表

一级指标	二级指标	三级指标	四级指标	五级指标	描述
		素质 B43	思想素质 B431		树立正确的人生观和价值观，具有高尚的道德情操和社会责任感，努力践行社会主义核心价值观
			文化素质 B432		熟悉中国文化传统，了解英语国家的商务文化；能把握母语文化与目的语文化之间的差异，具有良好的人文与学科素养
			专业素质 B433		掌握商务英语专业的基本理论、基本原理、基本方法（技能）；具有扎实的英语专业知识和较强的商务实践能力；具备语言、经济、管理、法律、跨文化交际等学科的综合素养；具有一定的创新能力和较强的分析解决问题能力
			职业素质 B434		具备国际视野，具有遵纪守法、爱岗敬业、善于协作、乐于奉献和勇于创新的职业素养；具备较强的商务从业愿望、良好的商务职业行为、较强的商务职业意识
			身心素质 B435		具有健康的体魄和健全的心理素质
	类型目标 B5	应用型人才 B51			能将专业知识和技能应用于所从事的社会实践中，熟练掌握社会生产一线的基础知识和基本技能，主要从事一线生产活动的专业人才
		国际化人才 B52			具有国际化意识、国际化视野，知识结构和商务经济活动能力达到国际化水准，在国际商务活动中善于把握机遇和争取主动的高层次人才
		综合型人才 B53			能够有效地综合运用知识，并将知识转化为综合能力、综合素质，能够解决国际商务活动中出现的综合性问题，能够创造性地开展国际商务交流活动的综合型人才

续表

一级指标	二级指标	三级指标	四级指标	五级指标	描　述
		跨学科人才 B54			具有比较深厚的理论基础和知识迁移能力，掌握多门学科知识，善于运用创新思维，能够在多门学科领域中运用交叉科学理论、方法开展跨学科研究和解决跨学科问题的人才
		创新创业型人才 B55			具有创新精神和创新实践能力的人才；具有创业意识和创业精神，掌握了一定创业知识与创业技能的人才

附录 3：商务英语人才培养模式“整体性”评价指标体系（培养方式 C）

一级指标	二级指标	三级指标	四级指标	五级指标	描述
培养方式 C	专业设置模式 C1	专业组织形式 C11	学院 C111		设置商务英语（商务外语）学院
			系所 C112		设置商务英语（外语）系
		专业设置方向 C12	专业方向特色化 C121		结合学校办学特色和教育资源设置专业方向
			专业方向多样化 C122		基于学科基础和国际商务活动需求设置多个专业方向
		专业设置空间 C13			允许学生通过一定时间的学习调整、转变专业方向
		专业设置时间 C14	入校 C141		进校即确定专业方向
			第二学年 C142		学习到一定阶段之后再确定专业方向
		专业设置口径 C15	专业设置的学科基础 C151		根据学科基础课程考察专业设置宽度
			跨专业方向选修课程 C152		学生可跨专业方向选修一定比例的其他专业方向课程
		专业师资结构 C16	“双师型”教师 C161		既能胜任英语语言教学工作，又能传授商务知识和操作技能的教师
			“数字型”教师 C162		能够秉承现代教育技术理念，运用数字多媒体进行网络教学，运用现代教育信息技术，开展课堂教学与教学改革的教师

续表

一级指标	二级指标	三级指标	四级指标	五级指标	描　述
	专业教学模式 C2	教学方法 C21	内容教学法 C211		哪些是商务英语专业主要的教学方法？实现专业教育“整体性”教学最有效的教学法
			主题教学法 C212		
			模拟教学法 C213		
			案例教学法 C214		
			项目教学法 C215		
			全英教学法 C216		
		教学形式 C22	国际化教学 C221	国外院校交流项目 C2211	学生参加国外学校实习项目
				国外原版教材 C2212	英文原版教材使用情况
				国外商务英语课程 C2213	设置英语国家开设的商务英语类课程
				全英课程 C2214	全英课程在专业课中的比例
				国际化主题课程 C2215	设置国际化主题系列课程

续表

一级指标	二级指标	三级指标	四级指标	五级指标	描　述
			导师制 C222		是否实行导师制教学形式？如运用教育部专家库
			多媒体网络教学 C223		应用大数据时代的 MOOC 教学、翻转课堂、线上线下教学
			产学研结合教学 C224		产业、学校、科研机构相互配合，发挥各自优势，形成研究、开发、生产一体化的教学系统，且在运行过程中体现出产学研结合教学的综合优势

附录4：商务英语人才培养模式“整体性”评价指标体系（培养内容D）

一级指标	二级指标	三级指标	四级指标	五级指标	六级指标	七级指标	描述
培养内容D	通识教育课程D1	课程的完整性D11	“国标”课程的完整性D111	思想政治理论课程D1111			思想政治理论课程学分在通识必修课程总学分中所占比例
				信息技术课程D1112			信息技术课程学分在通识必修课程总学分中所占比例
				人文与艺术课程D1113			人文与艺术课程学分在通识必修课程总学分中所占比例
				军事理论与训练课程D1114			军事理论与训练课程学分在通识必修课程总学分中所占比例
				体育课程D1115			体育课程学分在通识必修课程总学分中所占比例
				现代汉语课程D1116			现代汉语课程学分在通识必修课程总学分中所占比例
				职业规划（创新创业）课程D1117			职业规划（创新创业）课程学分在通识必修课程总学分中所占比例
				第二外国语课程D1118			第二外国语课程学分在通识必修课程总学分中所占比例

续表

一级指标	二级指标	三级指标	四级指标	五级指标	六级指标	七级指标	描 述
			课程知识领域的完整性 D112	人文科学课程 D1121			人文科学课程在通识选修课程中所占比例
				社会科学课程 D1122			社会科学课程在通识选修课程中所占比例
				自然科学课程 D1123			自然科学课程在通识选修课程中所占比例
				跨学科课程 D1124			跨学科课程在通识选修课程中所占比例
			素质课程的完整性 D113	思想道德素质课程 D1131			思想道德素质课程在通识选修课程中所占比例
				科学素质课程 D1132			科学素质课程在通识选修课程中所占比例
				文化素质课程 D1133			文化素质课程在通识选修课程中所占比例
				身心素质课程 D1134			身心素质课程在通识选修课程中所占比例
				国际化素质课程 D1135			国际化素质课程在通识选修课程中所占比例
				艺术素质课程 D1136			艺术素质课程在通识选修课程中所占比例

续表

一级指标	二级指标	三级指标	四级指标	五级指标	六级指标	七级指标	描　述
		课程的层次性 D12	课程功能分层 D121	技能型课程 D1211			技能型课程在通识选修课程中所占比例
				知识型课程 D1212			知识型课程在通识选修课程中所占比例
				能力型课程 D1213			能力型课程在通识选修课程中所占比例
				素质型课程 D1214			素质型课程在通识选修课程中所占比例
			课程对应学科分层 D122	一级学科课程 D1221			按照《授予博士、硕士学位和培养研究生的学科、专业目录（2018）》《普通高等学校本科专业目录（2020）》《学科分类与代码国家标准（2009）》对学科课程进行划分，一级学科课程在通识选修课程中所占比例
				二级学科课程 D1222			按照《授予博士、硕士学位和培养研究生的学科、专业目录（2018）》《普通高等学校本科专业目录（2020）》《学科分类与代码国家标准（2009）》对学科课程进行划分，二级学科课程在通识选修课程中所占比例

续表

一级指标	二级指标	三级指标	四级指标	五级指标	六级指标	七级指标	描　述
				三级学科课程 D1223			按照《授予博士、硕士学位和培养研究生的学科、专业目录（2018）》《普通高等学校本科专业目录（2020）》《学科分类与代码国家标准（2009）》对学科课程进行划分，三级学科课程在通识选修课程中所占比例
				学科分支/专业课程 D1224			按照《授予博士、硕士学位和培养研究生的学科、专业目录（2018）》《普通高等学校本科专业目录（2020）》《学科分类与代码国家标准（2009）》对学科课程进行划分，学科分支/专业课程在通识选修课程中所占比例
			课程门类分层 D123				通识选修课程分成不同学科门类课程，每个门类课程都有学分要求
		课程的关联性 D13	知识领域 D131				通识必修课程是否按照知识领域涉及分布必修课程
			必修课程和选修课程学分 D132	必修课程学分比例 D1321			通识必修课程学分在通识教育课程总学分中所占比例
				选修课程学分比例 D1322			通识选修课程学分在通识教育课程总学分中所占比例

续表

一级指标	二级指标	三级指标	四级指标	五级指标	六级指标	七级指标	描 述
	专业教育课程 D2	课程的完整性 D21	课程内容的完整性 D211	英语知识与技能（《高等学校商务英语专业本科教学质量国家标准》规定该模块应占专业课学时比例50%～60%）D2111	英语知识与技能模块必备课程 D21111	语言学概论 D211111	
						实用英语语音 D211112	
						英语语法实练 D211113	
						综合商务英语 D211114	
						商务英语听说 D211115	
						商务英语阅读 D211116	
						商务英语写作 D211117	
						商务翻译 D211118	
					英语知识与技能模块课程比例 D21112		英语知识与技能模块课程在专业教育课程中所占比例

续表

一级指标	二级指标	三级指标	四级指标	五级指标	六级指标	七级指标	描述
				商务知识与技能（《国家标准》规定该模块应占专业课学时比例25%～35%）D2112	商务知识与技能模块必备课程D21121	经济学导论D211211	
						管理学导论D211212	
						国际商法导论D211213	
						国际营销概论D211214	
						国际金融概论D211215	
						国际贸易实务D211216	
						国际商务谈判D211217	
						实用电子商务D211218	
					商务知识与技能模块课程比例D21122		商务知识与技能模块课程在专业教育课程中所占比例

续表

一级指标	二级指标	三级指标	四级指标	五级指标	六级指标	七级指标	描 述
				跨文化交际（《国家标准》规定该模块应占专业课学时比例5%～10%）D2113	跨文化交际模块必备课程 D21131	跨文化商务交际导论 D211311	
						国际商务文化 D211312	
						商务礼仪 D211313	
						英语演讲 D211314	
					跨文化交际模块课程比例 D21132		跨文化交际模块课程在专业教育课程中所占比例
				人文素养（《国家标准》规定该模块应占专业课学时比例5%～10%）D2114	人文素养模块必备课程 D21141	英美概况 D211411	
						欧美文化概论 D211412	
						中国文化概览 D211413	
						英美文学选读 D211414	
					人文素养模块课程比例 D21142		人文素养模块课程在专业教育课程中所占比例

续表

一级指标	二级指标	三级指标	四级指标	五级指标	六级指标	七级指标	描 述
			课程知识领域的完整性 D212	社会科学课程 D2121			社会科学课程在专业教育课程中所占比例
				人文学科课程 D2122			人文学科课程在专业教育课程中所占比例
				自然科学课程 D2123			自然科学课程在专业教育课程中所占比例
				跨学科课程 D2124			跨学科课程在专业教育课程中所占比例
			功能课程的完整性 D213	技能型课程 D2131			技能型课程在专业教育课程中所占比例
				知识型课程 D2132			知识型课程在专业教育课程中所占比例
				能力型课程 D2133			能力型课程在专业教育课程中所占比例
				素质型课程 D2134			素质型课程在专业教育课程中所占比例

续表

一级指标	二级指标	三级指标	四级指标	五级指标	六级指标	七级指标	描述
		课程的层次性 D22	课程对应学科层次性 D221	一级学科课程 D2211			按照《授予博士、硕士学位和培养研究生的学科、专业目录（2018）》《普通高等学校本科专业目录（2020）》《学科分类与代码国家标准（2009）》对学科课程进行划分，一级学科课程在通识选修课程中所占比例
				二级学科课程 D2212			按照《授予博士、硕士学位和培养研究生的学科、专业目录（2018）》《普通高等学校本科专业目录（2020）》《学科分类与代码国家标准（2009）》对学科课程进行划分，二级学科课程在通识选修课程中所占比例
				三级学科课程 D2213			按照《授予博士、硕士学位和培养研究生的学科、专业目录（2018）》《普通高等学校本科专业目录（2020）》《学科分类与代码国家标准（2009）》对学科课程进行划分，三级学科课程在通识选修课程中所占比例
				学科分支/专业课程 D2214			按照《授予博士、硕士学位和培养研究生的学科、专业目录（2018）》《普通高等学校本科专业目录（2020）》《学科分类与代码国家标准（2009）》对学科课程进行划分，学科分支/专业课程在通识选修课程中所占比例

续表

一级指标	二级指标	三级指标	四级指标	五级指标	六级指标	七级指标	描　述
			课程内容层次性 D222	一、二年打基础 D2221			一、二年级开设英语基础课程
				三、四年学专业、练技能、做实务 D2222			三、四年级开设商务专业课、专业技能课和专业英语课程；四年级在校内或校外实践基地实习实训，进入企业顶岗实习
			课程设置层次性 D223	设置核心和方向课程 D2231			专业教育课程分为专业核心课程和专业方向课程
				设置基础课程 D2232			按照学科分类与代码国家标准划分的一、二级学科课程在专业教育课程中的比例
		课程的有序性 D23	课程开设顺序 D231				一年级先开设通识导论，再以通识教育课程为主开设课程；二年级先开设学科导论，再开设学科课程；三年级先开设专业（职业）导论，再开设专业教育课程；四年级先开设专业实践导论，再开展综合实践活动
			设置先修课程 D232				先修某些专业限定课程

续表

一级指标	二级指标	三级指标	四级指标	五级指标	六级指标	七级指标	描　述
		课程的关联性 D24	课程内容的关联性 D241	国际商务课程群 D2411	基础课程 D24111		开设经济学导论、管理学导论、国际商法导论、国际营销概论等基础理论课程
					实务课程 D24112		开设国际贸易实务、国际商务谈判、国际结算、进出口实务、跨境电子商务等实务性课程
				商务英语技能课程群 D2412			开设商务英语听、说、读、写、译等课程
				综合商务英语系列课程 D2413			开设综合商务英语系列课程
			课程设置的关联性 D242				设置核心课程模块和多个方向课程模块（课程群）
			必修课程和选修课程学分 D243	必修课程学分比例 D2431			专业必修课程学分在专业课程学分中所占比例
				选修课程学分比例 D2432			专业选修课程学分在专业课程学分中所占比例

续表

一级指标	二级指标	三级指标	四级指标	五级指标	六级指标	七级指标	描 述
		课程的特色性 D25	特色课程 D251				开设体现专业特色、学校特点和地区发展优势的课程
			精品课程 D252				开设精品课程
			跨学科课程 D253				开设跨学科课程
	实践环节 D3	教学内容 D31	专业实习 D311	社会实践课程 D3111			开设方法论课程，如研究方法课程、市场调查与分析课程等
				“职业素质与能力”课程 D3112			开设组织行为学、市场营销学、公共关系学等课程
				语言技能实训课程 D3113			开设英语视、听、说，商务英语听、说、读、写、译，计算机辅助翻译等英语实训课程
				商务技能实训课程 D3114			开设商务英语谈判与沟通实训、国际商务模拟实践、外贸函电英语、报关实务、外贸制单实务、进出口单证制作实训、进出口业务综合技能实训等商务实训课程

续表

一级指标	二级指标	三级指标	四级指标	五级指标	六级指标	七级指标	描　述
				商务实践课外活动 D3115	商业创意 D31151		学生参加不同类型课外活动的比例
					商务英语谈判比赛 D31152		
					商务英语实践比赛 D31153		
					经贸洽谈 D31154		
					招商引资 D31155		
					商品会展 D31156		
					没有参加 D31157		
				学术活动 D3116	学术讲座与研讨 D31161		学生参加不同类型学术活动的比例
					课题研究 D31162		

续表

一级指标	二级指标	三级指标	四级指标	五级指标	六级指标	七级指标	描　述
					国内外学术会议 D31163		
					学科竞赛 D31164		
					没有参加 D31165		
			毕业实习 D312				顶岗实习，企事业单位商务业务实践
		实践场地 D32	校内实训基地 D321	语音室 D3211			在语音室开展商务英语口译等实训活动
				商务实训室 D3212			在商务实训室模拟仿真教学环境操练外贸、金融、财务、营销、法律等实务流程
			校外实训基地 D322	实地考察 D3221			组织学生到相关贸易公司、企事业单位实地考察，了解商务流程和商品产出环节
				实地实习 D3222			学生到企业、公司等教育实习基地进行实践或外贸公司顶岗实训
		实训方式 D33	模拟实训 D331				采用“模拟公司＋电脑＋软件”形式进行人机对话训练
			实战实训 D332				岗位核心技能培训，如顶岗实习、定岗实习

续表

一级指标	二级指标	三级指标	四级指标	五级指标	六级指标	七级指标	描　述
	毕业论文（设计）D4	学术类 D41					学术类论文分布比例
		实践类 D42					实践类毕业设计分布比例
		学术类 + 实践类 D43					学术与实践相结合的毕业设计分布比例
	学分体系 D5	课程体系组成部分学分比例 D51	通识教育课程学分比例 D511				通识教育课程学分在总学分中所占比例
			专业教育课程学分比例 D512				专业教育课程学分在总学分中所占比例
			实践环节学分比例 D513				实践环节学分在总学分中所占比例
			毕业论文（设计）学分比例 D514				毕业论文（设计）学分在总学分中所占比例

续表

一级指标	二级指标	三级指标	四级指标	五级指标	六级指标	七级指标	描　述
		必修课程与选修课程学分比例 D52	必修课程学分比例 D521				必修课程学分在总学分中所占比例
			选修课程学分比例 D522				选修课程学分在总学分中所占比例
		理论课程与实践课程学分比例 D53	理论课程学分比例 D531				理论课程学分在总学分中所占比例
			实践课程学分比例 D532				实践课程学分在总学分中所占比例

附录5：商务英语人才培养模式“整体性”评价指标体系（培养评价E）

一级指标	二级指标	三级指标	四级指标	五级指标	描述
培养评价 E	评价原则（标准） E1	培养评价的总原则 E11			人的全面发展是人才培养评价的总原则
		培养评价的基本标准 E12			“整体性”原则是培养评价的基本标准
	评价主体 E2				评价主体是教师、学生、企业或行业的相关人员
	评价方法 E3	评价方法体系 E31			定量评价和定性评价相结合；形成性评价和终结性评价相结合；内部评价与外部评价相结合，形成一个整体评价体系
		评价方法具体内容 E32	分项评价方法 E321	期末考试 E3211	主要有期末（开、闭卷）测试、课堂行为记录（如发言情况、出勤情况、课堂讨论情况等）、课余作业、社会实践报告、调研报告、方案设计、流程模拟操作、基地实习等环节
				课堂行为记录 E3212	
				课余作业 E3213	
				社会实践报告 E3214	
				基地实习 E3215	
			累加综合评价方法 E322		对所有课程分多个节点进行考核，分比例相加计算总分，综合评价学生的整体学习状况

续表

一级指标	二级指标	三级指标	四级指标	五级指标	描　述
	评价内容 E4	英语应用能力 E41			具有扎实的英语基础知识和技能，具备熟练的听、说、读、写、译能力，在商务活动中能就日常话题进行口头和书面交流；阅读相关资料，查阅业务知识文献，具有应用英语交流沟通业务的能力
		商务知识与技能 E42			了解与掌握国际商务知识，如国际经济学、国际贸易、国际企业管理、国际商法和国际金融等相关知识；掌握国际商务业务操作技能和电子商务能力
		跨文化交际能力 E43			了解中外文化差异；掌握一定的欧美文化、社会、政治、历史和文学知识；能运用得体的言语和方式进行商务沟通；能用英语进行公开演讲、发言和做报告；通晓国际商务的一般礼仪和交际策略；了解国际商业伦理规则
		跨学科知识与能力 E44			掌握跨学科知识，具有知识迁移和知识整合能力，包含对学科基础知识以及交叉学科综合知识的理解、综合、运用等情况
		创新创业能力 E45			具备创新所需要的创造性思维能力与解决问题的实践能力；具有创业意识和创业精神，具备一定的创业知识与创业技能
		人文素养 E46			政治立场坚定、热爱祖国、思想道德情操高尚，具有国际视野，具有较高的公民意识、社会责任感和人文素质；熟悉中外文化传统，有较扎实的汉语基本功和口、笔头表达能力；熟悉英语国家的地理、历史、文学文化传统、人文知识、风俗习惯

续表

一级指标	二级指标	三级指标	四级指标	五级指标	描述
		资格证书 E47	英语专业四级合格率 E471		
			英语专业八级合格率 E472		
			商务英语专业四级合格率 E473		
			商务英语专业八级合格率 E474		
			职业资格证书合格率 E475	剑桥商务英语等级证书 E4751	取得剑桥商务英语等级证书的学生比例
				商务英语翻译证书 E4752	取得商务英语翻译证书的学生比例
				国际商务单证员资格证书 E4753	取得国际商务单证员资格证书的学生比例

续表

一级指标	二级指标	三级指标	四级指标	五级指标	描　述
				国际商务操作员资格证书 E4754	取得国际商务操作员资格证书的学生比例
				外销员资格证书 E4755	取得外销员资格证书的学生比例
				报关员资格证书 E4756	取得报关员资格证书的学生比例
				国家计算机等级考试证书 E4757	取得国家计算机等级考试证书的学生比例
				没有考取资格证书 E4758	没有考取资格证书的学生比例
			国际人才英语考试（ETIC）合格率 E476		取得国际人才英语考试证书的学生比例
		就业率 E48			

附录 6：同组指标各要素重要性的两两比较表（专家 A 反馈的部分内容）

两两比较表的说明

重要性级别	含　义	说　明
1/9	极端不重要	两个因素相比较，一个因素比另一个极端不重要
1/7	强烈不重要	两个因素相比较，一个因素比另一个强烈不重要
1/5	明显不重要	两个因素相比较，一个因素比另一个明显不重要
1/3	稍微不重要	两个因素相比较，一个因素比另一个稍微不重要
1	同等重要	两个因素相比较，具有相同的重要性
3	稍微重要	两个因素相比较，一个因素比另一个稍微重要
5	明显重要	两个因素相比较，一个因素比另一个明显重要
7	强烈重要	两个因素相比较，一个因素比另一个强烈重要
9	极端重要	两个因素相比较，一个因素比另一个极端重要

注：1/8，1/6，1/4，1/2，2，4，6，8 为上述相邻判断的中值。

一、一级指标的权重分析

“基于交叉学科的商务英语人才培养模式‘整体性’框架（指标体系）”是一个完整的系统，该系统的一级指标（C1）包含学科基础、培养目标、培养方式、培养内容、培养评价等五个要素，请您根据上述具体说明，对其重要性进行两两比较，并在相应的数字下打“√”或填入您认可的具体数值。

一级指标	极端不重要 1/9	强烈不重要 1/7	明显不重要 1/5	稍微不重要 1/3	同等重要 1	稍微重要 3	明显重要 5	强烈重要 7	极端重要 9	一级指标
学科基础					√					培养目标
学科基础						√				培养方式
学科基础					√					培养内容
学科基础						√				培养评价
培养目标									√	培养方式
培养目标									√	培养内容
培养目标									√	培养评价
培养方式					√					培养内容
培养方式					√					培养评价
培养内容							√			培养评价

二、"学科基础"（一级指标）分系统内部各因素权重分析

1. 二级指标比较

"学科基础"（一级指标）分系统包含"交叉性"和"完整性"等两个因素，对其重要性进行两两比较。

二级指标	1/9	1/7	1/5	1/3	1	3	5	7	9	二级指标
交叉性			√							完整性

2. 三级指标比较

（1）"交叉性"划分为"人才培养模式属性""人才培养模式支撑学科"和"人才培养模式核心学科"等三个因素，对其重要性进行两两比较。

三级指标	1/9	1/7	1/5	1/3	1	3	5	7	9	三级指标
人才培养模式属性					√					人才培养模式支撑学科
人才培养模式属性				√						人才培养模式核心学科
人才培养模式支撑学科			√							人才培养模式核心学科

（2）"完整性"划分为"培养目标的学科要求""交叉学科群的课程分布比例""教师教育背景分布比例""论文主题的学科分布比例"等四个因素，对其重要性进行两两比较。

三级指标	1/9	1/7	1/5	1/3	1	3	5	7	9	三级指标
培养目标的学科要求							√			交叉学科群的课程分布比例
培养目标的学科要求									√	教师教育背景分布比例
培养目标的学科要求									√	论文主题的学科分布比例
交叉学科群的课程分布比例					√					教师教育背景分布比例
交叉学科群的课程分布比例			√							论文主题的学科分布比例
教师教育背景分布比例			√							论文主题的学科分布比例

3. 四级指标比较

（1）"人才培养模式支撑学科"进一步划分为"支撑学科组成"和"支撑学科课程设置"等两个因素，对其重要性进行两两比较。支撑学科主要指语言学、经济学、管理学、法学。

四级指标	1/9	1/7	1/5	1/3	1	3	5	7	9	四级指标
支撑学科组成			√							支撑学科课程设置

（2）"人才培养模式核心学科"进一步划分为"核心学科课程在支撑学科课程中的比例"和"核心学科课程在专业教育课程中的比例"等两个因素，对其重要性进行两两比较。

四级指标	1/9	1/7	1/5	1/3	1	3	5	7	9	四级指标
核心学科课程在支撑学科课程中的比例			√							核心学科课程在专业课程中的比例

（3）"培养目标的学科要求"进一步划分为"语言学""经济学""管理学""法学"等四个因素，对其重要性进行两两比较。以下学科名称均指人才培养目标中提及的该学科的知识与技能。

四级指标	1/9	1/7	1/5	1/3	1	3	5	7	9	四级指标
语言学					√					经济学
语言学								√		管理学
语言学									√	法学
经济学								√		管理学
经济学								√		法学
管理学							√			法学

（4）"交叉学科群的课程分布比例"进一步划分为"语言学""经济学""管理学""法学"等四个因素，对其重要性进行两两比较。以下学科名称均指该学科开设的课程。

四级指标	1/9	1/7	1/5	1/3	1	3	5	7	9	四级指标
语言学						√				经济学
语言学						√				管理学
语言学								√		法学

续表

四级指标	1/9	1/7	1/5	1/3	1	3	5	7	9	四级指标
经济学			√							管理学
经济学						√				法学
管理学							√			法学

（5）“教师教育背景分布比例”进一步划分为“语言学”“经济学”“管理学”“法学”等四个因素，对其重要性进行两两比较。以下学科名称均指具有该学科教育背景教师。

四级指标	1/9	1/7	1/5	1/3	1	3	5	7	9	四级指标
语言学					√					经济学
语言学							√			管理学
语言学								√		法学
经济学								√		管理学
经济学									√	法学
管理学						√				法学

（6）“论文主题的学科分布比例”进一步划分为“语言学”“经济学”“管理学”“法学”等四个因素，对其重要性进行两两比较。以下学科名称都是指涉及该学科主题的论文。

四级指标	1/9	1/7	1/5	1/3	1	3	5	7	9	四级指标
语言学					√					经济学
语言学						√				管理学
语言学							√			法学
经济学						√				管理学
经济学							√			法学
管理学						√				法学

受篇幅所限，一级指标“培养目标”“培养方式”“培养内容”“培养评价”等分系统内部各因素权重分析等内容，以及其余专家反馈同组指标各要素重要性的两两比较表省略。

附录7：“整体性”评价指标体系“培养目标B”分系统的权重分配表

一级	二级指标			三级指标			四级指标			五级指标		
指标	指标	相对权重	综合权重	指标	相对权重	综合权重	指标	相对权重	综合权重	指标	相对权重	综合权重
B（权重0.17）	B1	0.5	0.095	B11	0.47	0.045						
				B12	0.35	0.033						
				B13	0.09	0.009						
				B14	0.09	0.009						
	B2	0.23	0.044	B21	0.67	0.029	B211	0.25	0.010 7			
							B212	0.75	0.032 3	B2121	0.22	0.007 1
										B2122	0.39	0.012 6
										B2123	0.1	0.003 2
										B2124	0.29	0.009 4
				B22	0.33	0.021						
	B3	0.12	0.034	B31	0.75	0.026						
				B32	0.25	0.009						
	B4	0.07	0.02	B41	0.5	0.01	B411	0.31	0.003 1			
							B412	0.27	0.002 7			
							B413	0.22	0.002 2			
							B414	0.1	0.001			
							B415	0.05	0.000 5			
							B416	0.05	0.000 5			

续表

一级指标	二级指标			三级指标			四级指标			五级指标		
	指标	相对权重	综合权重	指标	相对权重	综合权重	指标	相对权重	综合权重	指标	相对权重	综合权重
				B42	0.25	0.005	B421	0.24	0.001 2			
							B422	0.32	0.001 6			
							B423	0.24	0.001 2			
							B424	0.09	0.000 45			
							B425	0.11	0.000 55			
				B43	0.25	0.005	B431	0.31	0.001 5			
							B432	0.13	0.000 65			
							B433	0.22	0.001 1			
							B434	0.2	0.001			
							B435	0.14	0.000 7			
	B5	0.08	0.022	B51	0.11	0.002						
				B52	0.11	0.002						
				B53	0.41	0.009						
				B54	0.11	0.002						
				B55	0.26	0.006						

附录 8：“整体性”评价指标体系“培养方式 C”分系统的权重分配表

一级	二级指标			三级指标			四级指标			五级指标		
指标	指标	相对权重	综合权重	指标	相对权重	综合权重	指标	相对权重	综合权重	指标	相对权重	综合权重
C（权重 0.11）	C1	0. 75	0. 098	C11	0. 13	0. 013	C111	0. 67	0. 008 7			
							C112	0. 33	0. 004 3			
				C12	0. 35	0. 034	C121	0. 17	0. 005 8			
							C122	0. 83	0. 028 2			
				C13	0. 09	0. 009						
				C14	0. 08	0. 008	C141	0. 33	0. 005 4			
							C142	0. 67	0. 002 6			
				C15	0. 08	0. 008	C151	0. 75	0. 006			
							C152	0. 25	0. 002			
				C16	0. 27	0. 027	C161	0. 75	0. 020 3			
							C162	0. 25	0. 006 7			
	C2	0. 25	0. 033	C21	0. 75	0. 025	C211	0. 18	0. 004 5			
							C212	0. 13	0. 003 3			
							C213	0. 06	0. 001 5			
							C214	0. 18	0. 004 5			
							C215	0. 18	0. 004 5			
							C216	0. 27	0. 006 8			

续表

一级	二级指标			三级指标			四级指标			五级指标		
指标	指标	相对权重	综合权重	指标	相对权重	综合权重	指标	相对权重	综合权重	指标	相对权重	综合权重
				C22	0. 25	0. 008	C221	0. 39	0. 003 1	C2211	0. 06	0. 000 186
										C2212	0. 17	0. 000 527
										C2213	0. 11	0. 000 341
										C2214	0. 46	0. 001 4
										C2215	0. 2	0. 000 62
							C222	0. 22	0. 001 8			
							C223	0. 1	0. 000 8			
							C224	0. 29	0. 002 3			

附录9：“整体性”评价指标体系“培养内容D”分系统的权重分配表

一级	二级指标			三级指标			四级指标			五级指标			六级指标			七级指标		
指标	指标	相对权重	综合权重	指标	相对权重	综合权重	指标	相对权重	综合权重	指标	相对权重	综合权重	指标	相对权重	综合权重	指标	相对权重	综合权重
D（权重0. 27）	D1	0. 2	0. 032	D11	0. 78	0. 25	D111	0. 07	0. 001 7	D1111	0. 3	0. 000 524						
										D1112	0. 14	0. 000 245						
										D1113	0. 16	0. 000 28						
										D1114	0. 05	0. 000 874						
										D1115	0. 05	0. 000 874						
										D1116	0. 1	0. 000 175						
										D1117	0. 1	0. 000 175						
										D1118	0. 1	0. 000 175						
							D112	0. 75	0. 018 7	D1121	0. 167	0. 003 1						
										D1122	0. 167	0. 003 1						
										D1123	0. 167	0. 003 1						
										D1124	0. 499	0. 009 3						
							D113	0. 18	0. 004 5	D1131	0. 34	0. 001 5						
										D1132	0. 12	0. 000 539						
										D1133	0. 14	0. 000 629						
										D1134	0. 1	0. 000 449						
										D1135	0. 24	0. 001 1						
										D1136	0. 06	0. 000 27						
				D12	0. 07	0. 002	D121	0. 1	0. 000 22	D1211	0. 08	0. 000 018						
										D1212	0. 15	0. 000 034						
										D1213	0. 26	0. 000 058						
										D1214	0. 51	0. 000 011						

续表

一级	二级指标			三级指标			四级指标			五级指标			六级指标			七级指标		
指标	指标	相对权重	综合权重	指标	相对权重	综合权重	指标	相对权重	综合权重	指标	相对权重	综合权重	指标	相对权重	综合权重	指标	相对权重	综合权重
							D122	0. 64	0. 001 4	D1221	0. 56	0. 000 8						
										D1222	0. 26	0. 000 373						
										D1223	0. 12	0. 000 172						
										D1224	0. 06	0. 000 086						
							D123	0. 26	0. 000 58									
				D13	0. 15	0. 005	D131	0. 25	0. 001 2									
							D132	0. 75	0. 003 6	D1321	0. 5	0. 001 8						
										D1322	0. 5	0. 001 8						
	D2	0. 26	0. 042	D21	0. 36	0. 015	D211	0. 49	0. 007 3	D2111	0. 43	0. 003 2	D21111	0. 75	0. 002 4	D211111	0. 28	0. 000 66
																D211112	0. 04	0. 000 95
																D211113	0. 04	0. 000 95
																D211114	0. 22	0. 000 52
																D211115	0. 09	0. 000 21
																D211116	0. 1	0. 000 24
																D211117	0. 16	0. 000 38
																D211118	0. 07	0. 000 17
													D21112	0. 25	0. 000 79			
										D2112	0. 24	0. 001 8	D21121	0. 75	0. 001 3	D211211	0. 27	0. 000 36
																D211212	0. 21	0. 000 28
																D211213	0. 16	0. 000 21
																D211214	0. 05	0. 000 066
																D211215	0. 08	0. 000 11
																D211216	0. 1	0. 000 13
																D211217	0. 06	0. 000 079
																D211218	0. 07	0. 000 092

续表

一级	二级指标			三级指标			四级指标			五级指标			六级指标			七级指标		
指标	指标	相对权重	综合权重	指标	相对权重	综合权重	指标	相对权重	综合权重	指标	相对权重	综合权重	指标	相对权重	综合权重	指标	相对权重	综合权重
													D21122	0. 25	0. 000 44			
										D2113	0. 25	0. 001 8	D21131	0. 75	0. 001 4	D211311	0. 55	0. 000 76
																D211312	0. 25	0. 000 34
																D211313	0. 1	0. 000 14
																D211314	0. 1	0. 000 14
													D21132	0. 25	0. 000 46			
										D2114	0. 08	0. 000 587	D21141	0. 75	0. 000 44	D211411	0. 31	0. 000 14
																D211412	0. 31	0. 000 14
																D211413	0. 24	0. 000 11
																D211414	0. 14	0. 000 62
													D21142	0. 25	0. 000 15			
							D212	0. 31	0. 004 6	D2121	0. 35	0. 001 6						
										D2122	0. 27	0. 001 3						
										D2123	0. 09	0. 000 418						
										D2124	0. 29	0. 001 3						
							D213	0. 2	0. 003	D2131	0. 32	0. 000 958						
										D2132	0. 19	0. 000 569						
										D2133	0. 36	0. 001 1						
										D2134	0. 13	0. 000 389						
				D22	0. 14	0. 006	D221	0. 49	0. 002 9	D2211	0. 5	0. 001 4						
										D2212	0. 28	0. 000 8						
										D2213	0. 14	0. 000 4						
										D2214	0. 08	0. 000 228						
							D222	0. 31	0. 001 8	D2221	0. 67	0. 001 2						
										D2222	0. 33	0. 000 596						

续表

一级指标	二级指标			三级指标			四级指标			五级指标			六级指标			七级指标		
	指标	相对权重	综合权重	指标	相对权重	综合权重	指标	相对权重	综合权重	指标	相对权重	综合权重	指标	相对权重	综合权重	指标	相对权重	综合权重
							D223	0.2	0.001 2	D2231	0.67	0.000 78						
										D2232	0.33	0.000 38						
				D23	0.1	0.004	D231	0.5	0.002 1									
							D232	0.5	0.002 1									
				D24	0.14	0.006	D241	0.39	0.002 3	D2411	0.33	0.000 75	D24111	0.83	0.000 62			
													D24112	0.17	0.000 13			
										D2412	0.41	0.000 93						
										D2413	0.26	0.000 59						
							D242	0.44	0.002 6									
							D243	0.17	0.000 99	D2431	0.5	0.000 5						
										D2432	0.5	0.000 5						
				D25	0.26	0.01	D251	0.26	0.002									
							D252	0.1	0.001 1									
							D253	0.64	0.006 9									
	D3	0.22	0.035	D31	0.6	0.021	D311	0.75	0.015 8	D3111	0.17	0.002 7						
										D3112	0.11	0.001 7						
										D3113	0.29	0.004 6						
										D3114	0.29	0.004 6						
										D3115	0.08	0.001 3	D31151	0.14	0.000 18			
													D31152	0.06	0.000 76			
													D31153	0.08	0.000 10			
													D31154	0.23	0.000 29			
													D31155	0.34	0.000 43			
													D31156	0.13	0.000 16			
													D31157	0.02	0.000 25			

续表

一级	二级指标			三级指标			四级指标			五级指标			六级指标			七级指标		
指标	指标	相对权重	综合权重	指标	相对权重	综合权重	指标	相对权重	综合权重	指标	相对权重	综合权重	指标	相对权重	综合权重	指标	相对权重	综合权重
										D3116	0.06	0.000 95	D31161	0.1	0.000 095			
													D31162	0.37	0.000 35			
													D31163	0.17	0.000 16			
													D31164	0.33	0.000 31			
													D31165	0.03	0.000 029			
							D312	0.25	0.005 3									
				D32	0.2	0.007	D321	0.25	0.001 8	D3211	0.5	0.000 88						
										D3212	0.5	0.000 88						
							D322	0.75	0.005 3	D3221	0.25	0.001 3						
										D3222	0.75	0.004						
				D33	0.2	0.007	D331	0.17	0.001 2									
							D332	0.83	0.005 8									
	D4	0.17	0.027	D41	0.14	0.004												
				D42	0.14	0.004												
				D43	0.72	0.02												
	D5	0.15	0.025	D51	0.82	0.02	D511	0.25	0.004 9									
							D512	0.25	0.004 9									
							D513	0.25	0.004 9									
							D514	0.25	0.004 9									
				D52	0.09	0.002	D521	0.5	0.001 1									
							D522	0.5	0.001 1									
				D53	0.09	0.002	D531	0.5	0.001 1									
							D532	0.5	0.001 1									

附录 10：“整体性”评价指标体系“培养评价 E”分系统的权重分配表

一级指标	二级指标			三级指标			四级指标			五级指标		
	指标	相对权重	综合权重	指标	相对权重	综合权重	指标	相对权重	综合权重	指标	相对权重	综合权重
E（权重 0.09）	E1	0.46	0.051	E11	0.5	0.025 5						
				E12	0.5	0.025 5						
	E2	0.22	0.024									
	E3	0.13	0.014	E31	0.67	0.009 4						
				E32	0.33	0.004 6	E321	0.17	0.0007 82	E3211	0.63	0.000 493
										E3212	0.05	0.000 039
										E3213	0.05	0.000 039
										E3214	0.1	0.000 078
										E3215	0.17	0.000 133
							E322	0.83	0.003 8			
	E4	0.19	0.021	E41	0.23	0.004 8						
				E42	0.19	0.004						
				E43	0.21	0.004 4						
				E44	0.11	0.002 3						
				E45	0.09	0.001 9						
				E46	0.07	0.001 5						

续表

一级指标	二级指标			三级指标			四级指标			五级指标		
	指标	相对权重	综合权重	指标	相对权重	综合权重	指标	相对权重	综合权重	指标	相对权重	综合权重
				E47	0. 05	0. 001	E471	0. 056	0. 000 062			
							E472	0. 117	0. 000 129			
							E473	0. 117	0. 000 129			
							E474	0. 117	0. 000 129			
							E475	0. 243	0. 000 267	E4751	0. 23	0. 000 062
										E4752	0. 23	0. 000 062
										E4753	0. 1	0. 000 027
										E4754	0. 1	0. 000 027
										E4755	0. 1	0. 000 027
										E4756	0. 1	0. 000 027
										E4757	0. 13	0. 000 035
										E4758	0. 01	0. 000 003
							E476	0. 35	0. 000 385			
				E48	0. 05	0. 001						

附录11：商务英语人才培养模式“整体性”研究调查问卷（学生问卷）

亲爱的同学：

您好！

非常感谢您在紧张的学习中抽时间来配合进行此次问卷调查。该项调查主要是了解你对贵校商务英语人才培养模式“整体性”建设的一些看法。请您根据实际情况在每道题后的括号中填上所选答案的英文字母代号。衷心地感谢您对我们工作的大力支持！

第一部分：学科基础

1.（单选题）您认为商务英语属于什么类型的学科？（　　）

A. 交叉学科　　B. 综合学科　　C. 单一学科

2.（单选题）您认为商务英语人才培养模式的本质属性是什么？（　　）

A. 复合性　　B. 跨学科性　　C. 应用性　　D. 综合性

3.（多选题）您认为商务英语专业的学科基础是以下哪些学科？（　　）

A. 语言学　　B. 经济学

C. 管理学　　D. 新闻学与传播学

E. 法学

第二部分：培养目标

4.（多选题）您认为商务英语人才培养目标内涵应包含以下哪些内容？（　　）

A. 知识　　B. 能力　　C. 素质　　D. 技能

5.（多选题）您认为商务英语应该培养以下哪种类型人才？（　　）

A. 应用型人才　　B. 国际化人才

C. 综合型人才　　D. 交叉复合型人才

E. 创新创业型人才

第三部分：培养方式

6.（单选题）贵校商务英语专业是否设置多个专业方向？（　　）

A. 是　　B. 否

注：如果贵校商务英语专业没有划分具体方向，第7题可以不回答。

7.（单选题）贵校是否允许学生在确定专业方向之后，通过一定时间学习，调整、转变专业学习方向？（　　）

A. 是　　B. 否

8.（单选题）贵校商务英语专业规定学生何时确定专业（方向）？（　　）

A. 进校后马上确定专业（方向）

B. 学习到一定阶段之后再确定专业（方向）

9. （单选题）贵校商务英语专业是否允许学生跨专业选修其他专业教育课程？（ ）

A. 是　　B. 否

注：10～11 题请您根据教师实际情况（符合程度）选择相关答案。

10. （单选题）贵校商务英语专业任课教师既能胜任英语语言教学工作，又能传授商务知识和操作技能。（ ）

A. 符合　　B. 比较符合

C. 基本符合　　D. 较不符合

E. 不符合

11. （单选题）贵校商务英语专业任课教师能够运用图文并茂的音像教材、视听结合的多媒体教学环境与手段开展课堂教学，并通过网络与学生进行互动教学。（ ）

A. 符合　　B. 比较符合

C. 基本符合　　D. 较不符合

E. 不符合

12. （多选题）贵校商务英语专业任课教师采取了以下哪些教学方法？（ ）

A. 内容教学法　　B. 主题教学法

C. 模拟教学法　　D. 案例教学法

E. 项目教学法　　F. 全英教学法

13. （单选题）贵校商务英语专业是否会派遣学生参加国外学校交流或实习项目？（ ）

A. 是　　B. 否

14. （单选题）您上的课程中有多少（X）门课程使用了英文原版教材？（ ）

A. $X \geqslant 12$　　B. $9 \leqslant X < 12$

C. $6 \leqslant X < 9$　　D. $3 \leqslant X < 6$

E. $X < 3$

15. （单选题）贵校商务英语专业是否实行本科四年全程导师制？（ ）

A. 是　　B. 否

第四部分：培养内容

16. （单选题）您同意按照第一年打基础，第二年学专业，第三年练技能，第四年做实务的方式设计商务英语专业教育课程吗？（ ）

A. 同意　　B. 不同意

17. （单选题）贵校商务英语专业教育课程是否分为核心课程和方向课程？（ ）

A. 是　　B. 否

18. （单选题）贵校商务英语专业的专业方向课程是否开设多个课程群？（ ）

A. 是　　B. 否

19.（单选题）贵校商务英语专业是否设置了先修限定课程？（　　）

A. 是　　B. 否

20.（多选题）您参加过以下哪些第二课堂活动和涉外商务活动？（　　）

A. 商业创意　　B. 商务英语谈判比赛

C. 商务英语实践比赛　　D. 经贸洽谈

E. 招商引资　　F. 商品会展

H. 没有参加

21.（多选题）您参加过以下哪些学术活动？（　　）

A. 学术讲座与研讨　　B. 课题研究

C. 国内外学术会议　　D. 学科竞赛

E. 没有参加

22.（单选题）您计划采用哪种类型的毕业论文（设计）？（　　）

A. 学术论文　　B. 项目报告或者调研报告

C. 调研报告 + 学术论文

23.（单选题）贵校商务英语专业是否安排学生在语音室开展商务英语口译等实训活动？（　　）

A. 是　　B. 否

24.（单选题）贵校商务英语专业是否安排学生在商务实训室等模拟仿真教学环境中操练外贸、金融、财务、营销、法律等实务流程？（　　）

A. 是　　B. 否

25.（单选题）贵校商务英语专业是否组织学生到相关贸易公司、企事业单位实地考察，了解商务流程和商品产出环节？（　　）

A. 是　　B. 否

26.（单选题）贵校商务英语专业是否让学生在第四学年到公司（企业）等教育实习基地进行实践或外贸公司顶岗实训？（　　）

A. 是　　B. 否

27.（单选题）贵校商务英语专业是否在课堂实践中采用“模拟公司 + 电脑 + 软件”形式进行人机对话训练？（　　）

A. 是　　B. 否

第五部分：培养评价

28.（单选题）您认为人的全面发展是否为人才培养评价的总原则？（　　）

A. 是　　B. 否

29.（单选题）您认为“整体性”原则是否为培养评价的基本标准？（　　）

A. 是　　B. 否

30.（单选题）贵校商务英语专业评价主体是否由教师、学生、企业或行业管理人员所组成？（　　）

A. 是　　B. 否

31.（多选题）贵校商务英语专业采用了以下哪些教学评价方式？（　　）

A. 期末考试　　B. 课堂行为记录

C. 课余作业　　D. 社会实践报告

E. 基地实习

32.（单选题）贵校商务英语专业教育课程是否分为多个节点对学生进行考核，分比例相加计算总分，综合评价学生的理论学习？（　　）

A. 是　　B. 否

33.（单选题）您通过了英语专业四级吗？（　　）

A. 通过　　B. 没有通过

34.（单选题）您通过了英语专业八级吗？（　　）

A. 通过　　B. 没有通过

35.（多选题）您取得了以下哪些行业资格证书？（　　）

A. 商务英语证书（BEC）　　B. 商务英语翻译证书

C. 国际商务单证员资格证书　　D. 国际商务操作员资格证书

E. 外销员资格证书　　F. 报关员资格证书

G. 剑桥商务英语等级证书　　H. 国家计算机等级考试证书

I. 没有考取资格证书

注：36～40题属于个人能力的评价内容，请根据你个人的实际情况（符合程度）选择相关答案。

36. 具有扎实的英语基础知识和技能，具备熟练的听、说、读、写、译的能力；在商务活动中能就日常话题进行口头和书面交流；阅读相关资料，查阅业务知识文献，具有使用英语交流沟通应用的能力。（　　）

A. 符合　　B. 比较符合

C. 基本符合　　D. 较不符合

E. 不符合

37. 了解与掌握国际商务知识，如国际经济学、国际贸易、国际企业管理、国际商法及国际金融相关的知识；掌握国际商务操作技能和电子商务工作能力。（　　）

A. 符合　　B. 比较符合

C. 基本符合　　D. 较不符合

E. 不符合

38. 了解中外文化差异；掌握一定的欧美文化、社会、政治、历史和文学知识；能够运用得体的言语和方式进行商务沟通；能用英语进行公开演讲、发言和作报告；通

晓国际商务的一般礼仪和交际策略；了解国际商业中的伦理规则。(　　)

A. 符合　　B. 比较符合

C. 基本符合　　D. 较不符合

E. 不符合

39. 掌握跨学科知识，具有知识迁移能力和知识整合能力。(　　)

A. 符合　　B. 比较符合

C. 基本符合　　D. 较不符合

E. 不符合

40. 具备创新所需要的创造性思维能力与解决问题的实践能力；具有创业意识和创业精神，掌握了一定的创业知识与创业技能。(　　)

A. 符合　　B. 比较符合

C. 基本符合　　D. 较不符合

E. 不符合

附录 12：商务英语人才培养模式“整体性”研究调查问卷（教师问卷）

尊敬的老师：

您好！

感谢您在百忙之中抽空配合进行本次问卷调查。该项调查主要是了解您对贵校商务英语人才培养模式“整体性”建设的一些看法，请您根据实际情况做出客观回答。衷心地感谢您对我们工作的大力支持！

第一部分：学科基础

1.（单选题）您的最后学位属于以下哪个学科？（　　）

A. 语言学　　C. 经济学

B. 管理学　　D. 法学

E. 新闻学与传播学

2.（单选题）您认为商务英语属于什么类型的学科？（　　）

A. 交叉学科　　B. 综合学科　　C. 单一学科

3.（单选题）您认为商务英语属于交叉学科，那么其形成机制的基本形式是下列哪一种？（　　）

A. 移植形成交叉学科　　B. 双科交融形成交叉学科

C. 多元综合形成交叉学科

4.（单选题）您认为商务英语人才培养模式的本质属性是什么？（　　）

A. 复合性　　B. 跨学科性　　C. 应用性　　D. 综合性

5.（多选题）您认为商务英语专业的学科基础是以下哪些学科？（　　）

A. 语言学　　B. 经济学

C. 管理学　　D. 法学

E. 新闻学与传播学

6.（单选题）您认为商务英语人才培养模式应该属于以下哪种组合形式？（　　）

A. 英语学科 + 商务学科

B. 英语专业 + 商务专业

C. 英语课程 + 商务课程

D. 英语学科和商务学科交叉

E. “1 + *X*”（1 指英语，*X* 指经济学、管理学、国际商法等商务专业学科知识）

7.（单选题）您认为应用性是否为英语学科与商务学科的本质联系？（　　）

A. 是　　B. 否

8.（多选题）您认为英语学科与商务学科交叉增强了人才培养模式的哪些功能？（　　）

A. 跨学科教育功能　　B. 应用性人才培养功能

C. 国际化人才培养功能　　D. 跨文化交际能力培养功能

E. 服务于开放型经济发展的功能

注：9～11 题是在第 2 题选 A 的基础上才做，如果是其他选项，可忽略。

9. （单选题）您认为基于学科交叉的商务英语人才培养模式的“推进性要素（高级要素）”是什么？（　　）

A. 课程体系　　B. 交叉学科群　　C. 专业结构　　D. 单一学科

10. （多选题）您认为基于学科交叉的商务英语人才培养模式具有下列哪些整体优势？（　　）

A. 多学科知识融合的整体优势

B. 多学科理论（原理）和方法综合的整体优势

C. 国际语言和国际商务强强联合的整体优势

D. 培养跨学科创新型人才的整体优势

11. （多选题）您认为基于学科交叉的商务英语人才培养模式整体功能效应表现在以下哪些方面？（　　）

A. 具有交叉学科的功能互补和知识增值作用

B. 形成纵向上升到学科和横向跨越学科边界的人才培养模式

C. 具有综合创造性的跨学科人才培养模式

D. 培养跨学科高素质创新型人才（人才培养目标转型升级）

E. 在学科交叉的基础上形成人才培养模式的核心竞争力

12. （多选题）您发表过以下哪些学科主题的论文？（　　）

A. 语言学　　B. 经济学

C. 管理学　　D. 法学

E. 新闻学与传播学

第二部分：培养目标

13. （多选题）您认为商务英语专业人才培养目标内涵应包含以下哪些内容？（　　）

A. 知识　　B. 能力　　C. 素质　　D. 技能

14. （多选题）您认为商务英语专业应该培养以下哪种类型人才？（　　）

A. 应用型人才　　B. 国际化人才

C. 综合型人才　　D. 跨学科人才

E. 创新创业型人才

第三部分：培养方式

15. （单选题）贵校商务英语专业设置模式是否体现了学校办学特色？（　　）

A. 是　　B. 否

16.（单选题）贵校商务英语专业是否设置多个专业方向？（　　）

A. 是　　B. 否

17.（单选题）贵校商务英语专业是否允许学生在确定专业方向之后，通过一定时间学习，可以调整、转变专业学习方向？（　　）

A. 是　　B. 否

18.（单选题）贵校商务英语专业规定学生何时确定专业（方向）？（　　）

A. 进校后马上确定专业（方向）　　B. 学习到一定阶段之后再确定专业（方向）

19.（单选题）贵校商务英语专业是否允许学生跨专业选修其他专业教育课程？（　　）

A. 是　　B. 否

20.（单选题）贵校商务英语专业是否建立 MOOC 课程？（　　）

A. 是　　B. 否

21.（单选题）贵校商务英语专业是否实现了产业、学校、科研机构“三位一体”的教学模式？（　　）

A. 是　　B. 否

注：22～25 题请您根据个人实际情况（符合程度）选择相关答案。

22.（单选题）您既能胜任英语语言教学工作，又能传授商务知识和操作技能。（　　）

A. 符合　　B. 比较符合

C. 基本符合　　D. 较不符合

E. 不符合

23.（单选题）您能够运用图文并茂的音像教材、视听结合的多媒体教学环境与手段开展课堂教学，并通过网络与学生进行互动教学。（　　）

A. 符合　　B. 比较符合

C. 基本符合　　D. 较不符合

E. 不符合

24.（多选题）您在商务英语教学中采取了以下哪些教学方法？（　　）

A. 内容教学法　　B. 主题教学法

C. 模拟教学法　　D. 案例教学法

E. 项目教学法　　F. 全英教学法

25.（多选题）您认为下列哪些教学法是实现“整体性”教学最有效的方法？（　　）

A. 内容教学法　　B. 主题教学法

C. 模拟教学法　　D. 案例教学法

E. 项目教学法　　F. 全英教学法

第四部分：培养内容

26.（单选题）您同意按照第一年打基础，第二年学专业，第三年练技能，第四年做实务的方式设计商务英语专业教育课程吗？（　　）

A. 同意　　　　B. 不同意

27.（单选题）贵校商务英语专业教育课程是否分为核心课程和方向课程？（　　）

A. 是　　　　B. 否

28.（单选题）贵校商务英语专业的专业方向课程是否开设多个课程群？（　　）

A. 是　　　　B. 否

29.（单选题）贵校商务英语专业是否建立精品课程？（　　）

A. 是　　　　B. 否

第五部分：培养评价

30.（单选题）您认为人的全面发展是否为人才培养评价的总原则？（　　）

A. 是　　　　B. 否

31.（单选题）您认为“整体性”原则是否为培养评价的基本标准？（　　）

A. 是　　　　B. 否

32.（单选题）您认为培养评价体系是否应该具有“整体性”？（　　）

A. 是　　　　B. 否

33.（单选题）贵校商务英语专业评价主体是否由教师、学生、企业或行业管理人员所组成？（　　）

A. 是　　　　B. 否

34.（单选题）您认为以下哪一种评价方法最为重要？（　　）

A. 定量评价和定性评价相结合　　　　B. 形成性评价和终结性评价相结合

C. 内部评价与外部评价相结合　　　　D. 诊断性评价和总结性评价相结合

35.（单选题）34 题所列评价方法是否应该具有“整体性”？（　　）

A. 是　　　　B. 否

注：36 ~ 41 题是关于学生能力和素质的评价内容，请按照学生的实际情况（符合程度）选择相关答案。

36.（单选题）学生具有扎实的英语基础知识和技能，具备熟练的听、说、读、写、译的能力；在商务活动中能就日常话题进行口头和书面交流；能够阅读相关资料，查阅业务知识文献，具有使用英语交流沟通应用的能力。（　　）

A. 符合　　　　B. 比较符合

C. 基本符合　　　　D. 较不符合

E. 不符合

37.（单选题）学生了解与掌握国际商务知识，如国际贸易、国际企业管理、国际商法及国际金融相关的知识；掌握国际商务操作技能和电子商务工作能力。（　　）

A. 符合　　B. 比较符合
C. 基本符合　　D. 较不符合
E. 不符合

38.（单选题）学生具有国际视野；了解中外文化差异；掌握一定的欧美文化、社会、政治、历史和文学知识；能够运用得体的言语和方式进行商务沟通；能用英语进行公开演讲、发言和作报告；通晓国际商务的一般礼仪和交际策略；了解国际商业中的伦理规则。（　　）

A. 符合　　B. 比较符合
C. 基本符合　　D. 较不符合
E. 不符合

39.（单选题）学生掌握跨学科知识，具有知识迁移和知识整合能力，包含对学科基础知识以及交叉学科综合知识的理解、综合、运用等情况。（　　）

A. 符合　　B. 比较符合
C. 基本符合　　D. 较不符合
E. 不符合

40. 学生具备创新所需要的创造性思维能力与解决问题的实践能力；具有创业意识和创业精神，掌握了一定的创业知识与创业技能。（　　）

A. 符合　　B. 比较符合
C. 基本符合　　D. 较不符合
E. 不符合

41. 学生具有较高的公民意识和社会责任感，熟悉中外文化传统，有较扎实的汉语基本功和表达能力，熟悉英语国家的地理、历史、文学文化传统、人文知识、风俗习惯。（　　）

A. 符合　　B. 比较符合
C. 基本符合　　D. 较不符合
E. 不符合

附录13：商务英语人才培养模式“整体性”研究主要访谈问题

1. 如何看待商务英语交叉学科与商务英语人才培养模式的关系？

2. 商务英语人才培养模式“整体性”研究的意义是什么？

3. 目前商务英语人才培养模式的“整体性”建设状况如何？存在的主要问题和基本原因是什么？

4. 怎样研究和解决商务英语人才培养模式存在的“整体性”问题？

5. 商务英语人才培养模式“整体性”研究属于什么科学理论的研究范畴？商务英语人才培养模式“整体性”研究的指导理论是什么？

6. 商务英语人才培养模式“整体性”建设评价指标主要有哪些？

7. 商务英语人才培养模式“整体性”建设状况综合评价的基本方法是什么？

8. 加强商务英语人才培养模式“整体性”建设的对策建议是什么？

附录 14：以高校 1 为例对原始数据进行处理（部分数据）

一、学科基础

1. 交叉性

（1）人才培养模式属性——商务英语人才培养模式具有跨学科性

该校商务英语人才培养方案中没有提到商务英语交叉学科属性，也没有提到商务英语人才培养模式具有跨学科性。

跨学科性	有	无
		√

数据整理：A11 =75。

（2）人才培养模式支撑学科

①支撑学科组成

商务英语支撑学科由哪些学科组成？

学科名称	比例（学生）	比例（教师）
语言学	89.83%	100%
经济学	86.44%	81.25%
管理学	74.58%	87.5%
法学	8.47%	0%
填写人数	59	16

数据整理（保留三位小数）：

参考 $W_{A21} = (W_{A211}, W_{A212}, W_{A213}, W_{A214})^T = (0.53, 0.27, 0.13, 0.07)^T$，语言学、经济学、管理学、法学的权重分别为 0.53，0.27，0.13，0.07，A121 =（各要素学生比例 × 对应要素权重）×0.4 +（各要素老师比例 × 对应要素权重）×0.6 = $(0.8983 \times 0.53 + 0.8644 \times 0.27 + 0.7458 \times 0.13 + 0.0847 \times 0.07) \times 0.4 + (1 \times 0.53 + 0.8125 \times 0.27 + 0.875 \times 0.13 + 0 \times 0.07) \times 0.6 = 0.8428 \approx 0.843$。

②支撑学科课程设置

支撑学科课程主要指语言学、经济学、管理学、法学四大学科课程。

学科名称	课程门数
语言学	22
经济学	9
管理学	5
法学	1
合计	37

该校专业课总门数为 49 门，支撑学科课程门数在专业课总门数中所占比例为：

$37 \div 49 \times 100\% \approx 75.51\%$

该校商务英语专业教育课程设置实现了上述学科课程的交叉设置，实现了课程的跨学科布局。

数据整理（保留三位小数）：

A122≈0.755。

（3）人才培养模式核心学科

①核心学科课程在支撑学科课程中的比例

语言学课程与经济学课程门数在支撑学科课程总门数中所占的比例为：

$31 \div 37 \times 100\% \approx 83.78\%$

专业教育课程设置体现出语言学与经济学为四大学科中的核心学科，进而围绕着核心学科组织整个交叉学科群。

数据整理（保留三位小数）：

A131≈0.838。

②核心学科课程在专业教育课程中的比例

语言学课程与经济学课程在专业教育课程总门数中的比例为：

$31 \div 49 \times 100\% \approx 63.27\%$

专业教育课程设置以语言学课程和经济学课程为主线连接所有专业学科课程。但是语言学与经济学所占比例不算高，只占了一半多点，可以更高。

数据整理（保留三位小数）：

A132≈0.633。

2. 完整性

（1）培养目标的学科要求

培养目标中是否要求掌握以下学科知识与技能：

培养目标	有	无
语言学	√	
经济学	√	
管理学	√	
法学	√	

数据整理：

A211 =95；A212 =95；A213 =95；A214 =95。

（2）该校专业教育课程总门数为49门，交叉学科群的课程分布比例（学科课程在专业教育课程总门数中所占比例）如下：

学科名称	学科课程门数	所占比例
语言学	22	44. 9%
经济学	9	18. 37%
管理学	5	10. 2%
法学	1	2. 04%

数据整理（保留三位小数）：

A221 =0. 449；A222 =0. 183 7≈0. 184；A223 =0. 102；A224 =0. 020 4≈0. 02。

（3）教师教育背景分布比例

该校教师人数为33人，教师最后学历学科背景分布如下：

学科名称	教师人数	所占比例
语言学	25	75. 76%
经济学	2	6. 06%
管理学	5	15. 15%
法学	0	0

数据整理：

A231 =0. 757 6≈0. 758 ×0. 9 =0. 682；

A232 =0. 060 6≈0. 061 ×0. 9 =0. 055；

A233 =0. 151 5≈0. 152 ×0. 9 =0. 136；

A234 =0。

（4）论文主题的学科基础

在中国知网中检索高校 1 外国语学院教师和学生发表的论文，时间跨度为 2016 年至今，论文总数为 225 篇。论文主题学科分布情况如下：

学科名称	论文数量	所占比例
语言学	186	82.67%
经济学	1	0.44%
管理学	0	0
法学	0	0

该校商务英语专业师生发表的论文多为语言学和文学类主题，其他学科论文发表量极少。

数据整理：

A241 = 0.826 7 ≈ 0.827 × 0.8 ≈ 0.661；

A242 = 0.004 4 ≈ 0.004 × 0.8 ≈ 0.003；

A243 = 0；

A244 = 0。

二、培养目标

1. 整体目标

目标内容	优	良	中	较差	差
德育目标			√		
智育目标		√			
体育目标					√
美育目标		√			

该校商务英语专业人才培养方案对于德育方面的要求为具有较高的公民意识、社会责任感。

智育目标还算完整，比较系统，特别是对于科学知识，要求掌握计算机科学技术相关学科的基本知识和理论。在培养要求中进一步细化为掌握计算机及其网络基础知识、基本原理和基本方法，具有对信息网络熟练的操作能力和应用开发能力。

体育目标没有要求。

美育目标要求为具有较高的人文素质。

数据整理:
B11 =75; B12 =85; B13 =65; B14 =85。

2. 方向目标
(1) 职业目标
①传统目标

目标内容	有	无
国际贸易	√	

数据整理:
B221 =95。

②特色目标

目标内容	有	无
国际金融	√	
国际商务管理	√	
涉外法律		√
其他涉外工作	√	

该校商务英语专业中提到了外事等商务工作的应用性商务英语专业人才。
数据整理:
B2121 =95; B2122 =95; B2123 =55; B2124 =95。

(2) 发展目标

目标内容	优	良	中	较差	差
发展目标			√		

发展目标中提到了具备较高的人文素养、较强的跨文化交际能力,有一定的适应社会发展的应变能力的应用性商务英语专业人才;没有提到交叉学科的相关要求,但是提到了具有一定的创新意识;提到了适应社会发展的应变能力,没有提到继续学习和终身学习、发展的能力;提到了英语、商务、信息技术的相关知识技能。

数据整理:
B22 =75。

3. 层次目标

目标内容	优	良	中	较差	差
知识、能力、素质的完整性			√		
知识、能力、素质的层次性		√			

知识：提到了语言知识、商务知识，没有提到人文社科知识和跨学科知识。

能力：提到了英语应用能力、商务实践能力、跨文化交际能力、创新意识，没有提到思辨能力和自主学习能力，但是在商务实践能力中，专门提到有较强的国际市场营销能力和从事国际商务活动的能力。

素质：提到了思想素质、专业素质、跨文化素质，没有提到职业素质和身心素质。

人才的知识、能力、素质三者之间体现出相互转化、相互包容、依次递增的内在关联性。

数据整理：

B31 = 75；B32 = 85。

4. 规格目标

目标内容		优	良	中	较差	差
知识	语言知识	√				
	商务知识	√				
	跨文化知识	√				
	人文社科知识					√
	自然科学知识		√			
	跨学科知识					√
能力	英语应用能力	√				
	跨文化交际能力	√				
	商务实践能力	√				
	思辨与创新能力		√			
	自主学习能力					√
素质	思想素质		√			
	文化素质	√				
	专业素质	√				
	职业素质		√			
	身心素质					√

总体要求掌握经济学、管理学、法学、计算机技术等相关学科知识；没有要求掌握外国文学知识和商业文化知识，但是要求熟悉中外文化和对外交往礼仪；没有要求掌握区域国别知识、国际政治知识、世界历史知识、世界宗教知识、外交知识；要求掌握计算机及其网络基础知识、基本原理和基本方法，没有要求掌握大数据和智能科学知识；没有要求掌握交叉学科知识。具体有以下八方面。

商务实践能力：有较强的国际市场营销和从事国际商务活动的能力。

思辨与创新能力：提到了创新意识，没有提到思辨能力。

自主学习能力：没有提到。

思想素质：提到了较高的公民责任感和社会责任感。

文化素质：熟悉中外文化和对外交往礼仪以及人文素质。

专业素质：表述比较系统，提到了具备语言、经济、管理、法律、跨文化交际等学科的综合素养，还提到了创新能力，只是没有提到分析解决问题能力。

职业素质：提到了国际视野、勇于创新，但是没有提到遵纪守法、爱岗敬业、团队协作、乐于奉献等职业素养，以及较强的商务从业愿望和良好的商务职业行为、较强的商务职业意识。

身心素质：完全没有提到。

数据整理：

B411 = 95；B421 = 95；B431 = 85；

B412 = 95；B422 = 95；B432 = 95；

B413 = 95；B423 = 95；B433 = 95；

B414 = 65；B424 = 85；B434 = 85；

B415 = 85；B425 = 65。B435 = 55。

B416 = 55。

5. 类型目标

目标内容	比例（学生）	比例（教师）
应用型人才	86.44%	93.75%
国际化人才	79.66%	56.25%
综合型人才	79.66%	81.25%
跨学科人才	42.37%	56.25%
创新创业型人才	28.81%	50%

数据整理：

$B51 = 0.8644 \times 0.4 + 0.9375 \times 0.6 \approx 0.908$；

B52 = 0. 796 6 × 0. 4 + 0. 562 5 × 0. 6 ≈ 0. 656;

B53 = 0. 796 6 × 0. 4 + 0. 812 5 × 0. 6 ≈ 0. 806;

B54 = 0. 423 7 × 0. 4 + 0. 562 5 × 0. 6 ≈ 0. 507;

B55 = 0. 288 1 × 0. 4 + 0. 500 0 × 0. 6 ≈ 0. 415。

附录 15：14 所院校最终指标原始数据汇总表

序号	指标	高校													
		高校 1	高校 2	高校 3	高校 4	高校 5	高校 6	高校 7	高校 8	高校 9	高校 10	高校 11	高校 12	高校 13	高校 14
1	A11	75	95	95	85	75	75	85	85	55	55	65	55	65	55
2	A121	0. 843	0. 871	0. 868	0. 847	0. 764	0. 789	0. 843	0. 718	0. 83	0. 774	0. 685	0. 81	0. 759	0. 83
3	A122	0. 755	0. 833	0. 747	0. 889	0. 894	0. 867	0. 935	0. 746	0. 861	0. 713	0. 804	0. 791	0. 764	0. 882
4	A131	0. 838	0. 914	0. 925	0. 958	0. 932	0. 923	0. 93	0. 914	0. 919	0. 974	0. 902	0. 943	0. 929	0. 933
5	A132	0. 633	0. 762	0. 69	0. 852	0. 833	0. 889	0. 87	0. 757	0. 791	0. 771	0. 726	0. 746	0. 709	0. 824
6	A211	95	95	95	95	95	95	95	95	95	95	95	95	95	95
7	A212	95	95	95	95	95	95	95	55	95	95	55	95	95	95
8	A213	95	95	95	95	95	95	95	95	95	95	55	95	95	95
9	A214	95	95	95	95	95	55	95	55	55	95	55	95	55	95
10	A221	0. 449	0. 548	0. 549	0. 741	0. 712	0. 567	0. 739	0. 514	0. 488	0. 525	0. 529	0. 522	0. 691	0. 607
11	A222	0. 184	0. 214	0. 141	0. 111	0. 121	0. 233	0. 13	0. 167	0. 302	0. 169	0. 196	0. 224	0. 018	0. 216
12	A223	0. 102	0. 048	0. 042	0. 019	0. 046	0. 067	0. 022	0. 064	0. 047	0. 019	0. 059	0. 015	0. 036	0. 039
13	A224	0. 02	0. 024	0. 015	0. 019	0. 015	0	0. 044	0	0. 024	0	0. 02	0. 03	0. 018	0. 02
14	A231	0. 682	0. 589	0. 533	0. 686	0. 777	0. 623	0. 429	0. 706	0. 63	0. 675	0. 5	0. 64	0. 702	0. 675
15	A232	0. 055	0. 111	0. 267	0	0. 111	0. 069	0. 238	0. 035	0. 09	0	0. 1	0	0. 054	0
16	A233	0. 136	0. 233	0. 1	0. 057	0. 056	0. 208	0. 095	0. 07	0	0	0. 2	0. 08	0	0
17	A234	0	0. 067	0. 1	0	0. 056	0	0. 191	0	0	0	0	0	0. 054	0
18	A241	0. 661	0. 762	0. 767	0. 814	0. 886	0. 481	0. 752	0. 743	0. 565	0. 752	0. 725	0. 656	0. 684	0. 712

续表

序号	指标	高校													
		高校 1	高校 2	高校 3	高校 4	高校 5	高校 6	高校 7	高校 8	高校 9	高校 10	高校 11	高校 12	高校 13	高校 14
19	A242	0. 004	0. 085	0. 082	0. 012	0. 005	0. 209	0. 011	0. 014	0. 012	0	0. 05	0	0. 029	0
20	A243	0	0. 085	0. 019	0	0. 009	0. 021	0	0. 043	0	0. 012	0	0	0	0. 007
21	A244	0	0. 034	0. 025	0. 049	0	0	0. 021	0	0	0	0	0	0	0
22	B11	75	85	95	65	95	65	95	95	95	95	95	95	95	95
23	B12	85	95	95	95	95	85	95	95	85	95	95	95	85	95
24	B13	65	85	85	55	95	55	95	95	55	95	95	95	95	95
25	B14	85	85	85	55	95	55	65	65	55	55	95	55	85	95
26	B211	95	95	95	95	95	95	95	95	95	95	95	95	95	95
27	B2121	95	95	95	95	95	95	95	95	95	95	95	55	55	55
28	B2122	95	95	95	95	95	95	95	95	95	95	95	55	55	95
29	B2123	55	95	55	55	55	55	95	55	55	55	55	55	55	55
30	B2124	95	95	55	95	95	55	95	95	95	95	95	95	95	95
31	B22	75	85	85	75	85	75	85	75	85	85	85	75	85	85
32	B31	75	85	85	65	75	65	85	75	95	85	85	85	85	85
33	B32	85	85	85	65	75	65	95	65	85	95	75	85	65	65
34	B411	95	95	95	95	95	95	95	95	95	95	75	95	75	95
35	B412	95	95	75	95	95	85	95	65	95	95	95	95	85	95
36	B413	95	95	85	85	75	85	95	85	95	95	75	95	85	95
37	B414	65	85	95	65	55	55	95	75	95	95	55	55	55	75

续表

序号	指标	高校													
		高校 1	高校 2	高校 3	高校 4	高校 5	高校 6	高校 7	高校 8	高校 9	高校 10	高校 11	高校 12	高校 13	高校 14
38	B415	85	85	65	75	55	55	75	65	85	85	75	55	85	95
39	B416	55	85	65	55	55	55	95	95	55	85	55	55	55	55
40	B421	95	95	95	95	95	95	95	95	95	95	95	95	95	95
41	B422	95	95	95	95	95	95	95	55	95	95	95	95	95	95
42	B423	95	95	85	65	95	85	95	95	95	95	95	95	95	95
43	B424	85	85	85	55	75	95	55	55	95	95	85	55	95	55
44	B425	65	85	95	55	55	95	55	55	95	55	55	95	95	95
45	B431	85	85	65	65	95	55	95	95	95	95	95	95	95	95
46	B432	95	95	95	85	95	85	85	95	95	95	95	95	95	95
47	B433	95	95	95	85	95	85	95	75	85	95	95	95	85	85
48	B434	85	85	65	65	75	65	55	55	95	95	95	95	85	95
49	B435	55	85	65	55	75	55	95	95	55	95	95	95	95	95
50	B51	0. 908	0. 857	0. 924	0. 864	0. 838	0. 769	0. 963	0. 863	0. 851	0. 921	0. 908	0. 967	0. 889	0. 953
51	B52	0. 656	0. 815	0. 842	0. 744	0. 814	0. 876	0. 876	0. 788	0. 855	0. 725	0. 703	0. 823	0. 809	0. 82
52	B53	0. 806	0. 772	0. 644	0. 739	0. 731	0. 689	0. 864	0. 742	0. 951	0. 856	0. 769	0. 769	0. 755	0. 695
53	B54	0. 507	0. 6	0. 711	0. 503	0. 563	0. 688	0. 651	0. 546	0. 623	0. 635	0. 545	0. 49	0. 52	0. 678
54	B55	0. 415	0. 449	0. 458	0. 505	0. 493	0. 414	0. 521	0. 329	0. 582	0. 509	0. 401	0. 543	0. 624	0. 511
55	C111	55	95	55	55	55	55	55	55	55	55	55	55	55	55
56	C112	95	95	95	95	95	95	55	95	55	95	95	55	95	95

续表

序号	指标	高校													
		高校 1	高校 2	高校 3	高校 4	高校 5	高校 6	高校 7	高校 8	高校 9	高校 10	高校 11	高校 12	高校 13	高校 14
57	C121	75	95	95	85	75	75	75	75	55	55	65	55	95	55
58	C122	55	95	55	55	55	55	55	55	55	55	55	55	95	55
59	C13	55	95	55	55	55	55	55	55	55	55	55	55	55	55
60	C141	1	0	0	0	1	1	1	1	1	1	1	1	1	1
61	C142	0	1	1	1	0	0	0	0	0	0	0	0	0	0
62	C151	0. 755	0. 833	0. 747	0. 889	0. 894	0. 963	0. 935	0. 829	0. 861	0. 792	0. 804	0. 791	0. 764	0. 882
63	C152	55	95	55	95	55	95	55	95	55	55	55	55	55	55
64	C161	81. 66	80. 92	83. 98	78. 65	82. 21	86. 67	83. 44	81. 33	75. 44	79. 66	80. 6	79. 21	81. 22	82. 42
65	C162	89. 5	84. 32	88. 29	85. 79	86. 19	87. 05	87. 23	85. 91	84. 09	88. 95	84. 32	84. 49	86. 45	84. 73
66	C211	0. 772	0. 887	0. 802	0. 688	0. 928	0. 957	0. 787	0. 906	0. 825	0. 974	0. 852	0. 842	0. 738	0. 798
67	C212	0. 588	0. 632	0. 684	0. 551	0. 758	0. 699	0. 781	0. 661	0. 693	0. 726	0. 628	0. 715	0. 415	0. 764
68	C213	0. 364	0. 335	0. 397	0. 433	0. 68	0. 248	0. 627	0. 212	0. 565	0. 512	0. 306	0. 583	0. 587	0. 596
69	C214	0. 639	0. 758	0. 767	0. 705	0. 832	0. 93	0. 777	0. 719	0. 66	0. 618	0. 705	0. 953	0. 809	0. 824
70	C215	0. 374	0. 272	0. 315	0. 527	0. 319	0. 189	0. 555	0. 145	0. 137	0. 404	0. 155	0. 246	0. 44	0. 352
71	C216	0. 609	0. 731	0. 665	0. 421	0. 398	0. 72	0. 601	0. 679	0. 51	0. 673	0. 52	0. 385	0. 295	0. 468
72	C2211	84. 15	95	95	80. 06	77. 41	78. 24	82. 76	87. 79	55	55	55	55	55	55
73	C2212	81. 94	90. 48	80. 51	77. 05	80	74. 99	80. 81	87. 17	74. 07	77. 74	79. 6	84. 67	84. 09	76. 08
74	C2213	95	95	95	85	85	85	95	85	85	75	85	85	85	85
75	C2214	0. 449	0. 405	0. 31	0. 02	0	0. 296	0. 229	0	0	0	0. 431	0	0	0

续表

序号	指标	高校													
		高校 1	高校 2	高校 3	高校 4	高校 5	高校 6	高校 7	高校 8	高校 9	高校 10	高校 11	高校 12	高校 13	高校 14
76	C2215	95	95	75	95	65	95	75	75	95	95	95	85	65	95
77	C222	61. 1	85. 91	59. 14	72. 35	64. 64	63. 65	71. 74	76. 08	73. 97	80. 5	70. 16	55	68. 82	78. 22
78	C223	77. 5	95	95	63	70. 56	85	95	65. 67	65	67	68. 33	58. 08	63	59
79	C224	70	95	70	71	72. 78	70	80. 46	65. 67	55	59	76. 33	79. 62	95	63
80	D1111	0. 368	0. 386	0. 425	0. 65	0. 552	0. 452	0. 306	0. 457	0. 581	0. 34	0. 406	0. 444	0. 543	0. 381
81	D1112	0. 105	0. 097	0. 1	0. 1	0. 069	0. 065	0. 082	0. 086	0. 055	0. 106	0. 094	0. 056	0. 186	0. 095
82	D1113	0	0	0	0	0	0	0	0	0	0. 043	0	0. 111	0	0
83	D1114	0. 053	0. 065	0	0. 05	0. 035	0. 065	0. 082	0	0. 073	0	0. 063	0. 056	0. 034	0. 071
84	D1115	0. 105	0. 129	0. 1	0. 2	0. 138	0. 129	0. 082	0. 057	0. 145	0. 128	0. 125	0. 111	0. 136	0. 095
85	D1116	0	0	0	0	0. 069	0	0. 061	0	0. 073	0	0	0. 056	0. 051	0
86	D1117	0	0	0. 05	0	0. 103	0. 065	0. 082	0	0	0. 043	0. 031	0. 111	0. 051	0. 024
87	D1118	0. 237	0. 323	0	0	0	0	0. 163	0. 343	0	0. 213	0. 25	0	0	0. 191
88	D1121	0. 257	0. 234	0. 275	0. 258	0. 273	0. 232	0. 273	0. 316	0. 239	0. 198	0. 274	0. 312	0. 307	0. 295
89	D1122	0. 505	0. 514	0. 614	0. 408	0. 427	0. 576	0. 572	0. 444	0. 515	0. 675	0. 674	0. 376	0. 451	0. 333
90	D1123	0. 224	0. 21	0. 071	0. 269	0. 287	0. 157	0. 113	0. 197	0. 217	0. 11	0. 011	0. 308	0. 222	0. 333
91	D1124	0. 014	0. 042	0. 04	0. 065	0. 013	0. 035	0. 042	0. 043	0. 029	0. 017	0. 042	0. 004	0. 02	0. 039
92	D1131	0	0	0	0. 108	0	0	0	0	0	0	0	0	0. 003	0
93	D1132	0. 229	0. 216	0. 075	0. 28	0. 307	0. 177	0. 139	0. 205	0. 275	0. 104	0. 063	0. 323	0. 243	0. 385
94	D1133	0. 589	0. 544	0. 606	0. 418	0. 406	0. 615	0. 685	0. 461	0. 507	0. 749	0. 632	0. 379	0. 523	0. 435

续表

序号	指标	高校													
		高校 1	高校 2	高校 3	高校 4	高校 5	高校 6	高校 7	高校 8	高校 9	高校 10	高校 11	高校 12	高校 13	高校 14
95	D1134	0. 065	0. 09	0. 173	0. 043	0. 08	0. 056	0. 084	0. 231	0. 022	0. 04	0. 158	0. 128	0. 078	0. 077
96	D1135	0. 005	0. 042	0. 087	0. 043	0. 027	0. 046	0. 025	0. 009	0. 043	0. 017	0. 021	0. 028	0. 015	0. 013
97	D1136	0. 112	0. 108	0. 059	0. 108	0. 18	0. 106	0. 067	0. 094	0. 153	0. 09	0. 126	0. 142	0. 138	0. 09
98	D1211	0. 15	0. 204	0. 091	0. 086	0. 127	0. 162	0. 139	0. 103	0. 094	0. 203	0. 074	0. 23	0. 084	0. 115
99	D1212	0. 622	0. 52	0. 59	0. 688	0. 533	0. 56	0. 647	0. 512	0. 58	0. 588	0. 474	0. 408	0. 613	0. 564
100	D1213	0. 042	0. 066	0. 079	0. 032	0. 073	0. 091	0. 05	0. 043	0. 123	0. 09	0. 147	0. 064	0. 057	0. 103
101	D1214	0. 187	0. 21	0. 24	0. 194	0. 267	0. 187	0. 164	0. 342	0. 203	0. 119	0. 305	0. 298	0. 246	0. 218
102	D1221	0. 028	0. 006	0. 032	0. 011	0	0. 01	0. 029	0. 009	0	0. 011	0. 021	0. 028	0. 015	0
103	D1222	0. 089	0. 024	0. 095	0. 086	0. 06	0. 086	0. 025	0. 034	0. 015	0. 048	0. 126	0. 036	0. 051	0. 051
104	D1223	0. 098	0. 036	0. 114	0. 086	0. 013	0. 051	0. 08	0. 077	0. 029	0. 068	0	0. 071	0. 042	0. 026
105	D1224	0. 785	0. 934	0. 759	0. 817	0. 927	0. 853	0. 866	0. 88	0. 956	0. 873	0. 853	0. 865	0. 892	0. 923
106	D123	75	95	95	95	95	95	55	95	95	95	95	55	95	95
107	D131	55	55	95	55	55	95	55	55	55	55	55	55	55	55
108	D1321	0. 792	0. 756	0. 458	0. 625	0. 784	0. 535	0. 83	0. 686	0. 846	0. 887	0. 615	0. 783	0. 747	0. 808
109	D1322	0. 208	0. 244	0. 542	0. 375	0. 216	0. 466	0. 17	0. 314	0. 154	0. 113	0. 385	0. 217	0. 253	0. 192
110	D211111	95	95	95	95	95	55	95	55	85	85	55	55	85	85
111	D211112	95	55	95	95	95	55	95	95	95	95	55	95	95	95
112	D211113	95	55	95	95	95	55	95	95	95	95	55	95	95	95
113	D211114	95	95	95	55	55	95	95	55	95	95	95	55	55	95

续表

序号	指标	高校													
		高校 1	高校 2	高校 3	高校 4	高校 5	高校 6	高校 7	高校 8	高校 9	高校 10	高校 11	高校 12	高校 13	高校 14
114	D211115	95	95	95	95	55	95	95	55	95	95	95	55	55	95
115	D211116	55	95	95	55	95	95	95	95	95	95	95	55	95	95
116	D211117	55	95	95	95	55	95	95	95	95	95	55	55	55	95
117	D211118	95	95	95	95	95	55	95	95	95	95	95	95	95	95
118	D21112	0.388	0.5	0.479	0.704	0.651	0.519	0.63	0.529	0.372	0.521	0.412	0.463	0.54	0.51
119	D211211	55	95	95	95	95	95	55	55	95	55	95	95	55	95
120	D211212	95	95	95	55	95	95	55	95	95	55	95	95	95	95
121	D211213	95	95	95	95	95	55	55	55	95	55	95	95	95	95
122	D211214	95	95	95	95	95	55	95	95	95	95	95	95	55	55
123	D211215	55	95	95	95	95	95	55	55	55	55	95	95	55	55
124	D211216	95	95	95	95	55	95	95	95	95	95	95	95	55	95
125	D211217	95	95	55	95	95	55	95	95	95	95	95	95	55	95
126	D211218	95	95	55	95	95	55	55	95	95	95	95	95	95	95
127	D21122	0.388	0.31	0.25	0.167	0.197	0.333	0.196	0.271	0.372	0.229	0.294	0.299	0.182	0.294
128	D211311	95	95	95	95	55	55	95	95	95	95	95	55	85	55
129	D211312	55	95	95	55	55	95	95	55	55	95	55	55	55	55
130	D211313	55	95	95	55	55	55	55	55	95	55	95	55	95	55
131	D211314	95	95	95	55	55	55	55	95	95	55	55	55	55	55
132	D21132	0.061	0.071	0.07	0.019	0.016	0.074	0.087	0.043	0.07	0.042	0.059	0.03	0.036	0.098

续表

序号	指标	高校													
		高校 1	高校 2	高校 3	高校 4	高校 5	高校 6	高校 7	高校 8	高校 9	高校 10	高校 11	高校 12	高校 13	高校 14
133	D211411	95	95	55	95	95	55	95	55	95	95	55	95	55	95
134	D211412	95	95	95	55	55	55	55	95	55	95	95	95	95	95
135	D211413	95	95	55	55	95	95	55	95	55	55	95	95	95	95
136	D211414	95	95	95	95	95	55	95	95	95	95	95	95	95	95
137	D21142	0. 102	0. 024	0. 113	0. 037	0. 091	0. 037	0. 065	0. 143	0. 093	0. 188	0. 118	0. 149	0. 073	0. 098
138	D2121	0. 837	0. 905	0. 901	0. 906	0. 955	1	0. 956	0. 886	0. 907	0. 896	0. 902	0. 752	0. 818	0. 902
139	D2122	0. 041	0. 024	0. 085	0. 019	0. 03	0	0. 044	0. 1	0. 047	0. 083	0. 059	0. 121	0. 036	0. 039
140	D2123	0. 061	0. 048	0	0. 056	0	0	0	0	0. 023	0	0. 02	0	0. 036	0. 039
141	D2124	0. 061	0. 024	0. 014	0. 019	0. 015	0	0	0. 014	0. 023	0. 021	0. 02	0. 027	0. 109	0. 02
142	D2131	0. 429	0. 404	0. 394	0. 444	0. 53	0. 37	0. 478	0. 485	0. 349	0. 417	0. 451	0. 447	0. 436	0. 392
143	D2132	0. 408	0. 405	0. 477	0. 5	0. 409	0. 556	0. 413	0. 429	0. 605	0. 479	0. 47	0. 418	0. 455	0. 49
144	D2133	0. 163	0. 167	0. 1	0. 056	0. 061	0. 074	0. 109	0. 086	0. 023	0. 104	0. 059	0. 075	0. 055	0. 118
145	D2134	0	0. 024	0. 029	0	0	0	0	0	0. 023	0	0. 02	0. 06	0. 055	0
146	D2211	0. 02	0. 072	0. 056	0. 037	0. 046	0. 074	0. 022	0. 029	0. 047	0. 021	0. 039	0. 03	0. 018	0. 039
147	D2212	0. 061	0. 071	0. 029	0. 019	0. 076	0. 037	0. 087	0. 043	0. 093	0. 042	0. 039	0. 015	0. 036	0. 118
148	D2213	0. 102	0. 071	0. 056	0. 093	0. 076	0. 074	0. 065	0. 057	0. 14	0. 042	0. 098	0. 105	0. 036	0. 039
149	D2214	0. 816	0. 786	0. 859	0. 851	0. 802	0. 815	0. 826	0. 871	0. 72	0. 895	0. 824	0. 85	0. 909	0. 804
150	D2221	95	95	95	95	95	95	95	95	95	75	85	85	85	85
151	D2222	95	95	95	85	85	95	95	95	95	95	85	85	85	85

续表

序号	指标	高校													
		高校 1	高校 2	高校 3	高校 4	高校 5	高校 6	高校 7	高校 8	高校 9	高校 10	高校 11	高校 12	高校 13	高校 14
152	D2231	95	95	95	55	55	95	55	55	55	55	55	55	95	55
153	D2232	0. 082	0. 095	0. 07	0. 056	0. 121	0. 111	0. 109	0. 043	0. 14	0. 063	0. 078	0. 045	0. 055	0. 177
154	D231	75	95	95	85	85	85	85	75	85	65	75	75	75	75
155	D232	55	95	55	95	95	95	95	95	55	55	95	55	55	95
156	D24111	75	95	95	75	95	75	55	65	95	55	95	95	75	85
157	D24112	85	95	65	85	75	75	65	95	85	85	95	95	85	85
158	D2412	85	95	95	85	65	85	95	85	95	95	85	65	75	95
159	D2413	95	95	95	65	55	55	95	95	95	95	95	55	55	95
160	D242	55	95	55	55	55	55	55	55	55	55	55	55	95	55
161	D2431	0. 608	0. 723	0. 74	0. 754	0. 539	0. 792	0. 682	0. 598	0. 837	0. 737	0. 495	0. 777	0. 743	0. 633
162	D2432	0. 392	0. 277	0. 26	0. 246	0. 461	0. 208	0. 318	0. 402	0. 163	0. 263	0. 505	0. 223	0. 257	0. 367
163	D251	95	95	95	95	95	55	95	55	55	55	95	95	95	55
164	D252	55	95	95	95	95	55	95	95	55	55	55	55	95	55
165	D253	0. 061	0. 04	0. 039	0. 019	0. 015	0	0	0. 014	0. 023	0. 021	0. 02	0. 03	0. 109	0. 02
166	D3111	65	85	75	55	65	55	85	55	55	55	85	55	55	55
167	D3112	75	85	85	65	85	55	65	65	65	55	65	65	55	55
168	D3113	75	95	95	75	75	75	85	85	75	85	85	65	75	85
169	D3114	65	95	95	85	85	65	85	85	85	85	85	85	85	75
170	D31151	0. 153	0. 136	0. 293	0. 241	0. 128	0. 27	0. 357	0. 176	0. 144	0. 143	0. 21	0. 233	0. 073	0. 151

续表

序号	指标	高校													
		高校 1	高校 2	高校 3	高校 4	高校 5	高校 6	高校 7	高校 8	高校 9	高校 10	高校 11	高校 12	高校 13	高校 14
171	D31152	0. 068	0. 113	0. 224	0. 229	0. 255	0. 162	0. 429	0. 108	0. 113	0. 132	0. 202	0. 467	0. 182	0. 151
172	D31153	0. 424	0. 859	0. 207	0. 205	0. 39	0. 919	0. 459	0. 324	0. 227	0. 308	0. 307	0. 317	0. 236	0. 14
173	D31154	0. 017	0. 034	0. 07	0. 096	0. 149	0. 095	0. 153	0. 054	0. 072	0. 077	0. 089	0. 117	0. 091	0. 075
174	D31155	0	0. 017	0. 07	0. 084	0. 036	0	0. 102	0. 081	0. 062	0. 044	0. 04	0. 083	0. 073	0. 054
175	D31156	0. 068	0. 644	0. 138	0. 229	0. 028	0. 081	0. 153	0. 622	0. 052	0. 11	0. 5	0. 117	0. 109	0. 129
176	D31157	0. 492	0. 011	0. 483	0. 47	0. 461	0. 014	0. 306	0. 203	0. 68	0. 593	0. 323	0. 433	0. 636	0. 688
177	D31161	0. 39	0. 48	0. 586	0. 482	0. 319	0. 581	0. 561	0. 514	0. 361	0. 374	0. 444	0. 567	0. 436	0. 258
178	D31162	0. 39	0. 288	0. 38	0. 289	0. 22	0. 257	0. 337	0. 311	0. 103	0. 275	0. 113	0. 35	0. 164	0. 204
179	D31163	0. 051	0. 102	0. 103	0. 096	0. 043	0. 149	0. 092	0. 081	0. 062	0. 055	0. 081	0. 117	0. 036	0. 075
180	D31164	0. 186	0. 35	0. 276	0. 217	0. 489	0. 419	0. 449	0. 149	0. 474	0. 44	0. 267	0. 633	0. 327	0. 29
181	D31165	0. 373	0. 311	0. 293	0. 337	0. 333	0. 27	0. 184	0. 324	0. 33	0. 363	0. 436	0. 1	0. 455	0. 452
182	D312	95	95	95	95	95	55	95	95	95	95	95	95	95	55
183	D3211	68. 56	87. 27	66. 72	81. 99	90. 18	86. 89	90. 92	89. 06	71. 91	81. 37	92. 42	83. 67	92. 82	76. 08
184	D3212	79. 4	71. 95	81. 9	72. 35	82. 24	80. 4	88. 88	67. 43	68. 2	67. 31	85	79. 67	75. 36	64. 46
185	D3221	59. 07	84. 64	63. 96	73. 8	61. 52	70. 68	75. 41	71. 22	65. 72	64. 23	64. 03	81	84. 09	63. 17
186	D3222	80. 76	84. 3	81. 49	75. 72	73. 16	75. 54	81. 94	84. 19	71. 91	71. 66	71. 55	72. 26	71. 34	73. 06
187	D331	74. 66	67. 66	70. 17	69. 46	72. 3	66. 89	84. 39	62. 03	63. 25	63. 79	72. 1	75. 67	75. 36	69. 19
188	D332	80. 76	84. 3	81. 49	75. 72	73. 16	75. 54	81. 94	84. 19	71. 91	71. 66	71. 55	72. 26	71. 34	73. 06
189	D41	0. 458	0. 449	0. 567	0. 518	0. 739	0. 432	0. 704	0. 783	0. 392	0. 758	0. 734	0. 3	0. 727	0. 462

续表

序号	指标	高校													
		高校 1	高校 2	高校 3	高校 4	高校 5	高校 6	高校 7	高校 8	高校 9	高校 10	高校 11	高校 12	高校 13	高校 14
190	D42	0. 152	0. 142	0. 035	0. 133	0. 073	0. 284	0. 102	0. 041	0. 371	0. 066	0. 121	0. 417	0. 109	0. 312
191	D43	0. 39	0. 409	0. 4	0. 349	0. 188	0. 284	0. 194	0. 176	0. 237	0. 176	0. 145	0. 283	0. 164	0. 226
192	D511	0. 3	0. 266	0. 267	0. 185	0. 224	0. 337	0. 347	0. 319	0. 198	0. 34	0. 336	0. 281	0. 232	0. 315
193	D512	0. 637	0. 656	0. 577	0. 659	0. 697	0. 558	0. 517	0. 606	0. 597	0. 487	0. 586	0. 573	0. 594	0. 569
194	D513	0. 038	0. 039	0. 089	0. 11	0. 055	0. 081	0. 112	0. 025	0. 156	0. 147	0. 052	0. 073	0. 126	0. 067
195	D514	0. 025	0. 039	0. 067	0. 046	0. 024	0. 024	0. 024	0. 05	0. 049	0. 026	0. 026	0. 073	0. 047	0. 049
196	D521	0. 687	0. 753	0. 706	0. 769	0. 618	0. 727	0. 776	0. 656	0. 872	0. 833	0. 574	0. 811	0. 788	0. 73
197	D522	0. 313	0. 247	0. 294	0. 231	0. 382	0. 273	0. 224	0. 344	0. 128	0. 167	0. 426	0. 189	0. 212	0. 27
198	D531	0. 962	0. 688	0. 844	0. 844	0. 921	0. 895	0. 865	0. 925	0. 796	0. 827	0. 923	0. 854	0. 827	0. 885
199	D532	0. 038	0. 312	0. 156	0. 156	0. 079	0. 105	0. 135	0. 075	0. 204	0. 173	0. 077	0. 146	0. 173	0. 115
200	E11	92. 14	93. 42	93. 9	93. 46	92. 64	91. 78	91. 02	90. 5	87. 19	91. 55	93. 19	92. 09	94. 13	88. 14
201	E12	88. 75	90. 61	93. 07	93. 65	92. 62	88. 57	91. 19	92. 19	93. 19	87. 74	90. 56	92. 09	89. 98	88. 14
202	E21	64. 24	88. 85	73. 38	82. 43	75. 06	82. 73	78. 11	79. 69	75. 41	67. 89	78. 33	80. 19	81. 98	72
203	E31	75	95	95	85	75	85	85	85	55	55	65	55	65	65
204	E3211	1	0. 977	0. 948	0. 952	0. 986	0. 987	0. 949	0. 96	0. 979	0. 989	0. 992	1	0. 964	0. 903
205	E3212	0. 898	0. 87	0. 828	0. 819	0. 851	0. 865	0. 847	0. 784	0. 928	0. 89	0. 895	0. 933	0. 873	0. 839
206	E3213	0. 881	0. 927	0. 914	0. 771	0. 887	0. 878	0. 816	0. 838	0. 845	0. 846	0. 815	0. 867	0. 818	0. 742
207	E3214	0. 424	0. 825	0. 483	0. 627	0. 482	0. 716	0. 592	0. 378	0. 433	0. 286	0. 524	0. 45	0. 509	0. 161
208	E3215	0. 136	0. 475	0. 121	0. 145	0. 135	0. 257	0. 306	0. 324	0. 052	0. 132	0. 113	0. 183	0. 309	0. 065

续表

序号	指标	高校													
		高校 1	高校 2	高校 3	高校 4	高校 5	高校 6	高校 7	高校 8	高校 9	高校 10	高校 11	高校 12	高校 13	高校 14
209	E322	88. 9	95	91. 55	87. 29	90. 18	91. 22	88. 47	89. 6	74. 35	81. 94	90. 16	73. 34	73. 67	83. 39
210	E41	83. 72	84. 85	84. 51	82. 67	81. 53	83. 58	85. 06	78. 8	80. 32	81. 78	81. 6	78. 64	76. 51	78. 9
211	E42	82. 69	84. 13	81. 77	84. 44	82. 88	81. 28	82. 55	77. 07	76. 17	79. 62	79. 14	81. 64	76. 44	77. 78
212	E43	84. 16	83. 61	82. 32	80. 96	80. 04	83. 7	83. 1	78. 79	80. 08	81. 71	78. 94	77. 85	76. 88	77. 23
213	E44	83. 31	83. 1	81. 31	81. 31	80. 11	81. 77	80. 8	78. 68	78. 95	82. 1	78. 56	77. 82	76. 2	77. 1
214	E45	81. 95	62. 17	78. 56	80. 13	77. 1	83. 37	81. 11	77. 21	75. 74	80. 79	77. 23	77. 19	76. 65	76. 37
215	E46	84. 8	82. 94	81. 25	83. 67	82. 78	81. 98	82. 27	77. 67	65	83	79. 66	75. 77	81	81
216	E471	0. 951	0. 984	0. 96	0. 866	0. 828	0. 822	0. 92	1	0. 879	0. 844	0. 83	0. 18	0. 46	0. 707
217	E472	0. 698	0. 952	0. 9	0. 786	0. 73	0. 5	0. 87	0. 933	0. 739	0. 613	0. 55	0. 12	0. 34	0. 3
218	E473	0	0	0	0	0	0	0	0	0. 91	0	0	0	0	0
219	E474	0	0	0	0	0	0	0	0	0	0	0	0	0	0
220	E4751	0. 373	0. 226	0. 19	0. 518	0. 114	0. 635	0. 439	0. 311	0. 247	0. 253	0. 242	0. 117	0. 2	0. 194
221	E4752	0. 051	0. 017	0. 086	0. 084	0. 043	0. 081	0. 194	0. 027	0. 052	0. 044	0. 067	0. 033	0. 055	0. 075
222	E4753	0	0. 006	0. 052	0. 024	0. 128	0. 027	0. 051	0	0. 01	0. 011	0	0	0. 055	0. 054
223	E4754	0	0. 011	0. 052	0. 024	0. 114	0. 014	0. 051	0	0. 01	0. 011	0	0	0. 109	0. 022
224	E4755	0	0	0	0. 024	0. 007	0. 014	0. 031	0	0	0	0. 008	0. 017	0	0. 011
225	E4756	0	0	0. 017	0	0	0. 014	0. 031	0	0	0. 011	0	0. 033	0	0. 011
226	E4757	0. 525	0. 537	0. 035	0. 193	0. 348	0. 189	0. 398	0. 041	0. 536	0. 253	0. 403	0. 133	0. 709	0. 097
227	E4758	0. 373	0. 328	0. 69	0. 494	0. 433	0. 432	0. 418	0. 703	0. 351	0. 582	0. 516	0. 783	0. 218	0. 807

续表

序号	指标	高校													
		高校1	高校2	高校3	高校4	高校5	高校6	高校7	高校8	高校9	高校10	高校11	高校12	高校13	高校14
228	E476	0	0	0	0	0	0	0	0	0	0	0	0	0	0
229	E48	0.976	1	1	1	0.926	0.959	0.95	0.933	0.988	0.98	0.96	0.98	1	0.986

附录 16：14 所院校其他四个分系统归一化统计数据表

序号	指标	高校													
		高校 1	高校 2	高校 3	高校 4	高校 5	高校 6	高校 7	高校 8	高校 9	高校 10	高校 11	高校 12	高校 13	高校 14
1	B11	0. 333	0. 667	1	0	1	0	1	1	1	1	1	1	1	1
2	B12	0	1	1	1	1	0	1	1	0	1	1	1	0	1
3	B13	0. 25	0. 75	0. 75	0	1	0	1	1	0	1	1	1	1	1
4	B14	0. 75	0. 75	0. 75	0	1	0	0. 25	0. 25	0	0	1	0	0. 75	1
5	B211	1	1	1	1	1	1	1	1	1	1	1	1	1	1
6	B2121	1	1	1	1	1	1	1	1	1	1	1	0	0	0
7	B2122	1	1	1	1	1	1	1	1	1	1	1	0	0	1
8	B2123	0	1	0	0	0	0	1	0	0	0	0	0	0	0
9	B2124	1	1	0	1	1	0	1	1	1	1	1	1	1	1
10	B22	0	1	1	0	1	0	1	0	1	1	1	0	1	1
11	B31	0. 333	0. 667	0. 667	0	0. 333	0	0. 667	0. 333	1	0. 667	0. 667	0. 667	0. 667	0. 667
12	B32	0. 667	0. 667	0. 667	0	0. 333	0	1	0	0. 667	1	0. 333	0. 667	0	0
13	B411	1	1	1	1	1	1	1	1	1	1	0	1	0	1
14	B412	1	1	0. 333	1	1	0. 667	1	0	1	1	1	1	0. 667	1
15	B413	1	1	0. 5	0. 5	0	0. 5	1	0. 5	1	1	0	1	0. 5	1
16	B414	0. 25	0. 75	1	0. 25	0	0	1	0. 5	1	1	0	0	0	0. 5
17	B415	0. 75	0. 75	0. 25	0. 5	0	0	0. 5	0. 25	0. 75	0. 75	0. 5	0	0. 75	1
18	B416	0	0. 75	0. 25	0	0	0	1	1	0	0. 75	0	0	0	0

续表

序号	指标	高校													
		高校 1	高校 2	高校 3	高校 4	高校 5	高校 6	高校 7	高校 8	高校 9	高校 10	高校 11	高校 12	高校 13	高校 14
19	B421	1	1	1	1	1	1	1	1	1	1	1	1	1	1
20	B422	1	1	1	1	1	1	1	0	1	1	1	1	1	1
21	B423	1	1	0. 667	0	1	0. 667	1	1	1	1	1	1	1	1
22	B424	0. 75	0. 75	0. 75	0	0. 5	1	0	0	1	1	0. 75	0	1	0
23	B425	0. 25	0. 75	1	0	0	1	0	0	1	0	0	1	1	1
24	B431	0. 75	0. 75	0. 25	0. 25	1	0	1	1	1	1	1	1	1	1
25	B432	1	1	1	0	1	0	0	1	1	1	1	1	1	1
26	B433	1	1	1	0. 5	1	0. 5	1	0	0. 5	1	1	1	0. 5	0. 5
27	B434	0. 75	0. 75	0. 25	0. 25	0. 5	0. 25	0	0	1	1	1	1	0. 75	1
28	B435	0	0. 75	0. 25	0	0. 5	0	1	1	0	1	1	1	1	1
29	B51	0. 702	0. 444	0. 783	0. 48	0. 348	0	0. 98	0. 475	0. 414	0. 768	0. 702	1	0. 606	0. 929
30	B52	0	0. 723	0. 845	0. 4	0. 718	1	1	0. 6	0. 905	0. 314	0. 214	0. 759	0. 695	0. 745
31	B53	0. 528	0. 417	0	0. 309	0. 283	0. 147	0. 717	0. 319	1	0. 691	0. 407	0. 407	0. 362	0. 166
32	B54	0. 077	0. 498	1	0. 059	0. 33	0. 896	0. 729	0. 253	0. 602	0. 656	0. 249	0	0. 136	0. 851
33	B55	0. 292	0. 407	0. 437	0. 597	0. 556	0. 288	0. 651	0	0. 858	0. 61	0. 244	0. 725	1	0. 617
34	C111	0	1	0	0	0	0	0	0	0	0	0	0	0	0
35	C112	1	1	1	1	1	1	0	1	0	1	1	0	1	1
36	C121	0. 5	1	1	0. 75	0. 5	0. 5	0. 5	0. 5	0	0	0. 25	0	1	0
37	C122	0	1	0	0	0	0	0	0	0	0	0	0	1	0

续表

序号	指标	高校													
		高校 1	高校 2	高校 3	高校 4	高校 5	高校 6	高校 7	高校 8	高校 9	高校 10	高校 11	高校 12	高校 13	高校 14
38	C13	0	1	0	0	0	0	0	0	0	0	0	0	0	0
39	C141	1	0	0	0	1	1	1	1	1	1	1	1	1	1
40	C142	0	1	1	1	0	0	0	0	0	0	0	0	0	0
41	C151	0. 037	0. 398	0	0. 657	0. 681	1	0. 87	0. 38	0. 528	0. 208	0. 264	0. 204	0. 079	0. 625
42	C152	0	1	0	1	0	1	0	1	0	0	0	0	0	0
43	C161	0. 554	0. 488	0. 76	0. 286	0. 603	1	0. 712	0. 524	0	0. 376	0. 459	0. 336	0. 515	0. 622
44	C162	1	0. 043	0. 776	0. 314	0. 388	0. 547	0. 58	0. 336	0	0. 898	0. 043	0. 074	0. 436	0. 118
45	C211	0. 294	0. 696	0. 399	0	0. 839	0. 941	0. 346	0. 762	0. 479	1	0. 573	0. 538	0. 175	0. 385
46	C212	0. 473	0. 593	0. 735	0. 372	0. 937	0. 776	1	0. 672	0. 76	0. 85	0. 582	0. 82	0	0. 954
47	C213	0. 325	0. 263	0. 395	0. 472	1	0. 077	0. 887	0	0. 754	0. 641	0. 201	0. 793	0. 801	0. 821
48	C214	0. 063	0. 418	0. 445	0. 26	0. 639	0. 931	0. 475	0. 301	0. 125	0	0. 26	1	0. 57	0. 615
49	C215	0. 567	0. 323	0. 426	0. 933	0. 435	0. 124	1	0. 019	0	0. 639	0. 043	0. 261	0. 725	0. 514
50	C216	0. 72	1	0. 849	0. 289	0. 236	0. 975	0. 702	0. 881	0. 493	0. 867	0. 516	0. 206	0	0. 397
51	C2211	0. 729	1	1	0. 627	0. 56	0. 581	0. 694	0. 82	0	0	0	0	0	0
52	C2212	0. 48	1	0. 392	0. 182	0. 361	0. 056	0. 411	0. 798	0	0. 224	0. 337	0. 646	0. 611	0. 122
53	C2213	1	1	1	0. 5	0. 5	0. 5	1	0. 5	0. 5	0	0. 5	0. 5	0. 5	0. 5
54	C2214	1	0. 902	0. 69	0. 045	0	0. 659	0. 51	0	0	0	0. 96	0	0	0
55	C2215	1	1	0. 333	1	0	1	0. 333	0. 333	1	1	1	0. 667	0	1
56	C222	0. 197	1	0. 134	0. 561	0. 312	0. 28	0. 542	0. 682	0. 614	0. 825	0. 49	0	0. 447	0. 751

续表

序号	指标	高校													
		高校 1	高校 2	高校 3	高校 4	高校 5	高校 6	高校 7	高校 8	高校 9	高校 10	高校 11	高校 12	高校 13	高校 14
57	C223	0. 526	1	1	0. 133	0. 338	0. 729	1	0. 206	0. 187	0. 242	0. 278	0	0. 133	0. 025
58	C224	0. 375	1	0. 375	0. 4	0. 445	0. 375	0. 637	0. 267	0	0. 1	0. 533	0. 616	1	0. 2
59	D1111	0. 18	0. 233	0. 346	1	0. 715	0. 424	0	0. 439	0. 799	0. 099	0. 291	0. 401	0. 689	0. 218
60	D1112	0. 382	0. 321	0. 344	0. 344	0. 107	0. 076	0. 206	0. 237	0	0. 389	0. 298	0. 008	1	0. 305
61	D1113	0	0	0	0	0	0	0	0	0	0. 387	0	1	0	0
62	D1114	0. 646	0. 793	0	0. 61	0. 427	0. 793	1	0	0. 89	0	0. 768	0. 683	0. 415	0. 866
63	D1115	0. 336	0. 503	0. 301	1	0. 566	0. 503	0. 175	0	0. 615	0. 497	0. 476	0. 378	0. 552	0. 266
64	D1116	0	0	0	0	0. 945	0	0. 836	0	1	0	0	0. 767	0. 699	0
65	D1117	0	0	0. 45	0	0. 928	0. 586	0. 739	0	0	0. 387	0. 279	1	0. 459	0. 216
66	D1118	0. 691	0. 942	0	0	0	0	0. 475	1	0	0. 621	0. 729	0	0	0. 557
67	D1121	0. 5	0. 305	0. 653	0. 508	0. 636	0. 288	0. 636	1	0. 347	0	0. 644	0. 966	0. 924	0. 822
68	D1122	0. 503	0. 529	0. 822	0. 219	0. 275	0. 711	0. 699	0. 325	0. 532	1	0. 997	0. 126	0. 345	0
69	D1123	0. 661	0. 618	0. 186	0. 801	0. 857	0. 453	0. 317	0. 578	0. 64	0. 307	0	0. 922	0. 655	1
70	D1124	0. 164	0. 623	0. 59	1	0. 148	0. 508	0. 623	0. 639	0. 41	0. 213	0. 623	0	0. 262	0. 574
71	D1131	0	0	0	1	0	0	0	0	0	0	0	0	0. 028	0
72	D1132	0. 516	0. 475	0. 037	0. 674	0. 758	0. 354	0. 236	0. 441	0. 658	0. 127	0	0. 807	0. 559	1
73	D1133	0. 568	0. 446	0. 614	0. 105	0. 073	0. 638	0. 827	0. 222	0. 346	1	0. 684	0	0. 389	0. 151
74	D1134	0. 206	0. 325	0. 722	0. 1	0. 278	0. 163	0. 297	1	0	0. 086	0. 651	0. 507	0. 268	0. 263
75	D1135	0	0. 451	1	0. 463	0. 268	0. 5	0. 244	0. 049	0. 463	0. 146	0. 195	0. 28	0. 122	0. 098

续表

序号	指标	高校													
		高校 1	高校 2	高校 3	高校 4	高校 5	高校 6	高校 7	高校 8	高校 9	高校 10	高校 11	高校 12	高校 13	高校 14
76	D1136	0. 438	0. 405	0	0. 405	1	0. 388	0. 066	0. 289	0. 777	0. 256	0. 554	0. 686	0. 653	0. 256
77	D1211	0. 487	0. 833	0. 109	0. 077	0. 34	0. 564	0. 417	0. 186	0. 128	0. 827	0	1	0. 064	0. 263
78	D1212	0. 764	0. 4	0. 65	1	0. 446	0. 543	0. 854	0. 371	0. 614	0. 643	0. 236	0	0. 732	0. 557
79	D1213	0. 087	0. 296	0. 409	0	0. 357	0. 513	0. 157	0. 096	0. 791	0. 504	1	0. 278	0. 217	0. 617
80	D1214	0. 305	0. 408	0. 543	0. 336	0. 664	0. 305	0. 202	1	0. 377	0	0. 834	0. 803	0. 57	0. 444
81	D1221	0. 875	0. 188	1	0. 344	0	0. 313	0. 906	0. 281	0	0. 344	0. 656	0. 875	0. 469	0
82	D1222	0. 667	0. 081	0. 721	0. 64	0. 405	0. 64	0. 09	0. 171	0	0. 297	1	0. 189	0. 324	0. 324
83	D1223	0. 86	0. 316	1	0. 754	0. 114	0. 447	0. 702	0. 675	0. 254	0. 596	0	0. 623	0. 368	0. 228
84	D1224	0. 132	0. 888	0	0. 294	0. 853	0. 477	0. 543	0. 614	1	0. 579	0. 477	0. 538	0. 675	0. 832
85	D123	0. 5	1	1	1	1	1	0	1	1	1	1	0	1	1
86	D131	0	0	1	0	0	1	0	0	0	0	0	0	0	0
87	D1321	0. 779	0. 695	0	0. 389	0. 76	0. 179	0. 867	0. 531	0. 904	1	0. 366	0. 758	0. 674	0. 816
88	D1322	0. 221	0. 305	1	0. 611	0. 24	0. 823	0. 133	0. 469	0. 096	0	0. 634	0. 242	0. 326	0. 184
89	D211111	1	1	1	1	1	0	1	0	0. 75	0. 75	0	0	0. 75	0. 75
90	D211112	1	0	1	1	1	0	1	1	1	1	0	1	1	1
91	D211113	1	0	1	1	1	0	1	1	1	1	0	1	1	1
92	D211114	1	1	1	0	0	1	1	0	1	1	1	0	0	1
93	D211115	1	1	1	1	0	1	1	0	1	1	1	0	0	1
94	D211116	0	1	1	0	1	1	1	1	1	1	1	0	1	1

续表

序号	指标	高校													
		高校 1	高校 2	高校 3	高校 4	高校 5	高校 6	高校 7	高校 8	高校 9	高校 10	高校 11	高校 12	高校 13	高校 14
95	D211117	0	1	1	1	0	1	1	1	1	1	0	0	0	1
96	D211118	1	1	1	1	1	0	1	1	1	1	1	1	1	1
97	D21112	0.048	0.386	0.322	1	0.84	0.443	0.777	0.473	0	0.449	0.12	0.274	0.506	0.416
98	D211211	0	1	1	1	1	1	0	0	1	0	1	1	0	1
99	D211212	1	1	1	0	1	1	0	1	1	0	1	1	1	1
100	D211213	1	1	1	1	1	0	0	0	1	0	1	1	1	1
101	D211214	1	1	1	1	1	0	1	1	1	1	1	1	0	0
102	D211215	0	1	1	1	1	1	0	0	0	0	1	1	0	0
103	D211216	1	1	1	1	0	1	1	1	1	1	1	1	0	1
104	D211217	1	1	0	1	1	0	1	1	1	1	1	1	0	1
105	D211218	1	1	0	1	1	0	0	1	1	1	1	1	1	1
106	D21122	1	0.647	0.376	0	0.136	0.751	0.131	0.471	0.928	0.281	0.575	0.597	0.068	0.575
107	D211311	1	1	1	1	0	0	1	1	1	1	1	0	0.75	0
108	D211312	0	1	1	0	0	1	1	0	0	1	0	0	0	0
109	D211313	0	1	1	0	0	0	0	0	1	0	1	0	1	0
110	D211314	1	1	1	0	0	0	0	1	1	0	0	0	0	0
111	D21132	0.549	0.671	0.659	0.037	0	0.707	0.866	0.329	0.659	0.317	0.524	0.171	0.244	1
112	D211411	1	1	0	1	1	0	1	0	1	1	0	1	0	1
113	D211412	1	1	1	0	0	0	0	1	0	1	1	1	1	1

续表

序号	指标	高校													
		高校 1	高校 2	高校 3	高校 4	高校 5	高校 6	高校 7	高校 8	高校 9	高校 10	高校 11	高校 12	高校 13	高校 14
114	D211413	1	1	0	0	1	1	0	1	0	0	1	1	1	1
115	D211414	1	1	1	1	1	0	1	1	1	1	1	1	1	1
116	D21142	0. 476	0	0. 543	0. 079	0. 409	0. 079	0. 25	0. 726	0. 421	1	0. 573	0. 762	0. 299	0. 451
117	D2121	0. 343	0. 617	0. 601	0. 621	0. 819	1	0. 823	0. 54	0. 625	0. 581	0. 605	0	0. 266	0. 605
118	D2122	0. 339	0. 198	0. 702	0. 157	0. 248	0	0. 364	0. 826	0. 388	0. 686	0. 488	1	0. 298	0. 322
119	D2123	1	0. 787	0	0. 918	0	0	0	0	0. 377	0	0. 328	0	0. 59	0. 639
120	D2124	0. 56	0. 22	0. 128	0. 174	0. 138	0	0	0. 128	0. 211	0. 193	0. 183	0. 248	1	0. 183
121	D2131	0. 442	0. 304	0. 249	0. 525	1	0. 116	0. 713	0. 751	0	0. 376	0. 564	0. 541	0. 481	0. 238
122	D2132	0. 015	0	0. 36	0. 475	0. 02	0. 755	0. 04	0. 12	1	0. 37	0. 325	0. 065	0. 25	0. 425
123	D2133	0. 972	1	0. 535	0. 229	0. 264	0. 354	0. 597	0. 438	0	0. 563	0. 25	0. 361	0. 222	0. 66
124	D2134	0	0. 4	0. 483	0	0	0	0	0	0. 383	0	0. 333	1	0. 917	0
125	D2211	0. 036	0. 964	0. 679	0. 339	0. 5	1	0. 071	0. 196	0. 518	0. 054	0. 375	0. 214	0	0. 375
126	D2212	0. 447	0. 544	0. 136	0. 039	0. 592	0. 214	0. 699	0. 272	0. 757	0. 262	0. 233	0	0. 204	1
127	D2213	0. 635	0. 337	0. 192	0. 548	0. 385	0. 365	0. 279	0. 202	1	0. 058	0. 596	0. 663	0	0. 029
128	D2214	0. 508	0. 349	0. 735	0. 693	0. 434	0. 503	0. 561	0. 799	0	0. 926	0. 55	0. 688	1	0. 444
129	D2221	1	1	1	1	1	1	1	1	1	0	0. 5	0. 5	0. 5	0. 5
130	D2222	1	1	1	0	0	1	1	1	1	1	0	0	0	0
131	D2231	1	1	1	0	0	1	0	0	0	0	0	0	1	0
132	D2232	0. 291	0. 388	0. 201	0. 097	0. 582	0. 507	0. 493	0	0. 724	0. 149	0. 261	0. 015	0. 09	1

续表

序号	指标	高校													
		高校 1	高校 2	高校 3	高校 4	高校 5	高校 6	高校 7	高校 8	高校 9	高校 10	高校 11	高校 12	高校 13	高校 14
133	D231	0. 333	1	1	0. 667	0. 667	0. 667	0. 667	0. 333	0. 667	0	0. 333	0. 333	0. 333	0. 333
134	D232	0	1	0	1	1	1	1	1	0	0	1	0	0	1
135	D24111	0. 5	1	1	0. 5	1	0. 5	0	0. 25	1	0	1	1	0. 5	0. 75
136	D24112	0. 667	1	0	0. 667	0. 333	0. 333	0	1	0. 667	0. 667	1	1	0. 667	0. 667
137	D2412	0. 667	1	1	0. 667	0	0. 667	1	0. 667	1	1	0. 667	0	0. 333	1
138	D2413	1	1	1	0. 25	0	0	1	1	1	1	1	0	0	1
139	D242	0	1	0	0	0	0	0	0	0	0	0	0	1	0
140	D2431	0. 33	0. 667	0. 716	0. 757	0. 129	0. 868	0. 547	0. 301	1	0. 708	0	0. 825	0. 725	0. 404
141	D2432	0. 67	0. 333	0. 284	0. 243	0. 871	0. 132	0. 453	0. 699	0	0. 292	1	0. 175	0. 275	0. 596
142	D251	1	1	1	1	1	0	1	0	0	0	1	1	1	0
143	D252	0	1	1	1	1	0	1	1	0	0	0	0	1	0
144	D253	0. 56	0. 367	0. 358	0. 174	0. 138	0	0	0. 128	0. 211	0. 193	0. 183	0. 275	1	0. 183
145	D3111	0. 333	1	0. 667	0	0. 333	0	1	0	0	0	1	0	0	0
146	D3112	0. 667	1	1	0. 333	1	0	0. 333	0. 333	0. 333	0	0. 333	0. 333	0	0
147	D3113	0. 333	1	1	0. 333	0. 333	0. 333	0. 667	0. 667	0. 333	0. 667	0. 667	0	0. 333	0. 667
148	D3114	0	1	1	0. 667	0. 667	0	0. 667	0. 667	0. 667	0. 667	0. 667	0. 667	0. 667	0. 333
149	D31151	0. 282	0. 222	0. 775	0. 592	0. 194	0. 694	1	0. 363	0. 25	0. 246	0. 482	0. 563	0	0. 275
150	D31152	0	0. 113	0. 391	0. 404	0. 469	0. 236	0. 905	0. 1	0. 113	0. 16	0. 336	1	0. 286	0. 208
151	D31153	0. 365	0. 923	0. 086	0. 083	0. 321	1	0. 409	0. 236	0. 112	0. 216	0. 214	0. 227	0. 123	0

续表

序号	指标	高校													
		高校 1	高校 2	高校 3	高校 4	高校 5	高校 6	高校 7	高校 8	高校 9	高校 10	高校 11	高校 12	高校 13	高校 14
152	D31154	0	0. 125	0. 39	0. 581	0. 971	0. 574	1	0. 272	0. 404	0. 441	0. 529	0. 735	0. 544	0. 426
153	D31155	0	0. 167	0. 686	0. 824	0. 353	0	1	0. 794	0. 608	0. 431	0. 392	0. 814	0. 716	0. 529
154	D31156	0. 065	1	0. 179	0. 326	0	0. 086	0. 203	0. 964	0. 039	0. 133	0. 766	0. 144	0. 131	0. 164
155	D31157	0. 71	0	0. 697	0. 678	0. 665	0. 004	0. 436	0. 284	0. 988	0. 86	0. 461	0. 623	0. 923	1
156	D31161	0. 402	0. 677	1	0. 683	0. 186	0. 985	0. 924	0. 78	0. 314	0. 354	0. 567	0. 942	0. 543	0
157	D31162	1	0. 645	0. 965	0. 648	0. 408	0. 537	0. 815	0. 725	0	0. 599	0. 035	0. 861	0. 213	0. 352
158	D31163	0. 133	0. 584	0. 593	0. 531	0. 062	1	0. 496	0. 398	0. 23	0. 168	0. 398	0. 717	0	0. 345
159	D31164	0. 076	0. 415	0. 262	0. 14	0. 702	0. 558	0. 62	0	0. 671	0. 601	0. 244	1	0. 368	0. 291
160	D31165	0. 769	0. 594	0. 544	0. 668	0. 656	0. 479	0. 237	0. 631	0. 648	0. 741	0. 946	0	1	0. 992
161	D312	1	1	1	1	1	0	1	1	1	1	1	1	1	0
162	D3211	0. 07	0. 787	0	0. 585	0. 899	0. 773	0. 927	0. 856	0. 199	0. 561	0. 985	0. 649	1	0. 359
163	D3212	0. 612	0. 307	0. 714	0. 323	0. 728	0. 653	1	0. 122	0. 153	0. 117	0. 841	0. 623	0. 446	0
164	D3221	0	1	0. 191	0. 576	0. 096	0. 454	0. 639	0. 475	0. 26	0. 202	0. 194	0. 858	0. 978	0. 16
165	D3222	0. 727	1	0. 783	0. 338	0. 14	0. 324	0. 818	0. 992	0. 044	0. 025	0. 016	0. 071	0	0. 133
166	D331	0. 565	0. 252	0. 364	0. 332	0. 459	0. 217	1	0	0. 055	0. 079	0. 45	0. 61	0. 596	0. 32
167	D332	0. 727	1	0. 783	0. 338	0. 14	0. 324	0. 818	0. 992	0. 044	0. 025	0. 016	0. 071	0	0. 133
168	D41	0. 327	0. 308	0. 553	0. 451	0. 909	0. 273	0. 836	1	0. 19	0. 948	0. 899	0	0. 884	0. 335
169	D42	0. 306	0. 28	0	0. 257	0. 099	0. 652	0. 175	0. 016	0. 88	0. 081	0. 225	1	0. 194	0. 725
170	D43	0. 928	1	0. 966	0. 773	0. 163	0. 527	0. 186	0. 117	0. 348	0. 117	0	0. 523	0. 072	0. 307

续表

序号	指标	高校													
		高校 1	高校 2	高校 3	高校 4	高校 5	高校 6	高校 7	高校 8	高校 9	高校 10	高校 11	高校 12	高校 13	高校 14
171	D511	0. 71	0. 5	0. 506	0	0. 241	0. 938	1	0. 827	0. 08	0. 957	0. 932	0. 593	0. 29	0. 802
172	D512	0. 714	0. 805	0. 429	0. 819	1	0. 338	0. 143	0. 567	0. 524	0	0. 471	0. 41	0. 51	0. 39
173	D513	0. 099	0. 107	0. 489	0. 649	0. 229	0. 427	0. 664	0	1	0. 931	0. 206	0. 366	0. 771	0. 321
174	D514	0. 02	0. 306	0. 878	0. 449	0	0	0	0. 531	0. 51	0. 041	0. 041	1	0. 469	0. 51
175	D521	0. 379	0. 601	0. 443	0. 654	0. 148	0. 513	0. 678	0. 275	1	0. 869	0	0. 795	0. 718	0. 523
176	D522	0. 621	0. 399	0. 557	0. 346	0. 852	0. 487	0. 322	0. 725	0	0. 131	1	0. 205	0. 282	0. 477
177	D531	1	0	0. 569	0. 569	0. 85	0. 755	0. 646	0. 865	0. 394	0. 507	0. 858	0. 606	0. 507	0. 719
178	D532	0	1	0. 431	0. 431	0. 15	0. 245	0. 354	0. 135	0. 606	0. 493	0. 142	0. 394	0. 493	0. 281
179	E11	0. 713	0. 898	0. 967	0. 903	0. 785	0. 661	0. 552	0. 477	0	0. 628	0. 865	0. 706	1	0. 137
180	E12	0. 171	0. 486	0. 902	1	0. 826	0. 14	0. 584	0. 753	0. 922	0	0. 477	0. 736	0. 379	0. 068
181	E2	0	1	0. 371	0. 739	0. 44	0. 751	0. 564	0. 628	0. 454	0. 148	0. 573	0. 648	0. 721	0. 315
182	E31	0. 5	1	1	0. 75	0. 5	0. 75	0. 75	0. 75	0	0	0. 25	0	0. 25	0. 25
183	E3211	1	0. 763	0. 464	0. 505	0. 856	0. 866	0. 474	0. 588	0. 784	0. 887	0. 918	1	0. 629	0
184	E3212	0. 765	0. 577	0. 295	0. 235	0. 45	0. 544	0. 423	0	0. 966	0. 711	0. 745	1	0. 597	0. 369
185	E3213	0. 751	1	0. 93	0. 157	0. 784	0. 735	0. 4	0. 519	0. 557	0. 562	0. 395	0. 676	0. 411	0
186	E3214	0. 396	1	0. 485	0. 702	0. 483	0. 836	0. 649	0. 327	0. 41	0. 188	0. 547	0. 435	0. 524	0
187	E3215	0. 199	1	0. 163	0. 22	0. 196	0. 485	0. 6	0. 643	0	0. 189	0. 144	0. 31	0. 608	0. 031
188	E322	0. 718	1	0. 841	0. 644	0. 777	0. 825	0. 699	0. 751	0. 047	0. 397	0. 777	0	0. 015	0. 464
189	E41	0. 843	0. 975	0. 936	0. 72	0. 587	0. 827	1	0. 268	0. 446	0. 616	0. 595	0. 249	0	0. 28

续表

序号	指标	高校													
		高校 1	高校 2	高校 3	高校 4	高校 5	高校 6	高校 7	高校 8	高校 9	高校 10	高校 11	高校 12	高校 13	高校 14
190	E42	0. 788	0. 963	0. 677	1	0. 811	0. 618	0. 771	0. 109	0	0. 417	0. 359	0. 661	0. 033	0. 195
191	E43	1	0. 924	0. 747	0. 56	0. 434	0. 937	0. 854	0. 262	0. 44	0. 663	0. 283	0. 133	0	0. 048
192	E44	1	0. 97	0. 719	0. 719	0. 55	0. 783	0. 647	0. 349	0. 387	0. 83	0. 332	0. 228	0	0. 127
193	E45	0. 933	0	0. 773	0. 847	0. 704	1	0. 893	0. 709	0. 64	0. 878	0. 71	0. 708	0. 683	0. 67
194	E46	1	0. 906	0. 821	0. 943	0. 898	0. 858	0. 872	0. 64	0	0. 909	0. 74	0. 544	0. 808	0. 808
195	E471	0. 94	0. 98	0. 951	0. 837	0. 79	0. 783	0. 902	1	0. 852	0. 81	0. 793	0	0. 341	0. 643
196	E472	0. 695	1	0. 938	0. 8	0. 733	0. 457	0. 901	0. 977	0. 744	0. 593	0. 517	0	0. 264	0. 216
197	E473	0	0	0	0	0	0	0	0	1	0	0	0	0	0
198	E474	0	0	0	0	0	0	0	0	0	0	0	0	0	0
199	E4751	0. 497	0. 215	0. 146	0. 775	0	1	0. 624	0. 378	0. 255	0. 267	0. 246	0. 006	0. 165	0. 154
200	E4752	0. 192	0	0. 39	0. 379	0. 147	0. 362	1	0. 056	0. 198	0. 153	0. 282	0. 09	0. 215	0. 328
201	E4753	0	0. 047	0. 406	0. 188	1	0. 211	0. 398	0	0. 078	0. 086	0	0	0. 43	0. 422
202	E4754	0	0. 096	0. 456	0. 211	1	0. 123	0. 447	0	0. 088	0. 096	0	0	0. 956	0. 193
203	E4755	0	0	0	0. 774	0. 226	0. 452	1	0	0	0	0. 258	0. 548	0	0. 355
204	E4756	0	0	0. 515	0	0	0. 424	0. 939	0	0	0. 333	0	1	0	0. 333
205	E4757	0. 727	0. 745	0	0. 234	0. 464	0. 228	0. 539	0. 009	0. 743	0. 323	0. 546	0. 145	1	0. 092
206	E4758	0. 263	0. 187	0. 801	0. 469	0. 365	0. 363	0. 34	0. 823	0. 226	0. 618	0. 506	0. 959	0	1
207	E476	0	0	0	0	0	0	0	0	0	0	0	0	0	0
208	E48	0. 676	1	1	1	0	0. 446	0. 324	0. 095	0. 838	0. 73	0. 459	0. 73	1	0. 811

参考文献

[1] 鲍文. 商务英语教育论[M]. 上海：上海交通大学出版社，2017.

[2] 俞丽芳. 基于应用型外语人才培养的专门用途英语(ESP)教学探析[M]. 成都：电子科技大学出版社，2018.

[3] 陈建平. 商务语言学[M]. 上海：上海交通大学出版社，2018.

[4] 陈禹，钟桂桂. 系统科学与方法论概述[M]. 北京：中国人民大学出版社，2006.

[5] 邓静子，朱文忠. 商务英语课程体系研究[M]. 上海：上海交通大学出版社，2016.

[6] 郭剑晶. 专门用途英语教学研究[M]. 北京：知识产权出版社，2012.

[7] 郭晓明. 课程结构论：一种原理性探寻[M]. 长沙：湖南师范大学出版社，2002.

[8] 胡娟，李立国，张伟. 美国大学顶尖文科专业课程设置概要[M]. 北京：中国人民大学出版社，2014.

[9] 姜振寰. 交叉科学学科辞典[M]. 北京：人民出版社，1990.

[10] 梁保松，曹殿立. 模糊数学及其应用[M]. 北京：科学出版社，2007.

[11] 刘仲林. 跨学科学导论[M]. 杭州：浙江教育出版社，1990.

[12] 苗东升. 系统科学精要[M]. 北京：中国人民大学出版社，2016.

[13] 莫再树. 基于语言经济学的商务英语教育研究[M]. 长沙：湖南大学出版社，2014.

[14] 钱林晓. 具有交叉学科意义的教育经济方法论研究[M]. 北京：光明日报出版社，2009.

[15] 单胜江. 专门用途英语教学研究：理论与实践[M]. 杭州：浙江大学出版社，2012.

[16] 王德春. 语言学概论[M]. 上海：上海外语教育出版社，2003.

[17] 王瑾. ESP视角下商务英语课程设计[M]. 武汉：武汉大学出版社，2014.

[18] 魏宏森，曾国屏. 系统论：系统科学哲学[M]. 南昌：江西科学技术出版社，2009.

[19] 翁凤祥. 商务英语研究[M]. 上海：上海交通大学出版社，2009.

[20] 解恩泽，赵树智，刘永振. 交叉科学概论[M]. 济南：山东教育出版社，1991.

[21] 谢季坚，刘承平. 模糊数学方法及其应用[M]. 武汉：华中科技大学出版社，2017.
[22] 徐小贞. 中国高职英语专业教育理论研究[M]. 北京：外语教学与研究出版社，2006.
[23] 杨瑞英，姜峰，董记华. 专门用途英语新发展研究[M]. 北京：清华大学出版社，2021.
[24] 朱文忠. 商务英语教学研究[M]. 广州：世界图书出版广东有限公司，2011.
[25] 张杰，唐宏，苏凯，等. 效能评估方法研究[M]. 北京：国防工业出版社，2009.
[26] 蔡辉. 我国复合型创新外语人才培养对策[J]. 教育研究，2012(12)：91－94.
[27] 蔡基刚. 英语专业开展专门用途英语研究：《国标》修订思考[J]. 江西师范大学学报(哲学社会科学版)，2019，52(1)：131－137.
[28] 陈洪富. 基于关联内容的沉浸式教学：本科商务英语专业的人才培养模式分析[J]. 外国语文，2013，29(4)：158－160.
[29] 陈建平. 新设商务英语本科专业的几个问题探讨：强调“英语本色”还是“商务特色”[J]. 中国大学教学，2010(6)：45－48.
[30] 陈霞. 地方师范院校商务英语专业人才培养模式的理论探讨和实践思考[J]. 继续教育研究，2013(11)：121－123.
[31] 陈准民，王立非. 解读《高等学校商务英语专业本科教学要求》(试行)[J]. 中国外语，2009(4)：4－11.
[32] 入世与外语专业教育课题组. 关于高校外语专业教育体制与教学模式改革的几点思考：写在中国加入WTO之际(三)[J]. 外语界，2002(1)：32－36.
[33] 戴炜栋. 第二届高等学校外语专业教学指导委员会工作规划[J]. 外语界，1998(1)：6－7.
[34] 董泽芳. 高校人才培养模式的概念界定与要素解析[J]. 大学教育科学，2012，3(3)：30－36.
[35] 杜洁，姚键. 服务型学习：城市型大学商务英语专业人才培养模式改革新途径[J]. 外国语文，2011(A1)：123－126.
[36] 杜俊民. 交叉科学时代的交叉教育[J]. 社会科学，2000(3)：50－54.
[37] 段立先. 应用型本科院校商务英语专业教学改革探索[J]. 职业技术教育，2013(17)：33－35.
[38] 郭亚卿. 基于交流需求分析和跨文化两维视角的商务英语课程体系优化观[J]. 湖北函授大学学报，2015，28(2)：123－124.
[39] 韩高军，张媛媛. “英语＋专业”复合型人才培养模式及其实施[J]. 武汉工程大学学报，2007(6)：65－67.

[40] 何其莘，殷桐生，黄源深，等. 关于外语专业本科教育改革的若干意见[J]. 外语教学与研究，1999(1)：25－29.
[41] 胡剑萍. 多重视角论商务英语学科建设[J]. 中国高教研究，2011(2)：89－92.
[42] 黄德宽. 国家安全视域下的语言文字工作[J]. 语言科学，2014(1)：10－14.
[43] 黄源深. 21 世纪的复合型英语人才[J]. 外语界，2001(1)：9－13.
[44] 蒋洪新. 关于《英语专业本科教学质量国家标准》制订的几点思考[J]. 外语教学与研究，2014，46(3)：456－462.
[45] 金吾伦，蔡仑. 对整体论的新认识[J]. 中国人民大学学报，2007，21(3)：2－10.
[46] 孔标. 商务英语人才培养应以实际能力为核心：跨文化商务交际能力的培养视域[J]. 黑龙江教育学院学报，2014(5)：154－156.
[47] 李伯军. 论国际法复合式教学法的实施[J]. 当代教育理论与实践，2013(1)：93－95.
[48] 李建峰，李愿. 论现代系统论对整体与部分范畴的丰富和发展[J]. 理论导刊，2007(7)：44－46.
[59] 李苏鸣. 军事语言能力是一种特质战斗力[J]. 语言战略研究，2020，5(1)：5－6.
[50] 李思阳，陈悦. 试论高职院校专门用途英语人才培养模式[J]. 黑龙江高教研究，2013(8)：102－104.
[51] 廖圣清，朱天泽，易红发，等. 中国新闻传播学研究的知识谱系：议题、方法与理论(1998—2017)[J]. 新闻大学，2019(11)：73－95.
[52] 林添湖. 试论商务英语学科的发展[J]. 厦门大学学报(哲学社会科学版)，2001(4)：143－150.
[53] 林添湖. 加强理论建设是商务英语学科继续发展的根本出路[J]. 商务英语教学与研究，2005(2)：1－7
[54] 林添湖. 试论商务英语学科的逻辑体系[J]. 商务英语教学与研究，2010(4)：6－13.
[55] 林添湖. 蓬勃发展之后的理性思考和建议：再论我国高校商务英语学科未来的发展前景[J]. 广东外语外贸大学学报，2010，21(4)：15－20.
[56] 林添湖. 试论商务英语学科的逻辑起点：“学科交叉性”纵横谈[J]. 当代外语研究，2012(4)：48－52.
[57] 林添湖. 为构建“商务语言学”鼓与呼：漫谈商务语言及商务语言学[J]. 外语界，2014(2)：2－9.
[58] 刘春燕. 复合型外语人才的教育目标框架[J]. 外语界，2012(1)：10－18.
[59] 刘道玉. 论大学本科课程体系的改革[J]. 高教探索，2009(1)：5.

[60] 刘法公. 中国从无到有的商务英语学科[J]. 外语界, 2009(6): 10-16.
[61] 刘法公. 论商务英语专业培养目标核心任务的实现[J]. 中国外语, 2015, 12(1): 19-25.
[62] 刘奎芬. 浅议双语教学在高职商务英语教学改革中的意义[J]. 科技创新导报, 2014(11): 171.
[63] 刘菁蓉. "2+X"高层次复合型外语人才培养模式[J]. 现代教育管理, 2013(4): 73-76.
[64] 刘祥清. 我国普通高校英语专业人才培养: 回顾、问题与思考——兼论英语专业教育中的人文主义传统[J]. 外语界, 2007(3): 2-7, 43.
[65] 罗世平. 也谈21世纪复合型外语人才培养模式[J]. 外语界, 2000(3): 8-12.
[66] 吕世生. 商务英语学科定位的学理依据[J]. 外语界, 2013(4): 19-25.
[67] 苗东升. 非线性思维初探[J]. 首都师范大学学报(社会科学版), 2003(5): 94-102.
[68] 裴新宁. 学习科学研究与基础教育课程变革[J]. 全球教育展望, 2013, 42(1): 32-44.
[69] 彭茜茜. 试论高职商务英语"三能"人才培养研究[J]. 中国商贸, 2014(20): 186-187.
[70] 秦秀白, 吴古华. 发挥理工院校的办学优势 努力培养复合型的英语专业人才: 理工院校英语专业办学模式综述[J]. 外语界, 1999(4): 10-15.
[71] 阮绩智. 从商务英语专业核心竞争力看其教学着力点[J]. 浙江工业大学学报(社会科学版), 2013, 12(3): 306-311.
[72] 沈骑. "一带一路"倡议下国家外语能力建设的战略转型[J]. 云南师范大学学报(哲学社会科学版), 2015, 47(5): 9-13.
[73] 石云龙. 多维复合型外语人才培养模式研究[J]. 江苏高教, 2003(5): 106-107.
[74] 宋梅梅. 高等职业教育外语人才培养研究: 以高职商务英语专业为例[J]. 外国语文, 2013(6): 158-160.
[75] 孙毅.《高等学校商务英语专业本科教学质量国家标准》的地方性解读: 国标与校标的对照[J]. 外语界, 2016(2): 46-51.
[76] 孙肇春. 商务英语语言特点研究——兼谈商务英语的学科定位[J]. 广东外语外贸大学学报, 2009, 20(3): 96-99.
[77] 谈宏慧. 英语专业人才培养模式及其课程设置[J]. 教育探索, 2007(11): 22-23.
[78] 童晓岚. 理工院校外语专业复合型人才培养模式初探[J]. 中国人才, 2012(8): 160-161.

[79] 王维：中国商务英语专业动态模式研究[J]. 高等财经教育研究，2012(1)：50-54.
[80] 王新博. 英语专业复合型人才“1+”培养模式下课程设置的实践探索：以中国石油大学(华东)为例[J]. 山东外语教学，2016，37(4)：56-61.
[81] 文秋芳. 英语专业创新人才培养体系的研究与实践[J]. 国外外语教学，2002(4)：12.
[82] 文秋芳. 美国语言研究的基本特征：服务于国家安全战略——以马里兰大学高级语言研究中心为中心[J]. 云南师范大学学报(哲学社会科学版)，2014(3)：1-9.
[83] 文秋芳，张天伟. 美国国家外语能力建设模式分析[J]. 外语教学与研究，2013，45(6)：854-864.
[84] 温耀峰，郭瑞卿. 高职商务英语专业学生就业的主要问题及对策[J]. 教育探索，2013(9)：141-142.
[85] 翁凤翔. 论商务英语的“双轨”发展模式[J]. 外语界，2014(2)：10-17.
[86] 吴向明，余红娜，陈春根. 跨学科复合型人才培养模式的比较及其启示[J]. 浙江工业大学学报(社会科学版)，2008(4)：396-399.
[87] 咸修斌，唐文龙. 商务英语学科定位的新思考[J]. 高教探索，2005(2)：60-62.
[88] 谢玉华，刘懋琼. 专门用途英语与复合型外语人才培养模式研究：基于商务英语模块下的分析[J]. 神州，2020(3)：128.
[89] 邢顺福. 论工程设计中的系统方法[J]. 河北工业科技，1990(1)：58-63.
[90] 熊伟琴. 非加和性原理与出版产业的集团化[J]. 企业经济，2003(7)：58-59.
[91] 徐庚保，曾莲芝. 系统论是仿真又一个基础理论[J]. 计算机仿真，2016，33(12)：1-4.
[92] 徐海铭. 近30年中国英语课程设计范式变革之检讨及其现实启示[J]. 外语界，2005(5)：29-36.
[93] 许建领. 高校课程综合化的渊源及实质[J]. 教育研究，2000(3)：48-58.
[94] 严明. “课程-教学-评价”相一致的商务英语专业人才培养模式建构[J]. 外语学刊，2015(5)：95-98.
[95] 杨红霞. 改革人才培养模式，提高人才培养质量：国家教育体制改革试点调研报告[J]. 中国高教研究，2014(10)：44-51.
[96] 姚璐璐. 商务英语实践能力结构及其立体化课程设置的探析[J]. 宜宾学院学报，2007(11)：118-121.
[97] 于洁. 新建地方性本科院校英语专业复合型人才培养模式的探索[J]. 怀化学院学报，2008(6)：105-108.

［98］ 俞建耀. 学生感知需求的调查分析：商务英语专业课程重构设想［J］. 外语界，2014(2)：25－33.

［99］ 张传开. 整体与部分范畴在古希腊哲学中的演进［J］. 安徽师范大学学报（人文社会科学版），2001(4)：483－488.

［100］ 张后尘. 语言学研究与现代科学发展［J］. 中国外语，2008(1)：23－26.

［101］ 张曦文. 信息技术辅助下复合型实用人才培养研究［J］. 社会科学战线，2015(7)：277－280.

［102］ 张媛媛，韩高军. 创新教育与英语人才培养模式创新：以“E＋”双专业一体化复合型人才培养模式实验区为例［J］. 武汉大学学报（哲学社会科学版），2011，64(6)：180－183.

［103］ 郑玉琪. 英语专业课程设置改革与创新人才培养模式［J］. 外语与外语教学，2006(8)：33－36.

［104］ 仲伟合，张武保，何家宁. 高等学校商务英语本科专业的定位［J］. 中国外语，2015，12(1)：4－10.

［105］ 刘叶，邹晓东. 我国理工科人才培养模式改革的现代转向与重构：非线性思维培养模式初探［J］. 高等工程教育研究，2015(6)：132－137.

［106］ 朱文忠. 商务英语教学模式理论脉络、特色与实效分析［J］. 广东外语外贸大学学报，2010，21(4)：22－27.

［107］ 苗千. 复杂性：进入混沌理论的21世纪［J］. 三联生活周刊，2022(17).

［108］ 蔡基刚. 专门化 精细化 大学英语该有的样子［N］. 光明日报，2018－05－26(07).

［109］ 冯国瑞. 整体论的发展形态及其重要意义［N］. 光明日报，2008－04－22(11).

［110］ 谢希瑶，潘洁，刘夏村. 迈向更加光明的发展前景：党的十八大以来推进高质量发展述评［N］. 光明日报，2022－09－12(02).

［111］ 霍小光，张旭东，张晓松，等. 复兴之路 真理之光：深刻领悟习近平新时代中国特色社会主义思想 实现马克思主义中国化新的飞跃［N］. 人民日报，2022－09－03(01).

［112］ 胡弼成. 高等学校课程体系现代化研究［D］. 厦门：厦门大学，2004.

［113］ 李佳敏. 跨界与融合：基于学科交叉的大学人才培养研究［D］. 上海：华东师范大学，2014.

［114］ 宁玉琼. 非线性思维方式与创新［D］. 桂林：广西师范大学，2000.

［115］ 王兴华. 本科层次复合型人才培养模式及途径探讨［D］. 天津：天津大学，2003.

［116］ 王晓辉. 一流大学个性化人才培养模式研究［D］. 武汉：华中师范大学，2014.

［117］ 仲鑫. 基于AHP及模糊综合评判的河西走廊地区旅游开发生态风险评价研究［D］. 兰州：西北师范大学，2018.